香港珠海學院
新動力・新金融

低碳轉型與綠色金融系統創新研究

高曉燕、張俊喜 ㊔

中華書局

目錄

前言

2024年11月1日，香港珠海學院商學院和香港珠海學院金融創新實驗室舉辦了《新質生產力與應用金融前沿學術研討會》，會上珠海商學院院長張俊喜教授發佈了香港珠海學院關於新動力、新金融系列叢書的第一本專著，書名為《數據分析與金融建模》。參會的內地學者天津財經大學金融學院的高曉燕教授與張俊喜教授在潛心耕耘綠色金融十年的基礎上，出版了這本《低碳轉型與綠色金融系統創新研究》，當作系列叢書的第三本，供高校專業型授課研究生、大學經濟金融類高年級學生或同等學歷的讀者使用。

在全球變暖大趨勢下，低碳發展逐漸成為全球共識，2015年，全世界178個締約方共同簽署《巴黎協定》，對2020年後全球應對氣候變化行動作出統一安排，並提出將氣溫變化控制在2℃甚至1.5℃內，進一步明確了未來發展方向。2020年9月，中國國家主席習近平在出席第七十五屆聯合國大會時，鄭重承諾中國將力爭2030年前實現碳達峰和2060年實現碳中和目標，為中國高質量發展和生態文明建設指明了方向，也為全球氣候治理提振了信心。根據中金公司測算，2021－2030年鋼鐵行業碳達峰碳中和所需的投資總量為1.1萬億元，2030－2060年為2萬億元，現階段我國傳統綠色金融僅支持了約7%的經濟活動，根本無法滿足鋼鐵行業龐大的轉型資金需求，鋼鐵行業減污降碳的投資需求與實際投資的資金缺口較大。

中國已經在碳減排、低碳技術進步、綠色發展方面取得了明顯成效，但碳中和仍然面臨較大約束。一方面，從技術路徑來看，由於應用領域的複雜性，低碳技術與傳統技術相比研發與設計難度較高，研發週期較長，技術學習效應對於低碳技術成本演化驅動的滯後性也較傳統技術更為明顯。另一方面，從融資成本來看，由於低碳技術在研發、投資過程中需要大量的資金支持，雖然隨着技術進步效應的逐漸顯現，低碳技術成本在不斷降低，但是單靠市場的力量仍然難以引導資金流向低碳技術行業。在此背景下，我國目前低碳技術發展路徑能否持續支撐我國實現碳中和目標仍然存在較大爭議。

綠色金融是一種主題明確的新興金融類別，旨在通過差別化信貸政策，重點支持環保產業發展及傳統產業轉型升級，成為當前我國企業銀行融資依賴度高背景下，促進產業低碳轉型的關鍵舉措。近年來我國綠色金融體系發展迅速，但仍存在一些難點問題。一是綠色金融產品還不完全適應碳中和的需要。我國綠色信貸與綠色債券等融資政策仍然偏向於傳統節能行業，而對於清潔能源、綠色交通等新興低碳技術領域資金投入不足。二是目前我國綠色金融標準體系與碳中和目標不完全匹配，這些標準中的部分綠色項目不完全符合碳中和對淨零碳排放的要求。三是綠色金融激勵機制尚未充分體現對低碳發展的足夠重視。金融監管部門的一些政策（包括通過再貸款支持綠色金融和通過宏觀審慎評估體系（MPA）考核激勵銀行增加綠色信貸等）和一些地方政府對綠色項目的貼息、擔保等機制在一定程度上調動了社會資本參與綠色投資的積極性，但激勵的力度和覆蓋範圍不足，對綠色項目中的低碳、零碳投資缺乏特殊的激勵。這些激勵機制的設計也沒有以投資或資產的碳足跡作為評價標準。

課題的研究思路是：一是將碳中和目標分解成為一個總目標——低碳轉型；三個階段目標——產業結構轉型、能源結構轉型、增長動力轉型，通過綠色金融系統創新，支持三個階段目標的實現，最終促進碳中和。二是梳理出綠色金融系統創新影響低碳轉型的機理與效應，得出擴散效應、推動效應和技術效應。三是提出綠色金融系統創新的路徑與整體框架，包括綠色金融政策體系、綠色金融組織、綠色金融產品、綠色金融體系為主的科技創新等系統創新，以及創新的步驟、策略路徑以及各種綠色金融創新的協調等。

課題的基本內容包括：

（1）理論與現狀分析。界定碳中和、低碳經濟、綠色金融各自的內涵與外延，提出碳中和的必要性和可行性，分析綠色金融系統創新的必要性。系統闡述碳排放脫鈎理論、「隧道效應」理論、可持續發展理論、金融創新理論等相關理論基礎。揭示我國低碳轉型的階段目標——產業結構轉型、能源結構轉型、增長動力轉型等方面，分析其對綠色金融系統創新的具體要求。

（2）我國綠色金融系統創新存在的問題及根源分析。從綠色金融創新動能不足，標準不統一，成本需要降低，信息披露不及時等方面探討現有的單一方面的創新不能適應低碳轉型的需要，從國際國內雙循環的視角分析我國綠色金融系統創新不足的根源與差距。

（3）綠色金融系統創新對於低碳轉型的作用機理、效應和實證分析。綠色金融創新通過資金流向機制、產業整合機制、政策引導機制，實現低碳轉型的階段性目標，即產業結構轉型、能源結構轉型、增長動力轉型，發揮其推動效應、擴散效應、技術效應。實證檢驗綠色金融對低碳轉型的影響，基於省、市、行業等面板數據，構建綠色金融規模、結構、多樣化對產業結構、能源結構、技術創新能力的回歸模型，實證檢驗綠色金融對低碳轉型的支撐作用。

（4）國際經驗借鑒與啟示。借鑒金融創新和制度保障的美國模式，運用政府資金引導綠色金融發展的歐盟模式，以及產融結合的韓國模式。國外在建立綠色投資銀行、設立綠色發展基金、綠色債券證券化、統一標準的綠色認證、碳排放權交易、碳稅徵收體系建立等方面積累的經驗，以及對中國綠色金融系統創新的啟示。

（5）構建綠色金融系統創新的策略、步驟、實施路徑及整體框架。從綠色金融政策創新、組織創新、產品創新、綠色金融體系科技創新以及系統創新等五個創新如何對接三個低碳轉型目標，分析其實施路徑，構建符合低碳轉型要求的創新模式、創新路徑和創新產品。以開發適應碳中和的綠色金融產品的創新為主，構建綠色金融系統創新框架及支持體系，一是政府層面：完善綠色金融的法律環境和支持政策，建立綠色金融國家統一標準；二是企業層面：提升節能減排的內在動力，誘導企業綠色創新；三是金融機構層面：優化綠色金融產品定價機制，增強發展綠色金融的社會責任感。

本課題分別從政策層面、企業層面及金融機構層面提出促進我國低碳轉型的綠色金融系統創新機制，為我國實現碳中和目標提出具有針對性、可操作性的政策建議：

（1）各個省市要因地制宜，要將國家發展戰略規劃與本地經濟發展策略相結合，制定獨具特色的綠色發展路徑。進行綠色金融產品的開發，綠色金融政策的改善，綠色金融組織的建立，綠色金融體系的科技創新，引導社會資本的進入。在設計綠色減排路徑時，充分考慮當地的具體條件和經濟發展的能力。東部地區向中西部地區進行產業轉移時，要結合國家政策，考慮節能減排和綠色發展。

（2）建立產學研政商生態體系，開發各種綠色融資工具，打造綠色金融融資平台，降低綠色資金融資難度和成本，加強科技創新對綠色經濟發展的支撐作用。

（3）為實現「雙碳」目標，需要借鑒中國已有七個碳交易市場經驗，啟動全國性碳交易市場，為相關產業和企業開展綠色轉型提供資金激勵和支持。

（4）平衡可再生清潔能源與傳統煤電減排之間的關係，轉變能源發展策略。

（5）隨着國際國內雙循環的開展，綠色金融產品標準需要國際化；隨着中國金融市場更大規模開放，綠色金融標準的制定應有益於國際化雙向投資和一帶一路綠色投資發展。

研究的重點是：（1）綠色金融系統創新對低碳轉型的效應分析。綠色金融系統創新產生創新效應、推動效應和擴散效應可以實現能源結構合理化、產業結構優化、技術進步的內生動力的低碳轉型的根本要求。（2）五個創新對接三個轉型目標的實施路徑，綠色金融產品創新及實證分析。創新的產品包括綠色信貸、綠色債券、綠色基金、碳金融產品，將其規模、結構對低碳轉型的影響進行實證分析，得出綠色金融系統創新有助於低碳轉型的結論。（3）綠色金融系統創新的思路和整體框架。系統創新的動力、路徑、步驟以及各種綠色金融創新的協調等等，重點是優化綠色金融產品定價機制。針對不同低碳技術，優化設計現有綠色金融產品的投放對象及定價機制以加速我國低碳轉型。

研究的主要目標：（1）豐富我國綠色金融系統作用機制分析框架，明確綠色金融系統創新關鍵因素，構建與國際能源格局調整相適應的綠色金融系統創新支持體系。（2）釐清綠色金融對低碳經濟發展的驅動規律，優化設計各類綠色金融、產品定價機制。（3）提出我國具有地區發展特徵的綠色金融系統創新的步驟、策略和實施路徑。

課題的創新之處是：以理論創新為主旨，以本土化的應用研究為基礎，注重學術研究的前沿性和實踐的指導性，與已有研究相比，主要體現在以下三個方面。

（1）理論創新：提出「綠色金融系統創新促進低碳轉型，實現碳中和目標」的理論命題，並對其進行系統驗證。單一創新不能促進低碳轉型，綠色金融創新是個系統工程，綠色金融政策創新和綠色金融組織創新是基礎，綠色金融產品創新是重點，綠色金融體系科技創新是關鍵。五個創新有助於實現低碳轉型三個目標。

（2）視角創新：從「碳中和」與「低碳轉型」兩個獨特視角探索綠色金融系統創新的理論和現實問題。研究視角具有創新性；其次，課題又深入分析低碳轉型必須實現產業結構轉變、能源結構優化、技術進步，而每個方面的轉變都與綠色金融產品和體系息息相關，探討綠色金融系統創新的可行性，具有一定的理論前瞻性。

（3）模式創新：在綠色金融四個方面創新中，指出產品創新是重點，深入分析產品創新的各種模式、各種適應性。這些模式的構建對於綠色金融系統創新以及低碳轉型的發展提供了模式參考和具體的路徑選擇，對於指導企業選擇綠色金融產品具有理論和現實指導意義。

課題的研究方法如下：

（1）理論分析方法。運用經濟學基本原理、產業經濟學理論、金融創新理論、排放權理論、可持續發展理論等跨學科的多元方法，探討低碳轉型對於綠色金融創新的內在要求，適應能源結構轉變、產業結構轉變、技術創新等低碳轉型的不同要求，進行綠色金融系統創新。

（2）實證分析方法。例如第 7 章，從實證模型選擇上，結合雙重差分模型（DID）和選傾向得分匹配法（PSM）儘可能排除其他因素對政策執行效果的影響。在樣本篩選時，以綠色信貸政策作為隨機試驗，引入重污染企業和非重污染企業具有相同特徵的協變量，匹配兩組樣本中傾向得分，消除樣本選擇偏誤；同時，雙重差分法解決模型內生性問題，有助於更準確地評估政策效果。在研究內容上，以微觀視角對綠色信貸政策進行分析的多數以政府和銀行為主體，以企業為研究主體的文獻較少。論文從企業層面研究，分析綠色信貸政策對企業債務融資規模和結構的影響。通過引入替代性融資理論，將企業負債融資細分為流動性負債、非流動性負債及商業信用融資，以評估政策的實施效果。

（3）規範分析方法。運用規範分析法分析綠色金融系統創新的框架及系統創新的必要性，以及創新路徑和策略。

課題研究是在天津財經大學金融學院高曉燕教授、香港珠海商學院張俊喜教授的親自指導下，由課題組廣泛、深入、認真討論後，實施寫作。其中，第 1 章由高曉燕、香港珠海商學院張俊喜、曹玉鵬、王潔撰寫；第 2 章由高曉燕、吳月蕊撰寫；第 3 章由高曉燕、香港珠海商學院張俊喜、朱芳芳、邢辰辰撰寫；第 4 章由高曉燕、吳冕、耿雪倩、趙文博撰寫；第 5 章由香港珠海商學院張俊喜、天津財經大學珠江學院何雨桐撰寫；第 6 章由天津財經大學博士生向念、天津財經大學博士研究生張玉皓、邢程撰寫；第 7 章由遼寧財貿學院教師張欣一和博士向念、焦雲撰寫；第 8 章由天津財經大學博士研究生張玉皓、天津電子信息職業技術學院俞伯陽、中國中建設計研究院有限公司超維完形國際化設計研究所所長姚紫馨撰寫；第 9 章由天津財經大學博士生邵磊、郭怡揚撰寫；第 10 章由天津財經大學博士生趙琪、孫綺婧撰寫；第 11 章由香港珠海商學院張俊喜、天津財經大學博士生程藝林、研究生徐一銘、冷文龍撰寫；第 12 章由中華環保聯合會綠色金融專業委員會秘書長王遠、鄭明浩撰寫；第 13 章由生態環境部任子平、天津體育學院唐新月撰寫；第 14 章由陳臣、任美璘和北京銀行天津分行劉潤田撰寫。

感謝、感恩所有幫助過我們的人！

課題組

2025 年 1 月

第 1 章

導論

1.1 研究背景及意義

2020 年以來，儘管全球各地都受到了新冠肺炎疫情的巨大衝擊，但各國仍然沒有忽視應對氣候變化這一長期重要任務。中國國家主席習近平在 2020 年 9 月聯合國大會上也表態，中國力爭於 2030 年實現「碳達峰」，2060 年實現碳中和，在未來制定的「十四五」規劃當中，都將體現加快綠色低碳轉型的內容，比如能源、交通、建築、製造業，包括金融行業都需要實行更加明確的和加速的低碳化戰略，而實現「碳中和」目標對我國未來應對氣候變化及促進綠色發展具有重要意義。

在全球整體氣候變化風險下，促進清潔能源大規模利用、加快綠色建築、綠色交通發展等低碳生產生活方式轉型已成為我國實現 2060 年碳中和目標的必由之路（王燦和張雅欣，2020）。雖然近年來我國可再生能源、碳捕捉與碳封存等低碳技術進步明顯，但我國能源消費過分依賴化石能源的狀況未從根本上得到改變，實現我國低碳轉型仍然面臨一定的困難和挑戰。一方面，從技術路徑來看，由於應用領域的複雜性，低碳技術與傳統技術相比研發與設計難度較高，研發週期較長，技術學習效應對於低碳技術成本演化驅動的滯後性也較傳統技術更為明顯。另一方面，從融資成本來看，由於低碳技術在研發、投資過程中需要大量的資金支持，雖然，隨着技術進步效應的逐漸顯現，低碳技術成本在不斷降低，但是單靠市場的力量仍然難以引導資金流向低碳技術行業。在此背景下，我國目前低碳技術發展路徑能否持續支撐我國實現碳中和目標仍然存在較大爭議。

在上述我國能源轉型問題和挑戰的背景下，發展綠色金融體系是促進我國實現低碳轉型的關鍵舉措。雖然，近年來我國綠色金融體系發展迅速，但在促進我國低碳轉型方面仍然面臨着一定的挑戰。首先，我國綠色金融產品缺乏更多的資金投入，創新力度不夠。我國綠色信貸與綠色債券等融資政策仍然偏向於傳統節能行業，而對於清潔能源、綠色交通等新興低碳技術領域資金投入不足。其次，目前我國綠色金融標準體系內容與碳中和的目標還有較大差距。部分綠色項目和碳中和目標不完全匹配，不完全符合碳中和對淨零碳排放的要求。最後，我國綠色金融政策框架和激勵機制尚不完善。當前在綠色項目分類、資金管理、信息披露等方面無統一的配套系統，缺乏完整的政策框架和激勵機制，導致資金供求對接不順暢，資金使用效率偏低。

從國內來看，雖然，當前我國綠色金融發展速度較快，但客觀來説仍然處於初期階段，具有較大的發展空間。中國的綠色金融發展不僅要在「量」上維持全球領先，更要做到「質」上的不斷改善，並將先進經驗和標準在世界範圍內進行推廣。有挑戰，也有機遇，在碳中和背景下對於推動我國低碳轉型的綠色金融系統創新創造了新的發展機遇，必須借用體制機制激活綠色金融系統創新的能力，才能實現變革性的調整與發展。在未來數年內，中國將繼續為實現碳中和目標努力，加大對綠色金融項目的資金支持，推動在碳中和背景下我國綠色金融系統的創新發展，走出一條開放、協調、包容、高效的綠色可持續發展之路，構建我國綠色金融發展的長效機制。

基於以上背景，本課題分別從政策層面、企業層面及金融機構層面提出促進我國低碳轉型的綠色金融系統創新機制，為我國實現碳中和目標提出具有針對性、可操作性的政策建議。

1.2 國內外研究現狀

1.2.1 碳中和相關研究綜述

2021 年被我們稱作「碳中和」元年，2021 年的《政府工作報告》中首次將「碳中和」明確寫入其中。「中和」的含義也就是相互抵消，「碳中和」指的就是碳排放與污染物治理之間達到平衡的狀態，實現相對的「零排放」，從而可以實現污染物釋放進入大氣的總碳量淨值轉化為零。根據聯合國環境規劃署最新公佈的《關於實現全球經濟增長目標的意見》，目前世界範圍內共有 127 個國家和地區完成了對碳中和的目標任務，可以清楚看出，在全世界共同推進氣候變化的巨大形勢下，碳中和已經逐漸發展成了各國、政府，以及包括企業和其他經濟活動的組織方乃至個別人民群眾應對氣候變化、減緩氣候變暖的主要措施之一（段宏波和汪壽陽，2019）。2020 年 9 月 22 日，在第七十五屆聯合國代表大會上，習近平主席針對「碳中和」問題發表重要演講，強調中國將在未來幾年內提高對國家經濟社會的自主貢獻程度，採取更加全面有力的控制措施和優惠政策，力爭在 2030 年前，使二氧化碳排放量達到峰值，努力使我國在 2060 年前基本實現碳中和。同時，實現「碳中和」對於我國在應對未來氣候變化和促進國家綠色發展有重要的現實意義。首先，在有關碳中和的相應政策下，大多數承諾國已通過了政策宣示，卻缺乏支撐其具體實施的政策文件；少部分國家和地區採用立法形式，如歐盟、日本、英國、美國、韓國通過了應對氣候變暖的專項法律，但法律實施力度還不明了（杜群，2021）。其次，2020 年對世界來説是極其艱難的一年，新冠肺炎疫情的爆發給各國的經濟等方面造成嚴重影響，同時引發公眾對氣候變化、居民健康、綠色發展等方面的高度關注（項夢曦，2021）。最後，在全球整體氣候變化風險下，促進清潔能源大規模利用、加快綠色金融、綠色交通發展及綠色建築等低碳生產生活方式轉型已成為我國實現 2060 年碳中和目標的必由之路（王燦和張雅欣，2020）。

當前我國改革的重點是「碳中和」，中央財經委員會在第九次會議上指出在綠色發展方面實現「30・60 雙碳」目標。「碳中和」作為目前世界上熱門的話題，它的實現會給全球經濟帶來空前的機遇，將衍生出新的經濟增長點，有望助推全球經濟發展。

1.2.2 低碳轉型相關研究綜述

面對氣候變化這重大而緊迫的全球性挑戰，從根本上改變生產生活方式，逐步推動走向綠色環保並且可持續的道路是必須的舉措。要在保證社會經濟發展穩步向前的同時兼顧對生態環境的保護，低碳轉型勢必而為（潘蘇楠和李北偉，2019）。作為新興金融類別中的重要組成部分，主題鮮明、特點明確的綠色金融，對我國低碳轉型具有重要推動作用。（劉學敏和張生玲，2015；王偉舟，2016；于連超等，2019；Salazar，1998；Sonia Labatt，2002）。低碳經濟強調碳約束、能源改革及低碳技術創新以實現可持續發展，故相關政策的提出必然會帶來可喜的影響。而從我國國內經濟增長與能源短缺的矛盾、國際發展設置綠色貿易壁壘的現狀來看，為實現環境友好型生態革命，低碳轉型是必走之路（黃山和宗其俊，2013）。

然而，目前我國低碳發展轉型也面臨着經濟結構和產業升級、能源結構優化、降低能耗等巨大挑戰。且由於我國綠色金融體系仍然沒有形成統一的綠色標準，我國當前綠色金融體系還不足以滿足實現低碳轉型要求（鄭録軍和王沖，2021；邵漢華，2017）。我國目前存在能源消耗及二氧化碳排放體量巨大、「碳中和」過渡期也遠低於發達國家的進程、能源消耗結構過於依賴煤等不可再生資源，利用效率偏低、對於能源價格波動的承受能力有限等各種問題，這些均是我國低碳轉型的挑戰（劉滿平，2021）。

諸多研究者認為我國綠色金融產品應積極創新以加速實現低碳轉型。深入對我國市場上綠色金融產品與服務的供給與需求狀況調研，切實了解綠色金融產品與服務的現狀和不足之處，並通過加強產品創新促進市場不斷向前發展。具體而言，英國、美國動用財政政策適當補貼新能源開發與應用相關行業，對於税收主抓資源消耗型行業，注重採購的低碳性以及首次將碳排放規則置於碳預算框架內等；比如人人增加對低碳技術綠色能源和新能源的補貼，建立較為完善的生態税收制度，制定相應税收優惠政策，低碳採購的相應政策性文件等。對我國低碳轉型的啟示主要有：加強發揮財政政策調整經濟結構的功能，比如加大對低碳發展行業的財政補貼、適當地給予税收政策等，建立支持又兼顧約束的税收政策，貫徹落實政府低碳採購，建立健全常規化的「碳預算」體系（林永居，2014）。從驅動機制來看，我國應充分利用區域內能源資源基礎和條件，突破技術監管和障礙並且推動能源區域流動（李慧，2020）。同時，我國金融機構為綠色產業企業提供更加有效的綠色信貸服務，應及時加強對貸款利率與規模、還款方式等方面的創新，通過技術與系統的不斷更迭改善綠色信貸的便利性。在改善公司上市環境的基礎上，鼓勵綠色企業上市發行債券，積極探索建立低碳環保產業。此外，我國政府還應借鑒綠色企業的成功經驗，推動更嚴格的環境評估機制，以便通過環境評估提供一定的政策支持（張騫等，2018；王靜，2019）。

1.2.3 綠色金融對低碳轉型的影響

（1）綠色金融助力全球經濟轉型

2020 年新冠疫情爆發，對多個行業造成了巨大傷害，但在全球範圍內的多家大型銀行和投資公司的鼎力支持下，綠色金融和可持續融資交易卻仍在不斷向前發展。比如，摩根大通聲稱到 2025 年將為可持續發展融資提供 2,000 億美元的資金支持；英國巴克萊銀行宣佈了一項目標是至 2050 年成為一個淨零銀行，並且承諾了其整個融資組合將與《巴黎氣候變化協定》的目標相一致；南非的標準銀行為了順利進行與氣候有關的綠色金融項目，在非洲發行了最大規模的綠色債券，籌集到了兩億美元資金；荷蘭開發銀行和國際金融公司（IFC）為了資助綠色項目和支持氣候友好項目，向第一蘭特銀行提供了 2.25 億美元貸款。

中國致力於推動全球綠色金融發展，在國際引領力方面貢獻突出，可稱之為綠色金融發展的風向標。2016 年，中國作為 G20 主席國，首次在 G20 框架中引入綠色金融概念，使綠色金融在全球範圍內的影響力增強。而且，自 2016 年以來，我國在 G20 峰會上積極倡導綠色金融，使得綠色金融議題得到了廣泛的重視，成為了 G20 峰會討論的重點議題。我國一直都在堅定地支持和倡導綠色金融發展並付諸行動，在綠色金融發展方面我國也具備一定的國際領先優勢，致力於發揮綠色金融的作用助力全球經濟轉型。

(2) 綠色金融是雙碳目標重要的配套支撐

我國貨幣管理當局非常重視碳達峰、碳中和目標的實現，央行貨幣政策委員會於 2020 年 12 月 25 日提出了「以促進實現碳達峰、碳中和為目標完善綠色金融體系」的意見。在 2021 年 1 月 4 日召開的中央銀行工作會議中，「落實碳達峰、碳中和的重大決策部署，完善綠色金融政策框架和激勵機制」的意見再次被提及，由此可見綠色金融在實現碳達峰、碳中和目標上的重要性。

綠色金融作為實現碳達峰、碳中和目標的重要途徑和配套支撐力，我國在發展綠色金融方面還有很大的進步空間。具體來講可分為以下幾個方面，在信貸方面，可以通過差異化信貸模式助力環保產業發展、引導能源結構轉型，開發多樣化的融資渠道，對綠色金融產品進行創新；在制度體系方面，完善綠色金融制度體系，構建長效機制，完善綠色金融標準，強化環境信息披露和監管機制；在風險控制方面，推動金融機構開展風險評估和壓力測試，儘早發現潛在風險，強化與氣候相關的金融風險的審慎管理。

1.2.4 綠色金融創新研究

我國有關綠色金融的創新研究層出不窮，具有重要研究意義的有以下幾種：

（1）加強金融碳核算的方法研究。金融機構對其各類產品進行碳核算和碳足跡的管理是金融支持綠色低碳發展的一個必要條件。若要將碳減排相關的政策激勵和約束真正應用到金融產品中去，一方面要利用相關算法進行準確的碳核算，另一方面要能夠有效地管理綠色金融產品的碳足跡，對高碳產業和高碳環節進行限制，對低碳產業和低碳環節予以支持和幫助。

近年來由於我國的數字金融和普惠金融不斷發展壯大，因此，我國也積累了很多的經驗，使得數字金融和普惠金融儘快應用於碳核算和碳足跡的政策研究中。

（2）將氣候因素納入傳統金融風險定價理論的研究。氣候因素是綠色金融研究中一個很重要的因素，所以，在對金融資產進行風險定價的過程中引入氣候因素的話，能夠更加準確地體現金融體系中因氣候因素導致的金融風險的存在。

（3）構建有關氣候投融資機制，助推地方碳排放達峰。完善的氣候投融資體系是碳排放達峰的重要基礎。但是，由於我國在氣候投融資體系方面的發展還不是很完善，所以很難為城市碳達峰提供堅固的支撐。我國的重要任務是要構建一個強有力的氣候投融資機制，激發金融機構發展氣候投融資項目的潛力和動力，為地方碳達峰的實現提供強大的後盾支撐，助力地方碳達峰的機制形成。

1.3 相關概念的界定和理論基礎

1.3.1 相關概念

（1）碳達峰

碳達峰是指二氧化碳排放量達到歷史最高值之後，經歷一段比較穩定的平台期再進入排放量持續下降的過程，是二氧化碳排放量由增加到降低的轉折點，意味着碳排放與經濟發展實現脱鈎，達峰目標包括達峰年份和峰值。

（2）碳中和

碳中和是指二氧化碳的淨零排放，但並不意味着不排放一點二氧化碳，而是二氧化碳的排放和吸收之間維持一種長期平衡。同樣，溫室氣體的淨零排放則覆蓋多種溫室氣體，氣候中和在更高層次上實現了人類活動與全球氣候系統的協調與平衡。

(3) 綠色金融

綠色金融是指為支持環境改善、應對氣候變化和資源節約高效利用的經濟活動，即在環保、節能、清潔能源、綠色交通、綠色建築等領域的項目投融資、項目運營、風險管理等所提供的金融服務。綠色金融可以促進環境保護及治理，引導資源流向理念、技術先進的部門。

(4) 低碳轉型

低碳轉型是指以可持續發展理念為基礎，減少以碳為基礎的能源消費，特別是煤炭、石油等高碳能源的消費，在可持續發展概念的基礎上，通過技術創新和體制創新，促進工業發展和新能源的開發，減少溫室氣體排放。從而提高經濟效率，加快社會發展，達到環境保護的目的。

(5) 能源結構

能源結構是指一次能源和二次能源在能源生產或消費總量中的構成和比例。能源結構是能源研究的重要組成部分，直接影響到國民經濟各部門最終的能源利用的方式。能源結構包括生產結構和消費結構。能源生產結構指不同種類能源的產量佔總產量的比例；能源消費結構指不同種類能源消費量佔能源消費總量的比例。

(6) 赤道原則

赤道原則是全球大型金融機構制定的識別、評估、管理投融資項目的環境和社會風險的行業基準，根據國際金融公司和世界銀行的指導方針和指引，對項目融資的有關問題進行了探討，該原則在國際金融實踐中得到廣泛傳播，並已成為行業慣例。

1.3.2 理論基礎

(1) 可持續發展理論

可持續發展理論是指在滿足當代人的需要的同時，又不對後代人滿足其需要的能力構成危害的發展，三大基本原則為公平性、持續性、共同性。

平等意味着機會選擇平等。可持續發展中的平等原則包括兩個方面：一是當代人的平等，即當代人之間的橫向平等；另一方面，意味着各代人之間的平等，即各代人之間的縱向平等。可持續發展必須滿足所有當代人的基本需求，使他們能夠生存。持續性是指生態系統在受到破壞時保持其生產力的能力，這就需要根據可持續性的條件調整人們的生活方式，在環境容量的範圍內制定自己的消費標準，合理開發利用自然資源，為了保持可再生資源的再生能力，不應過度消耗不可再生資源，轉由其他資源補充，這是一種有助於保持環境健康的能力。共同性是指可持續發展與全球發展之間的聯繫。為了實現可持續發展的共同目標，必須全球一起共同努力配合行動，使得地球的完整性和相互依存性相協調。

(2) 金融創新理論

「金融創新」是金融領域各種要素和資源面對新的金融環境重新整合的一種新形式。金融創新有許多具體形式，包括比較典型的產品創新、交易創新、市場變化和建立新型機構。金融創新可增強傳統金融機構的活力，促進金融機構的健康發展，使其服務適應客戶的需要。金融創新的主要目的是提高金融機構的效率和盈利能力。金融機構本身就是創新的主要主體，金融部門不同組成部分的一體化是創新的實質。發展新的融資形式最終會提高金融機構的安全性、營利性和流動性。從廣義上講，金融創新是金融部門一個充滿活力的動態過程。更廣泛地說，金融創新包括創新的各個階段和各個環節，狹義上的金融創新可分為四大類：金融產品創新、金融政策創新、金融結構創新和金融市場創新。

(3) 碳排放脱鈎理論

碳排放脱鈎理論是經濟合作與發展組織（OECD）提出的關於經濟增長與資源消耗或環境污染之間關係的基本理論。該理論是指經濟增長和溫室氣體排放之間的關係變得愈來愈弱，甚至消失的理想過程。也就是説，即使經濟增長，能源消費量也不會增加或者增加很少。它指的是二氧化碳排放量的變化與經濟增長之間的聯繫。脱鈎可以看作當實現經濟增長時，二氧化碳排放量的增長率為負或低於經濟增長率。它的本質是衡量經濟增長是否以資源消耗和環境破壞為代價，而二氧化碳排放的脱鈎是一個理想化的過程。在這個過程中，經濟增長與溫室氣體排放之間的關係正在弱化甚至消失，也就是説，能源消費在經濟增長的基礎上逐步減少。

(4)「隧道效應」理論

西蒙・史密斯・庫茲涅茨依據推測和經驗提出經濟發展與收入差距變化之間是一種倒 u 形曲線的關係。然後，研究了環境質量與人均收入的關係，繪製了環境庫茲涅茨曲線。庫茲涅茨環境曲線把經濟增長和環境污染變化分為三個階段，經濟增長通過規模經濟、技術經濟和結構經濟三個方面影響環境質量。第一階段是起飛階段，其特點是經濟快速增長，規模效應經濟超過技術和結構效應。環境質量的惡化在一定程度上是不可避免的，在污染轉折點之前，環境質量的惡化隨着經濟增長而愈發嚴重；第二個階段是一個轉折點，在經濟增長過程中，自然資源的消耗和環境質量的惡化增加了公眾對環境的投資，增加研發費用，改變投資和產出結構，擴大生產對環境的負面影響部分被技術和結構的影響所抵消（規模效應）達到峰值後減少環境污染；第三階段是下降的過程，經濟的發展和收入的增加。技術和結構的影響超出了規模經濟的範疇。隨着環境質量的不斷改善，經濟開始穩定增長。

(5) 生態足跡和碳足跡理論

生態足跡是指在現有技術條件下能夠維持一個國家或地區以及全世界生存所需要的能源，產生的廢物，能夠進行生產的土地。如果生態足跡超過其所能承擔的，就會出現生態赤字；如果沒有超過，就成為生態盈餘。生態足跡是通過衡量人類賴以生存和發展的自然資源的量，來評價人類對生態系統的影響，衡量人類的自然需求。

碳足跡是生態足跡理論的延伸，隨着生態足跡的增長，碳足跡的增長速度要快於其他足跡。碳足跡是個人、企業或者組織碳排放量的總和。它可以用來衡量人類能源意識和行為對自然的影響。碳的消耗量愈大，二氧化碳排放量愈大，碳足跡愈大；反之，碳足跡愈小。

1.4 創新之處

本課題以理論創新為主旨，以本土化應用研究為基礎，注重的是學術研究的前沿性、對學術創新性研究、對實際的貢獻，與之前的研究相比，創新之處表現在以下三個方面：

（1）理論創新。提出「綠色金融系統創新促進低碳轉型，實現碳中和目標」這一創新性理論命題，並且對這一命題進行了系統驗證。綠色金融創新是個系統性的過程，因此，單一的創新不能促進低碳轉型，綠色金融政策創新和綠色金融組織創新是基礎，綠色金融產品創新是重點，綠色金融體系科技創新是關鍵。綠色金融政策創新、組織創新、產品創新、綠色金融體系科技創新以及系統創新等五個創新有助於實現低碳轉型的三個目標。通過這五個方面的創新來研究綠色金融創新，促進低碳轉型，實現碳中和目標，這一方面具有一定的創新性。

（2）視角創新。從「碳中和」與「低碳轉型」這兩個獨特視角探索綠色金融系統創新的理論和現實問題，「碳中和」對我國未來應對氣候變化及促進綠色發展具有重要意義，發展綠色金融體系是促進我國實現低碳轉型的關鍵舉措。從這裏兩個獨特的視角可以更好分析我國的綠色金融體系創新研究。其次，課題又深入分析低碳轉型必須實現產業結構轉變、能源結構優化、技術進步，而每個方面的轉變都與綠色金融產品和體系息息相關，探討綠色金融系統創新的可行性，具有一定的理論前瞻性。

（3）模式的創新，在綠色金融的創新中，本課題指出產品創新是重點，並且對產品創新的各種模式進行了深入分析。這些模式的構建對於綠色金融系統創新以及低碳轉型的發展提供了模式參考和具體的路徑選擇，對於指導企業選擇綠色金融產品具有理論和現實指導意義。課題在模式上的創新可以為企業作出一定的貢獻並且為低碳轉型提供了新的模式和發展路徑。因此，模式創新有一定的現實和理論意義。

1.5 不足之處

在本課題的研究中也存在很多的不足：在研究綠色金融系統創新對低碳經濟產生創新效應、推動效應和擴散效應時，需要走訪大量政府部門、金融機構和綠色企業，需要大量數據分析和實際案例，但是因為精力和時間有限，僅走訪了少量的企業與政府、金融機構，所以書中數據和案例數量達不到所需的量；綠色金融產品創新如何更好地適應碳中和和低碳轉型需要是分析難點和不足之處。

第 2 章

我國低碳轉型的路徑

2020 年 9 月，習近平主席在第七十五屆聯合國大會一般性辯論上宣佈中國「二氧化碳排放力爭於 2030 年前達到峰值，努力爭取 2060 年前實現碳中和」。當前，碳達峰、碳中和目標已經納入中國生態文明建設整體佈局。2021 年 3 月發佈的《中華人民共和國國民經濟和社會發展第十四個五年規劃和 2035 年遠景目標綱要》明確提出在 2035 年美麗中國建設目標基本實現時，中國碳排放達峰後穩中有降。綠色低碳轉型是踐行習近平生態文明思想的重要內容，是貫徹新發展理念和推動高質量發展的必由之路，是我國積極參與全球氣候治理和全球經濟合作的必然要求。實現碳達峰碳中和，是以習近平同志為核心的黨中央統籌國內國際兩個大局作出的重大戰略決策，意義重大、影響深遠。綠色低碳轉型的目標正是通過實現碳達峰碳中和進而達到人與自然和諧共生，最終實現經濟社會發展與環境質量相兼顧的經濟高質量發展。

2.1 我國低碳轉型面臨突出難題

2.1.1 化石能源依賴度高

長久以來，我國能源資源稟賦被概括為「一煤獨大」，呈現「富煤貧油少氣」的特徵，嚴重制約碳減排進程。經國家統計局核算，2021 年，我國煤炭能源消費量佔比 56%，石油、天然氣能源消費量分別佔 18.5%、8.9%，且石油、天然氣的進口依存度分別達 73% 和 43%。需求季節性波動對能源供應保障提出了較大挑戰，在電力領域，新能源與傳統電源協同互利發展機制還不健全，極限條件下能源保供能力存在較大隱患。在保障能源安全成為當前重中之重的形勢下，統籌能源安全供應、經濟平穩運行和綠色低碳轉型處於探索和試錯階段。煤炭作為兜底的主體能源，其供應和消費也將持續增長，2021 年全國煤炭消費總量增長約 2 億噸，目前對於化石能源依賴度仍然較高。

2.1.2 產業轉型阻力大

我國整體處於工業化中後期階段，傳統「三高一低」（高投入、高能耗、高污染、低效益）產業仍佔較高比例。相當規模的製造業在國際產業鏈中還處於中低端，存在生產管理粗放、高碳燃料用量大、產品能耗物耗高、產品附加值低等問題。新形勢下我國產業結構轉型升級面臨自主創新不足、關鍵技術「卡脖子」、能源資源利用效率低、各類生產要素成本上升等挑戰，亟待轉變建立在化石能源基礎上的工業體系以及依賴資源、勞動力等要素驅動的傳統增長模式。傳統產業發展仍存在鎖定效應和路徑依賴，轉型阻力較大。

2.1.3 綠色金融供給不足，政策法規不健全

(1) 綠色金融供給端不足

目前，基於「雙碳」目標壓力，我國的綠色金融市場以綠色信貸和綠色債券融資為主，但僅靠間接融資無法滿足「雙碳」目標下巨大的融資需求。同時我國轉型壓力大，所需的資金缺口大，主要表現在兩個方面：一方面是產業發展需要大量融資支持。首先傳統產業需要足夠的或者低廉的資本來為自己的低碳轉型進行融資或者投資；其次，發展新型低碳產業需要巨大的資金，其中新項目的開發具有初期投入大、返還本金週期長、風險大等缺點。另一方面是技術創新需要融資支持。由於研發週期長、資金需求量大等問題，低碳技術一直很難跨越從實驗室研發到應用的「最後一公里」。所以，在當下產業變革和低碳技術革命中，蘊含着巨大的投資需求。協同實現碳中和的首要要求是要有較大的金融支持力度，即需要有較多的金融機構，提供較多的金融資金。目前，我國金融供給總量相對不足，主要表現在兩方面：一方面是金融機構發展不平衡。另一方面是金融資金使用率低。在信貸絕對主導的金融供給體系中，綠色投資比例過低，資金利用率低，未能有效引導資金流向低碳產業，資金供給嚴重不足。

(2) 綠色金融產品創新匱乏，市場尚不完善

自中國開展綠色金融以來，金融業雖然陸續推出了部分支持綠色發展的金融創新產品，但與國外領先者相比差距仍然明顯。業界對綠色金融的理解幾乎等同於綠色信貸，即減少對高污染、高耗能、高排放企業的貸款額度，對於綠色金融的其他產品如綠色證券、綠色保險和碳金融產品的理解不足；且綠信貸所涉足的領域也多在中下游環節或低附加值產品環節，主要以支持國家的節能減排政策為主，綠色金融市場發展有待完善。而非銀行金融機構對綠色金融的參與度也不高，提供的綠色金融服務較為單一。

(3) 綠色金融盈利能力不足，盈利模式單一

綠色金融存在綠色發展公益性與金融業盈利性之間存在一定的矛盾。綠色發展的本質是實現經濟與生態、資源、環境之間的可持續發展，本身帶有較強的公益性，而金融業是以盈利為目的，利潤是金融發展的根本。綠色金融風險較高而收益偏低，二者之間存在着潛在的矛盾。以碳金融為例，商業銀行響應國家號召，對重點節能減排工程提供銀行貸款、發行短期融資券、中期票據等綠色融資支持，及通過應收賬款抵押、CDM 預期收益抵押、股權質押、保理等創新方式提供綠色融資服務，但由於中國還不存在對碳減排的強制管理，減排需求有限，商業銀行碳金融產品尚未實現可持續的盈利；且碳期貨和碳期權等衍生品市場幾乎為空白，碳金融盈利模式單一。

(4) 綠色金融制度設計仍在不斷深化

綠色金融已被納入國家規劃及生態文明綱領性文件，首次同時寫入生態文明建設綱領性文件和國民經濟與社會發展規劃綱要。

第一，綠色金融被納入國家規劃和生態文明綱領性文件。綠色金融首次被納入生態文明建設的綱領性文件，也是首次被納入國民經濟和社會發展規劃綱要，標誌着發展綠色金融已經成為一項重要的國家戰略，也為發

展綠色金融提供了方向性指引，對推進綠色金融具有重要的意義。《中共中央國務院關於加快推進生態文明建設的意見》對生態文明建設作出了重要部署，並從市場化機制角度出發積極推進綠色金融相關領域的發展。要求建立節能、碳排放權交易制度，深化交易試點，推動建立全國碳排放權交易市場，加快水權交易試點，培育規範水權市場；擴大排污權有償使用和交易範圍，發展排污權交易市場。黨的十八屆五中全會審議通過的《中共中央關於制定國民經濟和社會發展第十三個五年規劃的建議》在理論上突破性地提出創新、協調、綠色、開放、共享五大發展理念，將「綠色發展」作為「十三五」時期社會經濟發展的重要內容，也在國民經濟和社會發展規劃綱要中首次提出：發展綠色金融，設立綠色發展基金。綠色金融已經成為「十三五」時期深化金融體制改革的重要方向。《生態文明體制改革總體方案》（以下簡稱《方案》）是生態文明領域改革的頂層設計和部署，也是生態文明建設的基礎性制度框架。《方案》明確提出了「建立綠色金融體系」：推廣綠色信貸，研究採取財政貼息等方式加大扶持力度，鼓勵各類金融機構加大綠色信貸的發放力度；加強資本市場相關制度建設，研究設立綠色股票指數和發展相關投資產品，研究銀行和企業發行綠色債券，鼓勵對綠色信貸資產實行證券化；支持設立各類綠色發展基金，實行市場化運作，建立上市公司環保信息強制性披露機制；建立綠色評級體系以及公益性的環境成本核算和影響評價體系，積極推動綠色金融領域各類國際合作。同時，《方案》細化了環境權益交易的相關內容，從用能權和排污權交易制度、水權交易制度等方面做了相關的規定。黨的十九大報告明確指出，加快生態文明體制改革，建設美麗中國，並把發展綠色金融作為推進綠色發展的路徑之一。十九大報告提出，要「加快建立綠色生產和消費的法律制度和政策導向，建立健全綠色低碳循環發展的經濟體系」。隨着國內綠色金融體系頂層設計的明晰化，綠色金融迎來了發展的黃金時期。

第二，黨中央國務院及相關部委形成發展綠色金融的廣泛共識。發展綠色金融是綠色發展的重要措施，已成為供給側結構性改革的重要內容，並逐漸成為黨中央、國務院決策高層的重要共識，黨中央、國務院以及相關部委領導在不同場合以不同形式闡述了發展綠色金融的重要性。2016年8月30日，國家主席習近平主持召開中央全面深化改革領導小組第二十七次會議，會議審議通過了《關於構建綠色金融體系的指導意見》。強調發展綠色金融，是實現綠色發展的重要措施，也是供給側結構性改革的重要內容。要通過創新性金融制度安排，引導和激勵更多社會資本投入綠色產業，同時有效抑制污染性投資。

第三，全球首個以政府為主導的綠色金融政策框架初步形成。2016年8月31日，中國人民銀行、國家發展和改革委、環境保護部等七部委聯合印發《關於構建綠色金融體系的指導意見》（以下簡稱《指導意見》），將綠色金融體系建設上升到國家高度，成為全球首個相對完整的政府為主導的綠色金融政策框架，進一步深化了綠色金融的頂層設計，為政府、社會資本各方參與提供了不同種類的綠色金融產品和金融工具。首次明確界定綠色金融含義，推出多項激勵機制推進綠色金融。「綠色金融」的概念一直是學術界和金融界爭論的焦點，《指導意見》給出了較明確的定義，綠色金融是指為支持環境改善、應對氣候變化和資源節約高效利用的經濟活動，即對環保、節能、清潔能源、綠色交通、綠色建築等領域的項目投融資、項目運營、風險管理等所提供的金融服務。並提出了綠色信貸、綠色債券、地方綠色金融等多方面的激勵機制。加強信用評級和環境信息披露，設立基金和創新融資工具。一是首次以文件形式明確第三方機構在綠色債券評級中的作用：研究探索綠色債券第三方評估和評級標準、規範第三方認證機構對綠色債券評估的質量要求，鼓勵信用評級機構在信用評級過程中專門評估發行人的綠色信用記錄、募投項目綠色程度、環境成本對發行人及債項信用等級的影響；同時，培育第三方專業機構為上市公司和發債企業提供環境信息披露服務的能力，逐步建立和完善上市公司和發債企業強制性環境信息披露制度。二是設立綠色發展基金深化政府和社會資本合作模式。支持和鼓勵設立三類綠色發展基金，即分別由中央財政專項支持、地方政府和社會資本支持、社會資本和國際資本設立，並支持在綠色產業中引入 PPP 模式，將環保高收益項目打捆，建立公共物品性質的綠色服務收費機制。三是完善環境權益交易市場，豐富創新融資工具。豐富和發展各類碳金融產品，如碳遠期、碳掉期、碳期權、碳租賃、碳債券、碳資產證券化和碳基金等碳金融產品和衍生工具。推動建立排污權、節能量（用能權）、水權等環境權益交易市場，在重點流域和大氣污染防治重點領域，合理推進跨行政區域排污權交易。

第四，多部門齊頭並進合力推進綠色金融相關政策落地生效。綠色金融已從理念上升為國家戰略，相關領域的配套政策與措施也正逐步出台落實，尤其是綠色債券的政策體系日趨完善。中國人民銀行、國家發展和改革委、證券交易所等多個部門、金融機構相繼出台了一系列與綠色債券關聯的政策，明確了綠色項目界定、綠色債券發行標準、發行對象和方式、募集資金獲得和使用等相關內容，為綠色債券的發行提供了指引。綠色債券市場政策上取得突破，多部門共同推進綠色債券市場。我國的綠色債券市場主要有三大政策來源，分別來自中國人民銀行、國家發展改革委和證券交易機構。其中，中國人民銀行發行綠色金融債券公告以及綠色債券界定標準，標誌着國內綠色金融債券市場正式啟動，國家發展改革委發佈《綠色債券指引》，為綠色公司債券發展提供政策保障，上海證券交易所和深圳證券交易所出台綠色公司債券相關政策，為金融機構和綠色公司提供了新的、較低成本的融資渠道。

2.1.4 經濟增長新動能不足

長期以來，中國經濟發展中存在着嚴重的問題，加快經濟發展方式轉變和經濟結構調整，是中國經濟實現綠色發展和可持續發展的必由之路。根據國際能源署對中國經濟持續發展的展望，從現在到 2040 年，天然氣在中國能源結構中的佔比將從當前的 7% 上升至 13%，20% 的道路交通中使用生物燃料，中國經濟增長逐漸向更平衡、更可持續的模式過渡，煤炭的需求也隨之下降。目前經濟增長新動能不足，新興市場有待進一步激發。如今，我國開啟了全面建設社會主義現代化國家新征程，在新發展階段不僅要防範潛在增長率快速下降，還要避免需求制約導致實際增長率大幅低於潛在增長率。新動能培育在順應工業體系調整、穩經濟保就業的宏觀環境中面臨一系列客觀壓力，經濟結構調整和產業升級任務艱巨，短期內實現碳排放與經濟增長脱鈎壓力巨大。供給側與需求側都要不斷改革，推動社會經濟發展全面綠色轉型。同時，一個完善的綠色金融體系將促進整個社會產業鏈的綠色轉型，形成新的經濟增長點。一方面，碳交易有別於其他傳統金融產品的交易，交易機制複雜，交易過程牽涉到的中介機構和部門除直接參與傳統金融證券產品交易的商業銀行、投資銀行、證券公司、律師事務所和其他社會服務機構外，還有碳評級部門、碳登記結算部門、碳排放權核證單位等碳交易專屬機構。另一方面，碳金融作為低碳產業鏈的核心部分，向產業鏈的前端和後端縱向延伸都很長。前端延伸帶動了節能減排、新能源技術研發領域的發展及研究機構的參與，向後延伸則形成碳技術交易、碳減排產品設施的交易和相關碳技術應用實踐企業的加入。碳金融在低碳產業鏈延伸和發展，將為經濟發展創造新的增長極。

2.2 推動我國低碳轉型的路徑

2.2.1 能源結構轉型

(1) 大力構建清潔低碳安全高效能源體系

在當今經濟環境大背景下，能源結構轉型意味着促進以化石能源為主的舊的能源路徑向以低碳、清潔能源為主的新的能源路徑的轉化和發展。伴隨我國經濟發展進入新常態以及習近平主席提出的「綠水青山就是金山銀山」以來，改善生態環境更是人們最為關注的問題，因此，節能減排、促進低碳轉型目標的實現已成為共識。研究表明，在工業行業，天然氣的使用可以減少二氧化碳的排放。比如天然氣用於製氫氣相比於用煤製氫氣來説每產出 1 噸氫氣可減少 6.5 噸二氧化碳的排放。用煤製氫氣，每生產 1 噸氫氣需要排放二氧化碳 11 噸，然而用天然氣製氫氣，每產出 1 噸氫氣只需要排放 5.5 噸二氧化碳。在我國絕大多數地區，天然氣使用量的增加會促進二氧化碳排放量的減少，這也就表明天然氣的使用在一定程度上有助於低碳減排目標的實現（董康銀，2019）。化石能源的使用會增加二氧化碳的排放，核能和可再生能源以及清潔能源的使用會減少二氧化碳的排放，因此，要增加可再生能源的開發和使用，減少對化石能源的依賴，促進我國能源結構順利從以化石能源為主轉向以低碳能源和清潔能源為主，實現能源結構轉型。能源消費是產生碳排放的主要原因之一，能源消費中化石能源佔比太高導致了大量的碳排放，我們需要在能源消費端對能源消費結構進行調整，從而實現碳排放的下降。

通過強化能源消費強度和總量雙控，可以提升能源效率和降低能源消耗總量，這樣既能降低單位產值碳排放量又能減少總的碳排放量。首先要堅持節能優先。只有通過節能降低能耗才能降低碳排放。其次是要做好能源結構調整。只有增加非化石能源在能源消耗中所佔的比重，碳排放才能得到根本性的減少。最後是要嚴格責任落實和評價考核制度。只有這樣才能真正有效做到節能減排，促進碳中和。相比於化石能源，使用清潔能源在同樣的能耗下會產生更少的碳排放，因此大力發展清潔能源是實現「雙碳」目標的必要途徑。對此，一是要積極發展非化石能源。非化石能源包括風能、太陽能、生物質能、海洋能、地熱能等，使用非化石能源不會帶來碳排放。二是大力發展天然氣。天然氣是一種低碳化石能源，天然氣的應用將大量減少碳排放。增加綠色能源消費量，從而減少碳排放。對此，一是建設互聯網 + 綠色能源交易平台。借助互聯網優勢增加綠色能源交易量。二是發展綠色能源交易證書體系。建立綠色證書生成和認證機制等完善體系，能夠確定好買方和賣方的准入限制，從而增加市場的可信度，間接促進交易量。三是建立綠色能源補貼機制。建立綠色能源補貼機制將會極大增加新能源消費者的積極性，會加快實現新能源與傳統能源的更新換代，增加新能源消費比例。

(2) 促進高成本粗放形式的能源使用向集約化的發展

伴隨着我國經濟市場化水平的不斷提高，市場運行機制的不斷完善和發展，能源利用方式也發生了重大的轉變，產生了從高成本粗放型發展轉向集約化發展的趨勢，同時，在這種市場經濟不斷發展壯大的大背景下，政府的經濟管理方式也發生了重大的轉變，出台了一系列節能減排，促進能源有效利用的方針政策，這不僅提高了能源的使用效率，同時，也促進了產業升級和經濟的發展。在提高能源使用效率方面，隨着科技水平的提高和技術的不斷進步，技術的發展對此起到了促進作用，政府政策方針以及技術的發展進步共同助力能源使用效率的提高。

2.2.2 產業結構轉型

(1) 大力發展生態農業，改良第一產業

生態農業，即令農業生產的各個環節的產物都能夠成為下一個環節的原料，形成一個循環的系統。在生態農業的整個系統中，幾乎所有的資源都被得到充分地利用，這不僅能夠保護環境，同時也能夠降低生產成本。就我國目前的發展情況來看，對第一產業提供的資金支持比較少。因此，引進綠色金融發展理念，可以在一定程度上加大金融機構對生態農業的資金支持，促進生態農業的發展，這不僅能夠改善環境，也能得到很好的經濟效益。

(2) 對第二產業的發展模式作出新的調整

在調整第二產業的發展模式時，要注意將環境放在首位，將經濟放在次位，改變發展理念以及工業技術等。例如，發展理念方面，以前主要是追求工業所帶來的經濟效益，現在也要追求保護環境；工業技術方面，以前主要追求提高產量和質量，現在也要關注機器設備在生產過程中是否環保；污染排放方面，以前大部分是大量排放在自然環境中，對環境造成了極大的破壞，現在應考慮排放物對環境的影響，進行更加科學的處理。引

入綠色金融理念，主要是利用金融機構的投資導向作用，使資金更多地流入環境友好型企業，進而促進工業的調整。

(3) 對第三產業的資金支持力度的增加

第三產業與第一、第二產業相比，與可發展理念更為相符，因此，應當提高第三產業在整體的佔比，那麼增加第三產業的資金支持力度就是一個很好的選擇。將綠色金融理念應用到對第三產業的支持，金融機構應當隨着綠色金融理念的提出而加大對第三產業的投資力度，尤其是對環境友好型企業，應當為其提供充足的資金支持，這樣，就可以實現經濟效益與環境保護雙重目標。

(4) 產業結構低碳化發展

產業發展是碳排放的主要來源，產業規模、產業結構會導致碳排放總量和碳排放強度的差異，因此雙碳目標的實現依賴於產業規模控制和產業結構調整，從而實現生產端碳排放和碳強度控制，進而推動碳達峰。同時產業也是經濟增長的支撐，關乎「百年目標的實現」，產業規模的控制和產業結構的調整必須建立在不損害經濟增長的基礎之上。從短期來看，仍然要以產業結構調整為主。具體來看：

高耗能產業是當前中國 CO_2 排放的重要來源，所以要降低高耗能產業碳排放強度，各地要合理控制產業規模，淘汰落後和無效產能，實施源頭嚴防、過程監管、後果嚴懲，引導「兩高」產業向低碳綠色轉型發展。對此，首先要明確產業結構發展規劃。各地協調制定計劃，制定各行業碳減排實施方案，淘汰落後產能，加快推進工業領域低碳轉型。其次加大監督落實環境准入和監管處罰力度，嚴格執行「兩高」及各行業項目環評審批原則和准入標準。健全執法督察相關長效監管機制，加大違法懲處和震懾力度，加強產能過剩分析預警和窗口指導。以此遏制「兩高」產業盲目發展，從而從源頭上控制碳排放的增加。

高耗能產業為國民經濟承擔着提供能源重化工原材料的任務，高耗能產業存在有其必要，不可能完全被淘汰。因此對於高碳行業，應通過節能減排技術，實現清潔化生產。對此，首先要加快落實落後產能等量或減量置換，加快高耗能產業綠色升級。其次，加強綠色低碳和清潔生產的重大科技攻關，加快推進工業領域低碳工藝革新和數字化轉型。這就需要資金支持，所以應強化綠色金融對節能低碳項目的投資引導和融資支持。

考慮到經濟增長壓力，在嚴控落後產業發展的同時，必須要通過培育新的優勢支柱產業，實現低碳增長。對此，首先要明確重點發展領域，加快發展新興低碳產業，重點發展新能源和數字科技的市場應用，向綠色創造轉變。這其中離不開科學技術的支持，所以應加強技術創造，加大高科技人才的培養，攻克科研技術難題，推動數字化技術與綠色低碳產業深度融合。最後，調動市場積極性，產業的發展離不開資金的支持，所以一個積極良好的市場，可以引領資金流向綠色優勢產業，實現低碳發展。

(5) 利用政府約束和激勵推進產業結構的調整

在運用綠色金融理念進行產業調整的過程中，要注重政府在其中的重要作用。政府要堅持以環境保護為第一位，而不是只追求經濟效益，只有政府堅持可持續發展理念，企業才可能給予足夠的重視。政府可以利用約束和激勵措施，對非環境友好型企業進行約束，對環境友好型企業進行鼓勵。另外，須完善綠色金融的相關法律法規，目前，我國大部分關於綠色金融的政策停留在理念，沒有形成完善的法律體系，對整個社會的綠色發展的約束力不足，因此，應當建立健全相關法律法規，使得綠色金融體系更加完善，這樣才能更好地促進我國的產業結構升級。除此以外，須完善「綠色」的評估標準，目前，我國不管是綠色債券還是綠色信貸，都沒有形成統一的行業標準，這就造成了「洗綠」的風險，應儘快統一「綠色」的評估標準。

2.2.3 金融結構轉型

金融作為優化資源配置、調劑資金餘缺的重要方式和手段，在引導資金投向綠色產業，促進產業鏈的綠色轉型，形成新的經濟增長點和增加就業機會方面都具有重要的作用。我國尚處於綠色金融發展的初級階段，發展時間尚短，我國的綠色金融產品有碳金融、綠色信貸、綠色債券、綠色基金以及綠色保險等，但這些綠色金融產品還不夠完善，存在很多缺陷，還不足以推動我國的產業結構升級，需要創新更多的綠色金融產品並且完善綠色金融體系。我們可以借鑒其他國家的發展經驗，例如美國，其綠色金融發展的比較早，目前比較完善，有很大的借鑒意義。一方面，我們可以根據不同的地區特點，創造出不同的綠色金融工具來推動該地區的產業結構升級；另一方面，注重開發個人消費者，創造適合個人消費者的綠色金融產品。

金融作為推動雙碳目標的助推器，作用十分關鍵。城市群雙碳目標的實現是一個綜合運用多種經濟手段的系統工程，離不開金融方面的支持，對此，需要推動金融產業協同發展。雙碳目標的實現需要從金融供給總量、金融供給結構和金融服務、碳金融等方面支持。依託頂層設計，協同助推金融的一體化發展。由於當前我國金融機構分佈不均衡，金融密度較低，同時其綠色投資比例過低，資金利用率低，金融供給遠遠小於金融需求，所以金融機構要不斷增加網點分支機構，不斷提升金融機構的輻射面積，加大資金規模總量，從而為產業的低碳轉型、發展清潔能源和碳匯的積累提供更多的資金支持，以便更好推進實現協同減碳。我國存在內部金融資源分佈不均，嚴重阻礙了協同發展的問題，應構建區域協同發展機制，運用好區域中的金融資源優勢協同制定發展規劃和金融發展規範，共同配置資源，採用統一標準，共同進步。不斷加大對落後地區的財政支持力度，在金融資源上進行協調引導，逐步實現金融服務的平均化，地方無差別待遇。例如京津冀地區，京津要利用好金融資源優勢，河北省要加強金融人才培養，提升人才激勵力度，發揮緊鄰北京、天津的地理優勢，加強各地區的溝通交流，讓人才自由流動，為金融業的發展提供源源不斷的動力，加強各地區的金融創新能力，減少提高河北省與京津的金融資源差距，促進京津冀一體化協同發展。

2.2.4 增長動力轉型

根據經濟增長理論，經濟增長來自於由勞動、資本、資源、技術等要素配置形成的產業產出。根據經濟增長的主要驅動力，可將經濟增長模式分為要素驅動型和創新驅動型。其中，要素驅動型主要發生在經濟增長初期，以資源等實物資本消耗為主，通常伴隨着能耗和環境污染的上升，碳排放將隨着經濟增長而上升，且隨着時間的推移，將出現要素邊際收益下降。而創新驅動型發生在經濟發展中後期，經濟增長不再主要依賴於資本、勞動力、能源等實物資本的消耗，轉向以全要素生產率 TFP 為主要驅動力的內涵式增長，TFP 貢獻率的提高意味着一個國家的經濟增長逐步擺脱要素投入帶來的增長，進入內生增長的道路，有利於克服人力、資本深化帶來的規模報酬遞減問題，這一階段由於經濟增長更多依賴於效率提升、高技術產業，經濟增長逐步與碳排放脱鈎。目前，根據測算，我國全要素生產率大約不到美國的 50%（張文魁，2018），如圖 2-1 所示，我

圖 2-1　中美全要素生產率差距及預測

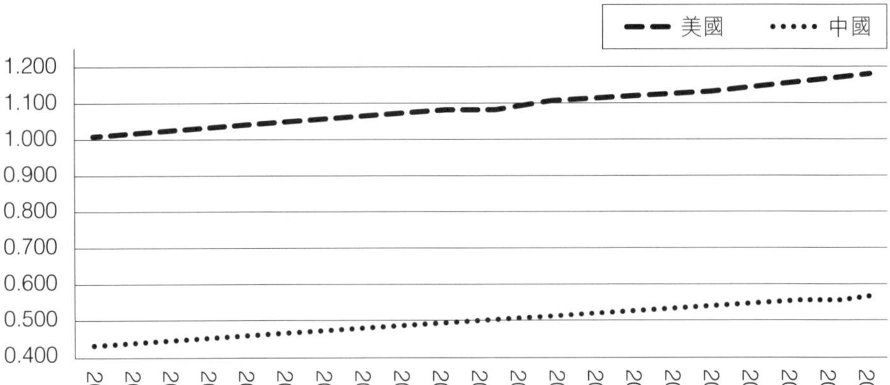

	2015	2016	2017	2018	2019	2020	2021	2022	2023	2024	2025	2026	2027	2028	2029	2030	2031	2032	2033	2034	2035
美國 ▸	1.008	1.015	1.023	1.031	1.039	1.046	1.054	1.052	1.071	1.079	1.087	1.095	1.103	1.112	1.120	1.129	1.137	1.146	1.155	1.163	1.172
中國 ▸	0.436	0.441	0.447	0.453	0.459	0.465	0.471	0.477	0.483	0.490	0.496	0.503	0.509	0.516	0.523	0.530	0.536	0.544	0.551	0.558	0.565

資料來源：（張文魁，2018）

國全要素生產率仍有較大提升空間。鑒於我國將長期處於社會主義初級階段，面臨經濟增長和環境保護雙重壓力，因此需要提升全要素生產率，促進增長動力轉型，從而實現低碳增長。

興業銀行一直秉持着綠色金融的發展理念，在綠色金融領域始終佔據我國商業銀行的龍頭位置。2005 年，興業銀行和國際金融公司（IFC）合作，開始探索國內能效融資的商業模式。2006 年開創了節能減排貸款。2007 年和聯合國環境規劃署簽署了《金融機構關於環境和可持續發展的聲明》。2008 年 10 月 31 日，興業銀行正式公開承諾採用赤道原則，成為中國首家「赤道銀行」。2015 年，興業銀行制定了明確的集團綠色金融戰略和規劃，開始在集團層面實現綠色金融業務的協同聯動和快速發展。另外，興業銀行通過「融資＋融智」積極推動我國綠色金融體系建設，積極參與我國首批五個綠色金融改革創新試驗區建設。

由於環境問題愈來愈受到各級政府的關注，綠色環保產業已經成為一個極具發展潛能的新興產業。近年來，我國在綠色環保方面的投入逐步加大，截至 2019 年 9 月，我國節能環保支出為 4,750 億元，同比增長 14.5%。隨着國家財政投入的不斷增加和鼓勵政策措施的陸續出台，綠色產業未來發展空間巨大。

截至 2019 年 6 月末，興業銀行已累計為 17,938 家企業提供綠色金融融資 19,724 億元，融資餘額達 9,408 億元，實現銀行、政府與社會的共贏局面。興業銀行綠色金融融資的不良率僅為 0.47%，優於銀行業平均資產質量。另外其綠色金融所支持的項目可實現在我國境內每年節約標準煤 2,992 萬噸，年減排二氧化碳 8,428.43 萬噸，年節水量 40,991.19 萬噸，相當於關閉 193 座 100 兆瓦火力發電站，10 萬輛出租車停駛 40 年。

多年來，興業銀行積極探索綠色金融發展模式，積累了深厚的專業技術和有益經驗，實踐證明了綠色金融的商業可持續性。在推動試驗區建設的過程中，興業銀行走出了一條有特色的綠色普惠金融之路。2017 年興業銀行在江西省提供融資服務的 60 兆瓦光伏扶貧項目，使 2,238 戶建檔立卡貧困戶受益，支持了國家「精準扶貧」政策的落地，將綠色金融與精準扶貧有機結合起來。

未來，興業銀行已制定了「兩個一萬」的 5 年目標，即到 2020 年，集團的綠色金融融資餘額突破一萬億元，綠色金融客戶突破一萬戶，並將提供多樣化的「融智」服務，努力成為全球一流的綠色金融綜合服務提供商。

作為中國最早發展綠色金融市場的銀行，興業銀行深耕綠色金融，積極推進產品和服務創新。2016 年，除上述國內首批發行的綠色金融債外，該行還註冊發行了全國首隻綠色非公開定向債務融資工具、投資國內首單非上市公司綠色 ABS、面向個人投資者發行投資綠色環保項目和綠色債券的綠色理財產品，並加大在綠色信貸資產證券化、綠色消費信貸等新興業務領域的探索創新。興業銀行在為企業提供融資服務的過程中，已形成門類齊全、品種豐富，涵蓋綠色融資、綠色租賃、綠色信託、綠色基金、綠色投資和綠色消費等在內的綠色金融集團產品服務體系，正逐漸實現從一流綠色銀行向一流綠色金融集團的轉變。

第 3 章

綠色金融系統創新推動低碳轉型的作用機理

綠色金融系統創新包括綠色金融政策體系的創新、綠色金融機構的創新、綠色金融組織體系的創新、綠色金融體系為主的科技創新。只有四個方面的系統創新才能整體推進低碳轉型目標的實現。

3.1 綠色金融系統創新體系的構建

綠色經濟是指在環境保護、節能和改善環境的行業的風險管理領域進行項目的投資和融資，可以節省資源並應對氣候變化同時提供清潔能源、綠色交通、綠色建築和其他金融服務。

促進綠色環保的經濟效益。借助環保理念指導，公司不僅可以推動技術創新，而且可以優化資源分配，從而以節能的方式提升自身。綠色經濟發展意味着我們的產品增強了國際市場的競爭力，得到了世界的認可，並增強了我國的經濟發展。

綠色經濟可以帶來經濟利益，而且可以通過社會繁榮來改善人們的生活質量。此外，綠色經濟發展改善了綠色產業，從而使在經濟市場上籌集資金變得容易，改變整個行業的概念，減少環境破壞，並增加了對生態系統的利用，節省資源並獲得財務優勢。綠色經濟的重點是環境保護。因此，由於環境友好型經濟活動對環境的影響，人類可持續發展的理念得以實施。

綠色經濟增加了生態效益。隨着中國經濟的飛速發展，近年來水污染、空氣污染、環境失衡等環境問題日益嚴重。為了實施環境管理，當局必須投入大量的人力、物力和財力。但是，當前許多環境項目的預算缺口很大，綠色預算可以彌補這些環境項目的預算缺口。同時，合理利用資源需要大量資金來合理規劃和利用資源，減少資源浪費，這是對環境友好的財務保證。在能源方面，不僅需要有效地計劃和利用現有資源，而且需要在環保產業中開發新能源和新技術，這需要大量的投資和資金。我們支持綠色經濟解決能源問題，促進經濟增長和改善環境。經濟與綠色的結合強調通過環境友好的財政政策創新來保護環境，同時促進經濟發展。只有通過綠色金融創新，才能促進社會經濟發展和可持續發展。

3.1.1 綠色金融政策體系的創新

從定義來看，綠色金融意味着在進行投資決策時金融機構和部門必須把環境因素放在首要位置，但是更重要的是綠色金融不能只停留在概念層次，必須要有針對性的操作指引和出台相關政策。近年來，我國經濟正從高速發展階段向高質量發展階段轉變，這對於我國綠色金融體系的創新建設提出了更高的要求。然而，我國綠色金融的發展仍處於起步階段，所以，發展過程中遇到的問題就會逐漸暴露出來，比如綠色金融政策體系不完善就是一個較明顯的弊端，因此，作為綠色金融的基礎，其政策體系的創新對於發展綠色金融來説具有重要意義。

從我國綠色金融發展中存在的問題出發，首先我國綠色金融發展理念淡薄，這就造成綠色金融發展速度遲緩，不太受政府的青睞和重視，所以，綠色金融項目競爭力不高，短期收益不顯著。其次，我國綠色金融監管機制不完善。一方面，由於我國綠色金融的發展尚在摸索階段，關於綠色金融市場探索和監管的法律法規尚未完全建立；另一方面綠色金融發展過程中的信息不對稱問題以及產品制度不清晰導致綠色金融在監管過程中存在很多盲區。最後，由於我國目前在綠色金融信息披露機制方面以及事後監管的不完善，就出現了綠色金融機構一味追求經濟效應而降低綠色金融客戶監管門檻的風險。以上這些問題亟待解決，要求綠色金融政策體系必須創新。

（1）我國綠色金融政策體系創新的路徑

在我國綠色經濟的發展過程中，國家應該充分發揮宏觀調控作用，出台相應政策為綠色經濟的發展提供支持，同時還要引導社會資本積極參與到綠色經濟發展過程中，充分發揮市場資本的作用，更好地服務我國綠色經濟的發展。同時，政府也應該健全監督管理體系，統一監督管理標準，杜絕出現監管真空地帶。由於綠色金融的發展在我國尚屬新鮮事物，發展過程中還存在很多的缺陷，為了更好地保障我國綠色金融的發展，應該加強對綠色金融的監督管理。此外，還應該完善綠色金融的激勵補償機制，在綠色產業發展過程中充分發揮國家政府和市場的激勵補償作用，既要鼓勵投資者加大對綠色經濟的投資力度，也要鼓勵實體企業採用綠色方式來組織生產經營服務。

迄今為止，我國出台的關於綠色金融的政策文件已不在少數，不斷在金融領域滲透綠色金融知識，為我國綠色金融體系的發展奠定了良好的基礎。我國綠色金融政策體系創新的路徑如圖 3-1 所示：

圖 3-1　綠色金融政策體系創新的路徑

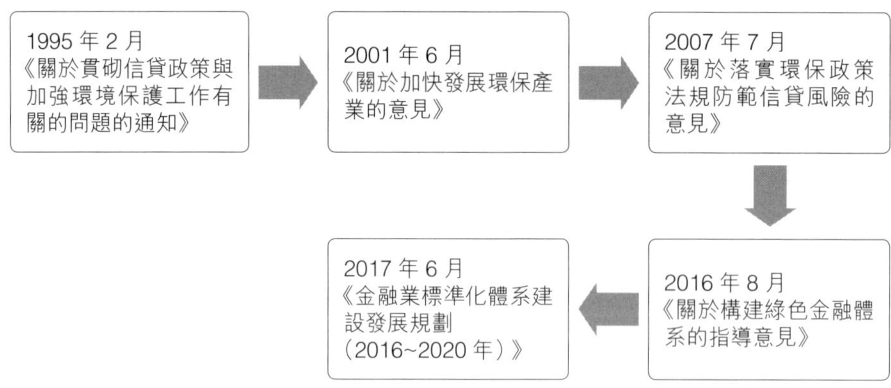

關於以上政策創新的路徑，中國人民銀行發佈的《關於貫徹信貸政策與加強環境保護工作有關的問題的通知》中強調，各級金融機構在開展信貸業務時應把環境保護作為第一考慮要素，銀行在發放貸款時應考慮企業是否支持生態保護和污染防治。該通知發出後，2001 年 6 月出台的《關於加快發展環保產業的意見》制定了環保產業相應的法律法規，給予環保產業更多的信貸支持來促進綠色金融的發展。2007 年我國國家環保總局出台的《關於落實環保政策法規防範信貸風險的意見》是我國綠色信用體系正式建立的標誌，該文件要求銀行對未通過環評審批等項目以及違規排污企業不得提供信貸支持，這説明我國正逐漸將綠色金融政策落到實處。2016 年 8 月七部委聯合發佈的《關於構建綠色金融體系的指導意見》強調大力發展綠色金融對於促進我國節能環保領域技術進步具有重要意義，並且伴隨着該《指導意見》出台，我國成為第一個建立完善綠色金融政策體系的經濟體。這份以政府為主導的且較為全面的綠色金融政策框架，鼓勵地方性綠色金融的發展，明確了要加大對綠色企業上市和融資等的支持力度，同時，也是我國主要落實的綠色金融政策文件。2017 年 6 月人民銀行等五部門聯合發佈的《金融業標準化體系建設發展規劃（2016~2020 年）》強調由於目前存在的較大金融風險隱患，所以建立新型金融業標準體系是我們的首要任務之一。在金融產品方面來説，首先要制定綠色信貸等銀行業標準，重點發展綠色債券市場和相關產品，建立和完善綠色金融信息披露標準體系。從以上可以看出，在政府的推動下，我國的綠色金融政策體系正在逐漸完善。

（2）我國金融機構在綠色金融政策體系的創新

在我國政府出台相關政策發展綠色金融創新的同時，各家金融機構也逐漸將注意力轉移到綠色金融上，紛紛加大對綠色金融項目的投入力度。商業銀行作為金融機構不可或缺的一部分，其在綠色金融政策創新方面作出了巨大貢獻。以中國銀行為例，中國銀行積極實施綠色發展戰略，包括制定具體的綠色金融發展規劃，提供有針對性的綠色金融服務，並將工作規劃落到實處，取得的成果包括截至 2018 年末中國銀行綠色信貸餘額超 8,000 億元，較上一年度的增長幅度明顯。不僅如此，中國銀行在制定綠色金融發展規劃的同時加大綠色產品研發力度，推出主題理財產品來吸引社會閒散資金支持綠色金融的發展，同時，推動發行綠色項目債券。

① 國有商業銀行

以首批綠色金融改革創新試驗區的廣東省為例，該省份的各個國有商業銀行分行都分別針對各自經營方式和金融產品制定了不同的綠色金融創新政策。

中國農業銀行廣東省分行依據政策，將綠色金融的理念滲透到經營管理的各個環節，不斷優化金融生態環境。農行廣東分行細分綠色行業類別，在符合國家行業政策的重點領域傾斜信貸資源，加大對環境治理、清潔能源、循環經濟和低碳環保等項目的投入力度，以促進信貸業務轉型，而對於不符合環保要求的企業則減少信貸投放，比如嚴格控制產能過剩領域的信貸投放；

中國銀行廣東省分行從信貸業務、資源配置等方面踐行綠色金融理念，積極推進綠色金融實踐，綠色金融產品和服務也在相繼創新。比如廣州市政府推進廣州市公交車新能源轉換，中行廣東分行積極響應並針對該項目的特點及需求，為其制定特定的租賃保理融資等金融服務。同時，在信貸指引中明確其客戶及項目准入條件、信貸條件、行業風險提示要求等，提高對業務風險的控制能力；

中國工商銀行廣東省分行全面打造綠色銀行，截至 2020 年底其在生態保護、清潔能源和節能減排等綠色金融領域貸款額逐年增加，而且在該領域投入貸款增速在國有大型銀行裏也居首位。在機制建設方面，工行廣東分行將綠色金融原則嵌入貸款及投資的全流程；同時，完善考核機制，在各級機構考核目標中將綠色信貸包括在內，對各級金融機構是否合規生產經營進行嚴格巡查和考核，促進綠色信貸業務的協調有序發展；廣東省工商銀行分行還積極開展業務創新，例如建立多元化的綠色金融服務體系，通過綠色項目貸款和綠色產業基金支持綠色經濟，踐行綠色金融理念。同時，全面推動信貸結構「綠色」調整，加大對環境敏感行業及客戶的信貸結構調整力度。

② 股份制商業銀行

作為我國銀行體系的另一重要構成部分，各股份制銀行也陸續推出了適合的綠色信貸操作標準，比如興業銀行的《環境與社會風險管理政策》等，這些政策明確了各行綠色信貸業務的主要領域和發展戰略。如民生銀行廣州分行依據總行的綠色信貸政策指引，將可再生能源、清潔能源、節能服務行業、節能產業作為其綠色信貸業務的主要領域；中信銀行廣州分行始終堅持可持續發展，並將節能減排以及生態保護作為其履行社會責任的重要內容。在具體實踐中，將污水處理和環保設備製造等作為綠色信貸業務的首要發展領域。同時，防範鋼鐵、有色、水泥、焦炭等高污染行業的環保風險，加大對環保節能領域的信貸支持。另外，這些信貸政策指引也提出了發展綠色信貸業務的總體原則，部分政策指引給出了綠色信貸業務的統計口徑，以便於信貸人員操作，比如光大銀行廣州分行提出七大授信總體原則，包括預防和控制污染原則，控制或減少溫室氣體排放原則、合理有效利用資源原則。

(3) 國外綠色金融政策的創新

① 世界銀行綠色金融政策創新

自 1989 年以來，出於對社會的責任，世界銀行把環境影響評價作為其發放貸款的前提條件，環境評估成為強制性政策，為此，世界銀行制定了相關的政策以及項目環境審查步驟。環境評價一般包括具體項目的環境評價、行業開發計劃的環境評價、區域開發的環境評價等形式。世界銀行的環境保護政策涵蓋在其業務操作中的各個程序規範之中，以上這些政策的最終目標就是把對環境保護和節能減排等理念完全融入世界銀行的各項業務中，從而推動可持續發展。

國際公認的綠色金融政策創新是在國際金融公司和世界銀行政策框架內確立的赤道原則，這一原則用於衡量和管理社會和環境風險，以便於項目籌資，目前該原則已成為國際上項目融資的新準則。截至 2018 年 11 月底，全球已經有 93 家銀行和金融機構表示接受赤道原則。而且經過多次修改和完善，赤道原則在項目分類中對社會影響評估和環境影響評估作了更明確的區分，這也從根本上提升了原則執行的標準，更有利於綠色金融的創新與發展。

② 聯合國環境規劃署綠色金融政策創新

1992 年由聯合國環境規劃署和世界主要金融機構設立的金融機構自律組織（UNEP FI）旨在召集全球金融機構在可持續發展和環境保護方面進行交流。1997 年該組織發表了《銀行業、保險業關於環境可持續發展的聲明》，這在綠色金融發展的過程中也是政策的創新和發展，目前，有超過 200 個金融機構都在此聲明上簽字，由此，我們可以看出該聲明得到了世界範圍內的廣泛支持，可持續發展問題越來越受到全世界人民的重視。

在世界範圍內，兩大多邊國際組織都已成為綠色金融的倡導者和實踐者。世界銀行和聯合國環境規劃署在綠色金融政策方面的創新得到了許多國家的響應和支持，這對於全球可持續發展意義深遠，同時也促進了我國綠色金融的發展和進步。

3.1.2 綠色金融組織的創新

（1）金融組織的含義

綠色金融機構在促進綠色部門融資、監測二氧化碳排放總量和實現目標方面發揮着重要作用，在向低碳活動過渡的背景下，綠色產業也滿足了大量的資金需求。實現碳達峰、碳中和目標下，綠色金融組織發揮着重要的作用，它們可以滿足低碳轉型下各綠色產業龐大的資金需求，推動經濟社會發展加快走向綠色低碳之路。

（2）金融組織綠色創新發展現狀

作為經濟的血液，我國的「綠色」金融在世界上名列前茅，「綠色發展」理念已融入大型金融機構的日常管理中。到 2020 年，我國綠色貸款達到 11.95 萬億元，居世界第一；綠色債券達到 1.2 萬億元。2011 年以來，北京、上海、廣州、深圳、天津、湖北的低碳貿易額已達 100 億元。

（3）金融組織創新的意義

金融經濟的國際化改變了金融機構的組織模式。在單一銀行體系和主營業務體系的基礎上，形成了連鎖銀行體系。我們建立了分行、全自動化分行、百貨公司分行、專業分行、金融廣場分行等形式的聯合銀行體系，最重要的組織創新是金融機構從傳統的單一結構向集團化發展。

金融機構形式的另一個重要創新是成立「金融財團」，這是一種新型的經營機構，如大型綜合性金融機構、金融服務、金融超市、銀行、證券、保險等。信託、租賃和貿易一體化。

西方商業銀行業務理論經歷了資產管理、負債管理、資產和負債管理三個階段。銀行是被動的，只負責管理。債務是為了確定金融市場上資金的來源，以便更好地利用資源。持續負債必須充分開發，利率風險管理是資產負債管理的核心。我們應該考慮調整正常的市場利率，以滿足銀行貸款或其他資金的需求。

對於企業而言，經濟創新使金融更加靈活和多樣化，並能滿足投資者的需求。降低交易成本和平均成本將導致資本回報率較高，這將促進投資者和市場資本的增長，增加業務活動，改善原材料的生產和分配。

金融組織創新的意義有以下兩個方面：

① 金融組織具有綠色投資引導功能

它可以引導社會資金流向綠色低碳、清潔節能和污染防治領域，實現資源的有效配置，促進綠色金融發展。社會資本可以用於低碳、清潔能源和污染控制等領域。發展有效的資源配置，推進清潔融資「綠色」項目，將增加低碳「綠色」項目的貸款機會，增加清潔低碳項目的投資。對具有一定高收益和低收益的生態環保項目提供「一攬子」支持，提升綠色低碳項目的可融資性，增加對低碳計劃、綠色計劃的投資。此外，還可以利用機構的定向優勢，使得政府的補貼資金、排污的權力分配得更加合理化，這樣，極大的有利於生態環境保護和環境治理。

② 金融機構具有環境風險控制功能

企業作為社會環境中的活躍要素和社會組織，經濟經營者在環境和資源保護政策中發揮着重要作用。評估這些問題對環境和社會影響的方案的主要作用是最大限度地擴大工作場所，確定、控制和組織機構，發展綠色和低碳市場。通過政策制定、後續監督察看，確保此類風險控制在合理的範圍之內，有利於綠色低碳發展得更加平穩有序，也有利於可持續發展。

(4) 金融組織進行綠色創新的措施

① 樹立先發佈局綠色金融，領航行業綠色發展理念

金融機構應根據金融服務供給體制改革和經濟結構調整的歷史背景，積極支持和落實綠色金融服務理念，將綠色產業融入經濟資源，借鑒研究成果，首先，要安排綠色資金用於產業發展研究，引導產業走向理論研究和創新。

教育的具體方法和教育的理念會對探索綠色金融，探索氣候金融、低碳金融和能源金融產生重要影響，我們致力於提高綠色變化和發展共同創造新生活的能力，為可持續發展經濟和社會創造新的活力。

例如，金融機構必須依靠自身的研究，整合綠色產業和相關金融資源，在整個生產過程中實施綠色金融體系，定期投資綠色經濟和國際研究院的研究成果；為綠色貸款、綠色證券、綠色股票、綠色基金等綠色資產，配置有效的金融工具和土地資源，有利於綠色金融的快速健康發展。

天津市的綠色金融發展機制在近年來不斷完善。到 2020 年三季度末，天津金融機構將擁有 3,183 億國內外綠色貸款，天津是我國第一個建

立綠色租賃業務的城市，貸款餘額 1,021.17 億元。中國政府積極響應金融機構創新的呼聲。

② 金融機構從理論和實踐兩方面考慮，提出綠色融資的建議

近年來，「綠色」融資十分受重視，但由於我們的工作起步較晚，現有的投資資金籌措渠道和傳統的融資方式依然缺乏能力和機制來促進投資。要確保環境風險的有效分配，特別是綠色融資的發展。動員更多的社會資源，有效發展綠色金融體系，鼓勵更多的企業走向綠色道路。

促進傳統金融機構的綠色發展，建立綠色金融機構或綠色分行機構，支持金融機構和民間資本建立新型綠色金融和綠色銀行；加快發展綠色金融中介服務機構，進一步擴大內外交流合作；支持綠色金融形式的革新，支持金融機構和私營資本的綠色銀行的設立，通過投資融資支持綠色項目。結合股票和債券，加快綠色金融中介服務的發展，進一步擴大國內外交流與合作。促進綠色金融機構區域一體化運營。構建金融系統的政策支持是創建綠色金融系統、促進金融機構生態化、支持綠色金融機構發展的有效途徑。

③ 建設氣候友好型綠色銀行

商業銀行應結合自身發展戰略、風險偏好、經營特色等因素，健全公司治理機制，自上而下推動綠色金融和氣候融資發展，推動建設氣候友好型綠色銀行。

④ 鼓勵金融機構積極參與碳匯交易

倡導「一帶一路」和南南合作，「一帶一路」建議與東南地區共同推進低碳氣候建設，適應「一帶一路」項目，實現「一帶一路」的搭配和南南合作的有效融合，應對氣候變化和綠色投資推進外商投資金融環境影響評價及相關工作。在 ESG 投資的推進中，通過吸引綠色投資家，適應全球資產管理的動向，負責任的投資發揮着重要的作用。另一方面，應該鼓

勵金融機構革新排放權和其他金融商品的資金籌措。鼓勵金融機構創新針對碳排放權的質押融資等金融產品，助力碳金融體系的多元化發展，加快中國碳金融市場發展，助力實現低碳清潔和碳達峰、碳中和目標。

（5）綠色金融組織創新的政策建議

① 差異化綠色金融監督管理政策和政策支援體系的實施

實施差別化的綠色金融政策和政策支援體系，例如建立專業的保障機制、政策資金支持、宏觀審慎評估框架等。

② 完善綠色金融基礎設施體系

改善綠色金融基礎設施系統，制定綠色「政策諮詢和綜合服務方案」，積極培育和引導負責任的投資者。

③ 構建市場導向的激勵約束機制

政府部門應統籌利用財政貼息、優惠利率、風險準備金補償等財政和貨幣工具，擴大綠色金融的政策支持和財政槓桿作用。引導金融機構加強綠色資產的配置能力，通過綠色財務效果的評估、貼現和補貼政策加強環境風險管理。

④ 建立政府部門和金融機構的標準化合作機制

各地積極加強相關政策支持力度，提供相關服務，吸引高素質金融專家、綠色金融機構和要素。

⑤ 加大對綠色金融功能的政策宣傳力度，推進綠色金融向個人消費領域延伸

鼓勵金融機構創新面向消費者的綠色信用商品和服務革新，突破綠色金融的「最後一公里」，推動綠色發展。

3.1.3 綠色金融產品的創新

(1) 綠色信貸

① 綠色信貸概念

綠色信貸業務的特殊性意味着綠色信貸政策需要公眾監督。不僅是政府和銀行，而且，必須披露與環境和社會影響有關的信息。不過，還必須準備條件，例如必要的披露，所需的融資以及真正平等的談判。「綠色信貸」的引入機制提高了公司的貸款水平。遵守環境測試、污染控制和生態保護標準是批准信貸活動中信貸的重要前提。經濟措施帶來了環境保護，使企業能夠將污染成本控制在內部，並實現預處理而不是常規的後污染處理。這些是明確的目標，無法通過管理程序來實現。商業銀行利用差別定價將資本帶給促進環境保護的行業和企業，以有效地促進可持續發展。

表 3-1　銀行綠色信貸產品創新

建設銀行	「節能貸」「碳金融」「海綿城市建設貸款」
農業銀行	「綠色 + 扶貧」「綠色機場債務」
興業銀行	「環保貸」「綠票通」「綠創貸」
浦發銀行	「IFC（國際金融公司）能效貸款」「AFD（法國開發署）綠色中間信貸」「ADB（亞洲開發銀行）建築節能貸款」
中國銀行	在借款合同中增加客戶加強環境和社會風險管理的聲明和保證條款；將綠色信貸業務與績效、年度評審等內容掛鈎
中信銀行	建設「綠色紹興」

資料來源：參考各大銀行網站

② 綠色信貸創新方向

為了逐步推進綠色信貸創新，2008 年，中國農業銀行推出了 Kamisui 環保卡，這是我國第一張環保信用卡。它展示了產品和服務的重要性，並為開發和投資作出了貢獻。綠色工業銀行正在引領服務的推出。「碳金融」公司於 2009 年實施了合規的節能減排計劃。「碳金融」可以申請優惠貸款。建行推出了全面的綠色金融服務計劃，以滿足環保行業客戶的個性化需求，並加強與環境保護機構合作，與政府和環保慈善機構一起拓展業務。工行的綠色環保信貸發展迅速，直接發起了 2,200 多個綠色項目，其中包括：信貸基金投資超過 4,200 億美元，未來創新的方向是客戶的需求。始終使用信用審批系統的「環境友好型」。「環境保護單一表決權制度」實施標籤管理，對所有信貸流程進行分類和控制。

據銀保監會數據，截至 2020 年末綠色信貸餘額近 12 萬億元。根據《中國綠色金融發展指數（2019）報告》統計，2019 年末綠色金融貸款餘額為 10.22 萬億元，一季度末綠色金融貸款餘額比 2010 年綠色貸款增加了 0.24 萬億元，該數據反映了國家對綠色信貸的關注，未來綠色信貸發展將是綠色金融的發展重點。

（2）綠色債券

① 綠色債券概念

隨着國家重視保護綠色環境，金融領域將出現新形式的債券。綠色債券是政府、金融機構、工業和貿易組織等的發行人向投資者發行的債務擔保，承諾以固定利率支付利息並按照商定的條件償還本金。籌集的大部分資金都用於滿足某些條件的環保項目。綠色債券是為解決綠色項目的融資問題而發行的債券。綠色債券符合國家政策，解決生態系統問題，並培養一批負責任的投資者。

② 綠色債券創新方向

銀行在固定收益儲備，客戶或項目選擇的專業知識，風險管理流程，產品創造技能等方面具有優勢。債券融資對於綠色經濟而言是顯而易見的事情。因此，發展綠色債券已成為銀行履行企業社會責任的重要指南。在中國農業銀行制定了中國農業銀行的《綠色債券基金投資行動指南》之後，2015 年在倫敦證券交易所發行的綠色債券是金融機構發行的第一隻綠色債券。上海浦東發展銀行於 2014 年發行了第一隻綠色的人民幣計價債券，發行了另一筆中期債券，其碳收入為 10 億元人民幣。中國銀行在 2015 年成功協助金風科技發行了 3 億美元的離岸債券。未來創新的方向將是提供諮詢服務，例如 CDM 項目指導，項目應用。識別和協調中介機構，項目註冊，協調財務支持和「碳金融客戶資產管理」之間的關係可以促進其業務發展。要獲得更全面的解決方案，我們需要培養專家來開發廣泛的解決方案，包括碳交易解決方案、節能交易解決方案等等。針對特定項目的全面工作和融資解決方案。

表 3-2 顯示了 2019 年綠色債券的發行情況。2019 年綠色債券的發行總量達到 3,862 億元人民幣，是全球領先的綠色債券市場之一。2018 年綠色債券的發行價值僅為 2,800 億元人民幣。這些數據一定程度上表明中國對綠色債券發展的承諾以及中國在綠色債券發行方面的成功。

表 3-2　2019 年度綠色債券發行情況匯總

債券種類	債券數量	主題數量	發行規模	發行規模佔比（%）	發行規模同比增長
綠色金融債（含金融 ABS）	37	32	923.94	31.6%	-28.3%
綠色債務融資工具	27	24	328.00	11.2%	79.4%
綠色公司債	69	51	834.07	28.5%	121.5%
綠色企業債	39	27	479.60	16.4%	124.4%
綠色 ABS（不含金融 ABS）	29	25	356.28	12.2%	152.1%
合計	201	150	2921.89	100.00%	32.60%

資料來源：公開資料，中債資信整理

到 2020 年，全國共發行 217 隻綠色債券，發行規模為 2,242.74 億元，佔同期全球綠色債券發行量的 12.99%。國內累計發行綠色債券超過 1 萬億元，達到 1,109,554 人民幣，企業籌資渠道和綠色項目在支持

圖 3-2　2016－2020 年我國貼標綠色債券發行情

資料來源：官方文件和網絡資料，前瞻產業研究院整理

綠色轉型和實體業務升級方面發揮了積極作用。從排放量的角度來看，從 2016 年到 2020 年，日本的綠色債券排放量有上升有下降，但新發行的數量將增加。2020 年國內綠色債券發行量比 2019 年的 2,855.94 億元少 21.47%，從發行量看，2020 年發行數量比 2019 年的 197 支增加 10.1%。

根據 2020 年綠色債券的交易量排名，共有 14 隻綠色債券的年銷售額超過 100 億元，「G 三峽 EB1」可交換債券仍然有效。麥德龍集團有限公司發行了《20 南京麥德龍 GN001》和《20 南京麥德龍綠色債券 01》，受到投資者的高度評價。

表 3-3　2020 年綠色債券銀行間市場交投活躍債券

債券簡稱	債券種類	上市日期	2020 年交易規模（億元）
16 農發綠債 22	金融債	2016 年 12 月 27 日	818.64
18 興業綠色金融 02	金融債	2018 年 11 月 27 日	338.37
G 三峽 EB1	可交換債	2019 年 4 月 25 日	291.26
16 交行綠色金融債 02	金融債	2016 年 11 月 24 日	269.55
18 興業綠色金融 01	金融債	2018 年 11 月 2 日	207.97

（續上表）

債券簡稱	債券種類	上市日期	2020 年交易規模（億元）
16 興業綠色金融債 03	金融債	2016 年 11 月 21 日	190.33
17 交通銀行綠色金融債	金融債	2017 年 11 月 2 日	189.51
17 國開綠債 02	金融債	2017 年 5 月 4 日	179.64
19 興業綠色金融 01	金融債	2019 年 7 月 19 日	168.85
20 華夏銀行綠色金融 01	金融債	2020 年 4 月 20 日	140.14
20 南京地鐵 GN001	中期票據	2020 年 2 月 27 日	126.52
17 北京銀行綠色金融債	金融債	2017 年 12 月 4 日	125.49
19 國開綠債 01	金融債	2019 年 11 月 25 日	119.6
20 南京地鐵綠色債 01	企業債	2020 年 4 月 23 日	104.46

資料來源：中誠信、前瞻產業研究院整理

(3) 綠色基金

① 綠色基金概念

綠色基金包括綠色產業基金、擔保基金、碳基金、氣候基金以及其他在實現社會經濟效益的同時投資於綠色產業或綠色項目的基金。這與以運營環境保護為主要目的而建立的基金（單獨或出於公益目的）不同。與綠色債券相比，綠色基金在資金條件、資金來源和投資期限方面具有獨特的優勢。預計綠色基金開發領域將在未來進一步擴大，並將為促進礦山開發，創建國家生態文明以及產業現代化和轉型作出貢獻。

② 綠色基金創新方向

2005 年，我國批准了渤海工業投資基金，這是我國第一隻真正的工業基金。2011 年 2 月，首隻綠色共同基金星泉綠色投資股票證券投資基金成立，未來創新的方向是改善和加強機構框架，促進整合，治理和加強市場參與。努力發展綠色環保的公共和私人股權基金，並使它們成為更環保的基金來開展業務。在財富管理行業中，負責任和環保的投資正在增長。2017 年第三季度末，我國擁有 106 個綠色投資基金，主要是環境

（E）協會（S）和公司治理（G）。根據基金業協會的統計，截至 2017 年 6 月，基金、信託等理財產品達到 97.81 萬億元，理財規模得到控制。

表 3-4 國內外綠色基金的相關發展

基金名稱	事件
美國清潔水州週轉基金	美國 1987 年設立了清潔水州週轉基金（Clean Water State Revolving Fund, CWSRF），聯邦政府和州政府按照 4：1 的比例注入資本金。為擴大資金量，各州還可以通過「平衡債券」來增加可使用資金。
波蘭國家環保和水資源管理基金	1989 年成立的國家環境保護與水資源管理基金會是當時波蘭環保項目最大的金融機構。國家環保基金會、地方環保基金會的主要作用是提供貸款補助，把最優惠利率的貸款提供給地方政府的環保項目，如保護水與空氣污染治理項目，減少二氧化碳、一氧化碳與其他有害氣體排放的項目，垃圾處理以及測量儀器的改造等。
重慶環保產業股權投資基金	2015 年，原環保部對外合作中心和重慶市原環保局共同發起成立重慶環保產業股權投資基金，這是全國第一支在中國證券投資基金業協會備案的政府主導的環保類股權投資基金，體現了「使市場在資源配置中起決定性作用和更好發揮政府作用」這一改革核心要求。
河南省綠色發展基金	2019 年，河南省設立了綠色發展基金。該基金投資範圍是圍繞推動經濟綠色轉型升級，促進綠色產業發展，激發市場綠色投資動力，重點支持河南省內清潔能源、生態環境保護和恢復治理、垃圾污水處理、土壤修復與治理、綠色林業等領域的項目。
長江綠色發展投資基金	2019 年 11 月 27 日，長江綠色發展投資基金、長江綠色發展基金管理有限公司在中國三峽集團北京總部正式揭牌。該基金擬重點投向長江經濟帶沿江省市水污染治理、水生態修復、水資源保護、綠色環保及能源革命技術創新等領域，全力支持長江經濟帶綠色發展。

資料來源：根據網站相關資料整理

國家綠色發展基金的第一階段將在長江經濟帶的省（市）進行投資，與 PPP 直接投資和金融基金相比，它將在其他關鍵戰略地區進行適當的投資。國家綠色開發商致力於將國家核心戰略與基於市場的機制相結合，並更多地投資於吸引大量社會資本的綠色發展關鍵領域。國家綠色發展基金的未來發展方向：

第一，更加注重服務，滿足環保需求。我國最重要的戰略服務是建立國家綠色發展基金的起點。社會應該專注於下一步的工作。大型環境保護計劃的實施指導和刺激了社會投資，並創造了綠色投融資的良性循環。確定適當的投資方向，在關鍵領域支持社會資本分配、空氣、水、土壤和固體廢物的污染控制和管理，環境保護和環境友好型發展領域。

第二，以長江經濟帶為重點覆蓋全部重大戰略區域。為了服務長江經濟帶發展國家戰略需要，國家綠色發展基金要把貫徹生態文明建設、推動長江經濟帶發展等戰略與運用市場機制有機結合起來，由中央和地方財政沿江省（市）共同出資，在首期存續期間將聚焦長江經濟帶沿線綠色發展領域，並適當輻射其他國家重大戰略區域，探索可複製、可推廣的經驗。未來，基金將逐步向京津冀、黃河流域、粵港澳大灣區等具有全局性和戰略性意義、生態受益範圍廣泛的重點區域拓展，成為真正意義上的國家綠色發展基金。

第三，加強資本和市場力量的結合。國家綠色發展基金是在政府指導下以市場為導向建立和運作的政府投資基金。必須根據國家的核心戰略，加強金融籌資的領導者作用。重視市場力量是由於在清潔能源，環境友好型運輸，資源和能源的節約和使用，環境保護和污染控制，生態恢復和土地整理方面的投資回收機制的不斷完善，須引導社會資金更多地投入綠色發展基金。未來，國家綠色發展基金應逐步退出市場，促進多元化投資機制的形成，並進一步促進戰略基礎項目和環境保護項目的投資。

第四，完善支持機制，以實現高效的資金管理和健康增長。建立可靠的環境保護投資回報率是支持綠色發展基金的關鍵。首先，必須完善和實施污染物供應系統。考慮到地方財政資源和社會適宜的定價，將在廢水處理和廢物分類領域制定適當的稅率，並改善動態處理稅率調整機制。其次，提高當地生態產品價值轉換能力。全面改善環境以及恢復和保護生態系統，提高土壤估價的溢價，增加稅收，從而增加對生態保護和綠色發展基金投資的內部激勵。

(4) 綠色股票指數

① 綠色股票指數的概念

指數是專業金融組織使用獨特的方法創建，它指示特定類型股票的價格變化和總體趨勢，可分為主要指數和行業指數。隨着證券價格索引系統變得更加詳細，出現了不同的市場指標。綠色股票是根據某些標準選擇的，選擇得分較高的公司。根據股價設計和計算股價水平，以衡量綠色股市的變化。綠色股票指數反映了當前綠色能源的發展和市場環境中的挑戰，是綠色金融生產的重要組成部分。

② 綠色股票指數的發展創新

如今，綠色金融指數已引起了各方的廣泛關注，有助於推廣環境保護的概念，為投資者提供了更穩定的資產，並在一定程度上反映了本地公司的環境。未來是分析綠色金融指標與若干關鍵經濟指標之間的主要成分，並對第三產業的比例，萬元 GDP 的能源消耗與 GDP 以及城市化水平進行研究。

表 3-5 中證已發佈的綠色股票指數

類別	細類	指數全稱	指數簡稱	發佈時間
可持續發展	ESG	中證財通中國可持續發展 100（ECPIESG）指數	ESG100	2012 年 9 月 17 日
		中證 ECPIESG 可持續發展 40 指數	ESG40	2010 年 9 月 17 日
	公司治理	上證 180 公司治理指數	180 治理	2008 年 9 月 10 日
		上證公司治理指數	公司治理	2008 年 1 月 2 日
		滬深 300 綠色領先股票指數	綠色領先	2008 年 1 月 4 日
	社會責任	上證社會責任指數	責任指數	2009 年 7 月 21 日

（續上表）

類別	細類	指數全稱	指數簡稱	發佈時間
環保產業類	環保產業	中證內地低碳經濟主題指數	內地低碳	2011 年 1 月 21 日
		中國低碳指數	中國低碳	2011 年 2 月 16 日
		中證環保產業 50 指數	環保 50	2015 年 4 月 7 日
		上證環保產業指數	上證環保	2012 年 9 月 25 日
		中證環保產業指數	中證環保	2012 年 9 月 25 日
		中證水杉環保專利 50 指數	環保專利	2016 年 5 月 18 日
		中證水環境治理主題指數	水環境	2016 年 7 月 20 日
	環境治理	中證環境治理指數	環境治理	2014 年 7 月 21 日
		中證阿拉善生態主題 100 指數	生態 100	2015 年 10 月 21 日
	新能源	中證新能源汽車指數	新能源車	2014 年 11 月 28 日
		中證新能源指數	中證新能	2015 年 12 月 16 日
		中證核能核電指數	中證核電	2015 年 5 月 19 日
		中證新能源汽車產業指數	新能源車	2017 年 7 月 19 日
環境生態	碳效率	上證 180 碳效率指數	180 碳銷	2015 年 10 月 8 日
	綠色城市	中證海綿城市主題指數	海綿城市	2016 年 7 月 20 日

資料來源：中證指數公司以及作者整理所得

(5) 綠色保險

① 綠色保險的概念

綠色保險，也稱為環境保險，是公司應對經濟事件造成的環境污染風險的主要方法。如果公司造成的污染對受害人造成經濟損失，則保險公司應償還受害人。通過購買責任保險，公司可以有效地保護那些可能受到污染傷害的人。同時，它們可以改善環境，減少污染並明智地應對環境風險。

綠色保險也稱為責任保險。伴隨重工業快速發展，自然資源和嚴重的空氣污染已使我國成為世界上污染最嚴重的國家之一。現代生態問題嚴重破壞了我國的發展，影響農業和工業部門發展，威脅着世界的健康。綠色保險又叫生態保險，是企業為了轉移由於企業運營對環境造成污染的風險而使用的基本方法。其中最具有代表性的是環境污染責任險，當企業產生的污染對受害者造成了經濟損失時，由投保公司對其進行賠償。企業通過購買環境污染責任險能夠有效保護可能由於環境污染遭受損失的受害者，同時，能夠督促企業進行淨化設施整改，減少環境污染事故的發生，有效管理環境風險。

② 綠色保險的創新

作為綠色經濟的一部分，綠色保險可以在促進地方發展以及無碳經濟和社會發展中發揮關鍵作用。這些措施包括提高生產技能、綠色消費、農村復興、發展綠色工業等等。

表 3-6　我國綠色保險的發展以及政策探索

時間	事件
2013 年	環境保護部和中國保監會聯合發佈了《關於開展強制性環境責任保險試點工作的指導意見》，明確要求在部分省份和地區實施試點工作。
2015 年	2014 年第十二屆全國人大常委會第八次會議表決通過了《中華人民共和國環境保護法》(2014 年修訂版)，2015 年實施，鼓勵企業投保環責險。
2016 年	中國人民銀行等七部委發佈了《關於構建綠色金融體系的指導意見》，提出在環境高風險領域建立環境污染強制責任保險制度，鼓勵和支持保險機構創新綠色產品和服務。
2017 年	環境保護部和中國保監會聯合制定了《環境污染強制責任保險管理辦法》，明確要求環責險為強制責任保險，對高污染企業購買綠色保險作出明確要求，同時規定保險公司若無正當理由對投環責險的企業不得拒絕或者拖延承保。
2017 年	國務院總理李克強主持召開國務院常務會議，會上提出在部分省份建設綠色金融改革創新試驗區來助推綠色經濟轉型升級，通過創新生態環境責任類保險產品來加快發展綠色保險。
2018 年	由生態環境部審定發佈《環境污染強制責任保險管理辦法（草案）》標誌着中國政府出台和落實了一批在經濟活動中直接促使環境風險和效益內部化的政策。

資料來源：文獻資料整理

(6) 綠色融資租賃

① 綠色融資租賃的內涵

融資租賃是指出租人購買了租賃財產然後讓承租人使用，承租人定期支付租金，並且在租賃期限屆滿後，承租人有權擁有租賃資產。在評估環境保護項目時，需要知道，該項目是否節省能源並影響環境，節約能源和環境影響是否轉化為穩定的現金流量，該項目公司是否可以與其股東隔離，股東情況等。

② 綠色融資租賃的創新

我國的第十四個五年規劃的重點是促進社會經濟發展、綠色金融發展，支持綠色技術創新和促進製造業的全面綠色轉型，發展保護環境的產業和促進關鍵工業和產業的綠色轉型。

2017 年，金融租賃業建立了首個環保型租賃開發社區，促進了租賃公司之間在綠色租賃業務方面的合作與交流。「融資 + 租賃」模式下，在租賃中，租賃公司不僅支持直接融資，而且還支持直接租賃。但是它也可以為綠色項目提供財務支持。一些租賃公司傾向於直接服務於新興的戰略性綠色產業，例如光伏、新能源汽車等，並利用租賃產品的性質投資於重大項目。在項目建設的第一階段提供支持，以匹配項目的收入和現金流量特徵設計租金回收計劃。一些出租人在協助當地綠色項日和支持當地綠色產業發展模式的同時，深度支持當地綠色產業的發展。

(7) 碳金融

① 碳金融的內涵

碳金融是指根據《京都議定書》以低碳投資、碳排放量和碳交易投資為目標的投資活動。它對於諸如直接投資和技術投資之類的金融活動以及諸如溫室氣體排放限制，碳補償貿易和銀行貸款之類的項目很有效。碳融資的擴大是全球氣候政策變化，是《聯合國氣候變化框架公約》和《京都議定書》兩項主要國際協議的結果。

市場參與者已經從國有和初創企業發展到私人和金融機構。在當今價值 600 億美元的碳市場中，大多數交易分兩個階段進行。一方面，當考慮二氧化碳時，在交易所進行各種減少二氧化碳的交易，另一方面，減少二氧化碳更加困難。另外，該市場中的交易設備正在不斷更新，並且其規模繼續快速增長。可以預測，碳交易將在不久的將來成為世界上最大的商品市場。

② 碳金融的創新

目前，我國境內的碳金融交易主要集中在國家設立的七個省市以及福建和四川自發設立的碳交易市場。根據生態環境部近期發佈的一系列文件，2021 年起，全國碳市場首批控排企業即 2,225 家發電企業的第一個履約週期正式啟動。此後，預計全國碳市場在「十四五」期間將逐步擴大覆蓋範圍至鋼鐵、建材、有色、化工、石化、煤炭等重點能耗行業，屆時重點排放單位預計將達近萬家，碳配額發放數量達 50 億噸，將是全球最大的碳排放權交易市場。作為碳排放權交易市場化的重要抓手，碳金融成為這一大背景下熱議話題。

表 3-7　我國碳金融的發展創新

產品名稱		中國首次推出
碳遠期	擔保型 CCER（中國核證自願減排量）	2015 年 8 月，北京，交易雙方根據預先約定的合約，在將來某確定時間內交換 CCER。
	碳排放權現貨遠期	2016 年 6 月，湖北，企業買入碳排放權現貨遠期產品可以對沖未來現貨市場碳資產價格上漲的風險。
	碳配額遠期	2016 年 12 月，上海，指以上海碳排放配額為標的、用人民幣計價和交易、在未來某一約定日期清算、結算的遠期協議。
碳質押	CCER 質押	2014 年 12 月，上海，上海寶碳以 CCER 為質押，獲得上海銀行 500 萬元人民幣質押貸款。
	碳排放權配額質押	2014 年 9 月，湖北，宜化集團將 213 萬噸碳排放配額作為質押，獲得興業銀行提供的 4,000 萬元貸款。

（續上表）

產品名稱		中國首次推出
碳回購	碳排放權配額回購	2015 年 1 月，北京，北京華遠意通熱力科技股份有限公司將碳排放權作為標的物，與中信證券股份有限公司達成回購協議，獲得 1,330 萬元融資。
碳掉期	碳排放權配額場外掉期交易	2015 年 6 月，北京，交易雙方根據預先約定的合約，將來某確定時間內交換碳配額或核證自願碳減排。
碳託管	碳排放權配額託管	2014 年 12 月，湖北，湖北碳排放權交易中心以專業的碳資產管理能力接受湖北興發化工集團股份有限公司 100 萬噸碳排放權的託管，幫助企業盤活存量碳資產。

資料來源：根據相關文獻整理

我國具有代表性的碳金融產品包括：

1. 碳排放權（抵）質押融資。碳排放權（抵）質押融資是目前國內碳金融領域落地相對較多的產品，因法律屬性尚未明確，目前，多以質押形式開展。但是，我國目前尚未形成市場化的碳排放權定價機制、回購機制以及明確的抵（質）押率參考範圍，碳排放權作為合格抵（質）押物具有一定的法律瑕疵，這一業務未在商業性金融機構大規模落地。

2. 碳金融結構性存款。碳金融結構性存款是指將金融產品的利率與碳交易價格掛鈎的金融衍生工具，有效解決企業碳配額需求的理財產品。2014 年 11 月，興業銀行深圳分行和華能碳資產經營有限公司、惠科電子有限公司合作落地附加碳配額收益的結構性存款。這種交易方式在綠色金融領域為加入碳減排的企業提供不同的增值服務，不僅為客戶提供了一定的經濟回報，也是碳金融產品的一次大膽嘗試。

3. 附加碳收益的綠色債券。具有碳收益的綠色債券是指參與減少碳排放以籌集資金的公司發行的債券。其中的主要部分是將收入債券的利率與碳減排聯繫起來。2014 年 5 月，中國第一個「碳債券」中廣核風電附加碳收益中期票據，已成功在銀行間交易商市場上發行。中廣核風電發行的碳債券，其排放價值為 10 億元人民幣，排放期限為 5 年。債券利率是「固定利率 + 浮動利率」的形式，其中一部分浮動利率是通過在五家風電項目公司中實施的煤炭收入（中國核證自願減排量 CCER）進行的。根據評估機構的估算，如果 CCER 的平均市場價格在每噸 8 元至 20 元之間，則上述項目的年碳收入將超過最低限額 50 萬元，最高將超過 300 萬元。

4. 低碳信用卡。各國商業銀行已經設計了許多綠色產品創新來捍衛個人綠色消費和綠色生活，並通過綠色消費支持國家氣候變化目標。低碳綠色信用卡是中國銀聯行業第一張低碳信用卡，人民幣支付卡。並開發了專門的網站和手冊「低碳生活指南」，幫助持卡人練習低碳生活方式並建立購物場所。光大綠色零碳信用卡文件環境保護法案，包括碳基金，集中購買減少碳以支持地球日和其他活動，測量碳足跡，建立信用個人碳，綠色旅行意外保險等功能。中國農業銀行金水環境保護銀行，幫助持卡人註冊為中華全國環境保護聯合會會員，並有優先機會參加各種慈善活動。

3.1.4 綠色金融體系為主的科技創新

(1) 綠色金融體系為主的科技創新相關概念

① 綠色科技創新的含義

廣義上講，綠色技術是結合國內外生態發展的現狀和需要，與現代新技術相結合，資源、清潔製造技術、清潔低碳能源、城市綠色技術、環保消費技術。

② 綠色科技創新體系的構成要素

從經營者的角度看，環境友好型技術創新體系的要素是企業、科研院所、行政機關、金融機構等。科研院所是綠色技術創新服務的重要提供者，科研院所與企業的良好合作是綠色技術創新的重要途徑，政府是綠色技術創新的驅動力和使用者，推動綠色技術創新發展的科技公司和相關科研、金融機構也都很關鍵。經濟制度在綠色創新體系的市場化和可持續發展中發揮着關鍵作用，為各級政府建設生態文明和可持續發展服務。只有良好的機制和制度的發展才能有助於生態創新體系的可持續發展，管理好生態創新的經濟營銷，實現產業、科學、治理和資金的良性發展。

③ 綠色科技創新的特點及挑戰

首先，技術創新總體上具有投資大、風險高、週期長等特點，企業自發綠色技術創新的內生動力不足。據 2016 年全國環保產業重點企業調查數據，我國環保企業研發經費佔營收比重為 2.06%，低於高新技術企業認定條件的 3%。綠色技術的投資成本巨大，創新活動的時間跨度巨大。如果公司的員工規模小或缺乏創新經驗，則進行創新研發更慢並且更容易從市場上淘汰。

其次，綠色技術創新的投資不是單向的過程，而是一個持續的、不斷增長的過程。企業不僅需要高水平的投資，還面臨着市場和產品不安全的挑戰。短期內難以取得經濟效益，這不僅阻礙了研發和新技術公司發展，也阻礙了投資新技術公司的意願。

最重要的是我國的綠色技術投入還不夠，綠色金融對綠色技術創新的支撐作用還沒有充分發揮出來。綠色企業在技術方面仍面臨着以下的融資瓶頸：第一，由於缺乏擔保和抵押以及銀行對綠色技術的利用有限，公司和項目很難從傳統金融市場（如銀行和債券）獲得資金。第二，由於私募股權和風險投資機構在綠色技術領域的知識和經驗不足，資金期限短，導致 PE/VC 對綠色技術的投資不足。第三，有關綠色技術的定義、標準化和認證存在困難。建立綠色技術的評價標準還需要進一步探討，相關部門的政策協調和實施還要完善。第四，綠色能源技術難以量化、評價和計算環境效益（如二氧化碳減排），使這些環境效益轉化為金融機構和金融機構可預測的經濟效益和成本成為可能。第五，缺乏綠色技術投資的政策激勵機制，包括倒逼和綠色技術相對有限，融資、稅收、投資和再融資的激勵機制尚未建立，加價激勵相對不足。

(2) 綠色金融體系為主的科技創新的對策

發展綠色經濟，堅持綠色貸款，將綠色金融資源納入創新的各個組成部分和環節，加強綠色金融系統和創新系統之間的協調，構建市場綠色金融基礎設施。

將綠色金融貫穿到綠色技術創新體系的各個環節。綠色技術「與支持綠色融資有着密不可分的關係」。綠色技術面向服務業，為政府、企業等無害環境技術系統提供資金和方案，提高外部獎勵措施的效率，增加科技創新機制。

圖 3-3　綠色金融對綠色技術創新體系的作用

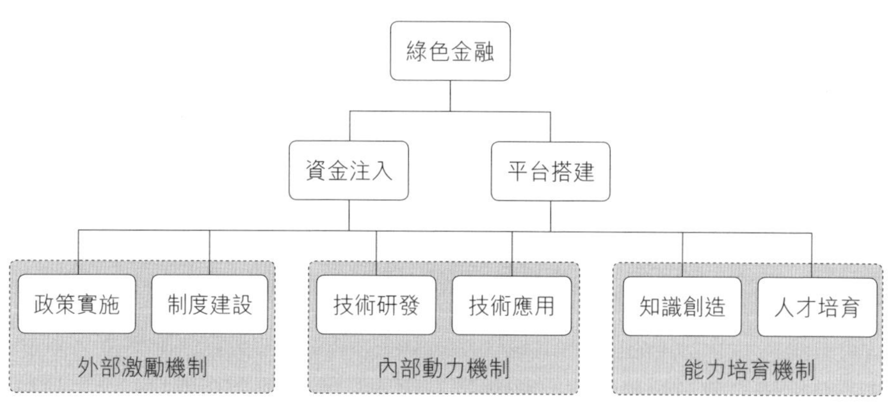

① 加大對綠色金融科技創新的財政支持

第一，加強財政支持，建設綠色金融平台，實行公共政策和體制建設調整金融機關和國家機關的關係，確保和財政政策完全一致。致力工業政策、貨幣政策和金融資源（金融機構貸款、債券、保險等）的結合。

第二，為技術研究和開發提供資金和支援。將金融資源集中於具有高創新和清潔技術應用能力的企業，促進無害環境技術的革新。

第三，應該加強對大學教育中心和研究所的財政支持。促進和加強環境、科學和技術人才的培養，推廣無害環境的科學和技術知識。改革綠色工業，加強無害環境技術創新能力，建立高品質有效的培訓機制。

② 強化綠色金融政策支持體系和內外政策的協調

第一，要建立和完善「綠色」金融資源體系，通過一系列政策決策，改變經濟經營者的成本效益，明確環境優美、山清水秀的潛在效益，以及污染和破壞的潛在成本，調整基金價格機制，改變金融機構偏好，促進環境保護。這就是為甚麼我們必須支持出台宏觀經濟政策計劃，通過建立「綠色」金融體系，包括金融、貨幣、價格、貿易和產業政策，加強對活躍在綠色融資領域的金融機構的激勵和限制，為發展綠色基金創造政治條件。

第二，加強環境政策之間的協調，提高環境政策和財政政策的協調性和一致性。為了加強環境資金在創新中的協同作用，要充分發揮銀行、保險、證券、基金等金融機構的作用，並且通過與國家監管部門合作，針對效率問題，提出整改措施，保證綠色金融政策的整體效率得到有效提升。除此之外，還應注意貨幣政策工具方面的選擇，要與我們所強調的綠色發展、環境保護聯繫起來，實現兩者的緊密銜接。持續關注符合銀行業監管政策的金融目標和綠色貸款，把可持續發展和綠色發展作為金融市場風險管理中的重要一環去考慮，落實綠色債券市場的穩步發展，推動廣泛治理的綠色債券市場的形成。綜合考慮保險與環境保險，有利於環境保險的發展。

第三，除了與金融機構和企業合作外，還要加強綠色金融政策的協調，促進不同主題之間的交流，建立多方代表團之間的協調機制，通過反饋和及時溝通，加強各服務部門之間的合作和協調；金融機構應當及時向其他服務機構報告企業融資情況和評級情況，並公佈評估結果。

③ 以市場為目標導向建設綠色金融的「基礎設施」

針對我國綠色金融的制約因素，綠色金融的基礎主要包括建立和完善中介服務設施，培養和造就一支專業人才隊伍，搭建金融技術交易平台。

基礎設施建設必須以市場為導向，關鍵是建立與市場機制相適應的綠色金融體系和機制。

基於企業綠色技術創新的綠色金融項目技術往往比較複雜，一般來說，金融機構實施起來比較困難。需要建立專業的技術評估機構和風險評估機構，獲得綠色技術專家的幫助。因此，除了建立金融機構外，我們還需要確保發展綠色基金、獨立評估設施和強大的第三方服務，包括信息諮詢服務，需要加強高校和科研院所綠色技術人才的成長，解決未來綠色資金和綠色技術人才的短缺問題。

還要搭建綠色金融和綠色技術交易平台。建立綠色資本市場，鼓勵綠色企業利用股票市場，支持金融機構，發行綠色債券，設立綠色基金，吸引社會資本進行綠色投資；完善碳交易市場和碳交易融資平台。加快配套設施建設，打造綠色技術轉移平台和綠色技術產權投融資平台，為研發市場創造更高回報；提高綠色技術成果轉化率，拓寬綠色技術創新和應用型企業融資渠道。

最後，環境污染成本評估是環境成本核算和評估的最基本前提。從環境成本信息系統的建立和綠色金融的發展來看，定價機制難以融入市場，這意味着排放交易沒有標準化的基礎；因此，政府應該鼓勵科研機構這樣做；在深入研究污染成本核算與評價的基礎上，建立政府成本信息系統，為社會投資者和決策者提供支持。

(3) 案例分析——中國人民銀行綠色金融信息管理系統

① 案例背景

早在 2014 年至 2015 年間，中國人民銀行（簡稱人民銀行）與相關部委和學界專家在深入研究經驗和總結本國實踐的基礎上，提出了構建中國綠色金融體系的一系列建議，並得到了決策層的高度重視，構建綠色金融體系已上升為中國國家戰略。人民銀行在綠色金融政策框架、標準制定、試點建設、國際合作等方面牽頭推動中國綠色金融的發展。

作為綠色金融政策的制定、監管與調整的重要保障之一，綠色金融相關的數據報送管理等基礎設施建設相對滯後。以綠色信貸為例，主要面臨缺乏全面、準確、實時的綠色信貸數據，缺乏統一完整的綠色信貸考核標準等問題，除此以外綠色信貸監管考核成本高也是實際存在的挑戰。

2018 年，人民銀行提出明確的工作要求，「建立綠色信貸業務管理系統，推動金融機構提升綠色信貸管理能力、提高綠色信貸數據報送的精確性，為宏觀決策和政策制定提供行業投向、資產定價、資產質量和環境效益等數據支撐，為頂層制度設計打好基礎」。為此，人民銀行以銀行業綠色信貸為突破口，由人民銀行研究局牽頭，開展綠色金融信息管理系統建設，並在綠色金融改革創新試點之一的浙江省湖州市進行試點 —— 探索通過金融科技手段，建立綠色信貸信息管理系統。

② 舉措：金融科技促進綠色金融監管

人民銀行綠色金融信息管理系統是連接人民銀行與金融機構，集綠色信貸統計分析、綠色信貸流程監管、綠色信貸政策實施效應評估為一體，通過運用大數據、人工智能、雲計算等金融科技手段，打造數據可溯源、可比、可計量的綠色信貸業務的信息管理平台，以期解決目前普遍存在的綠色金融數據報送滯後、信息數據不全面、監管考核難等問題。

③ 金融科技的優勢

第一，提高數據獲取的速度及可靠性。金融機構在「T+1」日，對每筆綠色信貸業務的詳細信息進行上報，人民銀行實現了對綠色信貸數據的精準、實時統計管理。

第二，加強綠色認定和統計質量。根據人民銀行、銀保監會及地方不同的綠色認定統計口徑，自動形成統計報表，提高了金融機構的綠色信貸業務管理能力和統計質量。

第三，促進業績考核和政策制定。系統數據除應用於統計、監測、分析等基礎功能外，還可應用於人民銀行對金融機構綠色信貸業績評價和綠色信貸資產抵質押登記等政策支持。

④ 綠色金融信息管理系統的主要功能

人民銀行綠色金融信息管理系統的主要功能包括管理駕駛艙、報送管理、統計分析、業績評價、政策支持、信息管理六大模塊。

管理駕駛艙：從綠色貸款分佈、綠色貸款投向、綠色信貸餘額及佔比、綠色貸款質量環境效益指標、環境與社會風險、政策支持等不同維度展示各個金融機構的綠色金融數據全景及排名動態。

報送管理：逐筆展示已報送綠色貸款業務，提供每筆綠色貸款的詳細信息，包括綠色認定標準及環境效益指標，監管機構可據此進行業務巡檢。

統計查詢：根據人民銀行、銀保監會及當地不同統計口徑的要求，提供各時間窗口的各類業務口徑統計分析，包括金融機構、客戶所在地及所屬行業、客戶規模、綠色認定分類等多維度動態組合查詢。

業績評價：依據人民銀行綠色信貸業績評價相關要求，提供綠色信貸業績評價模型、指標、評分及權重的配置與計算，對金融機構進行定性和定量評價。

政策支持：提供綠色信貸資產質押再貸款業務的信息登記與統計，監控金融機構綠色信貸資產質押再貸款狀態。

信息管理：提供用戶友好的綠色金融政策學習、案例分享等信息發佈和管理。

⑤ 成效

中國人民銀行綠色金融信息管理系統於 2019 年 8 月 23 日在中國人民銀行杭州中心支行正式上線。截至 2021 年初，實現了湖州市轄區內的全部 36 家銀行與人民銀行端（湖州市中心支行）的全量、準實時逐筆數據報送，人民銀行湖州市中心支行實現了對轄區內所有銀行綠色信貸的精準信息統計、全面信息管理和業績評價。

⑥ 金融科技推動綠色金融監管

人民銀行綠色金融信息管理系統有利於金融監管部門實現綠色金融信息的全面實時管理，促進金融機構的綠色化轉型升級，為宏觀決策和政策制定提供數據支撑，從而進一步推動綠色金融體系建設。關於人民銀行綠色金融信息管理系統，下一步將開展以下工作。

第一，系統完善：增加環境效益計算工具和綠色智能識別功能，有效防範「洗綠」風險；進一步探索開發綠色信貸資產質押、央行內部評級、金融機構環境效益交易機制等功能創新。

第二，試點推廣：在人民銀行的指導下，適時在其他幾個中國綠色金融改革創新試驗區進行推廣使用。

第三，國際視角：探索通過央行與監管機構綠色金融網絡（NGFS）等綠色金融國際合作平台，就如何利用金融科技推動綠色金融監管進行經驗交流。

3.2 綠色金融系統創新影響低碳轉型的內在機理

3.2.1 擴散效應

擴散效應是由穆爾達爾提出的經濟現象傳遞和影響的一種機制，在經濟學中指經濟中心不斷擴張，而位於經濟中心周圍的所有地區，都會隨着中心地區的擴張與基礎設施的改善等情況，從中心地區獲得資本、人才等，並受到刺激從而促進本地區的發展，逐漸和中心地區的發展同步。

基於激勵機制的影響路徑和信息傳遞的影響路徑兩個視角研究綠色金融對低碳轉型擴散效應的原因。分析表明，激勵機制會增強社會企業和各個地區低碳轉型意願，消除部分轉型壁壘，也會增強產業轉型能力。改善信息傳遞速度和能力，進而傳遞出積極信號。因此，經濟中心區域和政府組織等應加強推動綠色金融影響擴散的能力，更好地利用綠色金融對低碳轉型的擴散效應。

圖 3-4 綠色金融對低碳轉型的擴散效應機制

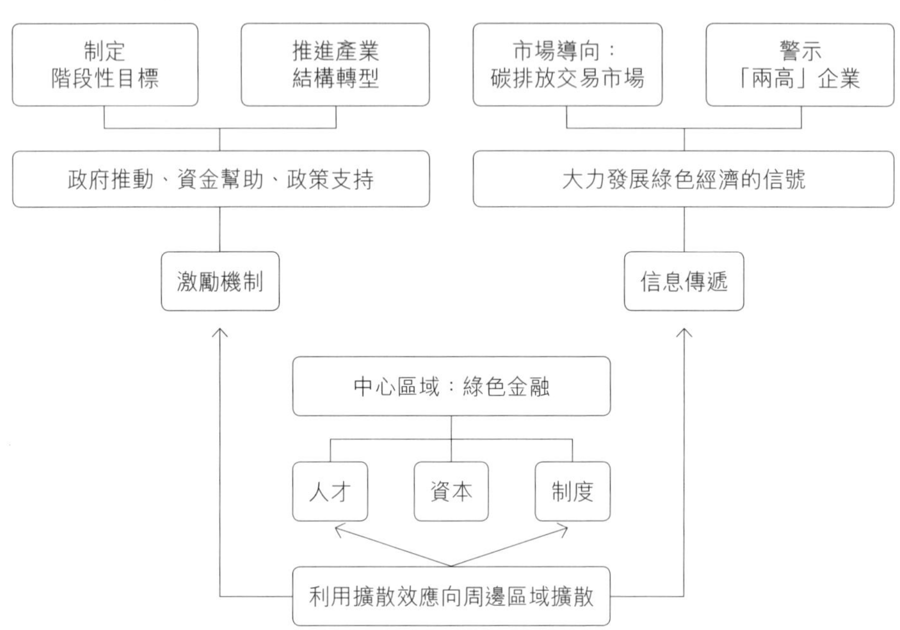

(1) 綠色金融通過實現階段性目標完成擴散

綠色金融通過資金流向機制、產業整合機制、政策引導機制，實現低碳轉型的階段性目標，即產業結構轉型、能源結構轉型、技術創新，發揮其擴散效應。當前綠色金融的擴散效應愈發凸顯，由特定的環保行業、國家重點試點地區逐漸擴散到各行各業，各地區都制定了低碳發展、綠色發展的規劃和目標，通過綠色低碳轉型，實現經濟高質量發展。

(2) 綠色金融通過激勵機制實現擴散

綠色金融影響產業低碳轉型是通過激勵機制促進其擴散效應的發揮。中央的頂層政策框架將綠色金融納入國家戰略的重要組成部分，中央政府和地方政府協調，使得綠色金融自上而下的推廣擴散方式與自下而上的企業低碳轉型落實方式有效結合，相關支持政策為推動企業低碳轉型傳遞了積極信息，從中央到地方，各地逐步形成碳達峰、碳中和、氣候投融資、綠色金融創新方案等有效協調的機制。

(3) 綠色金融通過碳排放權交易市場實現擴散

從 2011 年至今，北京、天津、上海、重慶、深圳、廣東和湖北等七個試點省市啟動碳排放權交易實踐，中國碳市場迅速發展，配額成交量規模已經成為全球第二。綠色金融改革試驗地區與國家可持續發展議程創新示範區、國家級經開區、生態文明示範區在綠色金融的支持下率先進行低碳轉型方面的合作。充分考慮能源生產、消費地區、產業結構基礎設施的差異，支持有條件的地方率先進行低碳轉型實踐，發揮中心擴張作用，逐步向周圍地方擴散發展結果，周圍各區位結合各自區域發展特點、產業情況、綠色金融水平、區域位置和技術等角度，對於「30・60」碳達峰和碳中和目標的實施方案和路線圖進行統籌規劃，出台系列低碳轉型的政策，激勵大額減排，建立地方政府、金融機構、企業之間的協調機制，有效吸引經濟中心資本向外流動參與區域低碳轉型，推動區域經濟合作和產業結構綠色發展。中心區域為推進區域綠色金融發展和低碳轉型實踐儲備專業投資者群體，並通過先行嘗試推動人才培養、向周圍區域輸送人才。

(4) 綠色金融通過信息傳遞實現擴散

綠色金融還能通過信息傳遞影響產業低碳轉型。綠色信貸、綠色債券不僅通過差異化的貸款利率政策和收益率差異，對企業的信貸額度進行限制，同時，改善環保企業長期融資較難的現狀，促進其資產負債結構合理化，也通過控制綠色信貸的總投放量與企業投放量影響企業的發展規劃。

其中綠色信貸作為一項重要的國家政策，其所起到的作用不僅是通過作用於企業內部資金流與資本補充進而影響企業的內部規劃發展，商業銀行綠色信貸政策的落實與綠色信貸產品的開發更是傳達了大力發展綠色經濟的信號。首先，受到懲罰性高利率貸款影響的「兩高」企業為其他「兩高」企業起到警示作用，被警示的「兩高」企業在本企業尚未收緊資本而進行擴大生產時會提前採取措施，對企業中高污染、高消耗的技術與生產進行控制與轉型升級。其次，受到優待的節能環保類企業會吸引更多的企業，調整其內部發展結構，在綠色信貸優惠利率信號的指引下，選擇節能環保、新能源及生態保護類的項目立項，新興企業在成立時也會選擇這類行業作為未來的發展方向。

我國各類綠色金融產品正日趨豐富，但從規模來看，仍然以綠色信貸為主導，佔比超過 90%，仍需積極發展和創新多元化的綠色金融產品體系，以滿足各類綠色、低碳、循環經濟發展的融資需要。中國銀保監會（現金融監管總局）發佈的《關於推動銀行業和保險業高質量發展的指導意見》（以下簡稱《指導意見》）提出：「積極發展能效信貸、綠色債券和綠色信貸資產證券化，穩妥開展環境權益、生態補償抵質押融資，依法合規設立綠色發展基金，探索碳金融、氣候債券、藍色債券、環境污染責任保險、氣候保險等創新型綠色金融產品，支持綠色、低碳、循環經濟發展，堅決打好污染防治攻堅戰」。

其中，能效信貸是指銀行業金融機構為支持用能單位提高能源利用效率、降低能源消耗而提供的信貸融資。繼 2012 年《綠色信貸指引》發佈之後，2015 年 1 月，國家發展改革委、銀監會又聯合發佈了《能效信貸指引》，鼓勵和指導銀行業金融機構積極開展能效信貸業務，此次《指導意見》再次強調積極發展能效信貸，突出了提高能源效率在我國綠色轉型發展中的重要性。《能效信貸指引》明確了能效信貸的兩種方式：一是用能單位能效項目信貸，即節能項目由用能單位直接投資、運作，銀行業金融機構向用能單位提供信貸支持；二是合同能源管理信貸，即節能項目為合同能源管理項目，由節能服務公司為用能單位設計、投資和運作節能項目，用能單位以節能效益支付的方式與節能服務公司分享合理利潤，銀行業金融機構向節能服務公司提供信貸支持。能效信貸業務的重點服務領域主要包括工業節能、建築節能和交通運輸節能。隨着綠色信貸規模的快速增長，我國能效信貸也在不斷增長，但在整體綠色信貸餘額中佔比仍然不高，且以交通運輸節能項目為主，未來還有較大發展空間。根據原銀監會綠色信貸餘額統計，截至 2017 年 6 月，21 家主要銀行綠色信貸餘額 8.3 萬億元，其中能效信貸相關餘額約為 3.7 萬億元（包括工業節能節水環保項目 5,056.6 億元，建築節能及綠色建築 1,347.8 億元，綠色交通運輸項目 30,151.7 億元，節能服務 233.7 億元），佔綠色信貸總餘額比例約為 44.6%。

綠色發展基金可以發揮政府的經濟槓桿效應，引導社會資本流向綠色環保領域，但《資管新規》出台後，對過去綠色產業發展基金主要的資金來源之一商業銀行理財施加了明確的約束，導致 2017 年下半年以來，我國綠色產業發展基金發展速度大大放緩。在此背景下，養老金、保險機構資金等長期限資金由於體量大、投資期限較長等特性將成為擴大綠色產業發展基金投資力度的重要資金來源。《指導意見》也明確提出：「鼓勵保險資金通過市場化方式投資產業基金，加大對戰略性新興產業、先進製造業的支持力度。充分發揮中國保險投資基金作用，大力支持國家戰略」。綠色發展是我國重要的發展戰略之一，未來保險資金或將成為推動我國綠色產業發展基金快速發展的重要力量。

在探索綠色金融產品創新方面，《指導意見》提到的碳金融、氣候債券、環境污染責任險、氣候保險等產品在我國均有實踐，而藍色債券則是首次提出，在我國尚未出現具體的實踐案例。藍色債券是一種創新的海洋保護融資工具，募集資金專用於海洋友好項目，包括一切關於恢復、保護或者維持海洋生態系統的多樣性、核心功能和整體健康的項目，以及增強沿海地區適應能力的項目。《指導意見》首次提出發展藍色債券，體現出對金融機構支持海洋生態環境保護問題的重視，或將開啟我國以藍色債券為主的藍色金融市場發展新航道。

目前，中國的各地都正在積極開展綠色金融促進低碳轉型方面的工作，但還未形成完善的制度框架，法律、行政、財税、金融沒有形成促進投融資發展的有機統一體；中心經濟擴張發展較快，但帶動周圍區位力量不足，部分種類項目的融資渠道也不通暢。在項目融資方面，對於城市中交通、能源、環保、建築、市政等領域的低碳轉型發展項目特別是公共基礎設施的項目，綠色金融的相關激勵機制及信息公開、信息傳遞機制亟待完善。

3.2.2 推動效應

2016 年，人民銀行等七部委聯合印發《關於構建綠色金融體系的指導意見》，提出構建綠色金融體系，不僅支持生態文明建設，而且有助於加快我國經濟向綠色化轉型，更有利於促進環保、新能源、節能等領域的技術進步，加快培育新的經濟增長點，釋放經濟增長潛力。大力發展綠色金融，構建並完善綠色金融體系，是實現碳中和的重要保障。「實施金融支持綠色低碳發展專項政策，設立碳減排支持工具，提升生態系統碳匯能力」已寫入了 2021 年的政府工作報告。對於金融機構來説，開展綠色金融業務是改善社會民生、助力可持續發展、實施國家氣候與環境行動的重要舉措。

比如，在推廣實施 ESG 的大背景下，大力發展綠色低碳高新技術，石油公司成為綠色技術的引領者。在石油開採過程中應更多使用二氧化碳驅油技術、CCUS（碳捕集、利用和封存）技術等，即使目前受成本和技術限制，這些技術大規模推廣應用仍需要時間，但石油公司會採取措施符合 ESG 標準，助推 CCUS 等技術的發展和普及，讓公眾對石油公司有更深入地了解，石油公司成為踐行綠色低碳發展理念的倡導者、實施者和引領者，綠色金融的推動效應效果明顯。

（1）綠色金融能夠形成資金導向

金融系統最基本的功能就是將資金聚集起來形成產業資本並用於投資，所以綠色金融主要通過匯集資金和引導資金流向那些有助於產業結構調整的行業，形成發展綠色產業所必需的綠色金融資本，有效地降低綠色產業在發展過程中籌集資本的成本，為綠色產業的發展提供有利條件。比如近期推出的「碳中和」債券也是備受關注的綠色創新產品。綠色債券具有發行成本低、期限較長等優勢，而綠色項目往往週期較長，綠色債券正好能滿足項目的融資需求，因而成為近年來增長很快的綠色融資方式。

(2) 綠色金融能夠促進產業整合

如今在國家節能減排要求之下，工業企業發展遇到愈來愈多的障礙，如高污染、高耗能、高耗水，而積極採用清潔生產與減排技術的綠色產業在綠色金融的支持下發展前景良好。綠色金融市場能夠使得資金聚集在優勢綠色企業，同時助推綠色產業進行整合，綠色產業整合也可以有效地打破行業、地區和國別的限制，在一個更大的範圍內實現技術市場、商品市場、勞動力市場以及金融市場的資源有效配置，使市場體系更加完善和高效，進而推動各項資源流向綠色產業，綠色產業的規模經濟效應日益凸顯，長期競爭力優勢逐漸顯著。

(3) 綠色金融能夠帶領綠色消費

金融不僅僅對生產者有影響，同樣會對消費者產生不可估量的作用。首先，綠色金融使得金融資源在綠色消費領域具備可獲得性，使得有綠色消費意願但是由於當下資金實力有限的消費者可以進入綠色消費領域，發揮金融在消費上的推動作用。其次，通過對資源的高效配置，綠色消費者使用的綠色金融工具可以降低成本，進而使綠色消費產品在價格上具有比較優勢，推動社會資源更多地向綠色消費產業鏈流動，從而在源動力上拉動社會的綠色生產引擎，推動綠色經濟發展。

(4) 綠色金融能夠助力實現碳交易市場的定價功能

碳定價是目前最有效、性價比最高的減排方法。通過上調整體能源價格，碳定價能激勵家庭和企業轉向更綠色的選擇，進而提升能效。同時其還能為可再生能源和化石燃料建立公平的競爭環境，從而提振綠色投資，刺激創新。此外，能帶來可觀的收入，可用於支持家庭的低碳轉型，並增加對衛生、教育、下崗職工技能再培訓的公共投資。一系列其他工具，如獎勵提高節能效率、抑制高排放活動的「收費返還」計劃，也有助於降低某些部門的二氧化碳排放量。未來，還需要頒佈更嚴格的排放和能效法規，並實施更完善的綠色技術政策。

儘管我國綠色金融在不斷發展中，可是相對於西方發達國家仍存在一定的差距。所以，一方面，要儘快建立統一的碳市場交易平台，由點到面，協同推進，建立統一的定價標準和市場準則，以期為我國綠色金融未來的蓬勃發展奠定良好的市場基礎。另一方面，要建立綠色金融標準體系，有效界定綠色產業和綠色項目，加快推進綠色債券、綠色信貸、綠色保險、環境權益等各類綠色金融產品標準制定。再者是要用帕累托改進解決綠色項目「二重屬性」即大多數自然資源即屬私人物品又屬公共物品，可採用構建自然資源有償使用制度等路徑。最後是要培育和扶持綠色金融第三方認證機構和評估機構，建立綠色投融資評價體系。

圖 3-5　綠色金融的推動效應機制

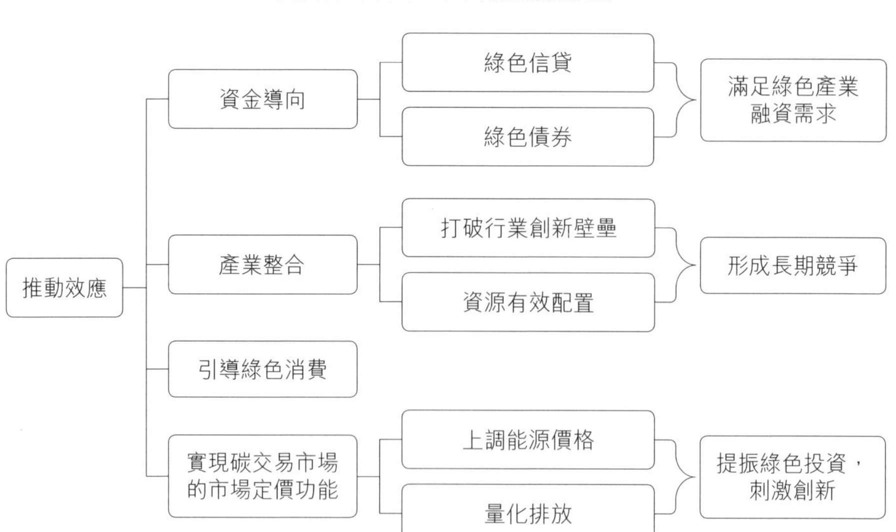

3.2.3 技術效應

技術效應，也稱為技術溢出效應，技術創新活動創造的技術知識，跨過組織邊界向外界傳播所產生的正外部效應。通過技術溢出，技術創新活動的總收益得以增加。在實現碳達峰、碳中和目標的過程中，綠色金融起着重要的技術支撐作用，也就是説，綠色金融的技術發展對低碳轉型會產生很大的影響，而其影響的機制和路徑便是下文主要探討的。

我們主要從三個方面來探討綠色金融對低碳轉型技術效應的影響，分別是綠色金融市場金融工具創新發展對低碳轉型的影響路徑、風險管理能力變化對低碳轉型的影響路徑與市場定價功能變化對低碳轉型的影響路徑。

(1) 綠色金融創新工具對低碳轉型的支持

綠色金融市場上的金融工具創新發展對低碳轉型的影響路徑主要體現在綠色金融對低碳轉型所提供的資金支持作用上。為貫徹落實碳達峰、碳中和目標，國務院發佈了《關於加快建立健全綠色低碳循環發展經濟體系的指導意見》，其中不僅提到要大力發展綠色金融、綠色信貸，同時指出支持金融機構和相關企業在國際市場開展綠色融資，有序推進綠色金融市場雙向開放。國家發展改革委發佈的《綠色債券發行指引》中明確提出，對低碳產業等 12 個領域項目進行重點支持，地方政府可通過投資補助、擔保補貼、債券貼息、基金注資等多種方式，支持綠色債券發行和綠色項目的實施。配合「一帶一路」倡議，發行以低碳技術為主體的綠色債券，為綠色基礎設施建設提供重要的資金保障與技術支撐。可以看出，在積極貫徹落實碳達峰、碳中和目標的過程中，國家大力支持發展綠色債券、綠色證券化、綠色資產化產品，這是因為低碳轉型的順利完成必然需要大量資金支持，綠色金融產品的快速發展在很大程度上可以豐富綠色金融行業的融資渠道，為低碳轉型提供大量資金，滿足低碳轉型的資金需求，對低碳轉型的快速發展具有很大的促進作用。當然，這些綠色金融工具的快速發展，也蘊藏着很大的挑戰，比如環境信息披露不足、綠色債券評級模型需要創新、轉型帶來的金融風險、金融創新產品的法律法規監管不到位等問題，都亟待解決。

(2) 綠色金融市場的風險管理功能對低碳轉型的影響

綠色金融市場的風險管理功能對低碳轉型的影響路徑主要體現在其可以為低碳轉型提供很多風險管理方面的借鑒，確保低碳轉型的順利進行。在低碳轉型發展過程中其不可避免會遇到很多的風險，而綠色金融市場的風險管理功能的發展必然會對低碳轉型起到很好的促進作用。一方面，綠色金融的風險管理能力的提高可以穩定其對低碳轉型的資金支持路徑，減少資金流動不暢的情況；另一方面，綠色金融市場風險管理功能的發展必然會對低碳轉型起到一些啟發作用，比如綠色金融市場通過發展氣候變化相關綠色保險產品、通過保險產品定價促進氣候風險內部化、推動金融機構開展風險評估和壓力測試，強化對氣候相關金融風險的審慎管理等方式必然可以對低碳轉型發展過程中應對風險起到一定的幫助。

(3) 綠色金融市場的市場定價功能對低碳轉型的影響

綠色金融市場的市場定價功能對低碳轉型的影響路徑主要體現在其可以做到為「碳」合理定價，引導綠色產業發展。碳定價，即以碳稅或者碳交易計劃的形式約束碳氣體的排放，直接減少溫室氣體。成本內部化的一個根本原因是經濟市場要求所有交易都是自願的，不得強迫第三方支付交易費用。因此，當一種商品的生產造成污染，使這種污染的成本必須由進行生產和消費的人支付，而不是由無關的第三方支付，否則生產者和消費者可以強行將福利從第三方重新分配給自己。而碳排放定價有助於這種成本內部化。另外碳定價，特別是碳稅可緩解政府失靈國家的氣候變化。與綠色債券相比，對於碳稅，政府不需要詳細了解減排項目的成本和收益。而只需要了解其邊際社會成本。在政府確定碳稅稅率也匹配這一成本後，私營部門將在一個分散的過程中確定哪一個減排項目可產生最大的私人利益。在腐敗風險高或機構能力低的國家，碳稅的實施也會相對簡單。當碳成為一種商品時，企業將會對碳排放承擔相應的成本，為降低這種碳排放成本，企業可能會選擇提升其低碳轉型技術，從而保證利潤不會因此減少，以實現利潤最大化。

眾所周知，二氧化碳等溫室氣體猛增導致氣候變化，並對生命系統形成威脅。世界各國以全球協約方式減排溫室氣體，我國也針對這些提出了相應的目標。碳達峰和碳中和需要能源結構、工業生產、交通運輸、建築方式等各產業的綠色低碳改造和相互協調，並配合自然碳匯、碳捕獲與封存等技術手段進行有效地減排，這蘊含了龐大的資金需求。而綠色金融，不僅將項目投資建設的環境評估深度嵌入金融服務的流程，為碳達峰、碳中和提供強大的資金支持能力，同時還有增強金融體系管理氣候變化相關風險的能力，還能利用金融市場的價格發現功能為「碳」合理定價，大力引導綠色產業發展，支持碳捕獲與封存技術的研發應用，推動我國經濟社會的綠色低碳轉型。

3.3 綠色金融系統創新對低碳轉型的作用路徑

綠色金融的概念很寬泛，起源於長期以來我國經濟發展所導致的環境污染問題，旨在平衡經濟發展與環境保護之間的關係。十九大報告強調「構建市場導向的綠色技術創新體系，發展綠色金融，壯大節能環保產業、清潔生產產業、清潔能源產業」。我國政府近年來對發展綠色經濟、投資綠色金融、走可持續發展之路採取了一系列舉措，並取得了良好的效果。綠色金融系統創新逐漸成為我國低碳轉型和綠色經濟發展的重要環節，綠色金融系統創新促進了我國能源結構、產業結構和增長動力的低碳化發展。

3.3.1 促進能源結構低碳化

能源結構是指一次能源和二次能源在能源生產總量或能源消費總量中的組成和比重，主要包括企業能源生產結構和社會能源消費結構。能源生產結構是指在整個能源工業總產量中生產能源所佔的比例，合理開發利用煤炭資源並積極開發新能源和可再生能源是優化能源生產結構的主要路徑；能源消費結構則是指各經濟部門消耗各種能源的數量及佔能源消費總量的比例，或者是按消費部門分類的能源消費量及其比重，通過對能源消費結構進行分析，掌握能源消費去向，為能源的合理分配和高度利用提供科學依據，為平衡能源供需奠定基礎。

（1）促進能源生產結構低碳化

低碳經濟是目前最有效、可持續發展的經濟模式之一，它既可以滿足經濟發展的需求，又考慮到了對溫室氣體排放的控制。因此，我國應更加積極地倡導居民進行綠色消費，通過增加補貼、減少稅收等經濟激勵措施和一些強制性的約束手段，加快發展低碳產業和高碳能源的低碳利用，建設低碳型工業、建築和交通系統，全面推進經濟的低碳轉型。

綠色消費的前提是綠色供給，到目前為止，我國的能源結構主要經歷了三次演變，雖然與西方發達國家仍存在一些差距，但能源供給結構逐漸趨於多樣化和均衡化。我國可以利用綠色金融優惠政策引導企業的生產，例如，針對高能效、低能耗的產品進行成本補貼和稅收減免，或者增加對可再生能源的綠色投資和貸款，這些措施都將有利於引導企業採用更加清潔的生產技術和工藝，更加積極地生產或開發出碳排放更低的產品。

（2）促進能源消費結構低碳化

隨着我國產業結構的不斷優化、社會經濟的快速發展，低碳能源的消費意識在全社會範圍內得到了迅速提升，能源消費結構也逐步向低碳化轉型。綠色信貸、綠色投資等綠色金融系統創新不斷繁榮發展，在一定程度上促進了環保產業和新能源行業的進步，而這些行業也會在達到低碳化狀態後正反饋於綠色金融系統，使綠色實體經濟與綠色虛擬經濟相互促進，共同進步。

作為創新綠色金融的重要手段，綠色信貸和綠色投資除了具備普通信貸和普通投資的社會資金調節功能以外，還具有政策工具的性質，其宏觀調控的功能更是可以作為一種強有力的綠色經濟工具。綠色金融系統創新對我國能源消費結構的作用機制主要存在直接作用機制和間接作用機制兩個方面。

第一，直接作用機制。綠色信貸和綠色投資對新能源和環保行業具有資金支持作用，通過作用於能源的生產端，從供給方面影響能源的消費需求，促使能源消費結構的低碳化發展。一方面，以充足的資金支撐新能源行業的生產經營規模的擴大，提高清潔能源的生產總量；另一方面，通過資金支持，促進新能源行業進行技術研發和技術創新，提高新能源行業生產效率，進一步提高我國能源消費結構中清潔能源的比重。

第二，間接作用機制。綠色信貸和投資的發展能夠對新能源和環保產業產生拉動作用，而這些產業作為能源的使用端，其自身的發展與壯大則將從需求方面影響對能源的消費需求。同時，綠色金融在助推環保產業快速發展的過程中，將會向社會傳遞積極信號，進而引導其他行業企業更加傾向於選擇清潔能源和可再生能源，以便於獲得綠色信貸或綠色投資的資金融通。

田帥、嚴曉寧（2021）通過研究珠三角地區空間面板數據發現，在達到既定的拐點（GDP 約 6.195 萬元）之後，能源消耗量隨着經濟增長而減少，能源發展將從供給側為導向轉為需求側為導向，從滿足能源需求量轉變為提升能源使用效率，當前我國人均 GDP 已經跨過拐點，能源使用效率不斷增強並且向多元化能源結構轉型。

3.3.2 產業結構低碳化

實現綠色金融發展創新離不開政府在金融市場監管，貨幣政策的制定和金融產品評估等方面起到不可替代的作用，也需要配合以市場的基礎調節功能，發揮市場在資源配置中的決定性作用。資本轉換機制、資本引導機制、人才培養機制等機制通過不同的作用機理展示了綠色金融創新如何推動產業結構低碳轉型。

(1) 資本轉換機制

任何產業想要獲得長足的發展都需要豐厚資金作為基礎，尤其是新興創新產業、綠色產業，這些產業的發展也順應時代的發展，是社會不斷發展的必然要求。而市場在進行資源配置的過程中有一定的局限性，資本轉換可能會出現停滯，影響經濟效益。政府運用強制的行政手段將更多的資本投入高端裝備製造業、綠色低碳、清潔能源、共享經濟、新興信息產業、生物產業等新興產業。換言之，金融體系可以將社會儲蓄和閒散資金集中轉換為資本等生產要素，而綠色金融大力發展，又能夠使更多的閒散資本轉換為符合實體經濟發展與產業結構優化的資本。2021 年 3 月 26 日，贛州實現了第一例林權抵押擔保貸款，為有效解決「銀行機構向林業產業貸款內生動力不足」的問題，崇義縣深入推進綠色金融改革，出台了綠色金融助推林業發展實施方案，實行林權抵押擔保貸款政策，採取「政府 + 協會」合作出資的方式，創新林權抵押擔保形式，助推林權資產資本化、資本資金化，促進一二三產業融合發展，互相推動，助力經濟發展和生態文明建設協同發展。

(2) 資本引導機制

只有資本向不同產業不斷流動，產業結構才會發生根本性變化，從這個角度來看金融資源的流動對產業佈局影響深遠。在我國現在的金融發展階段，社會可利用的金融資源一定程度上來說還是稀缺的，因此金融資源支持產業的方向也是綜合考量的結果。綠色金融資源得到重視，綠色金融發展提上日程是因為無論是在產業佈局還是在利用效率上，綠色金融資源都具備正向促進作用。為了相關產業的長遠發展，不僅要關注資本回報率，還要考慮經濟的健康、可持續發展，促進具有長遠利潤來源、現金流穩定並對經濟發展具有正向外部效應的產業，也就是能為經濟發展帶來正效應的產業，適當推出傾斜政策，促進綠色金融與相關產業的進一步融合。在電解鋁行業，傳統的火電鋁成本高，且具有污染性，對環境有負效應，如何市場化地引導我國電解鋁能源結構向清潔能源轉化是實行電解鋁行業低碳化的關鍵。由於擁有良好碳排放數據基礎，電解鋁行業納入碳排放交易市場。這個決定是意義重大的，這項措施的好處可以從兩個方面來看：一是目前碳排放配額的分配是根據產能免費分配，並不直接抬高現有產能的成本，但會通過碳排放配額的市場化交易，降低低於配額排放企業的成本，抬高超額排放企業的成本；二是如果適時引入有償分配，即碳排放較多的產能必然對應較高的成本，這將直接抬高存量和新增產能中的火電鋁產能的成本，結果是產業自然從以火電鋁為主的格局轉型到以水電鋁和核電鋁為主的清潔能源上了。

（3）人才培養機制

綠色金融發展推進產業結構升級不僅需要政策的支持，還需要培養更多的綜合素質較高的人才為綠色金融這個新興領域注入新的活力。綠色金融對複合型人才的需求很迫切，對相關方面的人才培養提出了更高的要求，既需要精通自然科學，又不能忽視對人文社會和形勢政策的了解。目前途徑主要包括兩條：第一：大學開設有關綠色金融課程，培養綠色金融複合人才：例如圍繞習近平總書記重要講話規劃的願景，蘭州大學於 2019 年 10 月 24 日成立蘭州大學綠色金融研究院。綠金院為蘭州大學實體性研究機構，以「培養金融人才，服務地方經濟，實現生態文明，奉獻美麗中國」為使命，以「資源互通、全面交流、科學研究、主動服務」為理念，致力於打造國內領先、國際知名的綠色金融學術高地、高端智庫和人才培養基地。學院成立以來也一直堅持招聘全國各地有關經管方面的優秀人才，這無疑對於高校的綠色金融研究起了示範帶頭作用。

第二：對於志在發展綠色金融相關業務的企業單位，與綠色金融行業內專家探討學習，汲取經驗，設立有效的綠色金融人才培養機制，在實踐中培養技能，同時改善我國綠色債券評估認證存在的弊端，支持更多第三方機構拓展綠色金融服務。目前國內提供綠色債券認證的機構比較雜，以會計師事務所、信用評級機構以及環境諮詢機構為主力，許多綠色債券由發行人自己定義，且發行後的資金由發行人自己管理，與國外相比有諸多不足之處，面對這些問題，亟待從下面兩個方面解決：加快綠色債券的標準統一，加快規範第三方機構對綠色債券發行的評估認證，儘快出台《關於規範綠色金融評估認證機構管理辦法》，從第三方評估認證機構的准入門檻、評估標準、評估方法、綠色資金募集後的使用、第三方監管等方面進行規範。

3.3.3 增長動力低碳化

金融系統擁有的有效性和穩定性的特性會對增長動力的轉型產生重大的影響，經濟平穩健康快速的運行需要增長動力的轉換。在目前我國低碳綠色金融發展的大背景下，增長動力有了實質性的改變和發展，從要素驅動、投資驅動逐步轉換為創新驅動、綠色驅動。綠色金融系統的創新發展會使得增長動力低碳化。

在長期發展階段中，國家政策的改變以及社會公眾對於金融產品的需求的轉換會導致金融系統的轉型和創新；在短期發展中，資源配置決定了社會產業發展方向和轉型升級，資金的流向會對現有經濟結構進行調整，對增長動力產生深刻影響。在「碳中和」背景下，增長動力是否能夠綠色合理地進行轉換，關鍵是要看資金是否通過綠色金融系統配置給低碳環保的企業和相關綠色金融產品。也就是說，增長動力要達到低碳化的目標，需要通過綠色金融系統的資本配置功能作用於實體經濟實現。

通過綠色金融系統的創新，將效應從金融行業逐漸傳導至實體經濟中，進而使得增長動力得到轉換。金融業從傳統的資金運作和投資模式逐漸轉換和增加對於低碳環保產業的資金投入，進而創建了高效率、健康、綠色的金融服務系統。在市場和政府的雙重作用下，通過金融機構將公眾和企業的閒置資金配置給綠色環保的企業，促進了高污染和高碳排放企業的創新和轉型升級，減少了社會的總體碳排放量，使得實體經濟增長動力得到轉型，為儘快實現我國「30・60」的目標提供了很好的保障。

第 4 章

綠色金融系統創新對低碳轉型的影響

綠色金融是一種經濟活動，它旨在改善環境條件、高效利用資源和應對氣候變化，它包括對節能、環境、綠色交通和綠色建築以及清潔能源等領域的項目進行投資和融資、風險管理和運營管理等提供的相關金融服務。綠色金融可以促進環境的治理和保護，引導資源從高耗能和高污染的產業流向那些理念和技術以及管理比較先進的部門。當前我國的綠色金融政策正在穩步推進和不斷完善，在貸款、基金、債券等領域都有比較明顯的進步。系統創新是對於組織進行管理的一種創新，是對整個組成系統的諸多要素、各個要素之間的關係、系統流程、系統的結構、系統與環境之間的相互關係進行全面的、動態的組織過程，目的是促進整個系統不斷升級和發展優化。

4.1 綠色金融系統創新對於產業結構的影響

4.1.1 為我國產業結構發展指明方向

世界上絕大多數社會主義國家市場經濟都以國有經濟為主，我國也不例外，所以說，在我國要發展產業結構，就要從國有經濟體開始，根據相關機構對我國國民經濟的全面調研及分析，再與我國國民經濟發展現狀和商業市場現狀綜合考慮，只有找準高效的產業結構方向，才能實現產業結構的創新發展。為實現這一目標，在有效促進我國經濟一體化快速發展的同時，增強國家綜合經濟實力，創造額外的經濟效益，將切實改善人民的生活條件和生活質量。綠色融資理念系統的創新給我國產業結構的發展提供了全新的理論支撐，更對我國產業結構的發展提出了創新的具體要求，企業以及產業的改制、創新和發展離不開綠色創新發展理念、健康發展與環境保護，最後，綠色金融系統創新為我國產業結構的發展創造了一個綠色、開放、統一的環境，為全面推進產業結構創新發展，提供了更加明確具體的發展方向，也為政策支持和制度保障充分地奠定了基礎。

4.1.2 促進我國節能環保產業技術發展與創新

由於綠色金融的系統創新，我國產業結構的發展將會擁有更廣闊的發展空間和更大的發展機遇。其中，節能環保產業是綠色金融理念支撐下的新興戰略性產業之一。現階段，節能環保產業更是擁有巨大的發展前景。據相關研究機構預測，2022 年我國節能環保相關產業市場交易額將實現 9 億元，若能實現，其將是生態產業經濟價值的最高紀錄。伴隨着我國環保產業的發展及產業結構的不斷調整，各家環保廠家、企業生產的產品和環保企業不斷創新應用的核心節能技術逐漸得到業界的廣泛認可，它們已是我國產業結構發展不可或缺的重要組成部分。但是，綠色金融體系概念的出現年代相對較晚，也由於其發展處於剛剛起步階段，導致環保產業和節能技術的發展與創新也處於相對落後的狀態，且還未有相應的政策支持和制度保駕護航。因此，綠色金融系統創新的引入和全面落實，將加快各級政府環保發展政策的制定和相關制度完善，使得綠色金融體系有政策的保障，從而推動我國市場經濟快速發展，充分協調市場中各種資源合理配置，吸引更多投資者進入綠色投資領域，從而增加資金的供給，增加環保產業的融資渠道和方式，提高環保產業的市場競爭力，加大環保設備和節能環保技術的投入，促進環保產業的整體發展，為清潔能源融資的發展提供可持續的支持。

4.1.3 推動我國能源結構調整

能源部門結構的調整與發展是關乎全國人民福祉的核心問題，更是維護國民經濟穩定發展的基礎。能源部門發展要始終以服務人民、改善人民生活條件為目標，消除人與人之間的矛盾和能源分配利用不平衡。近年來，為了保證能源需求，我們一直在尋找可以積極有效地調整能源部門的戰略，取得了良好的成果，主要是在以下方面優化能源部門結構，綠色融資和體制創新的出現極大地加強了國家能源部門的結構調整，促進了國家能源部門的轉型發展，也帶動能源部門朝着節能、低能耗方向發展，並加大了對環境友好能源、可再生能源的研究。逐步構建具有我國能源產業發展特色的綠色能源體系，全面實施我國能源產業結構調整，推動清潔能源綠色融資的有效實施和發展。

4.1.4 全面帶動我國第三產業發展

據國家統計局相關數據顯示，近年來，我國第三產業處於持續增長階段，並且在我國經濟產業架構中佔有舉足輕重的地位，並有希望逐步發展成為我國經濟體系的支柱產業。但相比一些西方發達國家，我國第三產業仍然有些發展空間，處於相對落後的狀態。有了綠色金融的系統創新，不僅使得傳統產業結構發展理念煥然一新，還能從根本上解決經濟發展與環境保護相互衝撞的問題，更能全面推進第三產業經濟供給和需求結構調整，促進第三產業綠色健康發展。同時，資本市場和國家政策能夠充分支持綠色金融產品的創新，明確經濟發展的基本方向，引導資本流動，促進低成本發展和低污染、低效益的第三產業發展，提高第三產業在國民經濟總量中的比重，進一步優化資源配置，大力推進第三產業發展，更好地實施綠色金融的系統創新。

4.2 綠色金融系統創新對能源結構的影響

4.2.1 推動能源結構轉型

中國的能源主要來自煤炭，因此，在中國的綠色轉型中能源結構的不斷調整和能源體系的現代化建設十分重要。從「十一五」規劃開始，每單位 GDP 的能源消耗已經成為一種具有約束性的指標，被包含在最近的幾個五年規劃中。推進了相關重點領域的能源節約，大幅提高了其使用效率，每單位 GDP 能源消耗不斷下降。在不斷的努力下，能源的結構在不斷地改進，能源消費比重之中煤炭資源的佔比從 2012 年的 67.4% 降到了 2018 年的 59%。獲取能源方式的改變，加快了低碳化的調整和發展，邁出了煤炭能源高效利用的堅實一步，煤電的排放量與以前相比也達到了一個很低的水平，提前完成 2020 年制定的目標；新建立的煤電機組全都達到了很低的排放量標準，相關可能產生污染的物質排放量已經達到了世界最嚴格的標準。隨着各種清潔能源使用效率的不斷提升，太陽能、水電和風電發電機達到了世界第一，中國的非化石能源利用水平已經達到了世界領先水平，引領世界清潔能源的使用。

4.2.2 提高資源利用效率面臨挑戰

中國的能源資源的結構使得中國的能源使用還主要依靠着煤炭資源。由於中國地域廣闊，主要能源資源的分佈與使用能源的地區並不匹配，導致能源在輸送等相關方面還存在着一定的問題。而且中國的能源使用效率與其他發達國家相比還有着較大的差距。OCED 的測算顯示，中國的能源產出率只有美國、日本等國家的 2/3 左右，中國每排放一噸二氧化碳所能產生的經濟價值僅為發達國家的一半左右。在最近的 20 多年中，中國的綠色全要素生產率的增長對於整個中國的經濟增長來說，所作出的貢獻還不到 30%，而發達國家卻能達到 60% 的水平。中國的經濟增長還是主要依賴自然資源、勞動力和生產資本。

4.2.3 中國能源結構的發展

未來，我國將持續推動工業化和城市化進程，總體上仍處於「環境庫茲涅茨曲線拐點」，二氧化碳排放量、污染物排放量和能源消費的拐點將逐步出現，環境和資源的壓力仍然很大。「十四五」是我國綠色轉型的關鍵時期，要進一步降低能源強度和碳強度，提高資源效率，鞏固主要污染物排放與經濟增長的脱鈎，加快構建資源節約型、環境友好型綠色發展體系，走中國特色的綠色轉型之路。

預計從 2030 年到 2040 年，我國的能源需求將增加，但預計到 2030 年左右，化石能源消耗和二氧化碳排放量將達到頂峰。人均峰值能源消耗約為美國峰值能源消耗的 32%，為日本的 65%－84%。從能源結構的角度看，2014 年後，我國煤炭消費將進入「平台期」，不過在主要能源供應上，依舊長期發揮着不可或缺的作用。預計到 2030 年，煤炭將佔中國一次能源消費的一半份額以上；對石油的需求將慢速增長，預計到 2030 年，需求量將超過 8 億噸；天然氣消費量以 5% 的年增長率穩步增長；在可再生能源領域，風能、光能等可再生能源需求將大幅增加。預計到 2025 年，非化石能源的比重將超過石油。

主要常規污染物排放正處於並將繼續處於轉折點時期，我國二氧化硫和氮氧化物排放已達到頂峰，並將進入下降趨勢。預計 2020 年 VOCs 和氨氮排放將達到峰值，2020 年左右將出現大氣污染物排放總量峰值，2020－2025 年水污染物排放總量達到峰值後進入平台期。

生態環境整體質量達標的時間尚不確定。空氣質量普遍進入改善時段，城市空氣 PM2.5 的年均濃度將繼續下降，但臭氧可能成為一種新的污染物；水質的整體改善面臨很大的不確定性，大流域、湖泊、地下水和海洋的水質改善過程各不相同；與大氣和水環境相比，土壤質量的改善難度更大。

4.2.4 京津冀能源融資現狀以及綠色金融如何助推能源轉型

目前，京津冀地區的環境問題不僅是一個簡單的環境問題，而且嚴重影響到區域經濟、社會、民生等方面。多部門、多種措施和多方面治理已成為必然。綠色資金能否成為各方的槓桿也愈來愈受到關注。

研究表明，燃煤是造成京津冀大霧的主要原因。從京津冀地區能源結構看，長期以來，以煤炭為主的傳統能源將是京津冀地區最重要的可利用能源主體，融資對京津冀地區能源產業發展和能源結構轉型具有重要作用。工業的發展和現代化離不開財政的支持。資本促進了能源經濟的發展，而融資對能源經濟的影響在兩個方面尤為明顯：一方面，投資影響的增加可以促進能源經濟的擴張；另一方面，融資的資本導向效應可以促進能源經濟水平的提高和能源經濟結構的優化與現代化。

4.3 綠色金融系統創新對於技術創新的影響

4.3.1 綠色技術創新現狀

(1) 綠色技術創新投入現狀

綠色技術創新的研發投入主要包括科研人員和科研經費兩個方面，其變化趨勢如圖 4-1 所示。由圖可以看出，中國綠色技術創新科研經費支出和科研人數逐年上升，除了 2013 年有小幅度的回落外，其餘年份都呈現

圖 4-1　中國 2000－2017 年綠色技術創新科研經費支出額以及科研人數

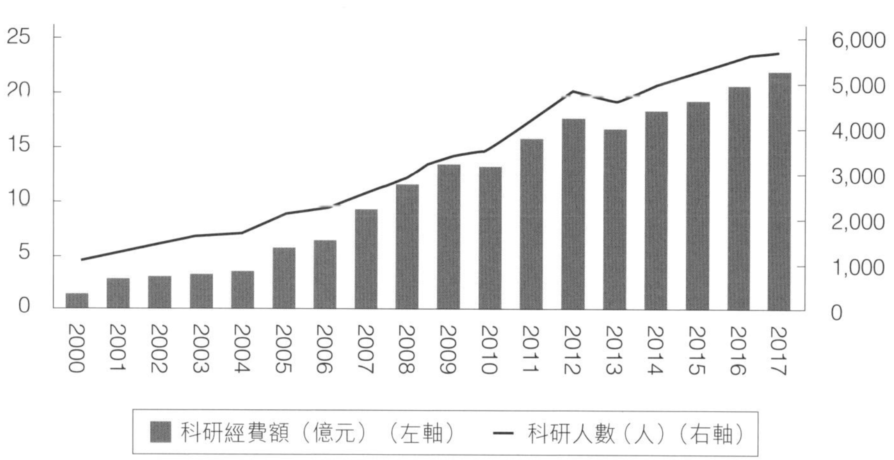

資料來源：根據《中國科技統計年鑒》的數據繪製

增長態勢。2000 年至 2017 年的科研經費額的平均增長率達到 84.83%。這一比率可以説達到了很高的程度。而科研人員數量的增長趨勢與科研經費的增長趨勢是一致的，2000－2017 年的平均增速達到了 24.14%。表明近年來中國政府和企業都重視加大綠色技術創新研發投入。

(2) 綠色技術創新產出現狀

綠色技術創新產出分為新產品銷售收入和節能環保專利數量兩方面。圖 4-2 是 2000－2017 年全國節能環保專利授權數量、申請數量及授權比例，從圖中可知從 2010 年起，節能環保專利授權數量與申請數量均在快速上升，但從專利授權比例（授權數量 / 申請數量）來看，除了 2000 年和 2010 年超過 80%，其他年份的授權比例均低於 70%。

圖 4-2　中國 2000－2017 年節能環保專利授權數、申請數、授權比例

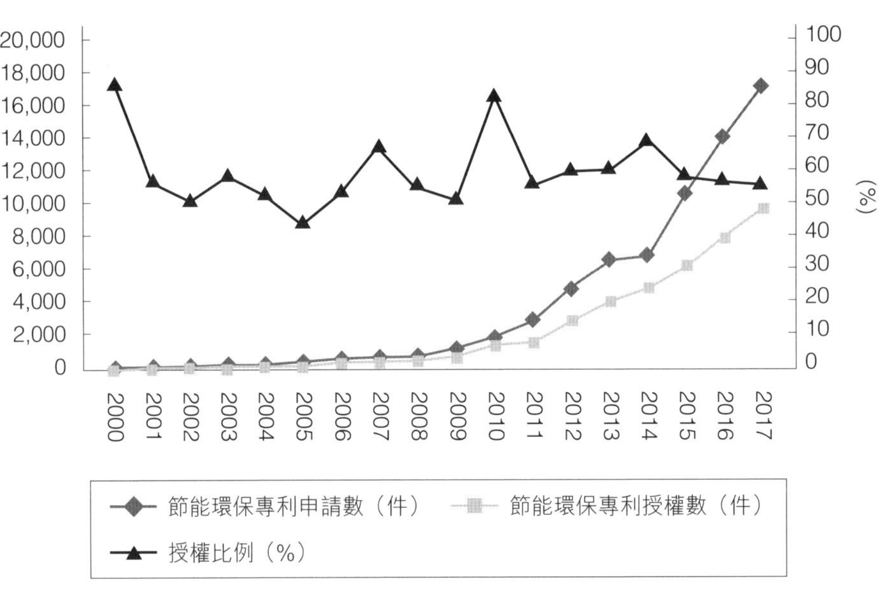

資料來源：根據《中國科技統計年鑒》的數據繪製，其中授權比例 =（節能環保專利授權數 / 節能環保專利申請數）。

4.3.2 綠色金融系統創新對綠色技術創新的影響機理

綠色金融系統創新對綠色技術創新的作用分為促進理論和阻礙理論兩種：一些學者提出綠色金融可以引導社會資本流向相關節能環保產業，為綠色新技術研發發展投入提供大量資金支持，促進了綠色技術創新發展和進步；另一些學者認為綠色金融系統創新通過壓縮資金等措施約束高能耗、高污染產業發展，所以也變相地阻礙了資金進入相關行業，起到了產業調整作用。

第一，綠色金融系統創新可以促進綠色技術創新。促進理論又分為提高綠色金融體系的多元化程度和提升綠色金融機構效率兩個方面：學者們的研究表明多元化的綠色金融體系對於綠色技術創新有着支撐作用。綠色金融機構應提高其運行效率，更好地為綠色技術創新提供服務和幫助。金融規模對於綠色技術創新的影響比較小，而金融機構的運行效率對於技術創新有着至關重要的作用，所以，要加強金融機構的運行效率，這樣才能更好地推動綠色技術的創新。另外，提升綠色金融機構的運行效率可以帶動 PE 和 VC 等社會資本流入綠色環保產業，並且還能縮短行業的融資周轉週期，為綠色技術創新的研發資金持續投入提供保障的同時也加快了資金流入節能環保行業的速度。

第二，綠色金融系統創新會阻礙綠色技術的創新。根據綠色金融工具的不同可以分為綠色信貸、綠色保險和碳金融三方面：

綠色信貸方面，亞洲開發銀行在是否批准貸款以及確定貸款額度時，會對企業對於環境污染情況作出衡量，並將環境問題的績效納入是否對其放貸的考核指標中，該措施可以減少甚至避免資金流向高污染和高耗能的企業。商業銀行和政策性銀行實行差異化的綠色信貸措施，對於綠色環保提供更多的貸款支持，對於那些高污染和高耗能的產業縮減貸款或不貸款。這個信貸制度會導致高耗能、高污染產業缺乏用於技術改進的資金，使其不能改善其高耗能和高污染的現狀。

綠色保險方面，綠色保險大量增加企業的生產成本。例如，環境責任險強制要求企業繳納保險費，導致企業缺乏流動資金用於技術研發。綠色保險增加了企業的額外支出，會對企業生產經營造成負面影響，經研究得出相較於自願型的環境責任險，強制性的綠色保險對企業綠色技術創新的阻礙作用更大。

碳金融方面，在碳金融制度下，企業購買碳排放權會增加額外支出，減少了企業用於技術研發的流動資金，阻礙了企業的綠色技術創新研發。碳金融制度在約束高污染產業發展的同時也阻礙了其綠色技術創新活動的開展。高污染企業單位產品的利潤率較低，碳排放交易制度讓高污染企業每年支付高額的費用購買碳排放權，企業將缺乏資金用於技術創新。

綠色金融的系統創新，需要全面、整體、系統的規劃，需要多方努力。在政策創新前提下，需要加快綠色組織創新，建立一些綠色金融機構或者在金融機構裏建立綠色信貸部門。加快綠色產品創新，發展適應綠色經濟發展的綠色信貸、綠色債券、綠色基金、綠色保險、碳金融產品。加快科技創新，在產品創新的同時，運用互聯網、電腦、區塊鏈等新型技術，發展金融科技，實現商業銀行業務轉型。使政府、銀行、企業共同負起社會責任，在追求利益回報的同時，實現低碳轉型。

4.3.3 綠色金融系統創新影響技術創新的路徑

第一，綠色金融系統創新為企業的技術創新不僅提供資金支持，也提供相關的風險防範措施。企業作為市場活躍的主體，對於市場經濟起着重要的作用，其行為也受到市場規律的相關約束，企業在進行技術創新時，必不可少的就是大量資金的投入。綠色技術有着在早期階段不能獲得直接收益的特殊性，傳統金融模式很難起到相應的作用。同時，技術創新在能夠帶來巨大收益的同時也面臨着失敗的高風險，高風險、前期不能獲得收益以及未來收益的高不確定性導致企業不傾向於進行技術創新。與傳統的技術創新不同的是，綠色技術創新不確定性更大，所以，對於綠色技術創新的項目，許多企業都不太看好。因此，綠色金融系統創新對於綠色技術創新有着至關重要的意義，它為綠色技術創新帶來了希望。一方面，可以為企業技術研究、技術轉型、技術應用提供很充足的資金支持；另一方面，綠色金融系統創新也有助於企業提高自己的防範創新風險的能力，從而降低其高風險的特性，通過金融市場可以將風險進行重新分配，從而分散綠色技術創新的高風險。

其次，綠色金融系統創新也為政策體系提供了金融保障。外部激勵機制圍繞着政府為主體的模式為企業進行綠色技術創新提供了制度保障和足夠的政策支持，政府通過相關政策帶動和引導資金的合理流動，使資金流向綠色技術研究創新領域，從而促進其發展。綠色金融為政府提供資金的同時也作為載體支撐，政策的下達和實施需要相關的資金支持，政策體系的運行與金融市場的運行需要相互協調，否則技術創新政策將是一紙空文。

最後，綠色金融系統創新為技術的應用和政策的實施提供了相應的平台支持。政策的實施和技術的創新發展都要經由平台經過一系列的運作，而這個平台需要金融的支持。

第 5 章

綠色信貸對我國新能源產業發展的支持研究

5.1 綠色信貸與新能源產業發展的基礎理論

5.1.1 綠色信貸相關理論

(1) 金融創新理論

金融創新理論是一種由需求驅動利潤增長的理論。狹義上的金融創新僅局限於金融機構創新的金融類產品；廣義上的金融創新是整個金融領域對金融工具、金融產品、交易規則、研發技術的創新。隨着世界經濟的快速發展，歐洲貨幣市場和資本市場形成並逐漸發展起來。為了滿足經濟增長的需要，以及應對各種金融危機的出現，眾多金融創新產品相繼出現。西爾柏（W.L. Siber）的約束誘導性金融創新主要是從供給角度對金融創新進行研究。他認為公司進行金融創新的最大動力是追求企業利潤的最大化，是為了減輕外界對其金融方面的壓制而選擇實施的自我保護行為。希克斯和尼漢斯（J.K. Hicks，J. Niehans，1937）的交易成本創新理論是希望將貨幣需求、交易成本與金融創新相關聯。交易成本的不斷下降會刺激企業金融創新的慾望、優化金融工具以及提升金融服務水平。綠色信貸的出現就是金融工具創新的一種形式，它對信貸附加環境條件，是有條件的金融創新，是差異化的信貸。

(2) 環境金融理論

這是一種將環境和金融同時考慮在內的理論，它強調金融行業要提升環保意識，是對傳統金融的拓展和升華。何塞．薩拉薩爾（Jose Salazar，1998）認為環境金融是金融業為了應對環境的變化以及環境產業的需求而進行相對應的金融創新。放眼國內，在政府相關政策指導下，我國金融業逐漸將環境金融置入行業發展當中來考慮。一系列既涉及金融又涉及環保的政策出台，意味着商業銀行從此將金融業與環保結合發展。王卉彤等（2006）認為環境金融是實現環境條件和金融雙贏的一種理論，並強調金融機構應加大環境金融類產品創新，發展激勵性機制。方灝等（2010）提出環境金融本質上是金融業在環保模式中的盈利行為、制度整合等活動的表現。張雪蘭等（2010）側重於從財稅政策的角度，研究刺激環境金融發展的必要性，完善創新激勵機制。近幾年，隨着國家對環保產業的支持，環保行業涉及到的機器設備及技術的研發取得迅猛發展，再加上金融市場對外開放程度逐漸增加，使得環保行業和金融市場的相互配合愈發順利。

（3）可持續發展理論

1987 年布倫特蘭夫人（Brundtland ）發表《我們共同的未來》並提出「可持續發展」的概念，我國也確定了可持續發展作為基本國策。可持續發展主要涉及經濟、生態、社會的可持續發展。要求在發展經濟的同時也要注重保護環境，不要過分追求經濟增長的速度，而忽略經濟增長所需付出的代價。巴比爾（Edward B. Barbier，1985）在其出版的《經濟、自然資源不足和發展》中提到：「可持續發展是指在保護自然資源的質量和其所提供的服務的前提下，使經濟發展的淨利益增加到最大限度」。倡導不可無限制的發展，沒有限制也會使經濟發展持久性下降。社會方面的可持續發展是指當前世界各個國家、地區經濟發展狀況、文化先進程度、環境資源現狀各不相同，但又可作為一個統一的整體，以提高人民群眾生活品質，創造一個和平、自由、平等的社會體系為目標。可持續發展是指在提升生活質量的同時，也不能超出自然環境的承載力。因此，可以看出，生態環境的保護是非常重要的，要在保護環境的基礎上發展經濟，最終實現全社會的可持續發展。

5.1.2 新能源產業發展的相關理論

（1）產業生命週期理論

1982 年，高爾特和克萊伯（Gort，Klepper）以廠商數目為劃分標準，提出產業生命週期理論。產業生命週期分別對應幼稚期、成長期、成熟期、衰退期四個階段，產業生命週期理論是從產品生命週期理論上發展起來的。幼稚期中的企業大多是新創立的企業，普遍面臨開發成本高、市場佔有率低、銷售收入難以彌補企業成本等窘境，故幼稚期企業的產品價格較高，消費者接受率低，甚至會面臨破產風險，而且此類企業需要大量資金支持，因此，該階段的企業更加適合投機者而非投資者。成長期企業在避免幼稚期破產風險後，逐漸在市場中形成自身特色品牌。成長期企業正處於高速增長時期，並通過吸收大量資金，不斷擴大生產規模，逐漸向產品的多樣化、優質化、平價化靠近，故成長期的企業更具有投資價值，其破產風險也會大幅下降。一個行業只有少數幾家大廠商處於成熟期，即形成寡頭的局面。各廠商在市場上均佔據較大的份額，企業競爭均從價格競爭轉向非價格競爭，此時整個行業壁壘較高，新進入企業難以承受長期低價銷售，因此，整個市場處於成熟穩定時期。隨着大量新型產品、替代品的出現，原生產某些產品的企業進入衰退期，企業面臨市場佔有率下降、利潤率下跌等現象，瀕臨破產。

（2）技術創新理論

技術進步早在亞當・斯密時期就受到重視，亞當・斯密（Adam Smith）曾提出分工有利於促進經濟快速增長，也有助於創造一些機器和設備，而機械的出現會減少人力投入，從而提高工作效率。技術創新理論是由熊彼特（Schumpeter，1912）在《經濟發展理論》中提出，後人根據熊彼特的理論總結為五個創新點，分別為產品、技術、市場、資源配置和制度的創新。產品創新指的是創造出此前尚未存在過的產品，以此來豐富市場產品種類；技術創新即生產方法創新，是一種新研發出來且尚未投入使用生產的技術方法；市場創新，是指開闢全新地區市場，擴大產品銷售範圍；資源配置創新是指獲得新的貨物供應商，並獲得新的原材料或半成品；制度創新是要創造全新組織形式。國家科技發展促進中心創造了能夠反映創新綜合能力的指標體系，這有利於拓展國內科技創新理論內容，加快與國際接軌的腳步。國內學者許振亮等（2009）對我國技術創新理論進行初步研究發現，我國技術創新較為集中的問題有科學技術創新與人力管理的關係、公司治理與資本市場的關係、企業信息化與科學研究管理關係等。

(3) 產業結構優化理論

國家統計局每年年末都會公佈我國產業結構的最新情況，經濟在不斷發展，產業結構也並非永恒不變。產業結構的調整要和當下經濟發展情況相匹配，不能一味追求經濟水平的提高而發展第三產業，同時也要兼顧第一產業的發展。推動產業結構與經濟協調發展，數量比例由不匹配走向協調，產業結構由低層次逐漸演變為高層級，滿足各產業結構的合理化和高級化，調整產業結構的生產要素、資金、勞動力等供給結構和政府、企業、家庭等需求結構，實現資源優化配置。薛白（2009）提出產業結構優化是以技術要素不改變為基礎，利用各要素的流動，推動產業的供求之間實現動態平衡。如果某種因素發生變動，那麼原來均衡的產業結構會轉變為新的均衡狀態。董紅杰（2014）通過一系列實證研究發現，能夠進一步幫助產業結構優化升級的基礎是創意主導產業的發展。

(4) 哈伯特能源理論

美國是石油大國，在 20 世紀 60 年代美國石油工業發展如火如荼，但是哈伯特（Hubbert，1956）卻大膽提出美國石油產量即將見頂的預言，當時的人們對此不屑一顧，直到石油危機的出現才驗證了哈伯特的預言的準確性。他認為石油是不可再生能源，不只是美國，世界上任何一個國家和地區都會面臨產量峰值的出現，這一理論也被稱為石油峰值論。後期隨着技術的進步和新能源觀念的普及，新能源被更多地利用起來，並得到了美國政府政策的支持。

世界上不同國家的機構和學者對何時達到石油峰值說法不一，目前仍有部分人對地球石油儲量持樂觀態度，而我國學者翁文波提出的「泊松旋回」模型可以預測中長期油氣田儲量、產量，他認為地下的石油是有限的，石油能源總會有枯竭的一天，即使今天能滿足人類的需求，但是產量降低是必然，仍需要抓緊開發新能源。

5.2 我國綠色信貸與新能源產業的發展問題分析

5.2.1 綠色信貸信息披露不完善且對新能源產業支持力度不足

雖然，國家近幾年一直在倡導支持綠色環保事業的發展，鼓勵綠色信貸數據的披露，但是，銀行等金融機構對綠色信貸數據的披露不能做到客觀和及時。國內銀行有 4,000 多家，但能做到每年披露綠色信貸數據的卻只有國有五大行等大型銀行，其他金融機構對於綠色信貸實施情況存在敷衍了事等情況。探究其中原因發現，我國綠色信息披露制度的不規範和不統一性是造成以上問題的癥結。上市企業對環境信息的披露存在不連續性和準確性不足的情況，且披露環境信息的上市企業佔全部上市企業比例偏低，不利於保護投資者利益。其次，中國尚未搭建環境信息的企業投資者共享平台，也阻礙了信息公開透明發展的進度。

而在信貸結構中，兩高行業由於收益好、資金回報率高，仍存在替代融資手段，得到不少的資金支持。銀行對於新能源這類產業的資金投入力度較小，而且存在不同新能源項目間資金分配嚴重不合理的現象，綠色信貸的資金流向不能與政策完美契合，我國能源結構的轉型升級仍有較大困難。

5.2.2 新能源產業科技創新水平較低

我國新能源產業起步較晚，目前很多技術還沒有成熟。由圖 5-1 擁有有效專利的戰略性新興產業數量及分佈情況可以看出，在 2017 年新能源產業只佔擁有有效專利的戰略性新興產業的 6.7%，遠低於佔比 20.1% 的新一代新興技術產業。

圖 5-1　擁有有效專利的戰略性新興產業數量及分佈情況

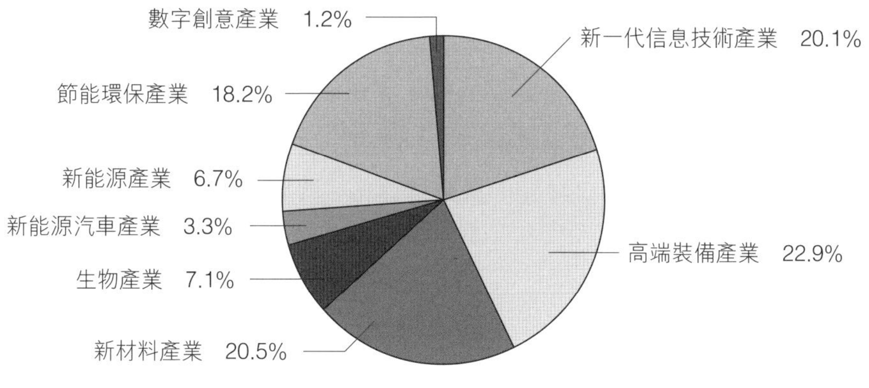

數字創意產業　1.2%
新一代信息技術產業　20.1%
節能環保產業　18.2%
新能源產業　6.7%
新能源汽車產業　3.3%
生物產業　7.1%
高端裝備產業　22.9%
新材料產業　20.5%

數據來源：《2017 年中國專利調查報告》

據《2019 年中國專利調查報告》顯示，我國戰略新興企業反映專利技術引進高難度的比例達 12.5%，遠遠高出其他企業。說明我國新能源行業也存在着關鍵技術突破難、引進難的問題，與歐美等發達國家還存在較大差距。這也導致我國新能源產業發展成本和產品價格偏高，市場對於新能源產品的選擇情緒較為低迷，無法形成良好的市場需求，從而影響了產業未來的發展。目前，需要投入大量資金進行新能源的開發、關鍵技術的突破和人才的引進。我國雖然是世界上風力發電量最大的國家，但人才緊缺現象卻十分嚴重。開設風電類專業的高校少之又少，對於核能等專業，開設學校則更少，因此無法發揮理工類教學資源優勢，高校畢業生無法填補市場對人才的需求，導致高級人才數量嚴重不足。對比國外高校，澳洲多所大學都在力推工程、環境和能源等專業，國家只有不斷增加對新能源產業各方面的支持力度，營造良好的就業環境，學生對於此類專業的選擇才會相應增多。有了高科技人才的支持，突破新能源產業技術瓶頸，將對我國新能源產業發展形成良好助推作用。

5.2.3 新能源行業以政策主導為主，自主性較差

我國新能源產業和新能源汽車產業被納入國家戰略新興產業之中，受

到中央和地方政府政策的大力支持，這也導致目前我國新能源產業仍然是一個政策主導型的產業，行業發展自主性較差。2019 年國家發改委和國家能源局下發的關於推進風電和光伏產業發展的文件多達十餘份，在此背景下，風電和光伏產業迅猛發展，但是在國家即將出台暫停補貼 2020 年前未完成並網的陸上風電項目時，我國風電行業迎來「搶裝潮」。政策的推動作用十分明顯，一旦補貼優惠政策停止，我國新能源項目多數會停滯不前。

未來，新能源產業仍然是陽光行業，不過隨着優惠政策退出，市場機制將在行業內起主要作用，這必將導致新能源市場的進一步分化。優秀的企業自主開發能力強，即使沒有政策的支持，仍然可以拼出自己的市場；而對政策依賴程度過高的企業，將遭到行業的拋棄；對於市場投資者而言，他們為了追求短期利益而投資新能源企業，注定企業不會長遠發展，長此以往容易產生行業泡沫，影響行業的健康發展。所以，新能源產業的支持政策應該具有針對性和長遠性的特點，發揮政策引導作用，積極引導社會資本的穩定投資，在企業可以較好生存的情況下再退出；企業也要抓住這幾年紅利期，在享受政策優惠的情況下，不斷革新技術，掌握行業發展的關鍵技術，為企業長遠發展做好準備。

5.3 實證分析

5.3.1 理論分析與假設提出

綠色信貸對於新能源企業發展的影響可以從融資保障和科技創新兩個方面來分析。在融資保障方面，企業發展水平的高低很大一部分取決於其獲取和利用資金的能力。金融機構設置了專項資金，並以較低的利率提供給新能源企業使用，並通過擔保機構，幫企業吸收社會資本。從資金傳導可以預見，對新能源企業提供的綠色信貸，受到國家政策支持，將會引導兩高行業的信貸資金流向新能源企業，為新能源企業的發展提供保障。隨着新能源行業可利用資金的增多，融資環境將得以改善，企業可使用的人力和物力也將變多，吸引了大量人才的加入，在社會中營造良好的發展環境，從而推動產業發展。

在科技創新方面，新能源產業作為新興產業，目前面臨核心技術突破難、產品成本偏高等問題，而綠色信貸的發展將為企業科技研發投入提供資金支持，有利於企業人才的引進和優質資源的利用，推動企業更好發展。同時，綠色信貸的發展也有利於企業搭建校企共建平台，實現高校人才對企業技術研發的幫助，為企業技術創新和發展提供源源不斷的動力。從政策激勵角度，綠色信貸是政府和金融機構對企業的肯定，有利於向外界傳達企業發展良好的信號，吸引社會資本關注，降低企業融資成本，也能夠激勵企業為了吸收更低成本的資金支持，不斷進行科學技術的創新，從而推動企業發展。

根據以上理論分析，提出假設 H_0：綠色信貸對新能源企業發展起正向促進作用。

5.3.2 研究設計

（1）變量選取

① 被解釋變量

企業的總資產指該企業控制或擁有的全部資產，反映了企業的規模大小，本文選取該指標來衡量企業的發展水平。

② 解釋變量

綠色信貸 GC。由於缺少綠色信貸支持新能源產業發展的直接數據，本文參考 2013 年銀監會（現銀保監會）發佈的《綠色信貸統計制度》，通知指出，綠色信貸包括支持新能源產業在內的三大戰略新興產業生產製造端的貸款，本文通過分析所選 41 家樣本企業年報，發現企業貸款資金的實際用途多為生產製造，與《綠色信貸統計制度》相關規定範圍基本一致，因此，本文將選取新能源企業的貸款總額作為解釋變量。

③ 控制變量選取

本文選取勞動力的投入水平作為控制變量之一，我們用企業的應付職工薪酬來衡量，由於企業投入的勞動力水平愈高，企業需支付給勞動力的工資也愈多，反映到應付職工薪酬也隨之增加。本文選取企業的科技創新水平作為第二個控制變量，因為新能源企業是戰略新興企業，科學技術水平的高低對企業發展至關重要，而企業無形資產通常包括專利權和商標權等，用來衡量企業的創新發展水平也比較合理。同時，我國 GDP 增速會在一定程度上對新能源產業發展產生影響，因此，本文使用這一指標作為衡量宏觀經濟整體運行情況的控制變量。

表 5-1　變量設計

變量類型	變量名稱	代碼	變量描述
被解釋變量	發展水平	DL	ln（年末企業總資產）
解釋變量	綠色信貸	GC	ln（貸款餘額）
控制變量	創新發展水平	IL	Ln（無形資產）
	勞動力水平	LF	Ln（應付職工薪酬）
	經濟發展水平	RGDP	（當年 GDP－上年 GDP）/ 上年 GDP

（2）模型構建

$$\ln DL_{i,t} = \alpha_0 + \alpha_1 \ln GC_{i,t-1} + \alpha_2 \ln IL_{i,t} + \alpha_3 \ln LF_{i,t} + \alpha_4 RGDP_{i,t} + u_i + \varepsilon_{i,t}$$

其中，DL 代表新能源產業的發展水平；GC 代表企業取得的綠色信貸水平；IL 代表企業的無形資產淨額，反映企業的科技創新水平；LF 代表應付職工薪酬，反映企業的勞動力投入水平；RGDP 反映當年經濟發展水平；i 表示新能源產業的不同企業個體，t 表示不同的時期；u_i 代表固定效應的影響；$\varepsilon_{i,t}$代表隨機擾動項。考慮到綠色信貸政策發揮作用需要一定時間，故對 GC 取滯後一期。

5.3.3 樣本選擇與數據來源

(1) 樣本選擇

本文選取 2010－2019 年間中證新能源指數中成分股，以上市公司面板數據為樣本，剔除數據不完整的企業，共獲得 41 家企業的 410 個數據。

表 5-2　樣本選擇

代碼	公司	代碼	公司	代碼	公司
000009	中國寶安	000049	德賽電池	000591	太陽能
000875	吉電股份	002074	國軒高科	002079	蘇州固鍀
002080	中材科技	002129	中環股份	002202	金風科技
002340	格林美	002407	多氟多	002531	天順風能
002610	愛康科技	002616	長青集團	002617	露笑科技
002709	天賜材料	300068	南都電源	300073	當升科技
300080	易成新能	300118	東方日升	300185	通裕重工
300207	欣旺達	300274	陽關電源	300376	易事特
600089	特變電工	600438	通威股份	600482	中國動力
600549	厦門鎢業	600563	法拉電子	600770	綜藝股份
600875	東方電氣	600884	杉杉股份	601012	隆基股份
601016	節能風電	601311	駱駝股份	601615	明陽智能
601727	上海電氣	601877	正泰電氣	601908	京運通
601985	中國核電	603799	華友鈷業		

(2) 數據來源

上市企業的年末總資產、貸款總額、應付職工薪酬和無形資產數據均來自 choice 金融終端下載的企業年報，GDP 增長率數據來自國家統計局官網。

5.3.4 實證研究

(1) 變量描述性統計

表 5-3　變量描述性統計結果

變量	N	極小值	極大值	均值	標準差
lnDL	410	19.993	26.574	22.929	1.337
lnGC	410	8.897	25.967	20.8064	2.142
lnIL	410	15.338	22.883	19.162	1.347
lnLF	410	10.492	22.015	17.355	1.738
RGDP	410	0.061	0.106	0.077	0.013

由表 5-3 變量描述性統計結果可以看到，本文所選取的是平衡面板數據，數據共有 410 個。企業的年末總資產對數最大值為 26.574，最小值為 19.993，表明各企業發展水平之間差距較小，發展水平均衡；綠色信貸對數值位於 8.897 和 20.806 之間，標準差為 2.142，由此可見，各企業綠色信貸存在較大差異，企業利用綠色信貸能力水平不一。

(2) 模型的相關檢驗

① 單位根檢驗

表 5-4　單位根檢驗結果

變量	LLC		IPS	
	統計量	p 值	統計量	p 值
LnDL	-10.2122	0.000	-4.0447	0.000
lnGC	-13.7288	0.000	-4.5397	0.000
lnIL	-12.5341	0.000	-4.6496	0.000
lnLF	-12.2091	0.000	-2.7040	0.003

在對面板數據進行回歸分析之前首先進行單位根檢驗。因此本文利用

Stata16.0 軟件，通過 LLC、IPS 方法驗證樣本的平穩性。檢驗結果表明，四個指標 P 值均小於 0.05，因此均通過兩種方法的檢驗。基於上述分析，可以認為本文所選取的變量所組成的序列較為平穩，因此該估計有效。

② 面板模型選擇

對於面板數據，需要先進行 F 檢驗，判斷數據適用混合回歸還是固定效應回歸，若 p 值小於 0.05，則拒絕原假設 H_0，所有個體虛擬變量都為 0。隨後進行固定效應與隨機效應的選擇，使用 Hausman 檢驗來確定。

表 5-5　F 檢驗和豪斯曼檢驗結果

F 檢驗		Hausman 檢驗	
統計值	P 值	統計值	P 值
30.14	0.0000	19.72	0.0006

檢驗結果如表 5-5，從表中的結果可以看出，在 F 檢驗下上述四個模型的 P 值均在臨界值 0.05 以下，因此拒絕原假設，無需建立混合效應模型。在 Hausman 檢驗下模型的 P 值均小於 0.05，拒絕原假設，因此建立面板數據的固定效應模型。

(3) 模型的實證結果

表 5-6　回歸結果

變量	係數	T 值
lnGC（-1）	0.1623***	10.01
lnIL	0.4485***	7.88
lnLF	0.0947*	3.94
RGDP	-14.5622***	-9.04
_cons	10.4591***	5.57

***、**、* 分別表示在 1%、5%、10% 的水平下顯著

由表 5-6 可以看出各解釋變量包括綠色信貸、創新發展水平、勞動力水平以及年 GDP 增長率在固定效應模型下都高度顯著，通過了檢驗。由回歸結果可以說明，企業的綠色信貸、創新發展水平和勞動力水平每提高 1%，企業發展水平將提高 0.1623%、0.4485% 和 0.0947%。而 GDP 增長率對企業的發展明顯為負值，也表明在過去我國偏重經濟發展速度，忽視經濟發展質量的背景下，我國新能源企業的發展受到抑制，因此經濟增長過快不利於新能源企業發展。

(4) 進一步研究

① 行業異質性研究

前文中構建的固定效應模型結果證明了綠色信貸對新能源企業的發展起到了一定促進作用，綠色信貸的一期滯後項在 1% 的顯著水平下通過了檢驗。為驗證假設是否在不同二級行業存在差異，本文對所選取的中證新能樣本公司進行了行業的進一步劃分，根據樣本數量多少，劃分為輸配電氣行業、材料行業、電子元件行業和其他行業。由表 5-7 所示，選取的四個樣本組總體回歸結果與總樣本回歸結果一致，回歸係數介於 0.0523 到 0.2720 之間，均為正向促進作用，且在至少 5% 的水平下顯著，因此綠色信貸能對不同二級行業發展起到不同程度的促進作用。

表 5-7　行業異質性研究回歸結果

變量	輸配電氣行業		材料行業		電子元件行業		其他行業	
	係數	T 值	係數	T 值	係數	T 值	係數	T 值
lnGC (-1)	0.1833***	3.55	0.0730	1.71	0.0526**	2.22	0.2720***	3.07
lnIL	0.3408***	3.40	0.4177***	4.83	0.1507	1.10	0.4803***	3.45
lnLF	0.042	1.38	0.4915**	3.42	0.5483***	6.47	0.0833	0.59
RGDP	-14.4268***	-3.33	-6.1946	-0.61	-8.5008*	-2.16	-7.9260	-1.15
_cons	13.3653***	6.67	5.4436	1.40	9.4301**	3.39	9.4301**	2.55

***、**、* 分別表示在 1%、5%、10% 的水平下顯著

② 地區異質性分析

由於新能源企業發展對地理位置有着特殊要求，內陸和沿海城市的新能源企業所從事新能源業務也有些差別。本文根據企業所在地域的不同，將樣本劃分為沿海企業和內陸企業。模型回歸結果如表 5-8 所示。對於沿海地區新能源企業，綠色信貸的一期滯後項在 1% 的統計水平上顯著，回歸係數為 0.1281；對於內陸地區新能源企業，綠色信貸的一期滯後項在 1% 的統計水平上顯著，回歸係數為 0.2656，在內陸企業綠色信貸對新能源企業發展的支持作用更加明顯，這可能是由於我國風電、太陽能發電主要位於西北偏遠地區，在國家綠色信貸政策的支持下得到了更好的發展。總體而言，綠色信貸對於沿海和內陸企業的發展都成正向促進作用，與總樣本回歸結果基本一致。

表 5-8　地區異質性研究回歸結果

變量	沿海地區		內陸地區	
	係數	T 值	係數	T 值
lnGC（-1）	0.1281***	3.02	0.2656***	4.39
lnIL	0.3425***	4.79	0.4846***	3.20
lnLF	0.3782***	6.21	0.0141	0.19
RGDP	-8.7921**	-1.84	-10.2744*	-1.82
_cons	7.5780***	3.84	8.9452***	2.94

***、**、* 分別表示在 1%、5%、10% 的水平下顯著

③ 穩健性檢驗

由於被解釋變量企業總資產存在極端值，為了避免實證結果的偶然性因素，對被解釋變量進行 1% 分位上的雙邊縮尾處理，通過表 5-9 可以看出，縮尾處理後的回歸結果與前文大樣本回歸結果基本一致，核心變量綠色信貸與新能源企業發展水平的關係基本一致，顯著性也相同，綜上認為，本文的回歸模型顯示了很好的穩健性。

表 5-9　穩健性檢驗結果

變量	係數	T 值
lnGC（-1）	0.2011**	4.7
lnIL	0.4787***	6.36
lnLF	0.1586	1.67
RGDP	-0.0212***	-4.32
_cons	6.7892***	5.84

***、**、* 分別表示在 1%、5%、10% 的水平下顯著

5.3.5 實證結果分析

本部分通過建立面板數據的固定效應模型，並從中證新能源指數成分股中選取 41 家企業，利用財務數據和上市公司的總市值數據，深入考察綠色信貸對新能源企業的支持研究。模型結果與前文提出的假設一致，綠色信貸對新能源企業的發展水平起正向促進作用。

綠色信貸規模對新能源企業的發展影響顯著為正，這離不開融資保障機制。資金是企業發展的根本，沒有資金作為保障，再優秀的管理手段也無濟於事，綠色信貸資金的流入，給企業的發展注入了動力。由於銀行等金融機構實施不同的貸款標準，原本給「兩高一剩」行業的貸款，此時也流向了新能源這些環保企業，而「兩高一剩」行業則被迫進行產業結構的升級，轉向新能源產業發展；對於原本就屬清潔能源的企業，他們擁有了充足的資金，同樣會對國家新能源產業發展貢獻力量。為保證新能源企業融資規模，可以採取以下兩個方面的舉措：首先，上市企業做到環保信息的及時披露，積極爭取國家綠色信貸政策的支持；其次，可以增加融資渠道，比如通過發行綠色債券的手段募集資金，或者在資本市場募集資金。

由回歸結果可以看出，科學技術發展水平也對新能源企業的發展影響在 1% 的顯著水平下為正，即新能源企業的科技發展水平愈高，企業的發展能力愈強。新能源企業作為高新技術企業之一，在發展過程中經常會碰到技術難題，由於我國新能源行業起步較晚，一些核心技術仍被國外所壟

斷，所以加大企業對科學技術研發的投入是十分必要的。國家對於初創期的新能源企業可以增加扶持力度，給予稅率方面的優惠；對於處於核心技術攻堅期的企業除了綠色信貸外，還可以給予財政補貼。

除此之外，我們還可以由模型回歸結果看出，衡量經濟發展水平的 GDP 增長率對新能源企業發展水平影響顯著為負，這與我國過去十年經濟發展速度過快，經濟發展只重視速度不重視質量有關。十年前，我國新能源企業還很少，許多技術都不夠成熟，新能源電動汽車也鮮有耳聞，許多地區還飽受霧霾的困擾，但 2009 年國家 GDP 的增長率卻可以達到 10% 以上。我國的經濟是在以破壞環境為代價的基礎上發展起來的，然而對於新能源產業的發展重視程度卻遠遠不夠。目前，國家已經將新能源產業作為戰略新興產業優先發展，未來幾年對於新能源產業的關注要更多，提高綠色信貸支持力度，加快能源轉型步伐。由回歸結果，我們還可以看出，勞動力水平對企業的發展水平影響顯著為正，且影響程度最高，勞動力的水平一方面由企業職工人數決定，另一方面由職工的能力水平決定，因此企業規模的擴大和人才的引進對於企業的良好發展都會起促進作用。人才引進有利於企業對於「卡脖子」技術的突破，政府要重視相關人才的培養，在高校裏增設相關專業；企業要搭建校企共建平台，為高校學生提供走進企業實驗室的機會，參加新能源技術的攻堅克難。

5.4 政策建議

5.4.1 擴大綠色信貸為引領的融資保障規模

(1) 加大綠色信貸支持力度

新興產業的發展離不開金融的支持，而銀行是我國金融體系的重要組成部分，這樣就形成了銀行信貸對我國產業發展起關鍵主導作用的格局。我國銀行信貸分為以五大行為首的商業銀行信貸和貫徹國家政策的政策性銀行信貸，從五大國有銀行和國家開發銀行近十年的綠色信貸數據來看，整體呈現上升態勢，但支持力度依舊較小，各銀行之間存在較大差距，還有很大提升空間。商業銀行要結合新能源企業發展特點，提供不同標準的信貸支持，進行信貸產品創新，滿足不同企業的需求。比如積極開展新能源企業的知識產權質押融資，鼓勵新能源企業發展高新技術；對處於初創期的企業使用優惠利率借貸，鼓勵企業長遠發展；對處於成熟期，在市場上規模較大的企業，提供其他綠色基金等支持，鼓勵企業研發創新。政策性銀行要始終貫徹國家發展戰略，對於新興產業提高信貸支持比例，給社會資金樹立信心，向其他金融機構傳達國家政策支持的方向和信心，從而帶動商業性資金參與企業融資。政府要制定更明晰的新能源產業定義，從原材料和排污方式上對企業進行衡量，同時，關注新能源產業鏈上下游相關企業的發展。金融機構還可以對當地新能源企業建立完善的信用評級制度，充分考慮自身風險承受能力，對於不同信用評級的企業採用不同的貸款利率，在降低自身風險的同時，大力支持當地新能源企業的發展。

(2) 推動新能源產業的資本化進程

我國新能源產業經過多年的發展，規模已經十分龐大，單單靠銀行綠色信貸的支持是遠遠不夠的。除了發行綠色債券和設立綠色基金這些常見綠色金融工具，我們還可以充分利用資本市場來發揮作用。A 股市場上市公司總數量突破 4,000 家，僅 2020 年選擇上市的企業數量就有幾百家之多，可見資本市場的魅力。在 2020 年我國上證指數由 3,050 點創新高到 3,473 點的這個過程中，新能源板塊相關企業股價也出現了史無前例的增長，新能源行業相關基金遭到基民瘋搶，足以看出市場的火爆。通過資本化過程吸收更多的社會資本，新能源上市企業獲得了足量資金。弱肉強食的現象也會發生在資本市場上，龍頭企業會吸引大量投資者的關注，所以通過 IPO 上市對於企業未來的發展具有極大的促進作用。同時，國家科創板的設立，也是為了滿足新能源行業這些戰略新興企業的上市需求，新能源和新能源汽車產業鏈的發展對於技術要求較高，沒有大量資金支持難以突破，符合科創板上市的一些條件，但是，還達不到在主板上市的高要求，所以，可以選擇在科創板上市，科創板也有望加速新能源產業鏈的資本化進程。不過，在實現資本化過程中，上市企業仍要做到環境信息及時披露，做到信息準確、公開透明，接受社會公眾的監督。企業要繼續增大研發投入，更好地發展公司，才能獲得更多投資者的關注。而未上市的新能源企業要利用政策支持，不斷壯大自身，抓住上市的機會，提高公司融資效率，實現跨越式發展。

（3）完善融資保障制度

企業自有資金佔比都比較低，大多是通過融資獲得資金來維持企業的正常運轉。資金是企業賴以生存的基礎，國家想要在源頭上解決新能源行業資金短缺的問題，那就需要通過政策不斷完善融資制度。政府可以結合現行政策的不足，推陳出新，制定規範的新能源企業的融資制度。例如，建立新能源企業融資對接平台，推進新能源企業與金融機構的接觸，通過線上或者線下途徑，專門專項處理企業融資難問題。同時，降低從事新能源項目企業信貸利率，減少企業融資成本。此外通過設立地方新能源企業發展基金或創投基金，以股權出資等方式支持新能源企業的發展。還可以出台政策拓寬新能源企業發債融資渠道，聯繫擔保機構對新能源企業予以擔保增信，當地中國人民銀行對相關金融機構給予準備金和再貼現等貨幣政策的支持等。只有在制度上對新能源企業提供融資支持，企業的發展才有有力的保障。

5.4.2 發揮政策作用引導信息傳遞

（1）明確綠色信貸和新能源產業的具體標準

過去很長一段時間，我國沒有綠色信貸的統一標準，各個機構披露的數據口徑不一，這給學者研究和政府制定政策帶來了很大不便。2012 年銀監會制定了《綠色信貸指引》，才使得綠色信貸變得規範起來，這是我國綠色信貸發展的一個良好的開端。同樣，對於新能源產業的界定，以及何種信貸才算是對於新能源產業的支持也面臨概念界限不清、口徑不統一等問題，標準的不統一將阻礙綠色信貸資金流向新能源產業。因此，政府應該儘早發佈規範性文件，明確綠色信貸和新能源產業的相關標準，引導綠色資金流向新能源產業，這是發揮綠色資金最大效用的基礎。其次，制定政策明確新能源產業在我國未來能源結構轉型中的地位，以及新能源產業對於我國環境保護的關鍵作用，為社會資本進入新能源產業提供明確可靠的指引，這將更好地吸引綠色資金流入，促進我國新能源產業快速發展。

（2）通過政策的協調配合傳遞國家支持信心

新能源產業的發展只靠國家鼓勵銀行信貸投放是遠遠不夠的，還需要社會資金向新能源產業的不斷湧入。但是，新能源產業投入週期長，回報率較低，無法對社會投資構成吸引力，此時，國家政策制定就顯得尤為重要。英國政府為了推廣可再生能源，實行了配電制，將購買新能源發電作為供電零售商的一項義務，以此來擴大新能源的需求。德國政府實行了固定電價制度，要求供電企業按規定價格購買可再生能源企業的電力。雖然我國政府沒有實行這樣的強制政策，但是，政府可以加大媒體渠道的宣傳，普及新能源使用的優勢，鼓勵公民購買新能源產品，變強迫為自願，未來新能源產品的推廣自然會更容易。

除此之外，綠色信貸的相關立法與新能源產業的相關立法要協調配合，形成互相促進的格局。各部門要加強與企業的溝通交流，定期做調研，明確市場所需，制定合適的政策制度。比如，對於新能源企業實施優惠納税政策，給予新能源企業消費補貼。降低銀行及其他非金融機構投入門檻，設置專項資金，開闢綠色通道，精準實現對新能源產業發展的幫扶。通過政府政策的制定來糾正市場信息的不對稱，對政策通過電視等媒體加以宣傳，形成良好的社會投資導向，引導社會閒散資金流向新能源領域。通過全社會的共同努力，新能源產業才會發展得更快更好。

（3）搭建綠色信息共享平台增加信息交流

目前新能源企業與金融機構和普通投資者之間存在綠色信息傳遞受阻現象，一方面會使得企業在融資時面臨困難，無法獲得最新政策支持，增加企業融資成本，另一方面也不利於金融機構和個人投資者對國家支持政策的把握，從而減少對新能源產業方面的投資，政策無法發揮投資導向的作用。當地政府可以搭建綠色信息共享平台，一是由專門人員共享最新國家政策信息，並進行解讀，使平台內企業和投資者實現信息的互聯互通，增加信息傳遞效率；二是搭建綠色環保信息披露平台，鼓勵上市企業準確及時地披露環境保護信息，對於企業中能源技術開發項目表現出色的企業，商業銀行和個人投資者將予以更多的關注，注入更多的資金支持；三是增加企業間信息交流，充分利用不同地區地理環境優勢，因地制宜地發展新能源產業。

5.4.3 重視技術發展不斷激勵創新

(1) 促進綠色信貸產品創新

目前我國綠色信貸規模不斷擴大，截至 2020 年 9 月，我國綠色信貸餘額已超 11 萬億元，規模居世界第一。但是，僅僅規模龐大，並不能針對性地支持我國新能源產業發展，所以，綠色信貸產品創新也必不可少。第一，銀行可以對重點新能源企業調研，對於符合產業鏈支持政策的企業，積極拓展供應鏈金融服務；第二，針對新能源產業，重點推出能解決期限錯配問題的信貸產品，發展綠色資產證券化，解決新能源企業投資週期長的問題；第三，推出會員制政策，對於信用狀況良好且能按時還款的新能源企業，在下次放貸時給予一定的優惠利率支持等等，不斷創新適合新能源企業發展的綠色信貸產品。銀行理財產品眾多，可以開發綠色融資租賃產品，碳排放配額質押貸款產品，節能收益抵押貸款等等，還可以向銀行儲戶在推薦普通理財產品的基礎上，推薦碳消費產品，培養形成公眾綠色發展理念。這樣，既提高了銀行的收益，還宣傳了綠色發展理念，對於綠色信貸的推廣也是一件好事。

(2) 搭建技術溝通平台助力科技成果轉化

在前文實證分析中可以看到科技創新對新能源企業的發展起到明顯的正向促進作用，即新能源產業作為七大新興戰略產業之一，發展需要科技創新技術的大力支持。我們要重視新能源創新體系建設，因為目前我國新能源產業仍面臨成本過高、關鍵技術無法突破的癥結，所以除了搭建綠色信息共享平台以外，還可以搭建科學技術溝通平台。一方面，政府可以對企業的技術研發予以補貼和支持，同時企業增大創新研發投入，設立新能源研發實驗室。但是僅僅靠政府的外部支持並不夠，由於政策落實的時間長會影響企業技術提升的進度。所以企業可以主動尋求外部合作，一方面利用技術溝通平台尋求與外界科研機構合作，促進科學技術成果的轉化，各地區各企業之間定期開展交流研討會，借鑒優秀企業經驗，發現企業自身不足並進行彌補提高。另一方面，還可以參與國際學術交流會，向國外優秀企業尋求經驗，定期派遣員工出國學習等，有針對性地學習符合發展方向的技術成果，推動企業技術進步。政府通過政策引導，明確財政補貼和科研投入的標準，使政策透明化，激勵新能源產業提高對自身的要求以達到政策支持標準，從源頭為新能源產業發展提供研發資金。

（3）加強新能源行業人才隊伍建設

人力資本是新能源產業發展的關鍵因素，在前文實證分析中也通過了10% 顯著性水平下的檢驗，表明人才的促進作用明顯。因此，可以針對性地培養新能源專業人才。新能源產業作為七大戰略新興產業之一，關乎我國能源結構轉型能否成功，而勞動力水平的高低也影響到我國新能源產業發展的進程。根據一些招聘網站數據，企業對於新能源專業技術的需求缺口非常大，存在大量新能源技術職位空缺的現象。政府應加大人才培養力度，在高校裏增設新能源相關專業，滿足企業對中高級人才的需求。理工類高校可以在新生填報專業時，力推能源、環境等相關專業，為日後新能源產業的發展積累人才。企業可以實施人才引進政策，對於滿足企業發展的高水平技術人才，實施一人一政策，解決技術人員的住房生活等方面的困難；對於普通人才，也要完善薪酬激勵機制，提高員工的工資與獎金比例，不斷提高員工素質與技術水平。公司內部設立專門的投入研發部門，加大創新技術投入，擺脱國外壟斷技術的局面，爭取早日實現關鍵技術的突破。

第 6 章

綠色信貸影響商業銀行經營行為的實證分析

隨着新發展理念的提出和資源環境約束日益趨緊，推動綠色發展已成為我國發展的必然選擇。從產業發展來看，高污染、高耗能產業是制約綠色發展的重要因素，而清潔能源等產業則是推動綠色發展的關鍵，通過開展綠色金融，採取差異化定價、嚴格貸款審批等方式，控制資金流向高污染高耗能產業，引導支持新興產業，有助於實現產業轉型升級，推動綠色發展的實現。作為我國現代經濟核心的商業銀行，是企業融資的重要來源，因此是實現綠色信貸的主體，如何更好發揮綠色信貸作用，實現銀行盈利和承擔社會責任的有機統一，推動商業銀行和經濟社會發展具有雙重意義。本文運用文獻分析、理論分析和實證研究相結合的方法，梳理了國內外關於綠色信貸對商業銀行盈利能力影響的研究成果和理論機制；選取 2012－2019 年我國 15 家商業銀行的相關統計數據為樣本構建面板模型，將整體商業銀行細分為國有大型銀行、全國性股份銀行、城商行三類，採用固定效應模型分別進行回歸分析。回歸結果表明：開展綠色信貸業務總體抑制了我國商業銀行盈利能力，綠色信貸對三種不同類型商業銀行的盈利能力有差異性影響，其中對國有大型商業銀行盈利能力有提升作用，對於全國性股份制銀行和城商行存在抑制作用。最後，本文基於研究結果，從三個方面淺談發展建議，以便促進商業銀行在開展綠色信貸中提升盈利能力，推動綠色金融更好發展。

6.1 引言

改革開放以來，中國經濟飛速發展，取得了舉世矚目的成就，工業化和城市化快速推進，高要素驅動着經濟高速增長。與此同時，產業發展與生態惡化的矛盾卻逐漸顯露，氣候變化、環境污染、資源短缺等問題日益嚴峻，威脅着社會可持續性發展。因此，黨中央將生態文明建設提至重要戰略位置，明確提出加快經濟發展方式轉型，實現產業結構優化，堅定走高效清潔、安全和諧以及低碳循環的綠色發展道路。「綠色金融」作為以市場為導向的綠色技術創新機制應運而生，用以對環保、節能、清潔能源、綠色建築等領域的項目融資運營、風險管理等提供金融服務。

其中，綠色信貸作為綠色金融的重要組成部分，通過抑制「兩高一剩」[1]企業的融資需求，同時對環境友好型的綠色企業提供資金支持的差異化定價方式，促進資金流向節能環保企業，推動經濟社會的可持續發展。商業銀行作為現代經濟的核心，積極響應國家號召，大力發展綠色信貸，承擔社會責任，既有利於提升企業形象獲取資源，又為我國商業銀行經營探索了新業務增長點。近年來，商業銀行在實施綠色信貸過程中已經取得一定的成效，綠色信貸規模穩定增長。據銀保監會統計，截至 2020 年末，國內 21 家主要銀行綠色信貸餘額超過 11 萬億元，較 2013 年規模增長超過一倍，綠色交通、可再生能源和節能環保項目貸款餘額及增幅規模位居前列，綠色信貸資產質量整體良好，不良率遠低於同期各項貸款整體不良水平。按照信貸資金佔比綠色項目總投資的比例計算，21 家主要銀行綠色信貸每年可支持節約標準煤超過 3 億噸，減排二氧化碳當量超過 6 億噸[2]。

但我們也應當注意到一些問題：首先，銀行開展綠色信貸積極性有限。部分銀行「兩高一剩」貸款佔比超過綠色信貸佔比，清退或限制「兩高一剩」企業貸款會短期內降低銀行利潤，使得銀行發展綠色信貸面臨較高的機會成本與新興業務的管理成本。在金融市場競爭激烈的當下，追求自身利益最大化的商業銀行必然會關注綠色信貸對其盈利能力的影響。其次，不同商業銀行的綠色信貸水平存在差異。不同類型的銀行在資產規模、信貸結構等方面異質，造成實施綠色信貸的規模和質量參差不齊。

綜上，本文將採取理論分析與實證分析相結合的方法，研究銀行發展綠色信貸對其盈利性的影響，同時分析不同類型商業銀行對綠色信貸的差異性反映，並將時間滯後性納入考慮範圍，據結果嘗試提出創新發展路徑。

---

1 兩高行業指高污染、高能耗的資源性的行業，一剩行業即產能過剩行業。主要包括鋼鐵、造紙、電解鋁、平板玻璃、風電和光伏製造業等產業（光伏發電不同於製造業，不屬於兩高一剩，是國家鼓勵的清潔能源行業）。

2 資料來源：中國政府網 http://www.gov.cn/xinwen/2021-03/26/content_5595819.htm。

《「十四五」規劃建議》指出，「雙循環」新發展格局下綠色金融支持人與自然和諧共生的綠色發展的主體任務，因此也必須推動綠色信貸在「十四五」期間實現更高質量的發展、形成更加綜合發展的體系。特別是在後疫情時代，研究綠色信貸對商業銀行盈利性的影響，有利於綠色信貸與商業銀行相互作用的良序發展，促進低碳化發展與綠色復興。

6.2 理論分析及假設提出

6.2.1 綠色信貸與商業銀行關係

綠色信貸界定了商業銀行應將環境污染及治理等因素作為審核是否向客戶發放貸款的標準。李盧霞、黃旭（2010）通過研究我國 7 家上市商業銀行實際數據發現，商業銀行對綠色信貸的開展大多出於履行社會責任，而不是將其發展為可塑性業務，因此需要轉變傳統思維，將綠色金融提升到未來發展的戰略高度。孫光林等（2017）利用商業銀行季度數據實證考察出綠色信貸對商業銀行信貸風險具有顯著負向影響，增大信貸規模能有效抑制不良貸款率攀升。並且，綠色信貸能夠提高商業銀行淨利潤和非利息收入，進而改善銀行效益。何凌雲等（2018）基於 9 家上市商業銀行的實證研究得出結果，綠色信貸的實施對商業銀行競爭力提升效果明顯，且關於綠色信貸對內外部政策綜合作用會大於單一政策。

由此，我們可以看出對綠色信貸和商業銀行關係的研究是多方面、多角度、多方法的，其中多以前者對後者的單向影響為主，針對綠色信貸對商業銀行經營效益的研究成為學界討論的重點之一，值得加以研究。

6.2.2 綠色信貸對商業銀行盈利能力的影響

綠色信貸作為我國當前及未來的重要戰略和政策，是銀行履行社會責任的一個重要表現。但對於商業銀行自身來說，盈利性是商業銀行經營的重要基礎，追求盈利最大化是每個企業的經營目的。因此研究綠色信貸對商業銀行盈利能力的影響有利於使商業銀行正確把握綠色信貸的機遇和挑戰，充分認識並肯定綠色信貸的政策導向，促進綠色信貸業務的開展與創新。目前國內外學者關於綠色信貸與我國商業銀行盈利能力二者之間關係並未形成統一定論，且影響具有複雜性，樣本指標選取差異、不同類型銀行的橫向差異、時滯效應帶來的縱向差異都會影響結果，主要結論有如下幾個方面：

（1）綠色信貸對商業銀行的盈利能力有正向影響

劉立民、牛玉鳳等（2017）選取了我國 14 家具有代表性的上市商業銀行 6 年數據為樣本，使用固定效應模型分析得出綠色信貸業務與銀行盈利能力呈正相關，且與銀行貸款總規模匹配，但正向促進作用的拉動度和機制還需挖掘。孫光林等（2017）從綠色信貸對銀行信貸風險角度出發，實證結果表明綠色信貸可以降低商業銀行的信貸風險，並可以改善銀行的信貸效益，提高淨利潤和非利息收入。廖筠、胡偉娟等（2019）將銀行的經營效率和綠色信貸進行動態分析，結果表明綠色信貸可以提高銀行經營效率，且正向促進作用在短期內會逐漸增大，長期趨於平穩。

（2）綠色信貸對商業銀行的盈利能力無明顯影響或有負向影響

李程、白唯等（2016）利用雙重差分模型研究綠色信貸對 16 家上市商業銀行盈利能力的影響，研究發現綠色信貸政策的實施會顯著降低商業銀行的總資產回報率。探究其原因，胡榮才和張文瓊（2016）從銀行放貸成本的角度分析綠色信貸對商業銀行盈利水平的影響，發現綠色信貸的實施會增加銀行的單位業務和管理成本，進而降低營業利潤。

（3）綠色信貸與銀行盈利能力的影響隨時間長短變化而改變

信貸准入限制理論上有利於環境友好型企業的發展，但由於綠色信貸的特殊性，銀行經濟利益將會短期受損、長期盈利，因此銀行要經歷緩慢變化過程來接受綠色信貸業務。陶茜（2016）從研究綠色信貸影響銀行績效的機制入手，認為綠色信貸的成本效應在短期內可以提高銀行的績效，但長期來看綠色信貸成本效應會略微降低銀行績效。高曉燕（2020）通過面板回歸和阿爾蒙估計法對我國 20 家商業銀行進行實證分析，得出，綠色信貸對商業銀行經營績效的正向影響存在滯後性，當綠色信貸開展後的第二、三年，正向影響逐漸呈現。

6.2.3 綠色信貸對商業銀行盈利能力影響機理

從學界現有研究來看，開展綠色信貸業務主要會對商業銀行的盈利能力產生樹立良好形象、降低環境和社會風險、拓寬中間業務收入等有利影響。同時也可能產生營業成本和機會成本的增加等不利影響。總的來說，開展綠色信貸業務會產生正負兩方面影響，以下將具體展開綠色信貸對商業銀行盈利能力影響的機理分析。

（1）綠色信貸對商業銀行盈利能力的提升機制

第一，樹立良好社會形象，促進可持續發展。積極開展綠色信貸，是商業銀行主動履行社會責任的表現，體現其「自然經濟人」向「環境經濟人」的轉變，有利於樹立良好的社會形象。而良好的社會形象對企業來説是一筆寶貴的無形資產，能夠為企業吸引到更多投資者，「綠色聲譽」轉化聲譽效益，促進銀行的可持續經營發展。其一，商業銀行順應經濟與環境協調發展趨勢實施綠色信貸政策，有助於增加新客戶的認可度與綠色投資者的支持。銀行引導資金流入綠色環保企業，減少對「兩高一剩」資金供給，直接或間接提高了環境質量，贏得公眾對銀行品牌和形象的認可，進而吸引更多客戶，帶來盈利新增長點。同時，向資本市場釋放信號，促進商業銀行與外部投資者信息流通，能夠吸引綠色投資者，提升低利率綠色信貸發行率。其二，建立「綠色金融」品牌效應，有利於商業銀行搶佔先機，增強綠色品牌知名度，積極開拓綠色領域市場，抓住更多綠色產業項目機遇，獲得資產收益。由此可見，綠色信貸是可持續發展的戰略，不僅為銀行帶來績效的不斷提高，更是推動整個社會和經濟實現可持續發展。

第二，降低環境和社會風險，提升資產質量。隨着社會可持續發展理念的廣泛傳播，環境和社會風險成為金融業不可忽視的風險因素。商業銀行面臨的環境和社會風險具體表現為信貸風險、聲譽風險、連帶風險和賠償風險（何凌雲等，2018）。銀行向高污染企業發放信用貸款，可能短時間內會收穫較高回報，但企業如果出現過度污染超標或環境事故而受到處罰甚至破產，就會使商業銀行面臨較高信用風險。商業銀行的聲譽受損則直接關聯着利益相關者對其評價和選擇，價值難以估量。最後，根據貸款項目所在地的環境政策及法律法規，商業銀行可能會為其授信行為承擔連帶責任風險和法律風險。綜上，商業銀行實施綠色信貸有助於降低環境和社會風險，降低不良貸款率，改善資產質量，從而提升盈利能力（孫光林等，2017）。

第三，擴寬中間業務收入，促進多元化發展。商業銀行的中間業務是商業銀行盈利的主要來源，是銀行業務的核心。綠色信貸作為新興發展的業務，還在摸索和成長階段，管理機制和發展模式亟待完善，具備較強的議價能力和較高利潤空間，可以進一步帶動中間業務發展。例如興業銀行在清潔發展機制（CDM）項目中，開展項目開發諮詢服務、資金託管服務乃至相關綠色項目融資租賃等中間業務，增加營業收入[3]。進而，商業銀行在開展綠色信貸業務中建立新的產品體系和服務體系，例如推行碳金融理財產品、低碳產業融資租賃業務、綠色信貸證券化產品等，刺激產品創新可以幫助銀行轉變傳統的利差盈利模式，促進多元化發展，收穫新盈利點（中國人民銀行遂寧市中心支行課題組等，2017）。

（2）綠色信貸對商業銀行盈利能力的抑制機制

綠色信貸業務所支持的產業較多具有「週期長，風險大，效益低」的特點，因而商業銀行開展綠色信貸業務在短時間內可能面臨較高的成本門

3 參考資料來源：興業銀行官網可持續金融部碳金融服務 https://www.cib.com.cn/cn/minipage/financial/Financial_A1a.html。

檻，遭遇短期虧損，成本問題可以説是商業銀行實施綠色信貸的最大阻礙。[4]

其一，面臨較高的營業成本。首先，綠色信貸作為新興產業業務，在對綠色環保企業提供貸款中進行評估和監測時，可能會缺乏相應的技術支持，審核資質、評估項目、發放信貸等過程都需要投入大量時間成本與人力、物力成本。其次，由於我國綠色金融起步較晚，缺乏先進經驗，具體政策細則的制定還在摸索階段，商業銀行配套的綠色信貸業務運行體系需要設置和完善，不可避免地存在試錯成本。最後，我國綠色信貸屬新興交叉性行業，需要具備國內國際環保領域政策和綠色金融知識的專業人才，因此商業銀行還需要投入大量管理費用加強專業人才隊伍建設。因此短期內將會增加銀行的營業成本，降低盈利收入。

其二，面臨機會成本的增加。綠色信貸實施最主要的手段就是通過融資成本的控制，提升「兩高一剩」企業融資成本，降低綠色企業融資成本。從貸款總額來看，「兩高一剩」貸款利率的提高會使銀行績效提升，但選擇把資金傾向綠色環保項目而放棄高污染高回報的項目，無法避免會產生損失。與此同時，由於銀行資源的有限性，需要權衡各業務間的資源分配，可能出現核心業務被擠佔的機會成本。此外，如果先前投資較高的「兩高一剩」企業出現資金鏈斷裂的經營困難，也會使商業銀行面臨貸款資金無法收回的損失，造成銀行盈利性降低。

6.2.4 綠色信貸對不同類型銀行差異性影響分析

我們可以將商業銀行劃分成三大類衡量綠色信貸的實施水平，並對其特點和優勢進行分析。第一類以中國銀行、農業銀行、工商銀行等為代表的國有大型商業銀行，代表着我國最雄厚的金融資本力量，同時也是主

4　左振秀，崔麗，朱慶華 . 中國實施綠色信貸的障礙因素 [J]. 金融論壇，2017,22(09):48-57+80。

動承擔社會責任、促進綠色信貸發展的支柱性銀行。國有銀行的存款規模比較大，具有較強的抵抗風險能力，且擁有更多的綠色金融專業人才，業務流程更加規範，獲得政府更多的綠色信貸政策支持。因此，國有銀行更具備利潤最大化所需要的條件，即綠色信貸邊際成本較低。此外，基於發展綠色信貸對其他盈利性業務產生擠出效應的問題，國有銀行由於具有更多的資源所以擠出效應較小。第二類以興業銀行、浦發銀行等為代表的股份制銀行，綠色信貸起步較早，尤其是興業銀行作為我國首家赤道銀行，成為我國綠色信貸領域的領軍者。由於市場競爭壓力較大，股份制銀行開展綠色信貸業務時更加注重創新，推出更多個性化產品，以吸引更多的客戶。並且善於利用有限的資源，節約成本，增加綠色信貸的利潤。第三類以南京銀行、寧波銀行為代表的城市商業銀行，雖然在市場佔有度和影響力方面受限，開展綠色信貸積極性不高，目前綠色信貸規模較小。但城商行具有非常大的區位優勢，對本地的企業經營狀況更加了解，信息渠道的暢通為商業銀行發放貸款提供了非常好的決策基礎，減少了發放綠色信貸的甄別成本和信息不對稱帶來的風險。

以上的不同特徵會造成不同性質的銀行，發展綠色信貸業務具有不同的表現，銀行的異質性對其盈利能力也會產生差異化影響。

6.2.5 提出假設

基於上述分析提出如下假設：

假設 H1：綠色信貸對商業銀行盈利能力存在影響。其中，H1a：綠色信貸對商業銀行的盈利能力有正向影響；H1b：綠色信貸對商業銀行的盈利能力有負向影響。

假設 H2：綠色信貸對三種不同類型商業銀行的盈利能力影響存在差異。

6.3 樣本選擇與模型設定

6.3.1 樣本選取和數據來源

目前我國已上市的商業銀行中包含大型商業銀行、股份制商業銀行、城市商業銀行和農村商業銀行四大類。依照近年來各上市商業銀行對相關數據披露情況與銀保監會對商業銀行綠色信貸的統計情況，考慮到數據的可得性和統計口徑的統一性，剔除信息披露不完全的部分銀行，本文依據新證監會行業分類選取上市商業銀行中披露較全面的 5 家國有大型銀行、6 家全國性股份制銀行和 4 家城商行作為研究樣本，進行實證分析。截至 2019 年底，這 15 家上市銀行的資產規模佔銀行業金融機構總資產規模的 60% 左右，具有代表性，銀行名單見表 6-1。

表 6-1　樣本商業銀行名稱

銀行類型	商業銀行名稱
國有大型銀行	工商銀行、建設銀行、中國銀行、農業銀行、交通銀行
全國性股份制銀行	招商銀行、華夏銀行、光大銀行、中信銀行、平安銀行、上海浦東發展銀行
城市商業銀行	寧波銀行、江蘇銀行、上海銀行、杭州銀行

由於多數上市銀行在責任報告中披露環境責任與綠色信貸實施情況的時間是 2010 年，2012 年後綠色信貸統計口徑發生了整體變化，且部分銀行 2020 年社會責任報告的最新數據尚未公佈。考慮到數據選取標準的一致性，本文研究年限為 2012－2019 年。本文中各商業銀行指標數據來源於 Wind 數據庫，綠色信貸數據來自各銀行《社會責任報告》。

6.3.2 指標選取

(1) 綠色信貸指標

衡量商業銀行實施綠色信貸的情況，最直接的標準是觀察商業銀行是否有傾向性地向綠色產業或項目投入資金。因此，各年度商業銀行綠色信貸比最能對我國商業銀行綠色信貸實施成效進行評價，綠色信貸比愈大，說明重視程度愈高、落實情況愈好。

本文選取商業銀行綠色信貸貸款餘額與貸款總額之間的比率衡量綠色信貸指標。需要說明的是，除交通銀行採用綠色信貸授信餘額外，其餘銀行均使用生態保護、清潔能源、節能環保、資源循環利用等綠色經濟領域貸款餘額來表示綠色信貸貸款餘額。

(2) 商業銀行盈利能力指標

商業銀行的盈利能力是指其通過資產業務、負債業務和中間業務等獲取利潤的能力，盈利性指標應當能夠衡量銀行運用資金賺取收益和控制成本費用支出的能力，因此本文選取淨利潤為指標代表商業銀行的盈利能力。

(3) 控制變量

為了增強實證結果有效性，減少其他影響銀行盈利性因素對研究結果干擾。本文兼顧內外部因素，考慮到商業銀行的規模性、資產質量、成本管控、安全性對盈利能力存在影響，因此選取銀行資產規模、不良貸款率、成本收入比、資本充足率為內部控制變量，作為影響銀行盈利的內部因素。同時，銀行盈利情況也受到外部宏觀經濟因素的影響，考慮到銀行在全國體系中的地位對於盈利能力能夠造成明顯影響，經濟增長情況直接影響到銀行業整體經營，因此選取銀行業地位、國內生產總值增長率作為外部控制變量，共計六個控制變量。

表 6-2　實證研究指標體系

	變量名稱	變量符號	變量定義
被解釋變量	淨利潤	pro	利潤總額－所得稅費用
核心解釋變量	綠色信貸佔比	glr	綠色信貸貸款餘額 / 貸款總額
內部控制變量	銀行資產規模	lntn	銀行資產總額的自然對數
	不良資產率	npl	期末不良貸款餘額 ÷ 期末客戶貸款總額 ×100%
	資本充足率	car	資本淨額 /（信用風險加權資產 + 市場風險加權資產 + 操作風險加權資產 + 資本底線調整）× 100%
	成本收入比	cir	成本費用 / 營業收入 ×100%
外部控制變量	銀行業地位	cbgdp	銀行資產總額 / 當年 GDP
	GDP 增長率	rgdp	當年實際 GDP 增長率

6.3.3 模型設定

為了驗證假設 1，基於 15 家上市銀行的面板數據，構建如下回歸模型，考察綠色信貸佔比變化對銀行淨利潤的影響：

$$lnpro_{i,t} = \beta_{0i} + \lambda_t + \beta_1 glr_{it} + \sum_{j=2}^{n} X_{jit} + \varepsilon_{it} \quad (1)$$

其中，lnpro 為淨利潤（pro）自然對數，核心自變量是綠色信貸佔比（glr），其係數 β_1 表明綠色信貸佔比每變化 0.01，淨利潤將變化 β_1%。X_{jit} 是一系列控制變量，包括資產規模對數、不良貸款率、資本充足率、成本收入比。β 代表不隨時間變動的個體效應，λ 代表不隨個體變化的時間效應。$\varepsilon_{i,t}$ 為隨機擾動項。為了驗證假設 2，本文將 15 家上市商業銀行在模型 1 的基礎上進行分組回歸，構建模型 2、模型 3、模型 4，對比綠色信貸佔比係數，從而分析綠色信貸對銀行盈利能力影響的異質性。

6.4 實證分析結論

6.4.1 描述性統計分析

表 6-3 報告了主要變量的描述性統計結果。可以發現，15 家商業銀行淨利潤的平均值為 5.845，最大值為 8.050，最小值為 2.950，各商業銀行的盈利能力差異懸殊。綠色信貸佔比介於 0.4%-9.7% 之間，均值約為 3.8%。由此可見，大部分商業銀行均開展了綠色信貸業務，但相對於各銀行總貸款額，平均值較小，整體開展綠色信貸業務的力度不大，綠色信貸還有進一步提升的空間。各控制變量標準差均不大，説明數據變化幅度較小，不會造成明顯的異方差問題，能夠充分發揮控制變量的作用。

表 6-3　主要變量的描述性統計

變量名	N	mean	sd	min	max
lnpro	150	5.845	1.342	2.950	8.050
glr	141	0.0371	0.0250	0.00367	0.0973
lntn	150	10.50	1.258	7.684	12.62
npl	150	1.238	0.400	0.440	2.390
car	150	12.89	1.566	9.880	17.52
cir	150	30.96	4.475	19.98	43.41
cbgdp	150	0.102	0.104	0.00500	0.327
rgdp	150	7.662	1.307	6.110	10.56

6.4.2 模型選取

如前所述，本文依據中信證券行業分類，將所選取的 15 家商業銀行劃分為國有大型銀行、全國性股份制銀行和城商行三類，並針對不同類型分別進行估計。為保證模型形式的合理性與準確性，首先針對各組數據進行 F 檢驗和 Hausman 檢驗，以在混合估計模型、固定效應模型以及隨機效應模型中作出判斷，選擇最適合的模型，檢驗結果如表 6-4 所示。

表 6-4　面板數據模型檢驗結果

變量	(1)		(2)	
	F 檢驗		Hausman 檢驗	
	統計量	p 值	統計量	p 值
整體銀行業	13.73	0.0000	22.24	0.1018
國有大型銀行	35.45	0.0000	24.29	0.0604
全國性股份制銀行	17.13	0.0000	375.52	0.0000
城商行	6.12	0.0043	26.67	0.0315

表 6-4 的第（1）列報告了 F 檢驗的檢驗結果，整體銀行業、國有大型銀行、全國性股份制銀行、城商行的檢驗結果顯示 p 值小於 0.01，強烈拒絕原（設）即相比於普通 OLS 模型，固定效應模型更加適用。

第（2）列為 Hausman 檢驗結果，整體銀行業、國有大型銀行、全國性股份制銀行、城商行 P 值分別為 0.1018、0.0604、0.0000、0.0315，說明在 10% 的顯著性水平下，整體銀行業模型更加適用於隨機效應模型，其它模型更加適用於固定效應模型。基於 F 檢驗和 Hausman 檢驗結果。

6.4.3 基準回歸分析

在表 6-5 模型選取的基礎上，利用 stata14.0 估計回歸結果，得到表 6-5 中模型 1 等四個模型。其中，模型 1 和模型 3 為個體固定效應模型和個體隨機效應模型，模型 2 和模型 4 為控制了時間效應的個體固定效應模型和個體隨機效應模型。根據表 5 中的 Hausman 檢驗結果，個體隨機效應模型優於個體固定效應模型，因此模型 1 和模型 2 更適用。且在加入時間虛擬變量後，時間虛擬變量回歸係數多數能夠通過顯著性檢驗，並且銀行利潤隨着時間推移，整體也存在普遍上升的趨勢。因此個體隨機 + 時間固定效應模型為整體銀行業最優模型，即模型 4。

表 6-5　綠色信貸與盈利能力（整體銀行業）

	模型 1	模型 2	模型 3	模型 4
	個體固定效應	個體固定效應＋時間效應	個體隨機效應	個體隨機效應＋時間效應
glr	-2.412***	-2.552***	-2.357***	-1.717***
	(-3.98)	(-4.13)	(-3.57)	(-2.82)
lntn	0.660***	0.663***	0.868***	0.967***
	(14.51)	(8.70)	(22.09)	(21.46)
npl	-0.223***	-0.191***	-0.268***	-0.117***
	(-7.02)	(-4.65)	(-8.45)	(-3.03)
cir	-0.0143***	-0.0151***	-0.0105***	-0.0109***
	(-4.17)	(-4.47)	(-2.83)	(-3.29)
car	-0.00497	-0.00104	-0.00667	0.0200**
	(-0.68)	(-0.10)	(-0.83)	(2.06)
cbgdp	2.108	4.765***	2.792***	1.431***
	(1.44)	(2.90)	(6.15)	(2.60)
rgdp	-0.0615***	-0.0574**	-0.0183	0.0338**
	(-4.99)	(-2.34)	(-1.44)	(1.97)
_cons	0.0656	-0.369	-2.572***	-4.492***
	(0.12)	(-0.35)	(-5.50)	(-7.10)
時間效應	未控制	控制	未控制	控制
N	141	141	141	141
備註	參照模型	最優模型	參照模型	參照模型

註：* $p < 0.10$，** $p < 0.05$，*** $p < 0.01$，括號內為 T 檢驗量

根據回歸結果，模型 1 等四個模型均表明，綠色信貸佔比回歸係數顯著為負，說明綠色信貸佔比對銀行淨利潤存在抑制作用，即開展綠色信貸抑制了商業銀行盈利能力。最優模型 4 表明，綠色信貸佔比（glr）回歸係數為－1.717，可通過 1% 的顯著性檢驗，說明綠色信貸佔比絕對值每增加（下降）0.01，銀行淨利潤將下降（上升）1.717%，由此驗證了假設

H1b，綠色信貸對商業銀行盈利能力有負向影響。究其原因，可能是因為銀行綠色信貸更多地提升了經營成本、擠佔了傳統業務，但銀行聲譽、成長性企業的融資尚未轉化為經濟效益，導致對利潤產生抑制作用。

從控制變量來看，整體選擇較為合理，可以看出資產規模、銀行業外部地位顯著提升了銀行淨利潤，不良貸款率和成本收入比顯著抑制了銀行淨利，總體符合預期。

6.4.4 穩健性檢驗

為確保本文實證結果的穩健性，本文進一步採取計量模型變換法、變量替換法進行穩健性檢驗。在基準回歸模型的基礎上，一是進一步引入動態效應採用系統 GMM 法和差分 GMM 法進行動態面板估計，得到模型 5 和模型 6；二是採用隨機效應模型進行估計，該結果已在表 6 中做了體現；三是替換被解釋變量，採用總資產報酬率和淨資產報酬率衡量銀行盈利能力，利用雙向固定效應模型，得到模型 7 和模型 8。

如表 6-6 所示，無論採用哪種計量方法，glr 的係數均顯著為負，由此可看出本文的結論是穩健的，計量模型的選取不會影響到本文結論的合理性，即綠色信貸業務的開展能夠顯著提升商業銀行的盈利能力。

表 6-6　穩健性檢驗

	模型 5	模型 6	模型 7	模型 8
	差分 GMM	系統 GMM	雙向固定效應	雙向固定效應
l.lnpro	0.565***	0.747***	--	--
	(12.70)	(17.91)	--	--
glr	-0.829*	-1.551***	-2.610***	-32.54***
	(-1.81)	(-3.00)	(-4.90)	(-3.51)
lntn	0.298***	0.290***	-0.243***	-0.679
	(7.15)	(6.10)	(-3.69)	(-0.59)

（續上表）

	模型 5	模型 6	模型 7	模型 8
	差分 GMM	系統 GMM	雙向固定效應	雙向固定效應
npl	-0.156***	-0.209***	-0.210***	-2.960***
	(-8.42)	(-10.52)	(-5.91)	(-4.79)
cir	-0.00305	0.00601**	-0.0151***	-0.0821
	(-1.18)	(2.51)	(-5.19)	(-1.63)
car	0.00731*	0.00597	0.00539	-0.511***
	(1.73)	(1.32)	(0.62)	(-3.40)
cbgdp			4.833***	24.05
			(3.42)	(0.98)
rgdp			-0.0219	1.090***
			(-1.04)	(2.97)
_cons	-0.274	-1.414***	3.978***	25.55
	(-0.95)	(-5.46)	(4.39)	(1.62)
時間效應	--	--	控制	控制
N	116	131	141	141

註：* $p < 0.10$，** $p < 0.05$，*** $p < 0.01$，括號內為 t 值

6.4.5 異質性分析

本文進一步基於中信證券行業分類對樣本分類，進行異質性分析，探究對於不同類型的商業銀行，綠色信貸對其盈利能力提升的影響效果是否相同，因此得到表 6-7 中模型 9 等六個模型。基於表 6-4 檢驗結果，三類銀行模型均適用於固定效應模型形式，且根據參數估計結果，加入時間固定效應更符合現實情況。因此重點關注模型 10、模型 12、模型 14。

模型 10 表明，國有大型商業銀行綠色信貸佔比回歸係數顯著為正，國有銀行綠色信貸佔比回歸係數為 0.999，可通過 5% 的顯著性檢驗，説

明國有銀行綠色信貸佔比每增加 0.01，淨利潤將提升 0.999%，綠色信貸佔比提升顯著提升了國有銀行盈利能力。

模型 12 表明，全國性股份制商業銀行綠色信貸佔比回歸係數顯著為負，回歸係數為－4.967，可通過 1% 的顯著性檢驗，説明國有銀行綠色信貸佔比每增加（減少）0.01，淨利潤將下降（提升）4.967%，綠色信貸佔比提升顯著抑制了全國性股份制銀行的盈利能力。

模型 14 表明，城商行綠色信貸佔比回歸係數顯著為負，回歸係數為－5.097，可通過 1% 的顯著性檢驗，説明城商行綠色信貸佔比每增加（減少）0.01，淨利潤將下降（提升）5.097%，綠色信貸佔比提升顯著抑制了城商行盈利能力。

綜合來看，基於雙向固定效應模型，開展綠色信貸顯著提升了國有商業銀行的盈利能力，抑制了全國性股份制商業銀行和城商行盈利能力，且對城商行盈利能力抑制作用更為明顯。由此，説明綠色信貸的規模與商業銀行貸款總規模是匹配的。由於國有大型銀行具有規模效應，綠色信貸規模的增加並不會過多擠佔其正常項目貸款，其通過擴大綠色信貸規模，能夠較快實現經濟效益。而對於全國性股份制銀行，以及規模相對較小的城商行，在短期內開展綠色信貸業務可能與其利益具有一定衝突，增加了其短期經營成本，導致了短期內淨利潤的縮減。

綜上所述，本文的假設二成立，即綠色信貸對三種不同類型商業銀行的盈利能力有差異性影響。具體來看，開展綠色信貸業務能夠顯著提升國有大型銀行的盈利能力；而對於全國性股份制銀行以及城商行來説，短期內綠色信貸佔比的增加將對其盈利能力產生衝擊，且相比於全國性股份制銀行，對城商行的負向影響更為顯著。

表 6-7　綠色信貸與盈利能力（異質性分析）

	國有大型銀行		全國性股份制銀行		城商行	
	模型 9	**模型 10**	**模型 11**	**模型 12**	**模型 13**	**模型 14**
	個體固定	**雙向固定**	**個體固定**	**雙向固定**	**個體固定**	**雙向固定**
glr	1.318**	0.999**	-2.918**	-4.967***	-0.943	-5.097***
	(2.29)	(2.60)	(-2.15)	(-4.05)	(-0.64)	(-2.90)
lntn	0.211***	-0.251	0.642***	0.869**	0.853***	0.103
	(2.96)	(-0.91)	(4.99)	(2.33)	(5.98)	(0.28)
npl	-0.0703***	-0.0448*	-0.199***	-0.242***	-0.593***	-0.372**
	(-2.87)	(-1.87)	(-3.23)	(-3.62)	(-4.92)	(-2.83)
cir	-0.00592	-0.000744	-0.0164***	-0.0176***	-0.0158*	0.00194
	(-1.15)	(-0.17)	(-3.34)	(-3.44)	(-1.72)	(0.17)
car	-0.0273***	0.000697	0.0000284	0.0294**	-0.0115	-0.0377*
	(-3.20)	(0.08)	(0.00)	(2.32)	(-0.70)	(-1.98)
cbgdp	-0.765	2.495*	-4.872	-7.416	-22.29	49.36*
	(-0.87)	(1.92)	(-1.39)	(-1.36)	(-1.22)	(1.89)
rgdp	-0.121***	-0.199***	-0.0997***	-0.0316	-0.0702*	-0.273*
	(-10.30)	(-3.51)	(-3.43)	(-0.37)	(-1.75)	(-2.08)
_cons	6.531***	11.29***	0.932	-2.097	-1.295	5.800
	(7.46)	(3.30)	(0.67)	(-0.47)	(-1.07)	(1.43)
時間效應	未控制	控制	未控制	控制	未控制	控制
N	50	50	53	53	38	38
備註	參照模型	最優模型	參照模型	最優模型	參照模型	最優模型

註：* $p < 0.10$，** $p < 0.05$，*** $p < 0.01$，括號內為 t 值

6.5 結論和啟示

通過理論機制分析，可以發現綠色信貸同時對於商業銀行盈利能力存在促進和抑制作用，實證分析結果進一步發現綠色信貸短期總體上抑制了商業銀行盈利能力，説明當前我國綠色信貸實施後，由於綠色信貸抬高貸款成本、擠佔傳統高收入業務，但是綠色信貸的聲譽效應、提升資產質量的正向效應尚未充分轉化為銀行的經濟收益，抑制了商業銀行盈利。進一步考慮銀行異質性，發現規模更大、市場競爭力更強的國有大型銀行綠色信貸對銀行盈利發揮了正向促進作用，而城商行則相反，説明綠色信貸對股份制銀行和城商行會造成成本約束，對傳統高收入業務的擠佔愈強。對此建議：

6.5.1 完善激勵機制，優化監管制度

從政府層面來看，要多手段為商業銀行開展綠色信貸提供保障，降低其成本壓力、更好地幫銀行將綠色信貸轉化為經濟收益。一是建立激勵機制，給予積極實施綠色信貸的商業銀行以相應的財政貼息、税收減免、風險補貼、綠色擔保、績效考核加分等政策支持和補償，能夠促使商業銀行在貸款決策中更多選擇環保企業，不為風險損失與利息差額所困，加大綠色信貸發展力度。例如：美國的經濟政策中環保型項目債權融資的利率僅為 3.3%-3.7%，遠低於同期污染性企業。日本政策投資銀行在政府指導下，對融資項目進行環境評估分級，進行不同利率水平的對應，不把盈利作為首要業務目的。二是推進綠色信貸高階層的法律法規完善，在法律中具體明確相關利益者的權利和責任義務，使得信貸行為標準化、法制規範化，進而加大對違反環保法律法規企業的處罰和追責。三是完善綠色信息披露及溝通機制。加強信息共享共建，完善綠色信貸評級方法；以公開制度的完善引導企業自覺披露真實環境信息，通過公眾、政府、環保組織、其他金融機構等各環節的監督管理降低風險與監督成本。

6.5.2. 制定差異化政策，推動雙向有效共促

由於商業銀行開展綠色信貸對其盈利具有異質性影響，那麼在綠色信貸政策的制定與實施上也可以做到分類處理。本文認為：一方面，建議政府可以嘗試實行不同地域、差別定價，或針對不同類型的商業銀行實施不同的綠色信貸標準與規範。另一方面，「不同類型商業銀行應結合自身實際，對政府出台的綠色信貸政策有條件地執行，制定出具體信貸風險審核程序及標準，將政府外部政策與銀行內部政策有效結合」。例如：對於大型國有銀行，政府應當在綠色信貸業務發展初期給予大力支持，幫助制定業務規範、行業標準，給予有力資金支持，充分發揮大型國有銀行履行社會責任的標杆作用。促進綠色信貸業務的規模效益，降低全行業綠色信貸業務平均成本。而銀行利用自身優勢，積極進行人才培養，建立符合綠色企業和項目特點的綠色信貸管理制度，為自身和全行業打牢基礎。對於股份制商業銀行，政府及監管機構應當加強監督力度，優化業務產業結構，降低經營風險，在股份制商業銀行豐富金融工具、推進新興業務多元化模式發展的共同努力下，推進綠色信貸業務實質開展。對於城市商業銀行，政府應協助其完善信息披露、建立信息共享機制，當地政府肩負加大支持力度，從根本上激發該類銀行開展綠色信貸業務的動力和責任，進而樹立品牌效應，擴大市場影響力。城商行利用自身聯結本地企業的區位優勢打下良好決策基礎，減少發放綠色信貸甄別成本和信息不對稱下的信息風險。在這樣的情況下，推動政府與商業銀行的雙向有效共促模式。

6.5.3 開發多元化綠色信貸產品，建設專業人才隊伍

目前國內市場中綠色信貸產品創新匱乏，涉及領域多在中下游環境或低附加值產品環節，信貸品種單一集中於技術性低、專業性的貸款產品上，非銀行金融機構提供的綠色服務也比較單一，均與缺乏交叉領域的專業人才有關。當下我國缺乏既了解信貸業務又精通國家環保政策，能正確評估項目環境風險的複合型人才。因此，亟待建立專業化的綠色信貸隊

伍，將內部培養與外部引進相結合，聚焦綠色信貸的研發和推廣，促進綠色信貸產品創新突破。除此，也應加強與國際上的合作和交流，學習國際市場金融先進技術和管理機制，借鑒多元化的產品類別。例如，目前世界上發展較成熟的創新產品有以下幾種：項目融資、運輸貸款、綠色信用卡、汽車貸款、碳交易等。其中，巴克萊銀行發放綠色信用卡支持全球碳排放項目，其對客戶購買綠色產品和服務提供的低利率和高折扣受到廣泛歡迎；澳大利亞的 Gogree 汽車貸款要求貸款者種植樹木消耗私家車排放的污染氣體，在金融手段下改善環境與提升銀行貸款業務額一舉兩得。它們使得綠色信貸業務延伸到個人及消費領域，拓展受眾範圍與影響力，值得我國商業銀行借鑒創新經驗，發展具有特色化的符合我國國情的綠色信貸產品。

第 7 章

綠色信貸政策對重污染企業債務融資的影響

改革開放以來，我國經濟增長迅速，但同時也帶來了一系列環境問題。面對日益嚴峻的資源約束和污染問題，我國開始重視綠色經濟的發展。我國在 2012 年出台了《綠色信貸指引》，要求銀行等金融機構減少重污染企業的貸款額度並提高利率，引導資金由「兩高」產業轉向綠色產業。截止到 2020 年，我國 21 家主要銀行綠色信貸餘額已經達到 11.5 萬億元，綠色信貸迅速發展的同時，我們也應審視以下問題：綠色信貸政策發佈後，執行效果如何？是否對重污染企業的銀行信貸產生了一定的影響？針對不同類型和所在地的企業是否存在異質性影響？本文主要圍繞這三方面展開研究。

本文首先梳理了綠色信貸政策與企業債務融資相關文獻資料，結合金融可持續發展理論、信息不對稱理論、融資替代理論和環境風險管理理論這四方面理論，探討綠色信貸政策對企業債務融資的影響機制。其次，從綠色信貸政策發展歷史、綠色信貸發展現狀和在銀行層面的推行力度這三個方面，結合圖表展示了近年來我國綠色信貸政策的發展現狀，並提出了綠色信貸政策發展中存在的問題。

然後，在完成理論分析的基礎上，以 2009－2019 年 A 股上市企業中重污染企業為研究對象，非重污染企業作為對照組，採用傾向得分匹配模型與雙重差分模型結合進行實證分析，探究綠色信貸政策對重污染企業債務融資規模和融資結構的淨影響效應，並進一步考察企業異質性和空間異質性下，綠色信貸政策的執行效果。通過實證分析發現：（1）綠色信貸政策頒佈後，有效降低了重污染企業的債務融資規模，但由於存在融資替代效應，商業信用融資有所增加，綠色信貸未能控制住重污染企業短期融資。（2）從企業異質性角度，綠色信貸政策對國有企業和大型企業的信貸融資抑制作用更強；從空間異質性角度，綠色信貸政策對處在污染地區的重污染企業抑制作用和融資替代效應更強。最後本文根據相關結論以及我國綠色信貸發展的局限性提出對策建議。

7.1 綠色信貸政策影響企業債務融資的理論分析

7.1.1 金融可持續發展理論

(1) 理論基礎

隨着近年來環境與發展問題日益突出，學者們開始思考人類未來可持續發展道路。可持續發展理論源於 1972 年《增長的極限》中「持續增長」和「均衡發展」概念，提醒人們不僅關注當代人的基本需求，也要考慮後代人資源與環境的需求。可持續發展理論要求人們在合理範圍內消耗、開發不可再生自然資源，積極開發可再生資源，保證資源的可持續性，促進人類自身之間、自身與自然之間的協調。懷特（White，1996）將「可持續」引入金融領域，形成「可持續金融」。我國學者白欽先經過近 20 年的研究，以金融資源理論學為基礎，提出了金融可持續理論。該理論認為金融是一種具有發展其他自然資源和社會資源作用的特殊稀缺資源，具有調節資源分配和經濟發展的重要作用，可利用金融資源提高資源配置的有效性，引導資金流向可持續發展領域，達到經濟與生態共同發展的平衡狀態。

(2) 影響機制

在金融系統中，綠色信貸政策起到了重要的連接經濟效益和環保效益的作用：銀行業金融機構在審批貸款過程中，踐行可持續發展理念，以綠色環保作為企業融資的重要考核標準，在後續的監督中同樣關注企業的環境信息。一方面，嚴格限制污染企業貸款，抑制其擴大生產，促使其升級改造、技術創新，污染企業得不到資金支持被迫縮小規模，達到減少污染排放的目的；另一方面，綠色項目、環保企業通過綠色信貸渠道以較低的融資利率獲得資金，鼓勵企業擴大生產，加大對設備、研發的投入，大力發展可再生能源行業，促進環境友好型產業的技術進步，滿足了中小綠色企業的融資需求。綠色信貸引導資金流向綠色環保企業，提高了資源利用效率，減少了經濟發展對環境造成破壞，實現了經濟與環境的協調發展。

7.1.2 信息不對稱理論

（1）理論基礎

信息不對稱理論認為在市場經濟活動中，各類主體掌握的信息資源並不相同，掌握更多信息意味着愈有利。信息不對稱問題會帶來兩方面危害，一是逆向選擇，即由於信息掌握不充分，價格低但質量差的賣家擁有價格優勢，擠出高質量賣家，市場陷入低價格低質量的循環；二是道德風險，即雙方完成交易後無法確定對方是否按照協議高質量完成合同。通常依靠政府在市場中發揮宏觀調控作用來減少由此造成的市場效率低下。

在借貸市場中，信息不對稱是一種常見現象。一方面，金融機構無法直接參與企業的經營管理，通過企業外部公開信息無法準確判斷貸款企業資信條件，會導致債權債務人之間出現逆向選擇問題。即若貸款利率高於一些信用風險較高借款企業的接受水平時，這些企業不接受貸款，而真正接受貸款的是一些信用風險較高的企業，導致金融機構信貸風險上升。另一方面，貸款企業存在道德風險，表現為企業從金融機構獲得資金後，為了獲得利益最大化並未按照協議條款使用貸款，增加企業違約風險。

（2）影響機制

首先，從商業銀行角度，綠色信貸政策要求銀行在貸款資格審批過程中加入企業的環境風險以及環境表現，逐步建立授信管理機制，銀行通過企業披露的環境信息對其可能存在的違約風險作出更準確的判斷，減少了銀行處於信息劣勢的地位；同時，銀行依據企業定期披露的各項環境指標，設置違規挪用貸款的懲罰機制和監督機制，加大企業違規操作成本，進而減少道德風險，降低逆向選擇帶來的「劣勝優汰」問題。

其次，從企業角度，綠色信貸政策要求企業將環境表現等內部信息與其融資情況結合在一起，特別是融資需求量大的企業會更加注重改善企業可能造成的環境污染，履行企業社會責任義務。具體來説，銀行會根據企業披露的環境信息進行融資利率調整，企業為了獲得更低的貸款利率，會有較強的動力進行環境披露，向外界傳遞出企業嚴格遵守環保法律法規、認真履行環保責任的良好企業形象，而污染企業為了獲得銀行貸款持續經營，不得不更多關注自身環境污染問題，促進企業內部進行綠色升級改造。

7.1.3 融資替代理論

(1) 理論基礎

當商品交易發展到高級階段後，企業之間形成以商品擔保的借貸關係，從而形成商業信用，對擴大生產和促進流通起到了積極作用。作為一種融資形式，商業信用與銀行借款的可得性有很強的關聯。替代性融資理論由梅爾策（Meltzer）在 1960 年提出。在銀行的信貸市場中，存在着信息不對稱問題，即銀行無法獲得融資企業的全部信息，出現市場超額融資需求時，比起貸款利率帶來的利潤，銀行更關注貸款的風險，傾向於提高信貸標準，只為優質客戶提供貸款，造成一部分資金需求者被迫退出銀行借款市場。這部分資金需求者會轉而求助供應商，以商業信用融資來彌補資金需求缺口，因此，商業信用融資與銀行融資形成替代關係。

後來學者們開始關注經濟政策與商業信貸的關係，卡佩羅（Campello，2011）、饒品貴（2013）都證明，商業信用替代效應的一個重要影響因素就是企業獲得銀行貸款的難易程度，而宏觀經濟政策是影響銀行貸款的重要因素。當宏觀經濟政策緊縮時，會通過利率傳導、信貸管控等渠道作用於經濟實體，縮小銀行業整體貸款融資規模，企業獲得的銀行貸款減少，為了滿足生產經營的需要，企業一定會選擇成本低廉又容易得到的商業信用的方式進行融資。尼爾森（Nilsen，2001）和石曉軍和張順明（2010）分別分析美國企業和中國企業證實了這一觀點，當企業受到銀行融資約束時，商業信用融資作為一種信貸資源重新配置的方法能夠緩解企業的資金需求壓力，商業信用是銀行貸款的重要替代性融資工具。

(2) 影響機制

綠色信貸政策是通過政府自上而下的主導作用，促使銀行將企業的環境表現納入信貸投放的重要考量依據，成為信貸配給的約束條件，提高污染企業的信貸融資門檻。商業信用融資是由市場自發配置，受到政策管制程度較弱，因此，基於融資替代理論，當企業獲得銀行貸款難度增加時，企業為了保持持續經營的資金需求會增加商業信用融資，企業會通過商品形式向產業鏈上的上下游企業進行融資來彌補融資缺口。

對於處在上游的供應商企業，為了獲得更大的市場佔有率以及更高的銷售量，會願意給予客戶短期商業信用融資，以滿足其短期運用週轉資金需求；對於處在下游的靠近零售端的企業，其資源稟賦和資產規模處於劣勢，議價能力較弱，被迫接受商業信用。上下游產業鏈的企業會因為融資約束的增強，而發展商業信用融資。

7.1.4 環境風險管理理論

(1) 理論基礎

環境風險管理（ERM）是指一系列以環境風險為中心的風險管理體系，根據執行順序分為防範風險事故、應急處理措施等環節，以降低可能造成的環境污染等，以達到保護資源環境系統和生物健康安全的目標。

對於金融機構來說，環境風險主要包括：污染企業無力償還貸款、銀行因污染企業受罰聲譽受損、作為企業關聯人承擔損害賠償風險以及在新政策環境中失去市場份額的風險等。目前，金融機構已經意識到環境風險的存在，逐步建立高效完善的環境風險管理體系，準確評估、識別、規避環境風險，同時根據不同企業的情況確定不同利率制定協議，貸後定期追蹤、審查資金流向，降低環境風險，有效推動綠色信貸政策的執行。

對於工業企業來說，企業環境問題伴隨企業經濟活動而產生，主要指企業整體戰略層面由財務和經營目標對環境造成的負面影響，企業要儘早識別並採取措施控制污染問題。近年來，人們對環保的重視程度逐漸提高，企業面臨來自政府、市場和銀行的監督。當企業出現污染問題，首先，會受到來自政府相關部門的環境處罰和勒令整改，促使企業在經營過程中管理環境風險；其次，會受到來自市場的壓力，隨着我國對環境保護愈發重視，投資者在進行投資決策時，會考量企業的經營狀況是否符合國家政策要求，若判斷其不符合綠色環保的發展趨勢，則會削減對污染企業的投資；最後，是來自銀行的監管，銀行內部設立了完備的環境風險評估體系，會根據企業的環境信息進行風險判斷，提高或降低其融資成本。

（2）影響機制

對於金融機構，綠色信貸政策的實施要求金融機構建立起專業的風險內部控制系統和嚴格的風險預警機制，能夠準確識別出企業的環境風險，提高了銀行內部探索環境風險管理的外部動因。同時，銀行提供貸款的企業受到環境處罰，銀行被牽連導致聲譽下降，提供了銀行加強環境風險管理的內部動因。

對於工業企業，當綠色信貸政策出台後，政策加強對重污染事件的懲罰，受到政策約束的企業為了持續經營的目標會主動進行環境管理，促進企業進行綠色技術創新、減少重污染產品生產、購買環保設備等，可以有效提升企業的環境治理水平。

7.2 我國綠色信貸政策發展現狀

7.2.1 綠色信貸政策的發展歷史

從政策的發展情況來看，我國綠色信貸政策體系形成大致可分為三個階段：

第一階段：萌芽階段（1980 至 2004）

1981 年 2 月，國務院發佈《關於在國民經濟調整時期加強環境保護工作的決定》，提出要嚴格防止新污染，制止破壞自然環境資源，停止建設污染嚴重、佈局不合理的項目。2004 年 4 月，中國銀監會（現在的銀保監會）發佈《關於認真落實國家宏觀調控政策進一步加強貸款風險管理的通知》，要求金融機構加強信貸政策與產業政策的配合，着力推進資產結構調整。

第二階段：初建階段（2005 至 2011）

2005 年 12 月國務院頒佈的《關於落實科學發展觀加強環境保護的決定》明確要求「把環境保護擺在更加重要的戰略位置」。2007 年發佈《關於落實環境保護政策法規防範信貸風險的意見》要求加強環保部和金融監管部門合作與聯動，加強對企業環境違法行為的監督和處罰力度。2009 年 9 月，發佈《關於全面落實綠色信貸政策進一步完善信息共享工作的通知》明確並細化了銀行業金融機構在信息收集和信息報送，各級環境保護部門在信息收集、信息報送、數據核實與更正等方面的流程和要求。

第三階段：完善階段（2012 至今）

2012 年 2 月，原中國證監會正式印發了《綠色信貸指引》（以下簡稱《指引》），對商業銀行業等金融機構實施綠色信貸的組織管理、流程管理、政策制度能力建設、內控管理與信息披露以及監督檢查都明確提出了要求。隨後金融監管部門陸續出台：《關於報送綠色信貸統計表的通知》、《綠色信貸實施情況關鍵評價指標》、《關於加強境內人民幣貸款項目綠色信貸管理有關工作的通知》等政策，確定了綠色信貸業務主要負責部門，建立了綠色信貸統計監測制度和環境與社會風險評價機制。

從綠色信貸政策的發展歷史來看，我國早期並未重視環境保護，粗放式的經濟增長犧牲了部分生態環境資源。我國從第十一個五年計劃中第一次正式提出降低能源消耗、減少污染排放的目標，後來逐步開始重視友好環境的發展。當前，環境保護資金供求缺口較大，且綠色信貸盈利能力較弱，仍需要依靠政府政策推動綠色信貸的發展。

7.2.2 我國綠色信貸發展現狀

近年來，我國綠色信貸市場在綠色信貸政策的推動下取得了較快發展，綠色信貸規模逐年遞增。根據中國人民銀行統計，截至 2020 年 3 月末，全國本外幣綠色貸款餘額 10.46 萬億元，比 2019 年末增長 2.3%，存量規模位居世界第一。從 2013 年 6 月末至 2017 年 6 月末，我國 21 家銀行綠色信貸餘額從 4.9 萬億元增長到 8 萬多億元 [1]。綠色信貸主要投放於節能環保項目及服務、戰略新興產業兩大領域，如圖 7-1 所示。

圖 7-1　2013－2017 年 6 月綠色信貸餘額分佈

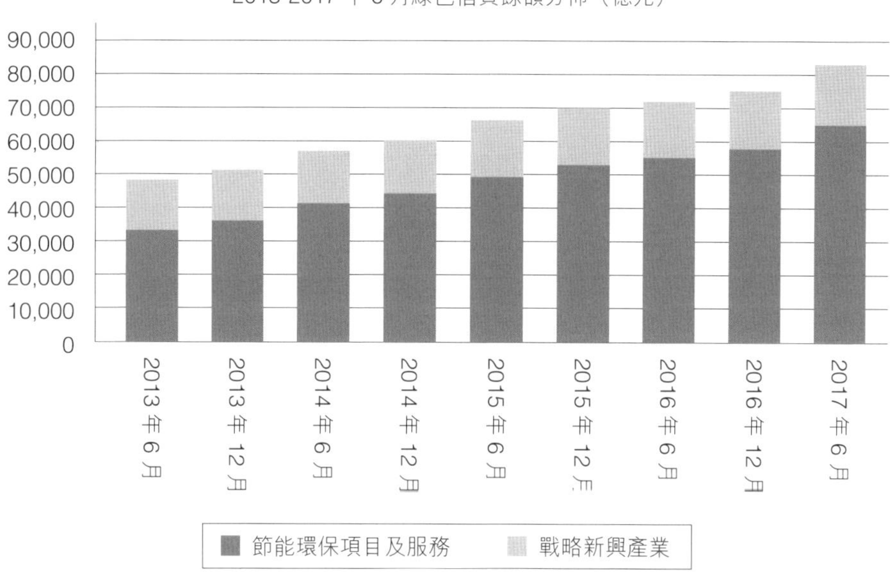

數據來源：根據中國銀保監會官方網站 2018 年披露數據整理得出

綠色信貸政策通過銀行等金融機構限制對污染企業的融資規模，提高污染企業的融資難度，促使其通過技術改造，實現節能減排的目標，綠

1　數據來源：中國銀保監會官網 http://www.cbirc.gov.cn/cn/view/pages/index/index.html。

色發展；同時，對綠色環保企業放寬貸款條件，鼓勵環境友好型企業創新發展。根據銀監會披露的我國 21 家主要銀行綠色信貸數據，2013 年到 2017 年 6 月，總計節約標準煤 2.15 億噸，減少二氧化碳排放 4.91 億噸，減少二氧化硫排放 2,834.45 萬噸，節水 7.15 億噸[2]。

表 7-1 詳細列出了 2013 年到 2017 年 6 月每半年的節能環保項目及服務減排效果。從表 7-1 可以看出各個節能減排指標在各年內均有浮動，但整體上呈現上升趨勢，其中節約標準煤和節水量漲幅突出，從 2013 年 12 月到 2017 年 6 月，節約標準煤從 18,671.80 億噸增長到 21,509.59 億噸，增長幅度 15.20%，節水總量從 43,808.05 億噸增長到 71,500.65 億噸，增長幅度 63.21%。我國人均水資源量只有 2,300 立方米，僅為世界平均水平的四分之一，綠色信貸政策大幅度降低我國工業用水，對改善我國水資源短缺問題十分有意義。

表 7-1　2013－2017 年節能環保項目及服務節能減排量（單位：億噸）

時間	節能減排量						
	標準煤	二氧化碳當量	化學需氧量	氨氮	二氧化硫	氮氧化物	節水
2013.6	3.18	71938.66	464.75	42.77	1013.89	256.48	9.96
2013.12	18671.80	47902.66	330.02	35.66	664.91	155.08	43808.05
2014.6	18872.21	45687.52	295.78	31.07	537.77	131.39	45269.91
2014.12	16718.89	39958.09	341.30	34.08	587.65	160.09	93367.25
2015.6	17363.15	41876.69	674.03	40.56	458.66	115.89	74568.11
2015.12	22122.29	54979.31	355.22	38.43	484.96	226.99	75605.37
2016.6	18739.58	43541.67	397.73	43.45	399.65	200.60	62304.08
2016.12	18848.27	42719.78	271.46	35.89	488.27	282.69	60197.59
2017.6	21509.59	49056.40	2834.45	26.76	464.53	313.11	71500.65

數據來源：根據中國銀保監會官方網站 2018 年披露數據整理得出

2　數據來源：中國銀保監會官網 http://www.cbirc.gov.cn/cn/view/pages/index/index.html。

7.2.3 綠色信貸政策的執行情況

我國綠色信貸政策主要是通過對銀行業進行約束推行的，為了進一步分析我國綠色信貸政策發展情況，本文以全國綠色信貸餘額最大的前八家上市商業銀行為代表，包括工商銀行、建設銀行、農業銀行、中國銀行、興業銀行、交通銀行、郵政儲蓄銀行和浦發銀行。

圖 7-2 為 2012－2019 年八家商業銀行投放綠色信貸餘額。從 2012 年以來，各家銀行綠色信貸餘額規模呈上升趨勢，這八家國有銀行 2019 年綠色信貸餘額佔信貸餘額總量 50% 以上。從投放數量來看，綠色信貸規模最大的工商銀行 2019 年末發行的綠色信貸總量超過 1.35 萬億元，當年發放綠色信貸超過 1,200 億元。從綠色信貸的增速來看，增長速度最高的是交通銀行，2019 年增長速度達到了 31.34%，郵儲銀行和興業銀行增速以 27.78% 和 19.64% 位列第二位、第三位，八家銀行平均增速為 16.81%，平均增速較快，説明我國商業銀行落實綠色信貸政策較好。從較長時間內來看，2012－2019 年，建設銀行、農業銀行、興業銀行、郵儲銀行綠色信

圖 7-2　8 家銀行 2012－2019 年綠色信貸餘額

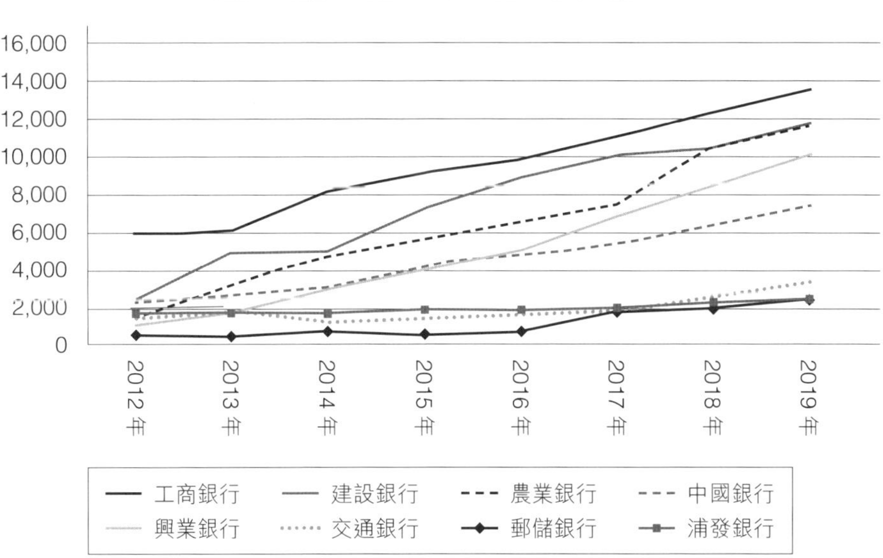

數據來源：根據各銀行 2012－2019 年社會責任報告和財務報告整理得出

貸規模擴大超過 2012 年初始額的 3 倍，可以看出我國商業銀行近年來大力發展並推動綠色信貸的建設，支持美麗中國建設，發展綠色金融。

圖 7-3 為 2012－2019 年八家商業銀行投放綠色信貸餘額佔銀行當年總資產的比值。從 2012 年以來，各家銀行對綠色信貸的投入比例均有所上升，其中綠色信貸比例最高的是興業銀行，在 2019 年綠色信貸佔比為 29.37%，工商銀行和農業銀行的綠色信貸佔比也突破了 8%。興業銀行作為國內首家採用赤道原則的商業銀行，近年來不斷開發綠色金融相關產品，成為我國綠色環保金融業務的先行者。

圖 7-3　8 家銀行 2012－2019 年綠色信貸餘額佔比

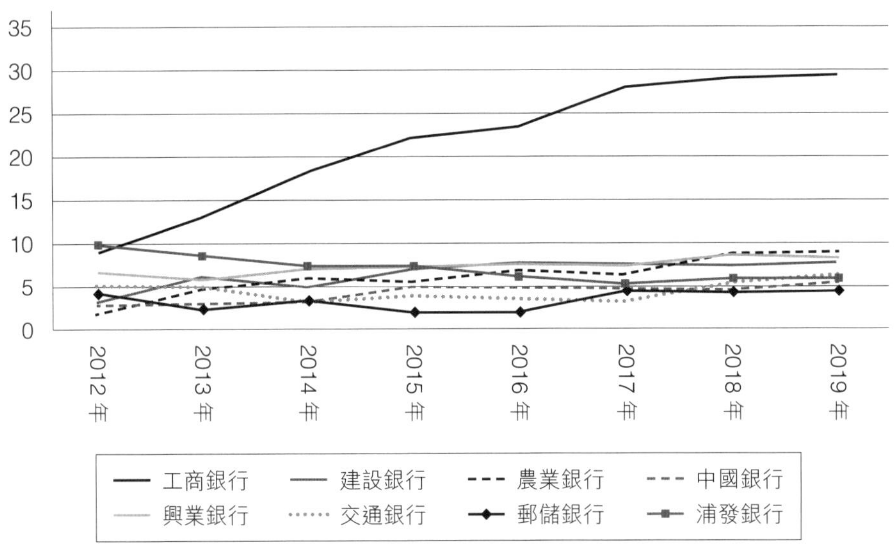

數據來源：根據各銀行 2012－2019 年社會責任報告和財務報告整理得出

綜上可以看出，自從 2012 年《指引》出台後，隨着各類全國性和地方性綠色信貸政策的不斷完善和補充，我國商業銀行中綠色信貸的規模和佔比在不斷提高，綠色信貸政策在銀行層面得到了較好的執行，説明我國綠色信貸政策確實有效地推動了綠色信貸的發展，並且正在以較快的速度發展，未來趨勢向好。

7.3 我國綠色信貸政策發展中存在的問題

從 2012 年第一個綠色信貸政策發佈開始，經過近些年的探索與發展，我國已經基本建立起了綠色信貸政策的框架體系，目前，正處於全面發展階段。雖然我國綠色信貸發展較快，但仍存在一些亟待解決的問題。

7.3.1 綠色信貸政策與法律體系尚不健全

雖然我國現在已經出台了一系列綠色信貸政策，但多數政策缺乏明確詳細的操作規範，責任主體不明確，導致政策執行效果下降。不同監管部門出台的法律法規還存在差異性，金融機構在執行相關政策時標準不統一，沒有形成統一明確的政策體系。不同地方的政府部門在執行綠色信貸政策時，由於政策要求並不統一，往往會選擇最寬鬆的條款，甚至出現有的地方政府並不嚴格遵守法規制度的現象，這就要求監管部門出台更為嚴格具體的法律法規，並且加大違規的懲罰力度，讓法律法規更具有威懾力。對於金融機構，綠色信貸政策缺少對支持綠色產業金融機構的獎勵支持，並且綠色環保項目多以長期投入為主，在項目前期收益率很低，存在很大的信貸風險，出於利益最大化的原則，金融機構缺乏大力發展綠色信貸的動力，這就要求監管部門為金融機構提供相應的扶持政策，例如補貼減稅等優惠政策，激勵金融機構將資金投入綠色產業。

7.3.2 各方信息溝通不暢及披露機制不完善

在金融市場上存在着信息不對稱問題，當投資方和被投資方掌握的信息並不完全相同時，投資方出於信息劣勢，不能完全了解被投資企業的實際經營情況，可能會造成逆向選擇。為了解決金融市場上的信息不對稱問題，監管部門要求企業定期披露自身經營情況。而在綠色信貸市場上，具體體現為環保信息披露制度要求企業定期披露環境信息，幫助金融機構識別企業是否按照規定貫徹落實節能減排的要求。但我國目前的環保信息披露制度執行中還存在着很多問題，一方面，企業可能會為了利益而刻意隱瞞真實信息，污染企業故意虛報排污量或者以綠色企業的名義經營非綠色產業，這就要求相關部門加強對企業信息披露的檢查，保障信息真實性；另一方面，政府、企業和金融機構之間沒有完全實現信息共享，金融機構不能完全掌握企業環保信息，影響金融機構作出信貸決策。同時，目前信息庫中涉及的相關企業的環境保護信息仍然較少，限制了綠色信貸的發展。

7.3.3 金融機構綠色信貸產品開發能力較弱

相比於西方發達國家，我國綠色信貸主要由政府推動，金融機構將綠色信貸視為完成政府下達的任務，缺少創新綠色信貸產品的內在動力。究其原因，一方面，由於宣傳力度不夠，普通投資者對綠色信貸產品並沒有深入地了解，更沒有投資的動力，金融機構在推出創新型產品時，取得的效果並不好。例如，2010 年興業銀行推出的「低碳信用卡」，鼓勵信用卡客戶參與綠色消費，收效甚微，打擊了金融機構產品創新的動力。另一方面，我國金融產品開發能力較弱，產品理念與產品功能脱節。花旗銀行推出的節能住房抵押和富國銀行推出的綠色建築貸款等創新型產品，很好地結合了經濟效益和環保效益。綠色項目比傳統項目更依賴於長期融資，這類項目需要前期投入大量的技術研發成本，而金融機構的貸款來源是期限較短的社會存款，金融機構無法長期穩定地為企業提供源源不斷的貸款，這造成金融機構無法大力開發創新產品。

7.4 綠色信貸政策對公司債務融資影響的研究假設

在經濟轉型的大背景下，銀行和企業進行綠色信貸活動的內在動力不強，仍然依靠信貸政策推動着綠色信貸的發展。根據國家統計局數據顯示，銀行業金融機構的貸款是我國經濟實體的主要經濟來源。綠色信貸政策對企業融資行為影響如下：

7.4.1 金融市場供給直接影響企業融資決策

首先，綠色信貸政策推行後，增加了污染企業融資成本。根據政策內容，銀行業金融機構在批准信貸申請時會優先考慮綠色企業，對於污染企業銀行會控制其貸款規模；同時，降低綠色企業貸款利率，提高污染企業貸款利率，導致不同類型企業融資成本存在較大差異。這在一定程度上增加污染企業融資成本，抑制其發展，引導企業進行產業結構升級優化。

其次，陸正飛（2011）認為商業銀行在規範綠色信貸審核體系時，不僅考察貸款企業的財務指標，還要考量其未來可持續發展能力，且長期貸款相對短期貸款風險更大，其審批手續更為嚴格。《指引》的出台規範和完善了綠色信貸業務，同時，影響了上市公司的負債融資行為，使得重污染企業獲得長期貸款難度增加。因此，當企業受到以銀行貸款為主導的負債融資約束時，特別是長期貸款融資顯著降低，企業會更多考量替代性融資渠道，且短期貸款審批手續較寬鬆，污染企業的流動性負債可能增加。

7.4.2 綠色信貸政策傳遞加強環保的信號

國家推行綠色信貸政策不僅限制了污染企業貸款，促進資金流向綠色企業，也鼓勵了商業銀行推出金融創新產品，例如綠色債券、綠色基金等產品，積極落實綠色信貸政策，傳達了國家對綠色經濟發展的高度重視信號。政府政策可以向資本市場傳遞加強環境保護和信息披露監督的信號，降低外部債權人提供債務融資的意願，引導資金投向綠色經濟領域，抑制資金流向污染行業，增加污染企業的融資難度，導致企業的融資成本大幅度提高。目前，我國企業環境信息披露水平不高，綠色政策的出台有助於促進政府與金融部門共享企業環保信息，實現金融信貸與環境保護之間的聯動，環境友好型企業會贏得綠色聲譽。由於市場上環保投訴、信息披露造假以及「洗綠」事件的負面影響，金融機構為支持綠色發展制定了環境污染獎懲機制，彰顯綠色聲譽的突出優勢。具有良好綠色聲譽的企業更具有競爭優勢，能提高綠色企業的負債融資能力和改善負債融資期限結構。

7.4.3 綠色信貸政策增加企業環境風險

《指引》政策頒佈後，一方面，銀行金融機構基於環境風險管理和社會責任有義務對污染項目進行管理和監督。一旦貸款企業出現嚴重污染問題，企業必然會承擔一定的違規成本，可能導致企業出現資金短缺、資金鏈斷裂的後果，極可能出現貸款無法償還的情況，涉事企業的違約風險大大提高，金融機構的償還保障面臨巨大挑戰。污染企業為了獲得資金，必須付出更高的貸款利率，增加企業融資成本，同時，金融機構為保障自身經營的安全與盈利性也會削減對污染企業的貸款，企業融資規模會隨着綠色信貸的推行而減小。另一方面，隨着我國對環境保護重視程度的提高，污染企業勢必承擔較大的輿論壓力和道德譴責，甚至面臨環境訴訟，銀行出於保護自身聲譽的目的，對污染企業的貸款會更加慎重，導致污染企業融資水平下降。

基於以上分析，本文提出假設 1:《指引》實施後，相比於非重污染企業，重污染企業的融資水平顯著下降。

假設 2：基於替代性融資理論，在重污染企業融資水平下降的情況下，其流動負債融資和商業信用融資顯著上升。

7.4.4 綠色信貸政策懲罰效應的不對稱性

綠色信貸政策的效果與執行主體密切相關，具體表現為對於不同產權性質的企業，銀行金融機構在審批貸款的考核標準也不同。李光子和劉力（2009）指出，由於國企享有政府擔保和政治上的利益，非國企在信貸市場遭到歧視，導致非國企相對國企承擔更高的債務融資成本。除了享有政府擔保外，國企在經營理念和管理模式方面會緊跟政府各項政策的號召，積極主動在最大程度上助力政府可持續發展政策，在防範風險和環境保護方面擔負着更為重大的責任。綠色信貸政策是政府明確以節能減排為重點，基於環境外部壓力，國企為了支持政府政策會更加注重提高自身環境保護能力，增加綠色投資，滿足政府可持續發展的號召，特別是重污染國企受政策影響更大。

基於以上分析，提出假設 3：針對不同所有權性質的企業，綠色信貸政策的實施效果不同，且對國企的效果強於非國企。

其次，企業規模也是影響綠色信貸實施效果的重要因素。蘇冬蔚（2018）認為，在實施綠色信貸政策之前，大型重污染企業由於還款能力較強、信用較好，以較低的成本獲得大量的金融機構信貸資金。而綠色信貸政策頒佈後，對大型重污染企業的負債融資產生更大負向作用。同時，由於大型重污染企業影響力較大受到的輿論關注更多，金融機構往往會首先削減大型重污染企業的信貸融資，因此大型重污染企業受到綠色信貸政策的融資約束要比小型重污染企業強。

基於以上分析，提出假設 4：針對不同規模的企業，綠色信貸政策實施效果不同，且對大型重污染企業的效果強於小型重污染企業。

最後，根據薛儉（2020）提出的觀點：綠色信貸政策的實施效果會受到空間異質性影響，即污染地區和非污染企業受到綠色信貸政策的影響不同。在可持續發展戰略要求下，污染地區承擔的節能減排任務相比非污染地區更重，地區政府加快推動當地綠色產業發展，當地企業受到融資約束更強，因此，污染地區的政策效應更強烈。考慮到重污染行業為煤電、有色金屬冶煉、化工、鋼鐵製造等工業，主要污染物的排放為 SO_2，因此，採用空氣中 SO_2 的含量衡量該地區是否為重污染地區。本文統計了 31 個省區工業 SO_2 排放量，按照中位數將其分為污染地區和非污染地區。同時，根據上市公司註冊地所在省份，將公司按照地理位置進行匹配，探究綠色信貸政策受到地區差異的影響。

基於以上分析，提出假設 5：針對不同地區，綠色信貸政策實施效果不同，且對污染地區企業的效果強於非污染地區。

7.5 綠色信貸政策對公司債務融資影響的設計

7.5.1 樣本數據

鑒於數據獲取的可得性，本文選取 2009－2019 年我國 A 股上市公司為研究樣本，上市公司數據來源於國泰君安（CSMAR）數據庫，污染排放數據來源於《中國環境統計年鑒》。在數據處理方面，首先剔除以下數據：（1）「ST」和「*ST」開頭的企業；（2）2012 年後建立的公司；（3）財務數據缺失嚴重的公司。其次，對連續變量在 1% 和 99% 的水平上進行縮尾處理。經過上述處理後，得到 1,009 家公司連續 11 年的平衡面板數據。

關於重污染企業的界定，本文參考陳琪（2019）的做法，參考環保部 2010 年發佈的《上市公司環境信息披露指南》，將採礦、煤炭、化工、水泥、電解鋁、石化、建材、釀造、製藥、發酵、紡織、皮革、火電、鋼鐵、冶金、釀造行業定義為重污染行業。最終 1,009 家公司被分為 327 家重污染公司和 682 家非重污染企業。

7.5.2 指標選取

表 7-2　變量的定義及其測度

變量類型	變量名稱	變量符號	變量解釋
被解釋變量	信貸融資規模	DEBT	（短期借款 + 長期借款 + 一年內到期的非流動負債）/ 期初總資產
	流動性負債	II	流動性負債 / 期初總資產
	非流動性負債	III	非流動性負債 / 期初總資產
	商業信用融資	CCF	（應付款項淨值 + 應付票據淨值 + 預收款項淨值）/ 期初總資產
解釋變量	雙重差分變量	Time*treated	時間虛擬變量 * 分組虛擬變量
控制變量	公司規模	SIZE	總資產自然對數
	資產負債率	LEV	總負債 / 總資產
	自由現金流量	CASH	現金餘額 / 總資產
	托賓 Q	Q	企業市價 / 重置成本
	成長性	GROWTH	營業總收入 / 總資產
	產權性質	SOE	企業所有權屬性，國企為 1，非國企為 0
	總資產收益率	ROA	稅後淨利潤 / 總資產
	固定資產比率	FIX	固定資產淨額 / 總資產

（1）被解釋變量

企業信貸融資規模（DEBT），考慮到綠色信貸業務的主要執行主體是銀行等金融機構，參照丁杰（2020）關於企業信貸融資規模採用短期借款、長期借款和一年內到期的非流動負債之和佔期初總資產的比重表示。

企業信貸融資結構，參照薛儉（2020）的做法，用以下三個指標衡量：

流動性負債（II），以流動性負債佔期初總資產的比重表示，反映企業短期負債融資情況。流動性負債為一年內（或一個營業週期內）需要償還的債務總和，包括短期借款、應付票據、應付賬款、一年內到期的非流動性負債等。

非流動性負債（III），以非流動性負債佔期初總資產的比重表示，反映企業長期負債融資情況。非流動性負債為償還期在一年以上或超過一年的一個營業週期以上的負債總和，包括長期借款、長期應付款、應付債券、專項應付款等。

商業信用融資（CCF），以應付款項淨值、應付票據淨值、預收款項淨值之和佔期初總資產的比值表示。

（2）核心解釋變量

分組虛擬變量（Treated），重污染企業 Treated 賦值為 1，非重污染企業 Treated 賦值為 0。時間虛擬變量（Time），2012 年及之後 Time 賦值為 1，2012 年之前 Time 賦值為 0。核心解釋變量為分組虛擬變量和時間虛擬變量交互項（Treated*Time）。

（3）控制變量

除了虛擬變量交互項（Treated*Time）以外，根據以往學者關於影響企業債務融資方面的研究，還有其他一些企業財務指標會影響企業的債務融資行為，為了排除這些指標對企業投融資行為的影響，本文選取了 8 個重要的控制變量，具體測度方法如表 7-2 所示。

公司規模（SIZE）：以公司總資產的對數表示。根據權衡理論，大公司經營多樣化，具有穩定的現金流，抵抗風險能力強，因此，傾向於使用更多負債。另外，大公司的信息披露水平相對較高，信息不對稱程度較低，大公司往往可以以更低的成本取得銀行貸款。

資產負債率（LEV）：以企業總負債與總資產的比值表示。一般來説，資產負債率有傳遞公司風險信號的作用。當資產負債率較高時，説明企業偏好高風險，在融資時產生風險溢價，融資成本增加。

自由現金流量（CASH）：以企業現金餘額與總資產比值表示。根據自由現金流量理論，當企業自由現金流量充裕時，企業為了增加公司價值，往往會選擇舉債或支付股利，用現金流量支付利息費用，因此，認為自由現金流量與負債正相關。

托賓 Q（Q）：以企業市價與企業重置成本的比值表示。根據饒華春（2009）對托賓 Q 與融資約束的關係的結論，托賓 Q 可以反映企業未來市場價值和潛在投資機會。

成長性（GROWTH）：以企業營業收入增長率表示。一般而言，認為成長性較高的企業處在企業生命週期的前段，擴大經營與投資資本的需求量大，成長性與融資規模呈正相關。也有研究認為新興產業的成長性一般較高，其具有較大的經營風險和破產概率，成長性與融資成本呈正相關。

產權性質（SOE）：國有企業取值為 1，非國有企業取值為 0。

總資產收益率（ROA）：以稅後淨利潤與總資產的比值表示。總資產收益率是考量公司盈利能力的重要指標，一般從公司風險偏好角度出發，盈利能力強的公司偏好選擇風險高的項目，進而選擇較高的負債水平。

固定資產比率（FIX）：以固定資產與資產總額的比值表示。從資金營運能力來看，固定資產比率愈低，企業資產流動更快，營運能力愈強。

7.5.3 描述性統計

表 7-3　綠色信貸政策頒佈前後債務融資指標變化

	全樣本			**重污染企業**		
variable	平均值	標準差	中位數	政策前平均值	政策後平均值	Mean Diff
DEBT	0.177	0.147	0.157	0.203	0.169	0.034***
II	0.789	0.196	0.846	0.816	0.783	0.033***
III	0.210	0.195	0.154	0.184	0.217	-0.033***
CCF	0.029	0.387	0.041	0.0134	0.0286	-0.0151
Time*treated	0.186	0.389	0	0	0.292	-0.292***

（續上表）

	全樣本			重污染企業		
SIZE	22.48	1.360	22.38	21.878	22.661	0.787^{***}
LEV	0.507	0.199	0.517	0.514	0.502	0.012^{***}
CASH	0.145	0.109	0.117	0.150	0.140	0.010^{***}
Q	2.192	1.586	1.671	2.289	2.063	0.226^{***}
GROWTH	0.642	0.493	0.531	0.718	0.623	0.096^{***}
SOE	0.607	0.488	1	0.629	0.603	0.026^{***}
ROA	0.0340	0.0570	0.0290	0.039	0.030	0.009^{***}
FIX	0.238	0.189	0.196	0.263	0.233	0.030^{***}

註：Mean Diff 為均值的差值；*、** 和 *** 分別為在 10%，5% 和 1% 的水平上顯著

表 7-3 提供了債務融資指標統計性描述與重污染企業政策前後指標變化。由結果可知，首先，綠色信貸政策頒佈前後重污染企業有息債務融資均值分別為 0.203 和 0.169，均值差值為 0.034 且在 1% 水平上顯著為正，表明政策出台後信貸融資水平下降，初步驗證假設 1，《指引》實施後，重污染企業的融資水平顯著下降。其次，重污染企業的流動性負債（II）和非流動性負債（III）在政策出台前後均值差為 0.033 和－0.033 且均在 1% 水平上顯著，商業信用融資在政策出台後有所增加，初步驗證假設 2，《指引》實施後，重污染企業債務融資總量減少，且存在融資替代現象，後文繼續進一步探究。最後，由債務融資變量標準差都比較大，說明不同企業之間存在較大差異。

7.5.4 模型設定及相關檢驗

（1）傾向得分匹配處理

本文選擇重污染企業組作為實驗組，非重污染企業組作為對照組，基本思路是在非重污染企業的對照組內找到企業 i，使其與實驗組中企業 j 的可觀測變量儘可能匹配，使企業個體特徵受到政策的作用完全取決於控制變量。本文採用 PSM 方法，對公司規模（SIZE）、資產收益率（ROA）資產負債率

(LEV) 等 8 個可觀測變量用 Probit 概率模型按照 1：1 進行匹配。匹配算法採用最近鄰匹配，由於該方法會因多次重複匹配樣本造成有些匹配組的傾向得分匹配差距較大，匹配質量不高。為此，本文設定實驗組與對照組所允許的最大距離為 0.05，並施加了「共同支持」(Common Support) 條件。

共同支撐假設：如圖 7-4 所示，只有少數樣本被淘汰，滿足共同支撐條件。

圖 7-4　傾向得分的共同取值範圍

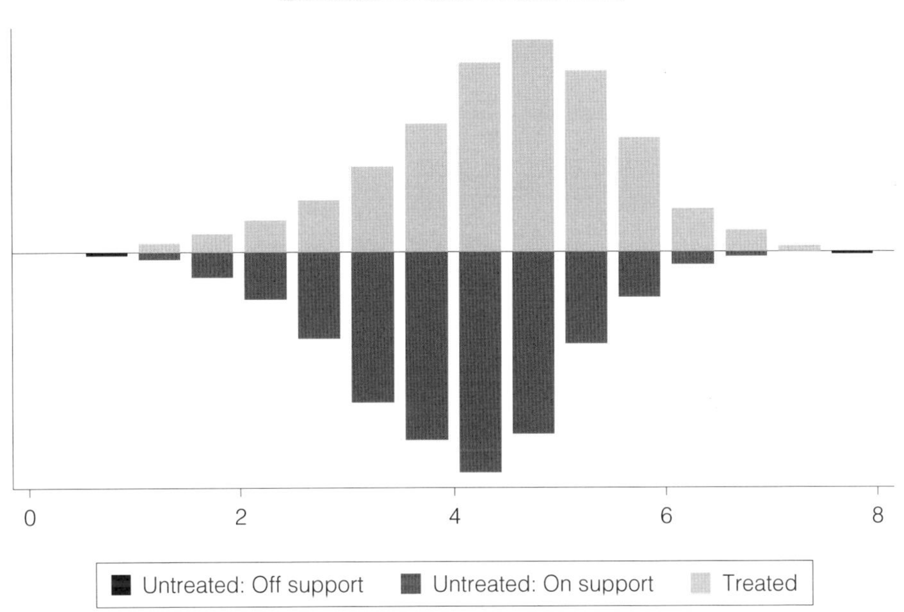

平衡性檢驗：要求匹配後實驗組和對照組企業在施行綠色信貸政策前後不存在顯著差異。如表 7-4 所示，匹配後實驗各個指標的差異大幅下降，標準偏誤的絕對值均小於 10，匹配後的 T 統計量基本無顯著性差異[3]。因此，可以認為本文選取的可觀測變量適合且匹配方法得當，最近鄰匹配估計方法可靠。

3　Rosenbaum and Donald 指出，當匹配變量標準偏差值的絕對值大於 20 時可認為匹配效果不好。

表 7-4　匹配平衡檢驗

可觀測變量		實驗組	對照組	標準偏誤	標準偏誤減少幅度（%）	T 值	P 值
SIZE	匹配前	22.64	22.316	28.3		13.03	0.00
	匹配後	22.559	22.462	-3.6	87.2	-1.48	0.138
LEV	匹配前	0.511	0.504	7.3		3.34	0.001
	匹配後	0.511	0.495	5.5	25.5	2.28	0.023
CASH	匹配前	0.120	0.152	-30.8		-14.70	0.00
	匹配後	0.120	0.121	-6.0	96.7	2.33	0.020
Q	匹配前	1.977	2.288	-16.7		-11.29	0.00
	匹配後	1.978	2.079	-5.4	67.6	-2.92	0.004
GROWTH	匹配前	0.665	0.650	3.2		-3.87	0.00
	匹配後	0.667	0.625	8.6	-166.9	2.41	0.016
ROA	匹配前	0.033	0.033	-1.2		-1.26	0.208
	匹配後	0.033	0.034	-1.7	-71.3	-1.73	0.083
FIX	匹配前	0.352	0.198	85.1		1.32	0.185
	匹配後	0.351	0.358	-1.5	95.4	-1.07	0.283

（2）雙重差分模型

本文參照蘇冬蔚（2018）的做法，針對假設 1，本文以重污染行業上市公司為實驗組，在 PSM 篩選樣本的基礎上，使用固定效應雙重差分模型分析政策執行效果：

$$DEBT_{it} = \beta_0 + \beta_1 Treated_i + \beta_2 Time_i + \beta_3 Treated_i * Time_i + \gamma control_{it} + \delta_{it} + \lambda_t + \varepsilon_{it} \qquad (1)$$

針對假設 2，測度綠色信貸政策對上市公司負債融資結構的影響，模型設置具體如下：

$$II_{it} = \beta_0 + \beta_1 Treated_i + \beta_2 Time_i + \beta_3 Treated_i * Time_i + \gamma control_{it} + \delta_{it} + \lambda_t + \varepsilon_{it} \qquad (2)$$

$$III_{it} = \beta_0 + \beta_1 Treated_i + \beta_2 Time_i + \beta_3 Treated_i * Time_i + \gamma control_{it} + \delta_{it} + \lambda_t + \varepsilon_{it} \qquad (3)$$

$$CCF_{it} = \beta_0 + \beta_1 Treated_i + \beta_2 Time_i + \beta_3 Treated_i * Time_i + \gamma control_{it} + \delta_{it} + \lambda_t + \varepsilon_{it} \qquad (4)$$

針對假設 3、假設 4、假設 5，本文針對不同假設進行分組，然後再對（1）-（4）式進行回歸分析。

其中，$DEBT_{it}$ 表示第 i 個企業在第 t 年的信貸融資規模，II_{it} 表示第 i 個企業在第 t 年的流動性債務規模，III_{it} 表示第 i 個企業在第 t 年的非流動性債務規模，CCF_{it} 表示第 i 個企業在第 t 年的商業信用融資；以核心解釋變量 $Treated_i * Time_i$ 的係數 β_3 衡量事件對實驗組的影響；$control_{it}$ 包括一系列企業層面控制變量；δ_{it} 為個體固定效應；λ_{it} 為時間固定效應；ε_{it} 為隨機擾動項。

（3）PSM-DID 模型適用性檢驗

雙重差分模型的適用前提是實驗組與對照組要滿足平行趨勢檢驗。因此本文對綠色信貸政策實施之前的實驗組與對照組分別畫出債務融資各變量均值的時間趨勢圖。實線代表實驗組，虛線為對照組，如圖 7-5 所示。

圖 7-5a　信貸融資平行趨勢檢驗

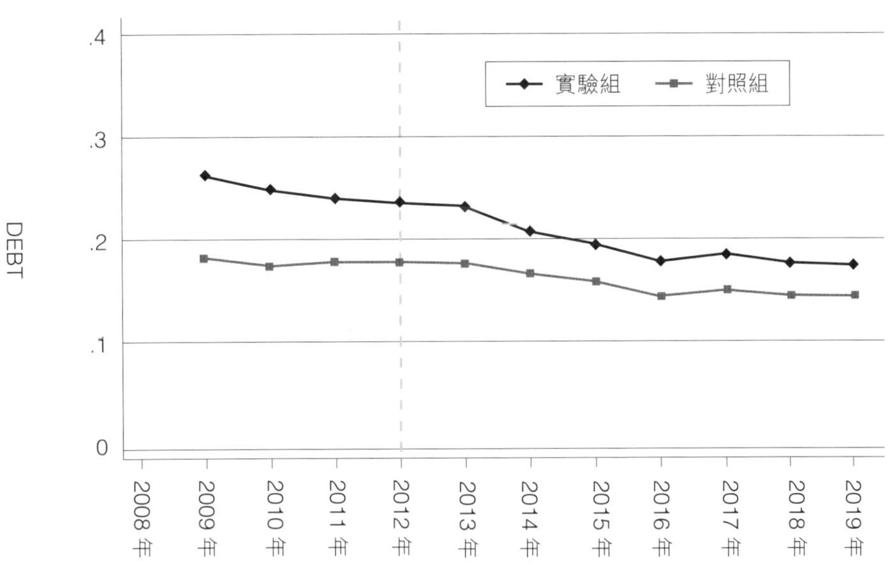

圖 7-5b 流動性負債平行趨勢檢驗

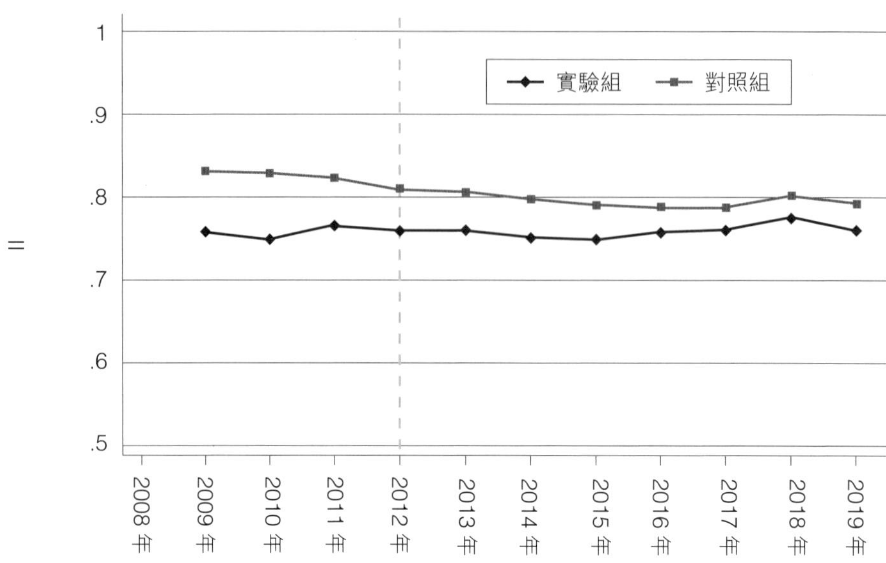

圖 7-5c 非流動性負債平行趨勢檢驗

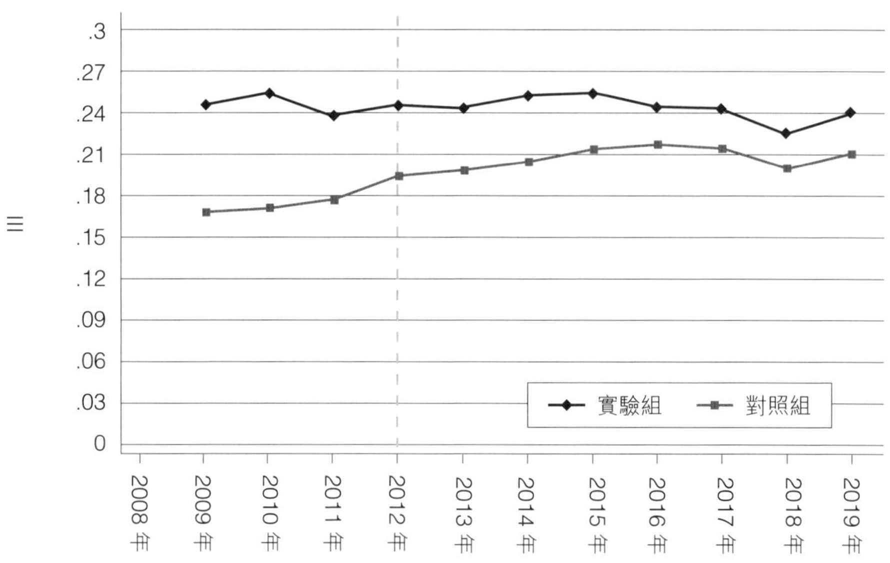

圖 7-5d　商業信用融資平行趨勢檢驗

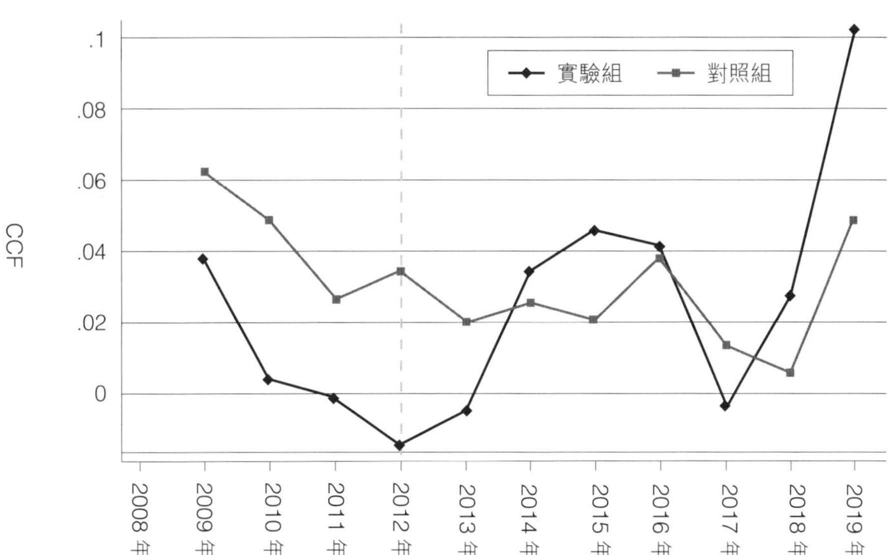

從圖 7-5 可以看出，2009－2012 年，即《指引》出台之前，債務融資各變量的實驗組與對照組企業曲線趨勢基本保持一致，在 2012 年以後才開始出現顯著差異，滿足平行趨勢檢驗。圖 7-5a 和圖 7-5c，信貸融資與非流動性負債在 2012 年以後明顯呈下降趨勢，並且實驗組的下降趨勢要比對照組大，可以初步判斷兩組受到綠色信貸政策影響不同。因此本文認為採用 PSM-DID 策略進一步識別綠色信貸對企業債務融資的淨影響效應是必要且合理的。

7.6 綠色信貸政策影響債務融資的實證結果分析

7.6.1 綠色信貸政策對企業債務融資的影響

通過前文的模型適用性檢驗後，本部分進一步使用雙重差分模型（控制個體和時間固定效應）對面板數據進行分析，對假設 1 和假設 2 的回歸結果如表 7-5 所示。

第（1）列中交互項 time*treated 的係數估計值為－0.0311，在 1% 水平上統計顯著，説明《指引》出台後重污染企業融資規模顯著下降，綠色信貸政策在企業層面得到了較好的執行，因此，無法拒絕假設 1。以上實證結論意味着，此次綠色信貸對重污染企業的融資約束執行效果較好，説明銀行在信貸資金配給上對綠色信貸政策做出了積極響應。結合以上結果分析原因：首先，《指引》明確了銀行的監管責任，對綠色信貸的審批流程、信息披露、貸後管理都提出了詳細的規定，對銀行貸款審批形成了硬約束，也有助於銀行執行政策的規範化、制度化。其次，基於環境管理理論，隨着近些年環保理念深入人心，當企業發生污染事故，為其提供貸款的銀行連帶聲譽受損，影響其經營效益，這使得銀行的經營目標與政府的綠色發展目標趨於一致，從而主動調整其信貸投放。

表 7-5　綠色信貸政策對企業債務融資的影響

	(1)	(2)	(3)	(4)	(5)	(6)	(7)	(8)
變量	**DEBT**	**DEBT**	**II**	**II**	**III**	**III**	**CCF**	**CCF**
Time*treated	-0.0311* (0.01)	-0.0238*** (0.01)	0.0359*** (0.01)	0.0295*** (0.01)	-0.0357*** (0.01)	-0.0294*** (0.01)	0.0354** (0.02)	0.0420** (0.02)
SIZE		-0.0017 (0.00)		-0.0334*** (0.01)		0.0324*** (0.01)		-0.0074 (0.01)
LEV		0.4356*** (0.02)		-0.0853*** (0.02)		0.0826*** (0.02)		0.6449*** (0.05)
CASH		-0.0610*** (0.02)		0.0103 (0.03)		-0.0084 (0.03)		0.4408*** (0.06)
Q		-0.00181* (0.00)		0.0029** (0.00)		-0.00304** (0.00)		0.00415 (0.00)
GROWTH		-0.0311*** (0.01)		0.0909*** (0.01)		-0.0902*** (0.01)		-0.0146 (0.02)
ROA		-0.0784*** (0.03)		-0.0079 (0.04)		0.01075 (0.04)		-0.1281 (0.10)
SOE		-0.0254 (0.03)		0.1088** (0.05)		-0.1107** (0.05)		0.2389** (0.12)

（續上表）

	(1)	(2)	(3)	(4)	(5)	(6)	(7)	(8)
變量	**DEBT**	**DEBT**	**II**	**II**	**III**	**III**	**CCF**	**CCF**
FIX		0.0051 (0.01)		0.01887* (0.01)		-0.0189* (0.01)		0.0320 (0.03)
常數項	0.2055*** (0.00)	0.0804 (0.11)	0.8093*** (0.00)	1.3956*** (0.15)	0.1907*** (0.00)	-0.3719** (0.16)	0.05556*** (0.01)	-0.4238 (0.31)
時間效應	控制	控制	控制	控制	控制	控制	控制	控制
個體效應	控制	控制	控制	控制	控制	控制	控制	控制
N	11099	11099	11099	11099	11099	11099	11099	11099
R2	0.05807	0.38653	0.01333	0.08194	0.01314	0.08005	0.00511	0.08595

註：括號內為聚類穩健標準誤，*、** 和 *** 分別為在 10%，5% 和 1% 的水平上顯著

第（3）（5）（7）列為《指引》後重污染企業負債融資結構受到政策影響的回歸結果，綠色信貸政策在 1% 的水平上顯著降低了重污染企業約 3.57% 的非流動性負債，而流動性負債在 1% 的水平上顯著上升了 3.59%，商業信用在 5% 的水平上顯著上升了 3.54%。由於存在融資替代渠道，綠色信貸政策對非流動性負債融資的限制迫使重污染企業調整融資結構，轉而增加流動負債和商業信用的融資，綠色信貸政策並未控制重污染企業短期融資。因此，假設 2 無法被拒絕。

結合以上結果分析原因：基於融資替代理論，企業銀行融資和商業信用融資具有相互替代的作用。當重污染企業的長期信貸受到綠色信貸政策的限制時，為了持續經營，重污染企業會積極尋找其他資金來源，用短期融資來彌補融資缺口。加強上下游供應商之間的商業信用合作，處在下游的企業更接近零售端，資源稟賦和資產規模處於劣勢，不得不滿足上游企業融資需求，通過重污染企業之間以商品形式提供的借貸活動替代重污染企業在銀行的信貸融資缺口。

另外，在第（2）、（4）、（6）、（8）列加入控制變量後，交互項係數符號不變且仍在 1% 水平上統計顯著，基本結論維持不變，而且回歸方程 R^2 在較大程度提升，表明模型的解釋裏得到了大幅度提升。

7.6.2 綠色信貸政策對企業債務融資影響的動態效應

由於重污染企業融資規模受到綠色信貸政策影響較快，而其負債融資結構的調整可能需要較長時間才能體現出效果，為了檢驗綠色信貸影響企業債務融資行為的動態效應，本文採用固定模型對綠色信貸政策進行動態效應檢驗，回歸結果如表 7-6 所示。

由第（1）列動態效應的回歸結果可以看出，回歸係數的絕對值從 2012 年到 2018 年一直增加，說明隨着時間的推移，綠色信貸政策對重污染企業信貸融資抑制作用愈來愈強。並且從顯著性來看，2012 年和 2013 年在 5% 水平上統計顯著，2014－2018 年在 1% 水平上統計顯著，所有結果都通過了顯著性檢驗，結果較為可靠。以上結果證明：綠色信貸政策的推行不僅在短期內對重污染企業的融資水平產生了顯著影響，並且長期來看，隨着政府和監管部門不斷深入加強政策執行力度，銀行環保意識的不斷提高，綠色信貸政策發揮的作用是持續增強的。

由第（2）和（3）列動態效應回歸結果可以看出，從 2012 年到 2018 年回歸係數的絕對值在不斷加大，且都在 1% 的水平上統計顯著。結果表明綠色信貸政策對重污染企業非流動性負債有明顯的抑制作用，而流動性負債則有明顯的增加。綠色信貸政策的作用效果主要以流動性負債彌補融資缺口，從第（2）、（3）列係數可以發現，重污染企業在非流動負債減少和流動性負債增加的幅度基本一致，可以判斷存在融資替代現象。從第（4）列的動態效應回歸結果可以看出，企業在短期內並沒有做出商業信用融資的調整，在政策發生後 3 年才開始進行調整，表明商業信用的替代效應需要一段時間發揮作用。綠色信貸政策有效降低了企業的長期負債，但卻增加了其短期負債。

表 7-6　綠色信貸政策對企業負債融資影響的動態效應檢驗

	(1) DEBT	(2) II	(3) III	(4) CCF
DID_2012	-0.02139** (0.01)	0.04760*** (0.01)	-0.04760*** (0.01)	-0.01069 (0.03)
DID_2013	-0.02020** (0.01)	0.04888*** (0.01)	-0.04888*** (0.01)	0.01760 (0.03)
DID_2014	-0.03509*** (0.01)	0.03838*** (0.01)	-0.03838*** (0.01)	0.04200 (0.03)
DID_2015	-0.04279*** (0.01)	0.04544*** (0.01)	-0.04544*** (0.01)	0.05474** (0.03)
DID_2016	-0.04286*** (0.01)	0.05758*** (0.01)	-0.05758*** (0.01)	0.04016 (0.03)
DID_2017	-0.04263*** (0.01)	0.06386*** (0.01)	-0.06286*** (0.01)	0.01677 (0.03)
DID_2018	-0.05238*** (0.01)	0.07331*** (0.01)	-0.07231*** (0.01)	0.05854* (0.03)
時間效應	控制	控制	控制	控制
個體效應	控制	控制	控制	控制
Controls	控制	控制	控制	控制
常數項	0.21183*** (0.00)	0.82637*** (0.00)	0.17370*** (0.00)	0.00824 (0.01)
N	11099	11099	11099	11099
R2	0.07092	0.02008	0.01957	0.00937

註：括號內為聚類穩健標準誤，*、** 和 *** 分別為在 10%，5% 和 1% 的水平上顯著

以上結果表明，重污染企業受到綠色信貸政策的影響是長期的，會對政策作出相應的對策調整，增加短期融資來彌補缺口，從較長時間來看，企業還會利用增加商業融資的渠道，通過與上下游企業聯合發展商品信用的方式來削減政策帶來的不利影響。

7.6.3 綠色信貸政策對企業債務融資影響的異質性分析

(1) 企業所有權異質性分析

為了進一步研究企業所有權性質是否會影響綠色信貸政策的實施效果，本文按照產權性質將總樣本分為國有企業和非國有企業分別進行雙重差分分析，其中包括605家國有企業、404家非國有企業，回歸結果如表7-7所示。

第（1）、（2）列為綠色信貸政策企業信貸融資規模異質性影響結果，國有企業和非國有企業的交互項time*treated分別為−0.03046和−0.01516，且前者在1%水平上統計顯著，後者在5%水平上統計顯著。表明無論是國企還是非國企，綠色信貸政策均對其產生抑制作用，並且對國企的信貸融資規模的懲罰效應更強。原因可能是，一方面，銀行在執行綠色信貸控制重污染企業信貸融資時會考慮企業性質，首先大幅度削減對國有污染企業的銀行貸款，為其他企業樹立榜樣，督促其他企業進行升級改造；另一方面，國有企業承擔了更多的社會責任，受到更多的輿論關注，在經營理念中貫徹落實政府的各項政策號召，主動縮小產生污染的生產線規模，在最大程度內配合政府推進經濟可持續發展。

表7-7 企業產權性質異質性分析結果

變量	企業信貸融資規模（DEBT）		流動性負債（II）	
	(1) 國有企業	(2) 非國企	(3) 國有企業	(4) 非國企
Time*treated	-0.03046*** (0.01)	-0.01516* (0.01)	0.04651*** (0.01)	0.00366 (0.02)
常數項	0.18440 (0.22)	0.10462 (0.18)	1.38791*** (0.28)	1.28289*** (0.29)
Controls	控制	控制	控制	控制
時間效應	控制	控制	控制	控制
個體效應	控制	控制	控制	控制
N	6655	4444	6655	4444
R2	0.41883	0.38819	0.09720	0.09331

註：括號內為聚類穩健標準誤，*、** 和 *** 分別為在10%，5% 和1% 的水平上顯著

表 7-7 企業產權性質異質性分析結果（續表）

變量	非流動性負債（lll）		商業信用（CCF）	
	(5) 國有企業	(6) 非國企	(7) 國有企業	(8) 非國企
Time*treated	-0.0465*** (0.01)	-0.00424 (0.02)	0.06444*** (0.02)	0.00841 (0.04)
常數項	-0.3878 (0.28)	-0.24843 (0.29)	-0.27581 (0.46)	-0.32370 (0.61)
Controls	控制	控制	控制	控制
時間效應	控制	控制	控制	控制
個體效應	控制	控制	控制	控制
N	6655	4444	6655	4444
R2	0.09720	0.08861	0.06476	0.13621

註：括號內為聚類穩健標準誤，*、** 和 *** 分別為在 10%，5% 和 1% 的水平上顯著

對比第（3）-（8）列，綠色信貸政策對國有企業負債融資結構有顯著的作用，而對非國有企業的作用效果並不顯著。原因可能是，國有企業有政府做擔保，商業信用風險較低，並且國有企業大多數為國家支柱型產業，例如石油、電力、鋼鐵等行業，市場在短時間內不會縮減對這類產品的需求，在上下游產業鏈中具有較高的議價能力，比非國企更容易獲得商業信用融資，因此在銀行信貸受到融資約束時，商業信用融資會明顯提高。因此，假設 3 無法被拒絕。

（2）企業規模異質性

為了進一步研究企業規模是否會影響綠色信貸政策的實施效果，本文按照公司規模將總樣本分為大型企業和小型企業分別進行雙重差分分析，其中大型企業和小型企業分別包括了 529 家和 480 家上市公司，回歸結果如表 7-8 所示。

第（1）、（2）列為綠色信貸政策對不同規模的企業信貸融資的回歸結果，顯示大型企業受到的融資約束並不顯著，小企業信貸融資在 5% 的統

計水平上顯著受到抑制。拒絕假設 4。第（5）、（6）列交互項係數結果顯示大型企業非流動性負債融資比小型企業受到融資約束的效果要強。大型企業是銀行貸款的主要對象，也更加受到銀行的關注和監督，因此當綠色信貸政策頒佈後，信貸規模縮小幅度較小型企業要大。從第（3）、（5）、（7）列可以看出大企業進行融資結構調整幅度較大，當企業長期信貸受到限制後，大型企業與上下游企業結合緊密，並且具有良好的商業信用，顯著提高了商業信用融資規模。由於流動性負債和商業信用的增長，大型企業整體融資規模下降並不顯著。要有效降低大型企業的生產規模，不僅要限制長期信貸的規模和審核，也要考察其短期信貸，才能有效地促進企業綠色升級改造。而小型企業的融資渠道相對單一，主要融資來源於銀行貸款，在受到綠色信貸政策衝擊的時候，商業信用融資渠道並不發達，因此對融資結構調整影響不顯著。

表 7-8　企業規模異質性分析結果

變量	**企業信貸融資規模（DEBT）**		**流動性負債（II）**	
	(1) 大型企業	**(2) 小型企業**	**(3) 大型企業**	**(4) 小型企業**
Time*treated	-0.0128 (0.01)	-0.0181** (0.01)	0.0430*** (0.01)	0.0238** (0.01)
常數項	0.2445 (0.18)	-0.2893* (0.17)	0.9511*** (0.30)	1.8541*** (0.27)
Controls	控制	控制	控制	控制
時間效應	控制	控制	控制	控制
個體效應	控制	控制	控制	控制
N	5819	5280	5819	5280
R2	0.37247	0.48052	0.09546	0.07982

註：括號內為聚類穩健標準誤，*、** 和 *** 分別為在 10%，5% 和 1% 的水平上顯著

表 7-8　企業規模異質性分析結果（續表）

變量	非流動性負債（III）		商業信用（CCF）	
	(5) 大型企業	(6) 小型企業	(7) 大型企業	(8) 小型企業
Time*treated	-0.0432*** (0.01)	-0.0238** (0.01)	0.0753*** (0.03)	0.0419 (0.03)
_cons	0.0588 (0.30)	-0.8541*** (0.27)	-0.9038* (0.48)	0.5206 (0.62)
Control	控制	控制	控制	控制
時間效應	控制	控制	控制	控制
個體效應	控制	控制	控制	控制
N	5819	5280	5819	5280
R2	0.09558	0.07982	0.05943	0.12856

註：括號內為聚類穩健標準誤，*、** 和 *** 分別為在 10%，5% 和 1% 的水平上顯著

(3) 企業註冊地異質性

本文按照地區 SO_2 排放量，將全國 31 個省區分為污染地區和非污染地區，其中非污染地區有：西藏、海南、北京、青海、上海、天津、福建、吉林、寧夏、廣西、黑龍江、安徽、江西、浙江、甘肅；污染地區有：湖北、湖南、雲南、廣東、陝西、四川、新疆、江蘇、貴州、遼寧、河北、河南、山西、內蒙古、山東。將上市公司註冊地的所在省份進行劃分，其中非污染地區包括 467 家上市公司，污染地區包括 542 家上市公司，回歸結果如表 7-9 所示。

第（1）、（2）列提供了處在不同污染程度地區的上市公司信貸融資規模影響，交互項的係數分別為－0.0261 和－0.02231，且前者在 1% 水平上統計顯著，後者在 5% 水平上統計顯著，該結果顯示處在污染地區的重污染企業受到融資抑制作用更強。污染地區空氣質量差，地區政府的節能減排任務亟待完成，政府實施綠色信貸政策的力度更大，因此政策效果更強。第（3）至（6）列提供了不同污染程度地區重污染企業的負債融資結構調整與全樣本結論基本保持一致，在污染地區和非污染地區的上市公司

均對其融資結構進行了調整，以短期融資替代長期融資來彌補因實施綠色信貸政策造成的融資缺口，非污染地區的調整力度更突出。非污染地區和污染地區的相同結論，再一次驗證了本文全樣本結論的可靠性。

表 7-9　企業註冊地異質性分析結果

變量	企業信貸融資規模（DEBT）		流動性負債（II）	
	(1) 污染地區	(2) 非污染地區	(3) 污染地區	(4) 非污染地區
time*treated	-0.0261*** (0.01)	-0.0223** (0.01)	0.0254** (0.01)	0.0438*** (0.01)
_cons	0.3014 (0.19)	0.0166 (0.22)	1.2159*** (0.25)	1.9237*** (0.28)
Control	控制	控制	控制	控制
時間效應	控制	控制	控制	控制
個體效應	控制	控制	控制	控制
N	5962	5137	5962	5137
R2	0.39761	0.43683	0.07253	0.13596

註：括號內為聚類穩健標準誤，*、** 和 *** 分別為在 10%，5% 和 1% 的水平上顯著

表 7-9　企業註冊地異質性分析結果（續表）

變量	流動性負債（II）		非流動性負債（III）	
	(5) 污染地區	(6) 非污染地區	(7) 污染地區	(8) 非污染地區
Time*treated	-0.0251** (0.01)	-0.0438*** (0.01)	0.0398 (0.03)	0.0318 (0.03)
_cons	-0.1907 (0.26)	-0.9236*** (0.28)	-0.2246 (0.61)	-0.9581* (0.52)
Control	控制	控制	控制	控制
時間效應	控制	控制	控制	控制
個體效應	控制	控制	控制	控制
N	5962	5137	5962	5137
R2	0.07052	0.13596	0.12138	0.07853

註：括號內為聚類穩健標準誤，*、** 和 *** 分別為在 10%，5% 和 1% 的水平上顯著

7.6.4 穩健性檢驗

(1) 調整時間窗口

本文參照何靖（2016）的方法，調整政策實施的窗框範圍來檢驗穩健性，將考察期縮短為 2010－2014 年，即《指引》政策發生前後兩年，並且對上述樣本重新進行 PSM-DID 檢驗。從表 7-10 可以看出，調整時間窗口後與本文回歸結論一致，前文雙重差分估計結果較為可靠。

表 7-10　綠色信貸政策對企業債務融資影響的穩健性檢驗（2010－2014 年）

解釋變量	DEBT	II	III	CCF
Time*treated	-0.0203*** （0.00）	0.0242*** （0.01）	-0.0242*** （0.01）	0.0303* （0.02）
Contrals	控制	控制	控制	控制
時間效應	控制	控制	控制	控制
個體效應	控制	控制	控制	控制
常數項	-0.0361 （0.16）	1.7893*** （0.23）	-0.7893*** （0.23）	-0.5570 （0.54）
N	5045	5045	5045	5045
R2	0.33281	0.07179	0.07179	0.07473

註：括號內為聚類穩健標準誤，*、** 和 *** 分別為在 10%，5% 和 1% 的水平上顯著

(2) 調整時間節點

以上結論無法排除重污染企業投融資受到的抑制作用在綠色信貸政策出台前就一直存在，可能受到其他因素干擾。為此，本文將政策事件的時間節點提前至 2010 年，對回歸方程進行重新估計，回歸結果如表 7-11 所示。結果顯示交互項 time*treated 係數均未統計顯著，因此虛擬政策衝擊的融資懲罰效應不存在。換言之，2012 年《指引》頒佈前，實驗組與對照組企業的債務融資具有共同時間趨勢，因此本文選取的準自然實驗環境比較理想，前文雙重差分估計結果較為可靠。

表 7-11 綠色信貸政策對企業債務融資影響的穩健性檢驗（調整時間節點為 2010 年）

解釋變量	DEBT	II	III	CCF
time*treated	-0.00276 (0.00)	0.01009 (0.01)	-0.01010 (0.01)	-0.00350 (0.02)
Contrals	控制	控制	控制	控制
時間效應	控制	控制	控制	控制
個體效應	控制	控制	控制	控制
常數項	0.17458 (0.15)	1.47663*** (0.20)	-0.46056** (0.20)	-0.49100 (0.42)
N	11099	11099	11099	11099
R2	0.41314	0.09693	0.09540	0.09907

註：括號內為聚類穩健標準誤，*、** 和 *** 分別為在 10%，5% 和 1% 的水平上顯著

7.6.5 主要結論

本章節通過回顧和總結以往學者的研究，以 2009 年至 2019 年重污染上市企業為研究對象，非重污染企業作為其反事實對照組樣本，運用 PSM-DID 模型結合進行實證分析，得到以下結論：

第一，從融資規模水平維度：(1) 綠色信貸政策抑制了重污染企業的信貸融資規模，具有顯著的融資懲罰效應。其原因可能在於，《指引》對商業銀行提出了明確具體的要求，在信貸審批的各個環節考察企業的環境效益，擴大對銀行綠色信貸業務。除了完成政策任務外，銀行的聲譽與企業息息相關，企業出現嚴重污染事故會使提供貸款銀行的聲譽下降，出於這兩方面原因，銀行經營目標與政府綠色發展目標趨於一致，銀行積極主動發展綠色信貸，完成節能減排的政策要求。另外，從動態效應檢驗的結果來看，綠色信貸政策對重污染企業債務融資約束作用隨着時間的推移愈來愈強。分析原因可能有三點：一是，隨着綠色信貸體系的不斷完善，明確了責任主體劃分，細化了環境污染評估標準，銀行在執行政策要求時有據可依，加強了政策執行效果。二是，隨着近年來社會公眾綠色環保意識的提高，政策要求銀行和企業定期披露的環保信息受到社會公眾的輿論監督，推動了銀

行加大力度縮減重污染項目貸款融資。三是，綠色企業獲得銀行貸款的不斷增加，隨着時間的推移已經有部分創新技術成果，綠色產業成為新的投資熱點，促使銀行將投資重點傾向綠色行業，對重污染行業的融資有所減少。

第二，從融資結構水平維度：《指引》在 1% 的水平上顯著降低了重污染企業 3.57% 的非流動性負債，企業會通過替代性融資來彌補資金缺口，該政策顯著提升了 3.59% 的流動性負債和 3.54% 的商業信用，綠色信貸未能有效控制重污染企業的短期融資行為。其原因可能是：一方面，企業進行短期銀行借款的要求相對於長期借款要低，由於銀行對長期貸款風險控制能力較弱，企業出現環境風險的可能性更大，因此綠色信貸政策對銀行長期借款的抑制作用較強，為了緩解融資約束，企業會增加短期融資，滿足經營過程中資金需求。另一方面，當銀行信貸受到抑制，銀行信貸和商業信用融資互為替代關係，迫使企業進行信貸融資彌補融資缺口。重污染企業涉及到許多支柱性產業，例如煤炭開採、電力、鋼鐵冶煉等行業，這類企業具有資源稟賦優勢，在上下游產業中具有較高的議價能力，商業信用融資渠道比較發達，因此當銀行貸款受到抑制時，重污染企業的商業信用有所增加。另外，從動態效應檢驗的回歸結果來看，重污染企業的短期銀行信貸融資的增加與長期信貸融資的減少幾乎是同步的，説明企業進行銀行信貸結構調整的反應比較迅速，而商業信用從綠色信貸政策頒佈後三年才開始顯著，説明企業尋找替代性融資需要一定的時間。長期來看，上下游企業會傾向於使用商業信用融資解決企業融資約束的作用。

第三，從異質性分析：（1）從企業異質性角度，綠色信貸政策對國有企業和小型企業的信貸融資抑制作用更強，對非國有企業和小型企業的融資結構調整作用更小。相比於非國有企業，國有企業承擔了更強的社會使命，其經營理念和政策要求相對統一，為了積極響應國家節能減排的號召，國有企業會主動縮減重污染項目的規模，對生產線進行綠色升級改造，從而助力政府在可持續發展方面有效管理。相比於大型企業，小型企業在融資市場上的議價能力更弱，資金需求更依賴銀行貸款，並且較難在短時間內對生產設備進行綠色改造，排污量難以得到控制，因此受到綠色信貸政策的衝擊更大。（2）從空間異質性角度，綠色信貸政策對處在污染地區的重污染企業抑制作用更強，對污染地區融資結構調整效果更明顯。其原因可能是污染地區政府的節能減排的任務更重，對重污染企業的環境監管力度大，銀行對信貸控制更嚴格。

7.7 政策啟示

由上文的理論分析和實證結論可知，綠色信貸政策的實施確實對重污染企業的長期融資產生了一定的融資約束效應，一定程度上促進了節能減排和環境保護，但綠色信貸政策效應還存在一定的局限性，表現為由於存在替代性融資方式，流動性負債和商業信用融資顯著上升，未能有效控制重污染企業的短期融資行為，綠色信貸政策的推行效果大打折扣。本文根據以上結論以及我國綠色信貸政策存在的問題得出以下幾點政策啟示：

7.7.1 明確責任主體，加強中小企業綠色信貸政策推行力度

目前，我國綠色信貸政策在全國執行的過程中執行效率有待提高，並存在非國有企業和小型企業執行效果不如國有企業和大型企業的情況。為了解決這個問題，首先，要明確各方責任主體，明確界定金融機構和企業需要承擔的責任。一旦發生污染事故，能夠憑藉明確公正的認責體系追究相關企業或部門的失職，只有這樣才能提高各類企業的執行效率，增加企業違規排污的經濟成本。其次，是要着力提高中小企業的社會責任感，加強對中小企業的綠色意識培訓，特別是對重污染企業的工作人員做好思想引導，使其意識到綠色發展的重要性，將環保觀念牢記於心。督促相關監管部門注重中小企業的排污問題，通過嚴格審查違規排放，促進企業綠色轉型。

7.7.2 控制污染企業替代性融資渠道

綠色信貸政策主要針對重污染企業的長期信貸融資，由於存在融資替代性，短期信貸融資產生了一定程度的增加，這削弱了綠色信貸政策的執行效率，僅僅是增加了污染企業的融資成本，並未有效縮小其融資規模。針對這一問題，首先，國家有關部門要明確綠色信貸政策的執行標準和要求，對重污染企業的長短期信貸規模都要做出清晰的要求，防止金融機構為了逐利而放寬重污染企業的短期信貸融資通道，規範金融機構的放貸行為，做到「有法可依，有法必依」。其次，除了常規信用貸款外，政策要加強控制使金融機構縮小對重污染企業的銀行信用授信額度，抑制重污染企業的各項融資渠道，防止由於商業信用融資替代銀行融資而不能有效抑制重污染企業的擴大生產，同時建立起銀行內部信貸風險評估系統，促進金融機構做好貸後監督工作。

7.7.3 強化企業環境信息披露制度

為了減少信息不對稱造成的逆向選擇和道德風險問題，我國必須建立健全企業環境信息披露制度。首先，要細化披露標準，並擴大要求環境信息披露的企業的範圍，引導並督促企業主動披露公司經營情況，擴充環境信息數據庫的資料，實現各地的環境信息對接共享。其次，相關部門要對企業公示的環境信息進行檢查，保證信息的真實性，杜絕企業實際經營項目與申報項目不一致的情況，樹立環境信息系統的權威性。再次，要建立起政府、金融機構和企業統一規範的信息共享平台，加強三方信息合作交流，有助於監管部門掌握企業最新動態，並及時向社會公眾披露企業環境違規行為。最後，金融機構要定期披露綠色信貸最新進展，讓綠色信貸業務公開透明，讓社會公眾共同參與到綠色環保的監督中；同時，加強綠色金融產品的宣傳，提高投資者對綠色金融產品的重視，引導資金流向綠色企業。

7.7.4 建立激勵懲罰機制，提升發展綠色信貸的動力

為提升金融機構發展綠色信貸的動力，綠色信貸政策可以從兩方面着力。一方面是綠色項目週期長，前期收益率低投入量大，具有較高的風險，導致金融機構發行綠色信貸積極性降低。為此，政府部門要建立起與綠色信貸配套的財政補貼、減免税收等扶持政策，彌補金融機構發行綠色信貸可能帶來的損失，由政策機制保證金融機構的經濟利益，激發開展綠色信貸項目的內在動力。另一方面，為了解決融資企業與金融機構貸款期限不匹配的矛盾，必須延長綠色信貸的期限，擴寬綠色信貸資金來源。政府可以要求金融機構根據企業融資需求，採取金融工具和金融衍生工具配合的手段，以滿足延長期限的要求，例如綠色債券具有期限長、數額較大的優勢。通過結合其他綠色金融產品的方式，解決綠色信貸供求期限不匹配問題，綠色企業獲得長期穩定的信貸資金支持，才能最大程度發揮資金的使用效率。

另外，針對綠色信貸政策執行力度在空間分佈上存在異質性的問題，要對非污染地區、環保意識較差的地區加強政府推行綠色信貸政策力度。特別是有些地方政府出現懈怠或者為了完成指標任務虛報信息的問題，可以通過加強對政府人員的系統培訓，提高政府人員的環境保護意識，由國家層面的監管部門對各級政府執行綠色信貸進行監督抽查，一旦出現環保事故，問責事故企業和相關政府部門，強化當地政府對污染企業的管控職責。

第 8 章

碳中和目標下我國碳稅制度的可行性研究——基於 CGE 模型

隨着我國經濟社會的轉型，在注重經濟高質量穩定提升的同時，更加強調綠色高效的可持續發展。2007 年起，中國碳排放總量超越美國，躍居全球首位。根據英國石油公司（BP）發佈的《世界能源統計年鑒（第 70 版）》數據，2020 年我國碳排放總量達 99 億噸，佔全球碳排放總量的 30.7%。減排壓力的激增，不僅是日益嚴峻的環境問題，更進一步會成為阻礙經濟高質量發展的社會問題。國家主席習近平就碳排放問題強調：「中國將提高國家自主貢獻力度，採取更加有力的政策和措施，二氧化碳排放力爭於 2030 年前達到峰值，努力爭取 2060 年前實現碳中和。」這充分體現出我國作為世界第二大經濟體積極參與全球減排降碳的大國擔當，但同時也是一個巨大的挑戰。

8.1 引言

國際實踐的經驗表明，碳排放交易制度和碳税一直是公認實現碳減排的有效手段。具體而言，我國於 2011 年 10 月啟動碳交易試點，在北京、上海、天津等七省市設立碳排放交易所，推動自願減排。隨着「雙碳」目標下行動方案的提出，2021 年 7 月 16 日，全國碳排放權交易市場正式上線開始交易，完善了我國在市場機制層面促進低碳發展的制度手段。但對於經濟規模龐大，經濟產業結構複雜的國家，只單純依靠市場機制的碳交易其作用較為有限。在諸多發達國家的實踐中，碳税被普遍應用於碳減排政策工具，並且將數量型減排工具碳排放交易與價格型減排工具碳税制度結合，建立了碳減排複合機制，有效促進了碳減排。我國目前尚未開徵碳税，為了實現「雙碳」目標，促進經濟高質量發展，強化環境治理，開徵碳税有利於從宏觀調控層面建立健全綠色低碳發展的碳減排體系，為早日達成目標奠定制度基礎。

8.2 碳稅的理論基礎

8.2.1 碳稅及其相關理論研究

碳稅是指針對化石燃料中的含碳量或者二氧化碳的排放量進行計量定價的稅種。一般徵稅依據為每噸二氧化碳的碳含量或者碳排放量。通過徵收碳稅來提高含碳量高的化石燃料的使用成本，達到雙重減排效果（劉磊和張永強，2019）：一方面提高傳統高碳含量能源產品的使用價格，增加企業的生產成本和居民的消費成本，減少生產供給和消費需求；另一方面促使傳統能源企業轉型升級，加大低碳技術和綠色清潔能源的開發利用，促進新能源的發展。

碳稅作為環境稅的一種，起源於英國經濟學家 Pigou（1920）「庇古稅」。他作為外部性理論的主要創建人，提出可以通過徵稅或者補貼來解決環境的負外部性問題。大氣具有非排他性和非競爭性，是典型的公共物品，依靠市場運行機制不能保證生產廠商與消費者不進行碳排放，從而生產廠商與消費者的個人邊際成本小於社會邊際成本，產生負外部效應（張緣，2022）。兩種成本之間的差異必然導致全球碳排放過量。因此當市場失靈的時候，單純依靠市場機制的自發調節不能夠有效解決，加強政府的宏觀調控，進行必要的干預就勢在必行。通過徵收碳稅，能夠有效為碳排放定價面臨的邊際成本提供確定性，將外部成本內部化，從而用經濟手段使均衡的碳排放量達到帕累托最優水平。

目前發達國家廣泛採用碳稅和碳交易相結合的碳減排複合機制。韋茨曼（Weitzman，1974) 首先為如何選擇碳稅和碳排放權交易提供了判斷準則：碳減排成本高選擇碳稅，環境污染成本高時選擇碳交易。後來曼德爾(Mandell，2008) 及倪娟（2016）等學者都指出碳稅和碳排放交易兩種機制共同使用的效果好於單獨使用。劉磊等（2019）對混合使用碳稅碳交易兩種機制進行了可行性分析，並基於當前正在實行的碳交易市場提出了開徵碳稅的建議。賈曉薇等（2021）研究了碳減排複合機制的理論及國際實踐經驗，並提出在「雙碳」背景下我國應儘快開徵碳稅。我國自 2011 年開始碳排放權交易試點到 2021 年建立全國碳排放交易市場以來，碳交易作為數量型政策工具已經從市場調節方面對碳減排影響頗深。但同時開徵碳稅，不僅是從宏觀調控市場出發，無需複雜的技術設計和實施成本，更加精準靈活有效；而且可以進一步引進價格型政策工具與碳交易互補完善碳減排手段機制，推動經濟發展方式轉變和產業結構優化調整，為早日實現碳達峰、碳中和目標奠定基礎。

8.2.2 碳稅的雙重紅利效應

雙重紅利是指徵收環境稅能夠在實現對環境的第一重紅利即「綠色紅利」，改善環境問題的同時，實現對社會經濟的第二重紅利即「藍色紅利」，增進福利水平及提高經濟效率。進而通過徵收環境稅達到控制排放污染，保護生態環境，促進經濟發展的環境、經濟雙重效益。

圖洛克（Tullock，1967）在研究水資源環境稅裏的思想是環境稅雙重紅利效應的基礎。他首次提出雙重紅利的概念，認為通過環境稅這種稅收返還和轉移支付的手段可以有效實現減少污染的同時促進社會經濟發展。後來皮爾斯（Pearce，1991) 在研究碳稅對全球變暖的緩解作用時正式提出雙重紅利的概念，在堅持「稅收中性」的原則下解釋了碳稅實現雙重紅利的可能性。

對於雙重紅利效應，碳稅作為環境稅的第一重紅利（環境紅利）被大部分學者普遍認可。但是第二重紅利（非環境紅利）的界定一直在環境稅研究領域存在爭議。學術界通常依據第二重紅利對經濟的影響劃分出：「弱式雙重紅利」和「強式雙重紅利」的研究方向。古爾德（Goulder，1995）指出「弱式雙重紅利」認為碳稅本身的推行可以減少其他稅種扭曲性帶來的成本，「強式雙重紅利」則認為碳稅不僅完善了現行稅制，提高了效率，還增進了社會福利。兩者的差別在於認為碳稅本身對經濟發展的影響是否只局限於稅收制度內部的作用，還是能夠進一步產生深遠影響。國外學者依據其所在國家的經濟情況展開了驗證碳稅是否存在雙重紅利效應的實證分析。格羅姆（Glomm，2008）利用 CGE 模型模擬美國環境稅改革中雙重紅利效應的存在情況，得到的結果不支持雙重紅利效應。弗雷爾 - 岡薩雷斯（Freire-González，2019）通過動態 CGE 模型進行模擬，經過一定的實證分析模擬出三種不同碳稅價格水平下 10 至 20 歐元每噸碳排放量的合理價格區間，進而證明雙重紅利效應的存在性。

近年來，隨着我國在碳減排工作上的努力和部署，學術界有關碳稅雙重紅利效應在我國是否存在的研究，也在借鑒國際經驗的基礎上逐漸增多。婁峰等（2014）通過構建動態 CGE 模型模擬在一定條件下我國能夠有效實現碳稅的雙重紅利效應。雲小鵬（2019）通過構建中國能源與環境財稅政策的 CGE 模型，在八種政策情景的模擬下證明了徵收碳稅對當前碳減排量、能源消費量以及經濟發展的促進作用。李毅等（2021）以 2017 年投入產出表為數據支撐編製了 SAM 矩陣，利用 CGE 模型模擬不同碳稅水平下的環境、經濟影響，進而揭示了徵收碳稅在長期發展以後可以有效實現雙重紅利效應。但是，我國目前碳稅政策尚處在探索可行性的摸索階段，對於碳稅的 CGE 模型的構建，板塊參數在借鑒國外的基礎上仍有很多不同的見解，缺少基於中國國情模擬碳稅價格的實證化分析，數據的來源對社會核算矩陣的編製大多採用國家統計局公佈的 2012 年的投入產出表的數據。本文通過分析國家統計局截至目前最新公佈的 2017 年的投入產出表，編製社會核算矩陣（SAM），利用可計算一般均衡模型（CGE）模擬徵收不同碳稅價格情境下，我國碳稅徵收的合理價格區間以及能否有效實現雙重紅利效應，為中國探索碳稅制度的可行性提供更多理論支撐。

8.3 國外碳稅實踐

根據世界銀行最新發佈的2021年《碳定價發展現狀與未來趨勢》報告，其中除了介紹截至2021年底正在開徵碳稅的國家和地區以外，還闡述了世界上主要碳交易市場的交易動態、碳稅的發展情況以及碳減排的發展趨勢。截至目前，碳稅政策已經在35個國家和地區推行。但碳稅制度的施行大多集中在發達國家，發展中國家因為經濟發展相對落後，仍處於依託高能源消耗的傳統工業推動高速發展的工業經濟時期，漠視破壞生態環境帶來的社會問題以及高污染高耗能導致的經濟阻滯，缺乏環保意識。

北歐國家是最早開徵碳稅的地區，自芬蘭於1990年最先建立起碳稅制度以來，瑞典（1991）、挪威（1991）、丹麥（1992）、英國（2001）等西方發達國家先後搭建了以碳稅為主的環境稅體系。隨後以美國、德國為代表的高收入國家，在歐盟和國際經濟組織的帶動下，通過開徵碳稅，與碳交易形成了較為有效的碳減排機制（葛楊，2021）。位於亞洲的日本也仿效開徵碳稅，2009年將碳稅列入日本稅制改革。隨着《巴黎協定》的影響力進一步擴大以及日益嚴峻的氣候問題，諸如南非、新加坡等國家也陸續承擔起減排的承諾，在國內開始開徵碳排放稅。愈來愈多的發達國家乃至發展中國家，在未來都將通過徵收碳稅解決溫室氣體排放造成的社會經濟問題。根據世界銀行的碳排放數據報告，預計2021年碳稅將覆蓋將近30億噸當量的碳排放，佔全球溫室氣體排放量的5.5%。

本章節通過分析國外的碳稅實踐，研究國外不同國家和地區徵收碳稅的作用機理以及模式特點。在研究國外碳稅存在的問題和優勢的基礎上，為我國基於國情可以有效建立起碳稅制度提供政策建議。

表 8-1 開徵碳税的國家及地區

年份	國家或地區（開徵年份）
1990 年至 2000 年	芬蘭（1990）、波蘭（1990）、挪威（1991）、瑞典（1991）、丹麥（1992）、斯洛文尼亞（1996）、愛沙尼亞（2000）
2000 年至 2010 年	英國（2001）、新西蘭（2007）、瑞士（2008）、列支敦士登（2008）、加拿大不列顛哥倫比亞省（2008）、冰島（2010）、愛爾蘭（2010）
2010 年至今	烏克蘭（2011）、日本（2012）、澳大利亞（2012－2014）、法國（2014）、墨西哥（2014）、西班牙（2014）、葡萄牙（2015）、加拿大艾伯塔省（2017）、智利（2017）、哥倫比亞（2017）、阿根廷（2018）、新加坡（2019）、南非（2019）、加拿大西北地區（2019）、加拿大新不倫瑞克省（2020）、盧森堡（2021）、荷蘭（2021）
註：拉脱維亞、哥斯達黎加與加拿大愛德華王子島省份也開徵了碳税，但未有資料顯示具體年份	

資料來源：World Bank. State and Trends of Carbon Pricing 2021[R].Washington: World Bank,2021.

（1）碳税模式

税種的設立一般分為獨立式和融入式兩種模式。獨立式模式一般是將碳税作為一種獨立的税種推廣。代表國家有挪威、日本等。融入式模式則是將碳税列入到與其有相似功能定位的税種中。比如將其列入環境税、能源税的體系進行徵收。代表的國家如德國、瑞典。獨立式模式的碳税税種定位明確，有利於促進民眾理解開徵碳税的內涵，較為直接，接受度高，長遠來看有利於實現目標，但同時也存在設立程序繁瑣，產生重複徵税等問題。融入式模式的碳税目前被發達國家廣泛採用，開徵初期可以有效減少開徵阻力，避免税收衝突，但是政策效果無法達到預期理想，後期若提高税率將面臨很大的阻力。

碳税的徵收對象主要是高排放量高耗能高污染的行業和商品。集中在化石燃料範圍，如對石油、天然氣、煤炭等及高排放的能源衍生品徵收碳税。但隨着碳税實踐的不斷深入，降碳減排效果顯著，一些國家為鞏固環保成果，還會進一步擴大徵税範圍。如芬蘭在多次的碳税改革中，將徵收對象不斷細分，擴展到部分生物燃料、電力等領域，進一步提高減排效果。而在碳稅的計稅依據上，國外發展也是各有不同，不過，隨着世界碳減排工作的推進，大體呈現從「能源燃料含碳量」到「能源碳排放量」的發展趨勢。

(2) 碳稅稅率

碳稅稅率的定價是直接關係碳稅能否有效發揮作用的重要指標，也是本文探究的重點。合理的碳稅稅率區間才能夠助推碳稅政策在中國的實行，發揮其在完成碳中和目標工作中的作用。世界各國碳稅稅率差異較大。根據資料顯示，以美元 / 噸二氧化碳當量為計量單位，從波蘭的 0.08 美元 / 噸二氧化碳當量到瑞典的 137.24 美元 / 噸二氧化碳當量，定價有相當大的區間跨度。但總體來看碳稅稅率較低，有一半以上的國家稅率定價在 25 美元 / 噸二氧化碳當量以下（魯書伶和白彥鋒，2021）。

表 8-2 部分國家碳稅稅率

<table>
<tr><th colspan="2">國家及地區
（開徵時間）</th><th>碳稅稅率
（美元 / 噸二氧化碳當量）</th><th>所覆蓋排放量佔總量比重</th></tr>
<tr><td rowspan="5">歐洲</td><td>芬蘭（1990）</td><td>62.3（化石燃料）
72.8（交通燃料）</td><td>36%</td></tr>
<tr><td>瑞典（1991）</td><td>137.2</td><td>40%</td></tr>
<tr><td>英國（2001）</td><td>24.8</td><td>23%</td></tr>
<tr><td>瑞士（2008）</td><td>101.5</td><td>33%</td></tr>
<tr><td>法國（2014）</td><td>52.4</td><td>35%</td></tr>
<tr><td rowspan="3">亞洲及非洲</td><td>日本（2012）</td><td>2.6</td><td>75%</td></tr>
<tr><td>新加坡（2019）</td><td>3.7</td><td>80%</td></tr>
<tr><td>南非（2019）</td><td>9.2</td><td>80%</td></tr>
<tr><td rowspan="4">美洲</td><td>墨西哥（2014）</td><td>0.4-3.2</td><td>23%</td></tr>
<tr><td>智利（2017）</td><td>5.0</td><td>39%</td></tr>
<tr><td>阿根廷（2018）</td><td>5.5</td><td>20%</td></tr>
<tr><td>加拿大新布倫瑞克省（2020）</td><td>31.8</td><td>39%</td></tr>
</table>

資料來源：World Bank. State and Trends of Carbon Pricing 2021[R].Washington: World Bank,2021.

雖然在碳稅開徵初期，各國為了減少本國高能耗產品在國際貿易競爭中被迫提高成本價格後競爭力下降的不利影響，稅率定價都較低。但隨着經濟發展水平的提高和環保的要求，為了進一步促進碳減排，保障經濟可持續發展，各國碳稅稅率會穩步提高，呈現累進性、由低到高的趨勢。以此來促進企業轉型升級，開發新能源，研發新技術。同時，差異化稅率也是國外普遍採用的方式（董然和李依珊，2021）。一般分為兩類，一是不同徵收行業的稅率差異化；二是不同徵收對象的稅率差異化。對待家庭和企業承擔的碳稅有不同的設定。各國也在推行碳稅政策的同時不斷探索改革，在稅率的設定上力求兼顧環境效益與經濟效益。

（3）碳稅的徵收環節

碳稅的徵收一般是在能源的最終使用環節，主要包括生產和消費環節。結合國際經驗來看，在生產環節徵收碳稅的情況要比消費環節徵收碳稅多得多。因為生產型碳稅有利於稅收的徵管和源頭控制，能夠有效保障碳稅的徵收（劉磊和張永強，2019）。消費型碳稅雖然有利於普及節能減排的社會效應，但是監管複雜，推行阻力也較大，很難在徵收初期保障碳稅良好發揮作用。目前在國際實踐上，美國、加拿大等地區採用的是在生產環節徵收碳稅，也是國內學者結合本國國情，建議我國採用的模式。而北歐發達國家芬蘭、挪威等因為開徵碳稅較早，為了進一步培養公眾節能減排意識，選擇了在消費環節徵收碳稅。

碳稅的收入使用主要集中在兩種用途（陳旭東等，2022）。一種是將碳稅收入繼續用於環境保護領域，促進經濟的可持續發展。表現為繼續開發可再生能源、綠色能源、並用來研發新興技術，升級改造節能減排設備。例如挪威就利用部分碳稅收入，來激勵企業進行清潔能源開發和綠色技術的革新。另一種是通過碳稅來削減其他稅收帶來的扭曲性影響。法國就在碳稅法案上規定，可以給予企業所得稅及個人所得稅上一定的減免補償。

徵收碳稅一般會給企業及居民生活帶來稅收負擔，對經濟發展和社會福利也會產生負面效應。根據稅收中性原則，為了降低徵收碳稅帶來的負面影響，各國一般會制定相應的稅收優惠政策。除了上述提到的將碳稅的部分收入返還給企業用於進行技術開發，諸如加拿大也對航空、運輸等行業有一定的稅收豁免。尤其對能源密集型和出口貿易型企業，各國為了保證其穩定運行以及在國際貿易上的競爭力，都會有一定的稅收減免政策。如美國規定符合《能源稅收激勵法》的像太陽能發電和小型風能可以獲得 30% 的稅收抵免。徵收碳稅的大多國家為了平衡經濟發展與節能減排，都會在建立碳稅機制的基礎上進行稅收優惠，更好地實現碳稅的雙重紅利效應。

（4）碳稅與碳交易

隨着世界各國碳減排工作的深入開展，愈來愈多的國家認識到碳稅和碳排放交易並不是相互獨立的政策工具，而是可以協同發揮作用，有效形成碳減排複合機制，從市場機制和宏觀調控角度引導低碳經濟的發展。縱觀發達國家碳稅的發展進程，大多也經歷了從單一的碳稅制度到複合的碳交易與碳稅制度互補的轉變。2005 年歐盟建立了世界上第一個碳交易體系，即歐盟碳交易機制（EU ETS）。其覆蓋了電力等重工業部門，而一些輕工業部門則納入碳稅的徵收範圍。同時在亞洲，日本於 2010 年建立了碳交易市場，2012 年開徵碳稅，形成了複合的碳減排政策。

我國自 2012 年建立碳交易試點開始就積極探索更為健全完善的碳減排制度，2021 年 7 月 16 日全國統一的碳排放權交易市場正式開始交易，意味着中國作為全球最大的發展中國家，在氣候問題上將做出更大的貢獻，展現出更多的大國擔當。因此，在借鑒芬蘭、挪威、法國等發達國家將碳稅與碳交易聯合使用的碳減排複合機制的同時，可以將開徵碳稅與碳交易相結合，為早日實現碳中和的目標奠定制度基礎。

表 8-3 碳稅與碳交易對比

<table>
<tr><th colspan="3"></th><th>碳稅</th><th>碳交易</th></tr>
<tr><td rowspan="4">頂層設計</td><td>相同點</td><td colspan="3">都是應對氣候變化的市場型低碳工具</td></tr>
<tr><td rowspan="3">不同點</td><td>性質</td><td>價格型政策工具</td><td>數量型政策工具</td></tr>
<tr><td>定價標準</td><td>市場決定</td><td>政府決定</td></tr>
<tr><td>碳排放水平</td><td>政府決定</td><td>市場決定</td></tr>
<tr><td rowspan="9">作用影響</td><td rowspan="7">政府角度</td><td>碳減排成本</td><td>制定成本相對較低，後續徵管過程中投入成本大</td><td>建立制度的前期投入成本、技術成本大，後期維護成本較低</td></tr>
<tr><td>實施範圍</td><td>適用範圍較廣，適用於大部分二氧化碳排放源</td><td>適用範圍較窄，適合大型的二氧化碳排放源</td></tr>
<tr><td>實施阻力</td><td>短期內不易推行，企業與居民稅收成本增加，負擔加重</td><td>易於被接受，基於市場自願自發交易</td></tr>
<tr><td>實施公平性</td><td>相對公平，透明度較高</td><td>容易出現行政干預、尋租問題及碳排放分配額不公等問題</td></tr>
<tr><td>收入使用效應</td><td>能夠有效實現環境與社會經濟的雙重紅利效應</td><td>取決於所獲收入是否用於補償碳排放的負外部性</td></tr>
<tr><td>國際貿易與投資</td><td>存在削弱企業的國際競爭力的風險，對於出口企業的補貼及稅收返還容易引起國際貿易爭端</td><td>碳排放權的國際間買賣豐富了國際貿易的內容，增加交易種類，促進國際貿易與投資的發展</td></tr>
<tr><td>氣候政策的國際協調</td><td>具有地區局限性，難以成為國際性政策工具</td><td>具有全球性，有利於現行氣候政策的國際協調</td></tr>
<tr><td rowspan="2">企業角度</td><td>碳減排成本</td><td>碳減排成本確定，有利於企業選擇最優的減排路徑</td><td>碳減排成本隨市場波動，具有不確定性，不利於企業生產經營決策的調整</td></tr>
<tr><td>技術創新激勵</td><td>單一稅率下，激勵作用較小；累進稅率下，激勵企業技術創新。碳稅收入還可用於促進節能減排項目開發和技術革新</td><td>存在一定的碳減排技術激勵，但政策效果受經濟週期影響</td></tr>
</table>

資料來源：劉建梅 . 經濟新常態下碳稅與碳排放權交易協調應用政策研究 [D]. 中央財經大學 ,2016.

8.4 CGE 模型構建

碳稅的 CGE 模型是在「可計算一般均衡（Computable General Equilibrium，CGE）模型」的基礎上進行拓展延伸。CGE 模型一直被認為是應用經濟學領域進行政策分析的有力工具，廣泛應用於研究政策對經濟的衝擊以及影響。本文構建的 CGE 模型用於探究碳稅政策對我國碳排放以及經濟發展的影響，模擬不同碳稅價格下的政策衝擊，以宏觀經濟為出發點進行模型建構。模型主要包括生產模塊、貿易模塊、收入和支出模塊、碳稅模塊、均衡模塊和動態遞歸。

8.4.1 生產模塊

生產模塊採用 CES 生產函數，分為四個層次的嵌套結構進行生產合成，旨在表示不同輸入之間的不同替換（賀菊煌等，2002）。將勞動力、資本、碳排放量均作為生產要素，來描述社會總產出情況。如圖 8-1 的生產模塊所示。

圖 8-1　生產模塊 CES 生產函數框架圖

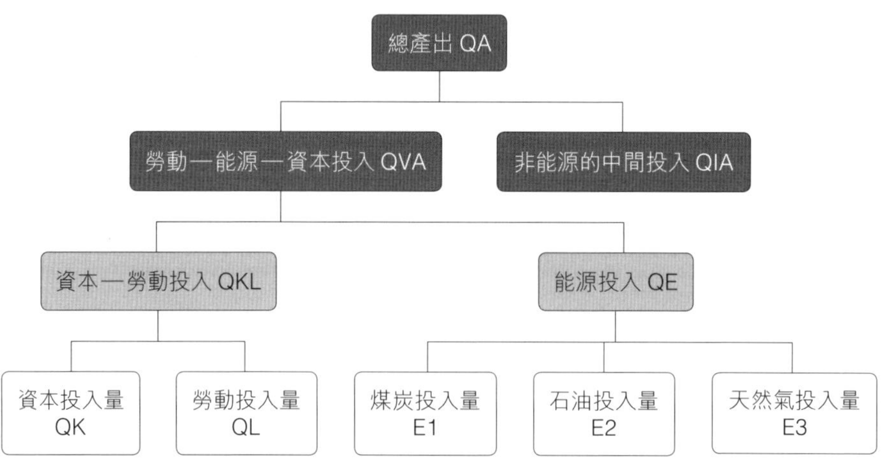

（1）第一層嵌套：總產出合成

總產出 CES 生產函數合成：

$$QA_{i,t} = \alpha_i^A [\delta_i^A QVA_{i,t}^{\rho_i^A} + (1-\delta_i^A) QIA_{i,t}^{\rho_i^A}]^{\frac{1}{\rho_i^A}} \quad (8\text{-}1)$$

生產活動總產出值：

$$PA_{i,t} \cdot QA_{i,t} = PVA_{i,t} \cdot QVA_{i,t} + PIA_{i,t} \cdot QIA_{i,t} \quad (8\text{-}2)$$

最優要素投入組合 ρ_a 各部門產出 CES 生產函數指數參數：

$$\frac{PVA_{i,t}}{PIA_{i,t}} = \frac{\delta_a^A}{1-\delta_a^A} \left(\frac{QIA_{i,t}}{QVA_{i,t}} \right)^{1-\rho_i^A} \quad (8\text{-}3)$$

（其中 $\sigma_i^A = \frac{1}{1-\rho_i^A}$ ）

其中 QA 表示總產出；PA_a 表示部門生產活動價格；QVA 表示勞動—能源—資本投入；PVA_a 表示勞動—資本—能源合成價格；QIA 表示非能源的中間投入；PIA_a 表示非能源要素價格；α_i^A 表示各部門產出的 CES 生產函數轉移參數；δ_i^A 表示各部門產出 CES 生產函數份額參數；σ_i^A 表示中間投入和增加投入之間的替代彈性係數。

（2）第二層嵌套：勞動—資本—能源合成

非能源中間投入

$$UQIA_{ci,t} = iac_{ci} QIA_{i,t} \quad (8\text{-}4)$$

非能源中間投入價格

$$PIA_i = \sum_c iac_{ci} * PQ_c \quad (8\text{-}5)$$

對於勞動—資本—能源 CES 生產函數

勞動—資本—能源最優投入組合：

$$\frac{PKE}{WL} = \frac{\delta_a^v}{1-\delta_a^v} \left(\frac{QLD}{QKE} \right)^{1-\rho_a^v} \quad (8\text{-}6)$$

勞動—資源能源價格關係：

$$\min PVA_{i,t}\,QVA_{i,t} = PE_{i,t}\,QE_{i,t} + PKL_{i,t}\,QKL_{i,t} \tag{8-7}$$

$$\text{st. } QVA_{i,t} = \alpha_i^v[\delta_i^v QKE_{i,t}^{\rho_i^v} + (1-\delta_i^v)QKL_{i,t}^{\rho_i^v}]^{\frac{1}{\rho_i^v}} \tag{8-8}$$

（其中 $\sigma_i^v = \dfrac{1}{1-\rho_i^v}$ ）

其中 QKL 表示資本—勞動投入；PKL 表示資本—勞動合成價格；QE 表示能源投入；PE 表示能源價格；σ_i^v 表示資本能源合成與勞動之間的替代彈性係數；PQ_c 表示國內商品 c 價格；α_i^v 表示勞動—資本—能源合成 CES 生產函數轉移參數；ica_{ci} 表示生產 1 單位 a 部門需要 c 部門的投入量；δ_i^v 表示勞動資本能源合成 CES 生產函數份額參數；ρ_i^v 表示勞動資本能源合成 CES 生產函數指數參數。

（3）第三層嵌套：資本—勞動合成

資本—勞動價格關係：

$$PKL_{i,t}\,QKL_{i,t} = PK_{i,t}\,QK_{i,t} + PL_{i,t}\,QL_{i,t} \tag{8-9}$$

$$QKL_{i,t} = \alpha_i^{kl}[\delta_i^{kl} QK_{i,t}^{\rho_i^{kl}} + (1-\delta_i^{kl})QL_{i,t}^{\rho_i^{kl}}]^{\frac{1}{\rho_i^{kl}}} \tag{8-10}$$

（其中 $\sigma_i^{kl} = \dfrac{1}{1-\rho_i^{kl}}$ ）

能源聚合函數：

$$PE_{i,t}\,QE_{i,t} = PE_{fi,t}\,QE_{fi,t} + PE_{ei,t}\,QE_{ei,t} \tag{8-11}$$

$$QE_{i,t} = [\delta_i^{fe} QE_{fi,t}^{\rho_i^{fe}} + (1-\delta_i^{fe})QE_{ei,t}^{\rho_i^{fe}}]^{\frac{1}{\rho_i^{fe}}} \tag{8-12}$$

（其中 $\sigma_i^{fe} = \dfrac{1}{1-\rho_i^{fe}}$ ）

其中 QK 表示資本投入量；PK 表示資本投入價格；QL 表示勞動投入量；PL 表示勞動投入價格；α_i^{kl} 表示資本—勞動合成 CES 生產函數轉移參

數；ρ_i^{kl} 表示資本一勞動合成 CES 生產函數指數參數；δ_i^{kl} 表示資本一勞動合成 CES 生產函數份額參數；σ_i^{kl} 表示勞動資本之間的替代彈性係數。

（4）第四層嵌套：能源合成

能源 CES 生產函數：

$$\min PQ_1 \cdot E_{1i,t} + PQ_2 \cdot E_{2i,t} + PQ_3 \cdot E_{3i,t} \tag{8-13}$$

$$QE_{fi} = \left[\delta_1^e E_{1i}^{\rho_i^e} + \delta_2^e E_{2i}^{\rho_i^e} + \delta_3^e E_{3i}^{\rho_i^e} \right]^{\frac{1}{\rho_i^e}} \tag{8-14}$$

（其中 $\sigma_i^e = \dfrac{1}{1-\rho_i^e}$）

其中 PQ_1 表示煤炭價格；E_{1i} 表示煤炭投入量；PQ_2 表示石油價格；E_{2i} 表示石油投入量；PQ_3 表示天然氣價格；E_{3i} 表示天然氣投入量；δ_1^e 表示煤炭在 CES 函數中份額參數；δ_2^e 表示石油在 CES 函數中份額參數；δ_3^e 表示天然氣在 CES 函數中份額參數；σ_i^e 表示化石能源之間的替代彈性。

8.4.2 貿易模塊

國內生產活動產出的商品，通過產品分配，一部分用於出口貿易，一部分用於國內銷售。同時國內的總需求也由進口需要和國內銷售所決定（李春燕，2020）。因此平衡國內外市場並追求利潤最大化是國內生產部門生產的主要目的。如圖 8-2 的貿易模塊所示。

國內產品需求函數（阿明頓假設）：

$$\begin{aligned} &\max(PQ_{i,t}QQ_{i,t} - [PD_{i,t}QD_{i,t} + (1+t_{mi})PM_{i,t}QM_{i,t}]) \\ &s.t. QQ_{i,t} = \gamma_{mi}[\delta_{di}(QD_{i,t})^{\rho_{mi}} + \delta_{mi}(QM_{i,t})^{\rho_{mi}}]^{\frac{1}{\rho_{mi}}} \end{aligned} \tag{8-15}$$

（其中 $\rho_{mi} = \dfrac{\sigma_{mi}-1}{\sigma_{mi}}$ 為國內銷售與進口之間的替代彈性係數）

圖 8-2　貿易模塊國內產品與分配框架圖

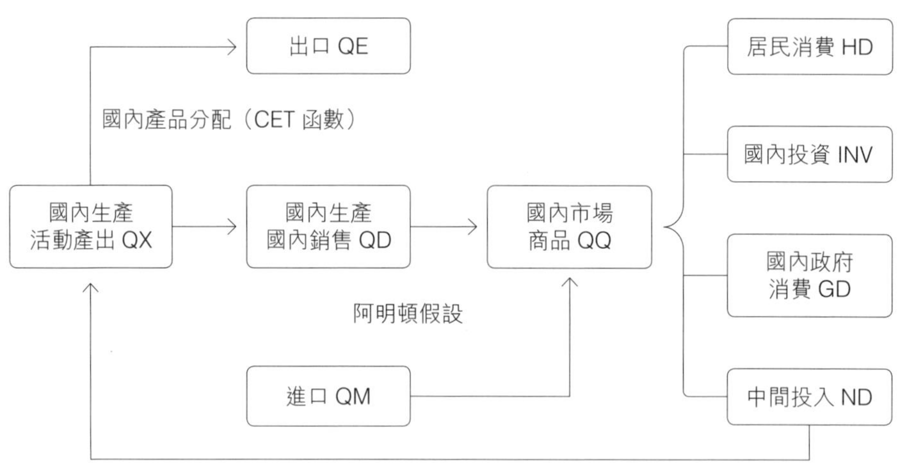

國內產品分配函數（CET 函數）：

$$\max(PD_{i,t}\ QD_{i,t}+PIE_{i,t}QIE_{i,t})-(1+t_{mi})PX_{i,t}\ QX_{i,t}])$$

$$s.t.QX_{i,t}=\gamma_{mi}[\xi_{di}\ QD_{i,t}^{\ \rho_{ei}}+\xi_{ei}(QIE_{i,t})^{\rho_{ei}}]^{\frac{1}{\rho_{ei}}} \qquad (8\text{-}16)$$

（其中 $\rho_{ei}=\dfrac{\sigma_{ei}+1}{\sigma_{ei}}$，$\sigma_{ei}$ 為國內生產產品的國內需求與出口之間替代彈性係數）

其中 PQ_i 表示商品 i 國內需求價格；QQ_i 表示商品 i 國內需求量；PM_i 表示進口商品 i 國內價格；PX_i 表示 i 部門的產出量；QX_i 表示 i 部門的產出價格；QD_i 表示商品 i 國內供給量；PE_i 表示出口商品 i 的國內價格；QE_i 表示商品 i 分配的出口量；PD_i 表示商品國內供給價格；QD_i 表示商品 i 需求量國內供給量；QM_i 表示商品 i 需求量的進口量；t_{mi} 表示進口關稅稅率；σ_{ei} 表示商品 i 進口供應與出口分配的整體轉移參數；ξ_{di} 表示產品 i 國內供應的份額參數；ξ_{ei} 表示產品 i 出口供應的份額參數；σ_{mi} 表示商品 i 國內需求與進口需求的整體轉移率；δ_{di} 表示商品 i 的國內需求量份額參數；δ_{mi} 表示商品 i 進口需求量份額參數。

8.4.3 收入和支出模塊

（1）居民模塊

根據國內外學術界學者在 CGE 模型中的實證分析，居民消費函數大多採用簡單的線性消費函數或 Stone-Geary 效用函數（郭正權，2011）。Stone-Geary 函數常被用來模擬涉及生活消費水平的問題。但是該消費函數參數難以估計，在可見的資料中，缺乏行之有效的建模數據和參數支撐。因此，本文在居民消費函數中採用簡單線性函數形式。

居民收入方程：

$$YHT = TYL + YHK + YEH + YHG + YHW \tag{8-17}$$

居民儲蓄方程：

$$SH = sh\ YHT \tag{8-18}$$

居民消費方程：

$$HD = \mu_{hi}\ (1-sh)\ (1-th)\frac{YHT}{PQ_i} \tag{8-19}$$

其中 TYL 表示居民勞動總收入；sh 表示居民儲蓄比例係數；YHK 表示居民資本收入；YHW 表示居民國外收入；th 表示個人所得稅率；HD 表示居民儲蓄；YHT_i 表示居民總收入；SH 表示居民儲蓄。

（2）企業模塊

企業收入模塊函數

總的資本收入：$TYK_i = \sum_i r \cdot K_{i,t}$ （8-20）

企業資本收入：$YEK = (1 - ratehk - ratewk)\ TYK$ （8-21）

企業支出模塊函數

企業對居民的轉移支付：$YEH = ratehe \cdot YEK$ （8-22）

企業儲蓄：$SE = (1 - \text{rate}he) \cdot (1 - t_e)\ TEK$

$$INV_{i,t} = inv_i \cdot (SE + SH + SG + \overline{SF}) / PQ_i \tag{8-23}$$

其中 YK_i 表示部門 i 資本收入；*ratewk* 表示國外資本投資收益的比例係數；*ratehk* 表示居民資本收入的比例；*TYK* 表示部門資本總收入；*ratehe* 表示企業對居民轉移支付比例；*YWK* 表示投資國外所獲得的利潤；*inv* 表示部門 i 的投資比例係數；*YEK* 表示企業資本收入；*te* 表示企業所繳納稅率；*YEH* 表示企業對居民的轉移支付；*SE* 表示企業儲蓄；INV_i 表示部門 i 的總投資。

（3）政府模塊

政府收入模塊函數

政府總收入：

$$YGT = \sum_i GINDTAX_{i,t} + \sum_i GTRIFM_{i,t} + GHTAX + GETAX + GWY \tag{8-24}$$

政府支出模塊函數

對居民和企業的轉移支付：$YHG = YGT \cdot ratehg + \sum_i subsidy_i$ （8-25）

對國外的援助：$YWG = ratewg \cdot YGT$ （8-26）

政府儲蓄：$SG = sg \cdot YGT$ （8-27）

對產品 i 的消費：$GD_{i,t} = \mu_{gi}(1 - ratehg - ratewg - sg) \cdot YGT / PQ_{i,t}$ （8-28）

其中 $GINDTAX_i$ 表示部門 i 間接稅收入；t_{indi} 表示部門 i 的間接稅稅率；*GTRIFM* 表示產品 i 進口關稅收入；t_h 表示居民所得稅稅率；*GHTAX* 表示居民所得稅；t_e 表示企業所得稅稅率；*GETAX* 表示企業所得稅；*rategw* 表示政府國外收入比例；*GWY* 表示政府國外收入；*rategw* 表示政府國外轉移支付比例；*YGT* 表示政府總收入；*sg* 表示政府儲蓄比率；*YHG* 表示政府對居民的轉移支付；μ_{gi} 表示政府對產品 i 消費的比例；*SG* 表示政府儲蓄；*ratehg* 表示政府對居民轉移支付比例；*GD* 表示政府對產品 i 的消費；*YWG* 表示政府對國外的援助。

8.4.4 碳稅模塊

排放量的計算

部門 i 的碳排放量：$CO_{2,i}=\sum_{i} E_{i,e}f_e$ （8-29）

能源 e 的碳排放量： $CO_{2,e}=(HD_e+GD_e)f_e$ （8-30）

（其中 f_e 為三種化石能源〔煤炭、石油、天然氣〕排放係數）

所有部門使用能源消耗總量

$$TCO2=\sum_{i=1} CO_{2\mathbf{e}\ i}+\sum_{i=1} CO_2 \quad (8\text{-}31)$$

$$TCOEI=\frac{TCO_2}{GDP} \quad (8\text{-}32)$$

$$COEI_i=\frac{CO_i}{GDP_i} \quad (8\text{-}33)$$

其中 TCO_2 表示在生產過程中各個行業各種能源產品所釋放的二氧化碳總量；$CO_{2,i}$ 表示部門 i 二氧化碳排放量；$CO_{2,e}$ 表示能源 e 的碳排放量；$TCOEI$ 表示總的二氧化碳排放強度；$COEI$ 表示部門 i 二氧化碳排放強度。

8.4.5 均衡模塊和動態遞歸

（1）國際收支平衡

國際收支平衡可以選擇匯率內生或者外生的閉合規則。本文在建模上選擇滙率為內生變量，國外儲蓄為外生變量的閉合規則。

$$\sum_{i} PM_i\cdot QM_{i,t}+YWK+YWG=\sum_{i} PE_{i,t}\cdot QE_{i,t}+YHW+GWY+\overline{SF} \quad (8\text{-}34)$$

（其中 $\overline{SF}$ 為國外儲蓄，是外生變量）

（2）儲蓄投資均衡（假定投資由儲蓄決定）

總投資 $TINV=\sum_{i} INV_{i,t}\cdot PQ_{i,t}$ （8-35）

總儲蓄 $TSAV = SE + SG + SH + \overline{SF}$ （8-36）

$$TINV = TSAV + WALARS \quad (8\text{-}37)$$

（其中 *WALRAS* 表示瓦爾拉斯虛擬變量，檢驗儲蓄與投資是否相等）

（3）產品市場均衡（總需求等於總供給）

$$HD_{i,t} + GD_{i,t} + INV_{i,t} + ND_{i,t} = QQ_{i,t} \quad (8\text{-}38)$$

（4）勞動力市場均衡（假定勞動力市場實現充分就業）

$$\sum_i L_i = \overline{L_S} \quad (8\text{-}39)$$

（其中 $\overline{L_S}$ 表示勞動的總供給）

（5）資本市場均衡（假定資本價格為內生變量）

$$\sum_i K_i = \overline{K_S} \quad (8\text{-}40)$$

（其中 $\overline{K_S}$ 表示資本的總供給）

（6）名義 GDP 與實際 GDP

$$RGDP = \sum_i HD_{i,t} + \sum_i GD_{i,t} + \sum_i INV_{i,t} + \sum_i (QE_{i,t} - (1 + tm_i) QM_{i,t}) \quad (8\text{-}41)$$

$$GDP_{i,t} = r \cdot K_{i,t} + w \cdot L_{i,t} + t_{indi} \cdot PX_{i,t} \cdot QX_{i,t} \quad (8\text{-}42)$$

$$GDP = \sum_i GDP_{i,t} \quad (8\text{-}43)$$

$$PGDP = \frac{GDP}{RGDP} \quad (8\text{-}44)$$

（其中 *RGDP* 表示實際國內生產總值；*PGDP* 表示國內生產總值的價格指數）

（7）社會福利模塊

希克斯等價變動運用來分析實施外部政策後對社會福利的影響。基於公共政策實施前的商品價格，通過運用支出函數計算政策變動前後的效用水平，來測量居民福利是得到改善還是損害。當 EV>0 時，表示居民福利得到改善；當 EV<0 時，表示居民福利得到損害。具體計算公式為：

$$EV = E(U^S, PQ^b) - E(U^b, PQ_b) = \sum_i PQ^b_{i,\ t} HD^s_{i,t} - \sum_i PQ^b_{i,t} HD^b_{i,t} \tag{8-45}$$

其中 EV 表示居民福利的希克斯等價變動；$E(U^S, PQ^b)$ 表示政策實施後效用水平；HD^S 表示政策實施後第 i 種商品居民消費總量；$E(U^b, PQ^b)$ 表示政策實施前效用水平；PQ^b_i 表示政策實施前第 i 種商品消費價格；HD^b_i 表示政策實施前第 i 種商品居民消費數量。

(8) 動態遞歸

動態的 CGE 模型主要劃分為「遞歸動態與跨期動態」。同時遞歸動態一般通過勞動力增長、資本積累、全要素生產率的動態期間變化來描述。本文的動態遞歸 CGE 模型主要從勞動力和資本的角度去描述。

勞動力增長：$L_{s,t+1} = L_{s,t}\ (1+g)$ (8-46)

資本積累：$K_{t+1} = K_t(1-\delta_t) + I_t$ (8-47)

（其中 g 表示增長率；δ 表示資本折舊率，I 表示投資）

8.5 實證分析

本文採用國家統計局最新發佈的 2017 年投入產出表（一般以五年為一個週期更新發佈）為基礎，由中國社科院編製的「社會核算矩陣（Social Accounting Martix，簡稱 SAM 表）」作為 CGE 模型的數據支撐模擬碳稅政策的衝擊效果。SAM 表描述了宏觀經濟各個賬戶之間的供應以及平衡關係，反映了社會經濟主體之間的聯繫（李毅，2021）。通過交叉熵係數配平法運用 GMAS 程序進行 SAM 表的調平，並應用於實證分析。為了更好地探究碳稅政策對我國國民經濟的影響，選取了農業、輕工業、製造業、服務業、交通運輸業、能源工業等代表性部門的數據合併整理進行模擬分析。模擬假定碳稅徵收價格為 20 元 / 噸二氧化碳當量、40 元 / 噸二氧化碳當量、60 元 / 噸二氧化碳當量三種情景，從環境效益、經濟效益兩個方面進行具體分析。

8.5.1 數據基礎

社會核算矩陣（Social Accounting Matrix，簡稱 SAM）也叫國民經濟綜合矩陣，它是以一個國家當年的投入產出表為數據基礎，構建的國民經濟核算二維矩陣，能對某一時期內一個地區的宏觀經濟變量之間的經濟流量關係進行綜合闡述。本文作為數據基礎的 SAM 表是基於 2017 年的投入產出表以及 2019 年中國統計年鑒等編製的。並且由於本文研究方向為碳稅政策效應，所以在參考了郭正權的《基於 CGE 模型的我國低碳經濟發展政策模擬分析》中對產業部門的劃分後，從 149 個產業部門中挑選出了 20 個碳排放相關部門，如表 8-4 所示。並針對 SAM 表出現的一定程度的不平衡情況採用係數交叉熵配平法進行了調平。如表 8-5 所示，為本文的 SAM 表編製數據基礎。

表 8-4　細分產業部門列表

行業	行業	行業
1 農產品 2 林產品 3 畜牧產品 4 漁產品 5 煤炭開採和洗選產品 6 石油和天然氣開採產品 7 精煉石油和核燃料加工品	8 煤炭加工品 9 基礎化學材料 10 肥料 11 農藥 12 水泥、石灰和石膏 13 石膏、水泥製品及類似商品 14 磚瓦、石材等建築材料	15 玻璃和玻璃製品 16 陶瓷製品 17 耐火材料製品 18 水的生產和供應 19 電力、熱力生產和供應 20 燃氣生產和供應

表 8-5　宏觀社會核算矩陣

（單位：億元）

			支出								
			1	2	3	4	5	6	7	8	匯總
			活動	商品	要素	居民	企業	政府	資本	國外	
收入	1	活動		3,329,722							3,329,722
	2	商品	1,966,551			3,601,506			1,990,910	8,584,259	16,143,226
	3	要素	1,205,169								1,205,169
	4	居民			30,628		27,897	31,164			89,689
	5	企業			277,890						277,890
	6	政府	1,580,014			11,966	32,117			11,646	1,635,743
	7	資本				180,564	169,073	27,943		-13,120	364,460
	8	國外		2,689,034	-3,549			399			2,685,884
		匯總	4,751,734	6,018,756	304,969	3,794,036	229,087	59,506	1,990,910	8,582,785	

8.5.2 模擬結果分析

（1）對環境效益的影響

① 對碳減排量的影響

碳税作為環境税的税種之一，在考慮其政策推行的作用時首選的就是對環境污染的治理效果，即碳税的開徵能否有效減少碳排放量，達到雙重紅利效應中的環境效益。由圖 8-3 可以看出，隨着碳税價格的提高，二氧化碳的減排量有顯著的增加。可見在一定合理範圍內，隨着碳税價格的增高，碳減排量的效果愈好。

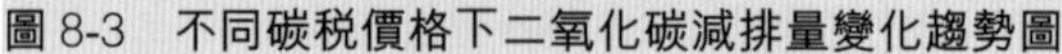

圖 8-3　不同碳稅價格下二氧化碳減排量變化趨勢圖

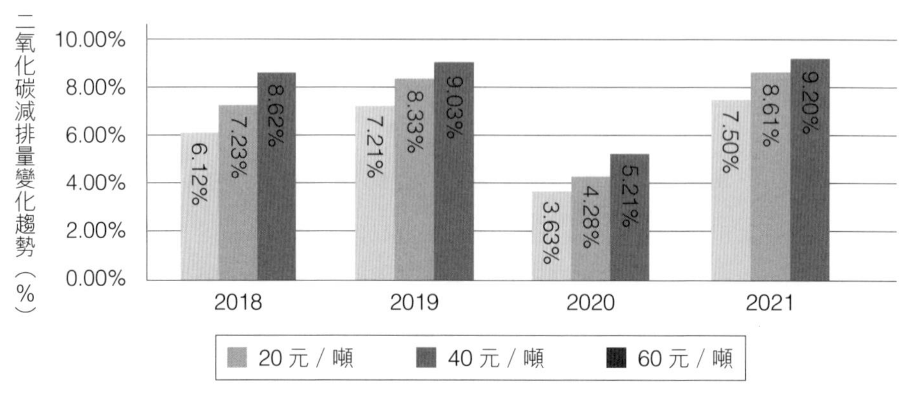

同時通過圖中可以看出，從年份的模擬情況上來看，除了 2020 年因為全球新冠病毒疫情對經濟的影響，國內企業停產停工，國際貿易不景氣，一度影響生產以及能源使用，導致碳排放量整體下降，減排量也較之同期變化不大。但總體來看，隨着碳稅的開徵碳減排的促進作用也會愈發明顯，有顯著的環境效益。以 2017 年為碳稅開徵基準年，到 2021 年，20 元 / 噸的碳稅價格可減少 7.50%，40 元 / 噸的碳稅價格可減少 8.61%，60 元 / 噸的碳稅價格可減少 9.20%，對碳排放量的減少有較為明顯的促進作用。徵收碳稅提高了企業的排放成本，減少了企業的生產產出以及高耗能高污染的能源需求，進一步對碳排放起到了抑制作用。

② 對能源的影響

碳稅是為了減少二氧化碳的排放而徵收的，碳稅是對化石能源徵收的從量稅。徵收碳稅，會對我國的能源部門尤其是對煤炭、石油、天然氣的使用產生影響，進而對碳排放量產生影響，對於綠色高質量發展會產生一定程度的積極影響，推動我國環境和經濟的綠色健康發展。由於不同化石能源的二氧化碳排放係數不一致，因此對化石能源開徵碳稅，它們面臨的從價稅稅率也是不一樣的，對化石能源的消費量產生的影響也會不同。經過模型的政策模擬分析，碳稅實施對我國能源消費及碳排放產生的影響結果見表 8-6。

表 8-6 碳稅對能源消費及能源碳排放量的影響

碳稅價格（元／噸）	煤炭消費量	石油消費量	天然氣消費量	煤炭碳排放量	石油碳排放量	天然氣碳排放量
20	-7.12%	-3.25%	-6.31%	-23.21%	-12.21%	-11.15%
40	-10.21%	-4.12%	-7.28%	-23.45%	-12.45%	-11.84%
60	-21.23%	-7.21%	-9.95%	-24.08%	-13.38%	-12.21%

通過表 8-6，可以分析得出我國碳稅徵收在不同的水平上不同能源的消費水平變化。煤炭、石油和天然氣的消費量在不同的碳稅水平下均呈現下降趨勢。其中，煤炭消費量的下降速度最快，石油與天然氣的下降速度較小。這表明，碳稅政策的實施，有效地改善了煤炭的消費狀況。主要原因是徵收碳稅將會使得煤炭的價格提高，提高了企業使用的成本，減少對煤炭的消費。碳稅水平愈高，煤炭的消費量也就愈少，這無疑減少了企業產生的碳排放量。

同時通過碳稅政策模擬分析，可以發現在不同的稅率水平下，都會使得三種化石能源產生的碳排放量呈現下降趨勢。從表中的數據來看，徵收碳稅會減少我國的二氧化碳排放量，為我國實現碳達峰、碳中和的目標做出貢獻。其中徵收碳稅對高耗能部門中煤炭的衝擊最大，並且可以大幅度減少煤炭使用產生的二氧化碳排放量。石油和天然氣的二氧化碳排放量也得到減少，但是石油和天然氣的二氧化碳減排量相對少於煤炭。由此可以得出徵收碳稅，提高碳稅稅率，是減少溫室氣體的排放，促進我國環境改善，促進經濟綠色高質量發展的重要途徑。

（2）對經濟效益的影響

在考慮碳稅政策的環境效益的同時，對經濟發展的影響也是不容忽略的。徵收碳稅將會提高高耗能高排放能源產品的價格，進而改變生產要素價格以及部門生產情況（湯鈴，2020），最後對居民、企業的收入支出等乃至總體經濟發展產生影響。因此，分析碳稅政策對宏觀經濟發展的影響，有利於兼顧環境與經濟效益，達到二者有機統一。

① 碳稅政策對 GDP 的影響

圖 8-4　不同碳稅價格下 GDP 變化趨勢圖

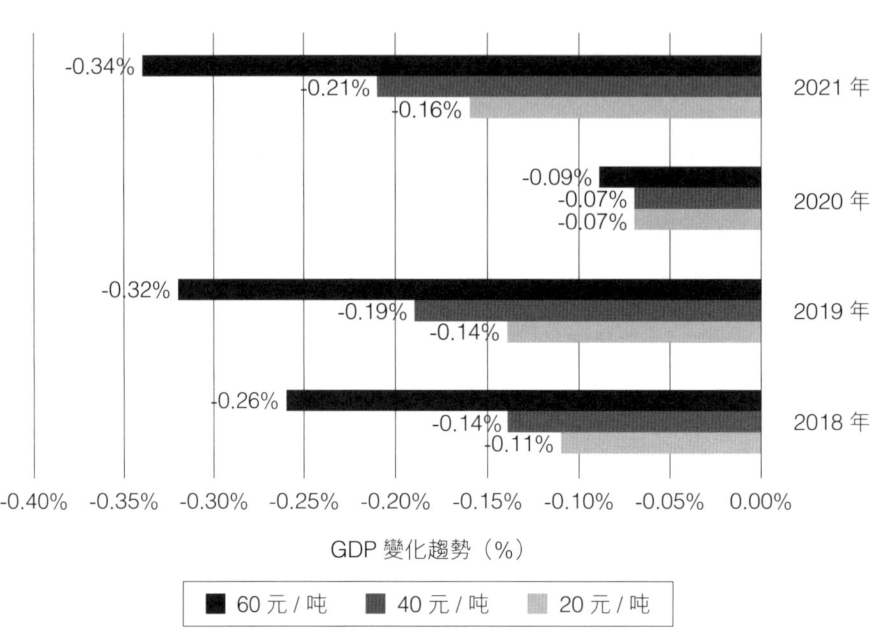

從圖 8-4 中不難看出，碳稅政策的實施，對 GDP 是具有負面效應的。這種負面效應隨着碳稅價格的提高，GDP 受影響下降的趨勢就愈加強烈。例如在 2019 年，20 元 / 噸、40 元 / 噸、60 元 / 噸的 GDP 下降率為 0.14%、0.19% 和 0.32%。並且除了 2020 年受新冠疫情影響，國內生產總值總體下降，碳稅政策對 GDP 的負面效應影響有限，下降率較少以外，大體上這種負面影響會隨着時間有逐年增強的趨勢。由於開徵碳稅，導致能源消費產品的生產成本增加，企業開支加大，儲蓄減少。同時在轉移支付不變的情況下，成本的增加會導致總產出減少，由於國內生產產品價格的提高，居民和政府消費下降。在國際貿易層面，企業生產產品價格提高，出口產品競爭力下降，也會進一步減少淨出口額，所以最後導致 GDP 下降。

② 碳税政策對居民收入的影響

圖 8-5　不同碳税價格下居民收入的變化趨勢圖

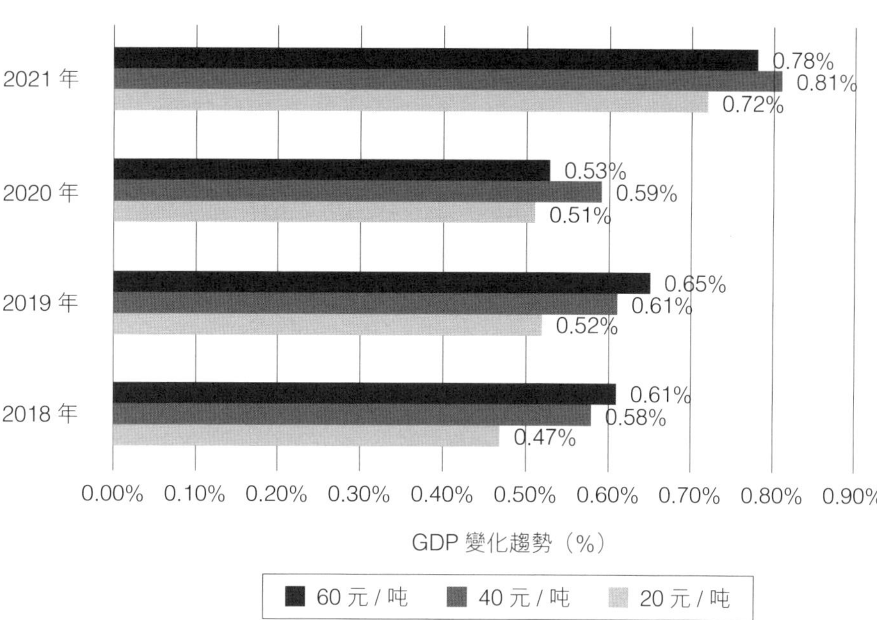

居民收入主要包含勞動性收入、資本性收入以及通過政府轉移支付的再分配收入。通過圖 8-5 可以看出，不同碳税價格下對居民收入的影響是正效應，具有一定的促進作用。整體來看，隨着碳税制度的實施，碳税水平不斷提高，居民收入也會逐步增加，尤其當碳税價格為 40 元／噸二氧化塔當量時促進作用最為顯著。在生產要素的投入上，能源消費價格上升，企業為降低生產成本對能源資源的投入減少，對人力資本的投入以及調整生產結構轉型升級所需技術型、創新型人才增多，進而增加居民勞動要素收入。同時徵收碳税導致政府税收收入增加，轉移支付所得的再分配收入提高，因此總體居民收入增加。

8.6 結論及政策建議

本文通過構建碳稅 CGE 模型，以 2017 年宏觀社會核算矩陣為數據基礎，以 2017 年為基年，通過資本積累和勞動力增長動態遞歸模擬至 2021 年，模擬當碳稅價格為 20 元 / 噸二氧化碳當量、40 元 / 噸二氧化碳當量、60 元 / 噸二氧化碳當量時，碳稅政策對環境效益和經濟效益的影響。重點從二氧化碳排放量、經濟發展、居民收入等方面探究碳稅能否有效實現雙重紅利效應。

8.6.1 結論

(1) 徵收碳稅有利於對二氧化碳排放量起到抑制作用

開徵碳稅對碳排放量的影響，具體表現為在一定合理範圍內一方面隨着碳稅價格水平的提高，碳減排量的減少愈多；一方面隨着碳稅政策的推行時間愈長，政策更為完善有效，降碳的效果更加顯著。從而能夠有效實現碳稅的環境紅利效應，有助於實現 2060 碳中和目標。

(2) 碳稅政策在短期內對宏觀經濟有負效應，長期具有正效應

徵收碳稅會提高生產價格，增加能源消費相關企業的成本，進而對生產部門以及國民經濟產生負面影響。碳稅價格愈高，負面效應就愈大。研究表明，開徵碳稅會在短時間內抑制經濟增長，對 GDP、居民和企業的消費收入以及社會福利等宏觀經濟變量產生抑制作用。但從長遠來看，隨着碳稅政策的開展及完善，引導產業機構調整，補貼企業生產，增加居民收入等對經濟長期會有促進作用。

(3) 碳稅政策的推行可以有效實現雙重紅利效應

碳稅政策對減少二氧化碳排放量的影響非常顯著，有效促進實現環境效益。它在短期無法促進經濟發展，無法帶來經濟效益。長遠來看，隨着碳稅政策的完善以及與碳交易形成有效的碳減排複合機制，可以促進宏觀經濟的產業機構調整，對轉型升級產生積極的作用。

8.6.2 政策建議

（1）根據國情合理制定碳稅制度

根據前文對國際碳稅實踐的研究，國際上碳稅稅制的設置主要有獨立稅種和融入稅種兩種模式。鑒於我國實現碳中和目標的重大緊迫性，初期可以考慮採取融入稅種模式，在環境保護稅下增設二氧化碳稅目，以煤炭、石油、天然氣等化石燃料消耗量折算的碳排放量為計稅依據，待稅制成熟後，再考慮獨立稅種模式，擴大徵稅範圍。徵稅環節方面，初期可考慮從生產端徵稅入手，待發展階段較為成熟，再轉入消費端徵收。我國環境保護稅本質上是為了保護和改善環境，而控制碳排放本質也是為了保護和改善環境，因此初期將碳稅置於環境保護稅下更具合理性和可行性。

（2）制定合理的碳稅價格標準

研究表明，開徵碳稅能夠有效實現碳減排，對我國實現雙碳目標具有促進作用，且碳稅價格愈高，降碳效果愈好。但同時碳稅價格愈高，對經濟的發展抑制作用愈大。碳稅稅率設計至關重要，若不合理，脱離實際，則會增加碳稅實施阻力或降低碳稅減排效果。各國在設計碳稅稅率時，通常實行差異化、先低後高的碳稅稅率機制。整體而言，國際碳稅稅率呈現上升趨勢。鑒於國際實踐，我國碳稅稅率的設定應與自身發展階段相匹配，實行差異化、循序漸進的碳稅稅率。結合地區、行業的實際情況，且充分考慮我國區域經濟發展的不均衡，區別設置稅率，以確保公平原則。

同時，在碳稅開徵初期可採取較低的稅率，後期再逐步提高稅率水平，並根據減排目標完成情況和經濟形勢進行動態調整。因此以較低的碳稅價格開徵碳稅，容易被相關生產企業接受，並且在形成環境效益的同時，儘可能降低對經濟發展的負面衝擊，有利於碳稅政策更好地發揮作用。同時碳稅稅率要根據不同行業部門的情況差異化定價，不可一概而論。

（3）完善碳稅政策制度，加大對稅收的補貼優惠

碳稅政策推行初期，並且在一段時間內，對企業生產、居民消費、GDP 等具有負面影響，因此須堅持「稅收中性」原則，對相關經濟主體通過稅率優惠、稅收返還、稅收補貼等政策提高其對碳稅的接受程度，降低相關利益者的額外負擔，並拉動其轉型升級，調整生產消費結構，進而促進經濟綠色低碳發展。同時要注意避免碳稅徵收的重複性、扭曲性，在稅種的設立上減少重複性徵收。

（4）建立碳稅與碳交易相結合的碳減排複合機制

為更好實現雙碳目標，我國自 2021 年建立起了全國統一的碳交易市場。無論是尚未推行的碳稅政策還是已經實施的碳交易制度，都是我國為了實現降低碳排放，實現綠色低碳發展的政策手段。我國已經建立了碳排放權交易制度，碳稅和碳交易政策的設計原理不同，碳稅更適合於發展中國家，而碳交易制度則更適合於發達國家，但是想要起到更好的碳減排效果，可以結合使用兩種機制，事實上許多國家都認識到碳稅與碳減排結合使用能夠更好地幫助碳減排，並且在實踐上也是兩者同時運用，不過在開徵碳稅後需要考慮到的一個重要問題就是碳稅政策與碳交易制度的協調問題。因此在我國可以利用碳稅制度與碳排放權交易制度的相互配合，促進我國碳減排目標更好實現。同時要注意區分碳排放交易與碳稅的徵收範圍，避免加大企業的負擔，在減排道路上實現社會效益與碳減排的結合。

碳交易制度和碳稅政策可以相互補充，相互協作，共同作用於實現環境效益與經濟效應。一方面，碳稅政策是國家宏觀調控層面對市場機制碳交易制度的補充；另一方面，碳交易也為碳稅的實行提供了更加完備的制度支撐，有利於促進碳稅制度的改革與創新。通過建立碳減排複合機制，我國一定能實現經濟的高質量發展，為早日達成碳中和目標奠定基礎。

第 9 章

商業銀行環境信息披露的影響因素研究

在推動綠色金融發展過程中，完善的商業銀行環境信息披露制度有利於商業銀行展示綠色發展成效、優化資金配置、降低運營風險，也有利於政府引導、監管和約束商業銀行行為。環境信息披露理念提出較早，並在國際國內得到了較為廣泛的實踐。早在 2003 年，花旗集團等多家國際銀行共同制定了赤道原則，赤道原則中規定的相關制度對赤道銀行公開披露及實施赤道原則的過程和經驗提出要求，獲得了國際社會的廣泛認可。作為我國第一個加入赤道原則的銀行，興業銀行在堅守社會責任方面頗具影響力和示範性，所以文章以興業銀行作為環境信息披露的案例來研究。

國內層面，我國銀行業進行環境信息披露的動機主要集中在以下幾個方面。一是由於環境問題日益嚴重，國家對企業以及上市公司的社會責任的公開要求日益嚴格。二是綠色金融要求日益嚴格和制度日趨完善，2012 年《綠色信貸指引》規定金融機構要進行綠色金融披露，隨後的一系列文件對披露基礎、披露方式做出了明確規定，為愈來愈多銀行主動或者被動公開綠色金融提供了條件；三是綠色金融日益成為發展主流，銀行業有必要加強信息公開並樹立綠色發展形象。四是各大銀行綠色金融發展日益深入，為信息披露成果展示提供了基礎。目前，中國商業銀行在環境信息披露方面已經取得了重要成就，100% 的上市商業銀行已在可持續發展或者社會責任報告披露了綠色金融，部分非上市銀行也選擇性披露了綠色金融執行情況，其中包括綠色金融佔比、綠色金融「兩高一剩行業貸款佔比」等關鍵數據。

目前，我國環境信息披露在政策和實踐上進行了許多探索，但仍存在信息披露不足、信息披露質量不高的問題。因此，需要不斷深入研究和解決，更好地推動綠色金融發展。本章將在現有實踐經驗和研究成果的基礎上，針對中國銀行業的環境信息披露水平展開深入研究，並指出影響環境信息披露水平的主要影響因素，綜合採用調研和回歸分析挖掘背後原因。

9.1 中國商業銀行環境信息披露指標測度

9.1.1 研究方法

採用層次分析法，利用綜合評分的方式確定各個指標之間的標度值（各個標度值見表 9-1），並確定各個指標之間的重要程度，根據重要程度和九分制標度建立判斷矩陣，使用 YAAHP 軟件分析判斷矩陣，進而計算各指標權重，利用軟件分析出上述判斷矩陣的 C.R. 值小於 0.1，因此判斷矩陣通過一致性檢驗，指標權重合理。這 17 個指標從大到小的權重依次是：綠色金融理念及發展定位（0.93%）、綠色金融目標和規劃（4.38%）、綠色金融組織機構建設（1.90%）、綠色金融標準探索（3.55%）、環境風險識別（7.34%）、環境風險評估（10.20%）、環境風險量化（16.14%）、環境風險應對（8.65%）、綠色投融資業績（2.92%）、綠色投融資業績量化（11.45%）、綠色投融資影響（6.10%）、綠色投融資影響量化（14.13%）、綠色投融資案例（2.16%）、綠色投融資業務創新（2.38%）、綠色運營相關制度建設（1.46%）、是否有公開倡導綠色運營理念的行動（1.13%）、綠色運營績效測算（5.18%）。

表 9-1　九分制標度及其定義

標度 Amn	Amn 的定義
1	因素 m 與因素 n 同樣重要
3	因素 m 與因素 n 稍微重要
5	因素 m 與因素 n 明顯重要
7	因素 m 與因素 n 重要得多
9	因素 m 與因素 n 極端重要
2，4，6，8	因素 m 與因素 n 的重要性的標度值介於上述兩個相鄰的等級之間
標度值的倒數	因素 m 與因素 n 的反比較：Amn=1/Amn

資料來源：許學敏 . 層次分析法在太陽鏡產品質量評價中的應用 . 中國標準化 ,2019:158-159.

9.1.2 數據採集及數據來源

本章選取 A 股 51 家上市銀行和 17 家環境信息披露試點銀行的社會責任報告、環境信息披露報告和 ESG 報告為樣本，從而形成了包含 68 家銀行的披露報告的樣本，對 68 家銀行的環境信息披露情況進行總體打分，根據評分高低判定其環境信息披露工作的開展情況。

9.1.3 商業銀行環境信息披露指標體系構建

(1) 指標體系的依據

本章中商業銀行環境信息披露指標體系的選擇主要基於以下考慮：

一方面是體現了國際國內對環境信息披露框架的要求。以前文梳理的國際國內與環境信息披露相關的主流政策框架的要求為依據。另一方面是商業銀行首先作為重要的金融機構，有完成落實國家政策的責任；其次商業銀行代表了投資者的利益，要全方位的披露並分析其風險和收益；最後，商業銀行也具有一般企業的特性，作為盈利性質的金融機構，這就要求其及時識別並治理存在的風險，推進綠色治理。

綜上所述，商業銀行的環境信息披露應該包括其環境風險管理、綠色投融資、綠色運營等部分。

(2) 指標體系的內容

本章要對銀行業的環境信息披露構建一個指標體系，並進行綜合評分，用以分析銀行業環境信息披露的總體狀況。因此筆者在各銀行官網查看各個銀行發佈的環境信息披露報告、社會責任報告和 ESG 報告，並以央行公開發佈的金融機構環境信息披露指南標準為參考，經過認真思考和研究，最終形成了包含四個一級指標，下設 17 個二級指標的中國商業銀行環境信息披露的評價體系，四個一級指標分別是綠色整治、環境風險管理、綠色成就、綠色運營。17 個指標分別是綠色金融理念及發展定位、綠色金融目標和規劃、綠色金融組織機構、綠色金融標準對國際回應、環境風險識別、環境風險評估、環境風險量化、環境風險應對措施、綠色投融資業績、綠色投融資業績量化、綠色投融資成效、綠色投融資成效量化、綠色投融資案例披露或者效益量化、投融資業務創新情況、綠色運營相關制度建設、是否有公開倡導綠色運營理念的行動、綠色運營績效測算。具體指標體系見表 9-2，本章運用層次分析法和指標分類法構建中國商業銀行的環境信息披露指標體系，對樣本中選取的商業銀行的 CSR 報告、環境信息披露報告和 ESG 報告，進行綜合評分，評分原則是對於二級指標有披露就計 1 分，沒有披露就記 0 分，最後匯總評分，並進行百分制處理。

在該評估體系中，綠色整治主要是指銀行在綠色金融以及綠色發展領域是否有相關理念以及綠色相關政策制度的建立。主要包括是否將綠色金融作為其發展理念，是否有發展定位的表述，是否設立綠色金融的相關規劃和發展目標，是否有綠色金融相關的組織建設，是否積極響應國際上對綠色金融的規定。

環境風險管理着重考察銀行業對於其經營業務所造成的環境相關的影響的識別、量化和處置措施，主要包括環境風險識別、環境風險評估、環境風險量化和環境風險的處置措施。

綠色成就指的是商業銀行在綠色金融領域所取得的實際成績情況，主要包括綠色投融資業績及其量化、綠色投融資成效及其量化、綠色投融資案例披露或者效益量化、投融資業務創新情況。

綠色運營指的是商業銀行在綠色金融領域實際開展的經營活動，主要包括：綠色運營相關制度建設、是否有公開倡導綠色運營理念的行動，主要包括是否推行綠色辦公、是否開展線上會議、是否開展無紙化辦公、是否降低辦公人員的辦公能源消耗、綠色運營績效測算等。

本章構建的商業銀行環境信息披露指標體系見表 9-2。

表 9-2　商業銀行環境信息披露指標評價體系

	分指標名稱	評價內容
商業銀行環境信息披露體系	綠色整治	綠色金融理念及發展定位
		綠色金融目標和規劃
		綠色金融組織機構建設
		綠色金融標準對國際回應
	環境風險管理	環境風險識別
		環境風險評估
		環境風險量化
		環境風險應對措施
	綠色成就	綠色投融資業績
		綠色投融資業績量化
		綠色投融資成效
		綠色投融資成效量化
		綠色投融資案例披露或者效益量化
		投融資業務創新情況
	綠色運營	綠色運營相關制度建設
		是否有公開倡導綠色運營理念的行動
		綠色運營績效測算

資料來源：作者繪製

9.1.4 評價結果

(1) 總體描述性統計

首先，筆者對中國商業銀行環境信息披露的水平進行整體分析，即對2020年度各個銀行的環境信息披露狀況進行總體評析。

如表 9-3 所示，總體而言，我國銀行業的環境信息披露情況不是很好，整體環境信息披露指數均值為 57.23，標準差為 23.54，最大值為

100 分，最小值為 9.4 分，總體環境信息披露質量低，披露數量少，且各個銀行的環境信息披露情況相差較大。

表 9-3　2020 年整體銀行業環境信息披露指數

	總分	綠色整治	環境風險管理	綠色成就	綠色運營
均值	57.23	6.76	17.03	26.72	6.72
最大值	100	10.76	42.33	39.14	7.77
最小值	9.4	0	0	0	0
標準差	23.54	3.99	12.31	13.89	3.46

資料來源：作者根據樣本銀行的披露報告統計

從具體的分級指標的得分來看，綠色整治指標的理論總得分值是 10.76 分，平均值是 6.76 分，方差為 3.99，最大值為 10.6 分，最小值為 0 分，說明此維度的披露情況相對來説比較好，並且方差較小，各個銀行的披露情況相差不大，披露質量最好的銀行其披露的維度可以覆蓋指標體系中的所有指標，但是也存在得分為 0 的銀行，對於綠色整治、綠色金融規劃方面沒有任何披露。該指標中包含的分級指標都是定性指標，因此大部分銀行對於定性指標的披露還是比較充分的。

總體而言，銀行業對於定性指標的環境信息披露整體情況較好，並且各個銀行之間的差異不大，但是也存在個別銀行不進行環境信息披露的情況；而對於定量的環境信息指標的披露，各個銀行之間的差異較大，甚至有的銀行根本就沒有定量指標的披露。

(2) 不同性質銀行環境信息披露指數分析及比較

如表 9-4，從城市商業銀行的環境信息披露的評分總分來看，各個城市商業銀行的環境信息披露狀況相差較大，總分最大值為 79.58，最小值為 9.40，標準差為 21.03，標準差較大，各個城市商業銀行的環境信息披露質量存在較大差距。

表 9-4　城市商業銀行整體環境信息披露指數

	綠色整治	環境風險管理	綠色成就	綠色運營	總分
均值	5.27	8.98	21.55	5.95	41.75
最大值	10.76	26.19	39.14	7.77	79.58
最小值	0.93	0	2.16	1.46	9.40
標準差	3.86	11.41	10.67	2.14	21.03

資料來源：作者根據樣本銀行的披露報告統計

從各個分指標來看，在綠色整治以及綠色運營方面，所有銀行都有披露，綠色整治指標的標準差為 3.86，綠色運營指標的標準差為 2.14，各銀行之間的環境信息披露質量相差較小。而在環境風險管理和綠色成績指標方面，有極個別銀行存在不披露的行為，並且標準差較大，環境風險管理標準差為 11.41，綠色成就的標準差為 10.67。説明在環境風險管理和綠色成就方面的環境信息披露的差異較大。這説明城市商業銀行對於綠色整治、綠色運營這種定性指標的披露都有涉及，並且相差較小；而對於環境風險管理和綠色成就這種涉及到量化指標的披露的質量相對較低，並且差異相對較大，説明量化指標的披露對於銀行來説會付出相應的成本，並且也會涉及到量化過程以及量化方法問題，不排除因為各種量化手段、措施的落後，或者量化標準不明確造成銀行在環境信息披露中出現量化指標的缺失或質量低下的問題。

如表 9-5 所示，從農村商業銀行的整體評分來看，總評分的最小值為 27.13 分，最大值為 100 分，標準差為 24.22，標準差較大，各個農村商業銀行的環境信息披露質量存在較大差異。

表 9-5　農村商業銀行整體環境信息披露指數

	綠色整治	環境風險管理	綠色成就	綠色運營	總分
均值	6.79	19.35	26.79	6.73	59.66
最大值	10.76	42.33	39.14	7.77	100
最小值	0.93	0	2.16	1.13	27.13
標準差	2.85	14.29	11.61	1.63	24.22

資料來源：作者根據樣本銀行的披露報告統計

從各個分級指標來看，各個銀行在綠色整治以及綠色運營方面，所有銀行都有披露，綠色整治指標的標準差為 2.85，綠色運營指標的標準差為 1.63，各銀行之間的環境信息披露質量相差較小。而在環境風險管理和綠色成績指標方面，有個別銀行存在不披露的行為，並且標準差較大，環境風險管理標準差為 14.29，綠色成就的標準差為 11.61。説明在環境風險管理和綠色成就方面的環境信息披露的差異較大。這也説明農村商業銀行對於綠色整治、綠色運營這種定性指標的披露都有涉及，並且相差較小；而對於環境風險管理和綠色成就這種涉及到量化指標的披露的質量相對較低，並且差異相對較大。

如表 9-6，從股份制商業銀行的整體評分來看，總評分的最小值為 36.9 分，最大值為 97.62 分，標準差為 17.77，標準差較大，各個股份制商業銀行的環境信息披露質量存在較大差異。

表 9-6　股份制銀行整體環境信息披露指數

	綠色整治	環境風險管理	綠色成就	綠色運營	總分
均值	8.51	22.48	30.606	7.19	68.79
最大值	10.76	42.33	39.137	7.77	97.62
最小值	0.93	0	2.381	5.18	36.90
標準差	2.66	11.82	11.38	1.03	17.77

資料來源：樣本銀行披露報告數據整理

從各個分級指標來看，各個銀行在綠色整治以及綠色運營方面，所有銀行都有披露，綠色整治指標的標準差為 2.66，綠色運營指標的標準差為 1.03，各銀行之間的環境信息披露質量相差較小。而在環境風險管理和綠色成績指標方面，有個別銀行存在不披露的行為，並且標準差較大，環境風險管理標準差為 11.82，綠色成就的標準差為 11.38。説明在環境風險管理和綠色成就方面的環境信息披露的差異較大。這也説明股份制商業銀行對於綠色整治、綠色運營這種定性指標的披露都有涉及，並且相差較小；而對於環境風險管理和綠色成就這種涉及到量化指標的披露的質量相對較低，並且差異相對較大。

如表 9-7 所示，從國有大型商業銀行的整體評分來看，總評分的最小值為 33.89 分，最大值為 85.42 分，標準差為 26.32，標準差較大，各個國有大型商業銀行的環境信息披露質量存在較大差異。

表 9-7　國有大型商業銀行整體環境信息披露指數

	綠色整治	環境風險管理	綠色成就	綠色運營	總分
均值	6.48	19.67	31.60	7.77	65.53
最大值	10.76	32.13	39.14	7.77	85.42
最小值	2.83	0	18.91	7.77	33.89
標準差	2.36	11.70	9.03	0	26.32

資料來源：樣本銀行披露報告數據整理

從各個分級指標來看，各個銀行在綠色整治以及綠色運營方面，所有銀行都有披露，綠色整治指標的標準差為 2.36，綠色運營指標的標準差為 0，各銀行之間的環境信息披露質量相差較小，並且，這六家大型國有商業銀行對於綠色運營方面的披露不存在差異。而在環境風險管理和綠色成績指標方面，有個別銀行存在不披露的行為，且標準差較大，環境風險管理標準差為 11.70，綠色成就的標準差為 9.03。説明在環境風險管理和綠色成就方面的環境信息披露的差異較大。這也説明國有大型商業銀行對於綠色整治、綠色運營這種定性指標的披露都有涉及，並且相差較小；而對於環境風險管理和綠色成就這種涉及到量化指標的披露的質量相對較低，並且差異相對較大。

(3) 披露內容多為定性指標，量化指標的披露相對較少

如表 9-8 所示，通過對比可以發現，在綠色整治和綠色運營指標的環境信息披露方面，不同性質的銀行其標準差表明國有大型商業銀行在綠色整治和綠色運營方面的披露差異最小，而城市商業銀行在綠色整治和綠色運營方面的披露差異最大；在環境風險管理和綠色成就方面，各個銀行的標準差說明國有大型商業銀行在環境風險管理和綠色成就方面的披露差異最小，而農村商業銀行在環境風險管理和綠色成就方面的披露差異最大。並且在這四個維度的指標中，國有大型商業銀行的整體披露情況均優於其他性質的商業銀行，農村商業銀行的披露情況比股份制商業銀行的情況差。

表 9-8　不同性質銀行環境信息披露整體情況比較（標準差）

指標名稱銀行性質	綠色整治	環境風險管理	綠色成就	綠色運營
城市商業銀行	3.86	11.41	10.67	2.14
農村商業銀行	2.85	14.29	11.61	1.63
股份制商業銀行	2.66	11.82	11.38	1.03
國有大型商業銀行	2.36	11.70	9.03	0

資料來源：樣本銀行披露報告數據整理

綜上所述，結合上述對不同性質銀行的綜合分析不難發現，各個銀行對於定性指標的披露情況相差不大，對於定量指標的披露情況相差較大；從不同性質銀行的環境信息披露情況來看，國有大型商業銀行的披露情況，不管是從披露差異還是從單個維度的披露得分來看都優於其他性質商業銀行。

(4) 披露方式不規範，缺乏統一格式，信息可比性差

如表 9-9 所示，通過統計發現，不同的銀行披露方式不同。一般來說，大多數銀行都以社會責任報告和環境信息披露報告的形式披露環境信息，但是只有極少數銀行通過 ESG 報告的形式進行披露，總體而言，各個銀行的披露形式不統一，披露格式不規範，難以對各個銀行之間的環境信息披露狀況進行比較，信息的可比性較差。

表 9-9　環境信息披露形式統計分析表

披露形式	社會責任報告	社會責任報告、環境信息披露報告	環境信息披露報告	ESG 報告	ESG 報告、環境信息披露報告
數量	40	3	11	2	2

資料來源：樣本銀行披露報告數據整理

9.2 中國商業銀行環境信息披露影響因素實證分析

9.2.1 樣本選取與數據來源

鑒於本章實證分析中用到的解釋變量數據獲取的準確性和便利性，本章選取 41 家上市銀行的數據作為樣本數據。樣本數據來源於兩個部分：一是上市銀行在同花順平台相應板塊的數據；二是中國銀監會網站統計的數據。

9.2.2 環境信息披露影響因素分析與假設

(1) 商業銀行市值規模對環境信息披露水平的影響

通過之前學者研究的總結，企業規模在一定程度上對其環境信息披露水平具有影響。劉洋和趙偉（2012）將山東省內 53 家污染比較嚴重的上市公司的數據作為研究樣本，結果也表明公司的市場規模愈大，其公開的環境信息水平質量愈高。因此本章提出第一個假設：

假設 1：商業銀行的規模愈大，其環境信息披露的水平愈高。

(2) 商業銀行盈利能力對環境信息披露水平的影響

對於商業銀行來説，其盈利能力主要表現在其收入利潤提高、淨資產收益率水平的提高等方面。一方面，因為商業銀行是追求利潤的企業，並且進行環境信息披露工作需要付出一定的人力成本和財力，因此只有當商業銀行的盈利能力提高，其才有能力和精力主動承擔社會責任，並且主動進行環境信息披露的可能性會增加。另一方面，商業銀行作為服務性質的行業，為了增加其存貸款及其他的業務量，很重要的一點是外在形象和社會大眾的口碑，因此商業銀行為了提高其盈利能力，也會儘量披露最多的環境信息，以向社會大眾傳遞一個良好的社會責任形象。由此，提出本章第二個假設：

假設 2：商業銀行的盈利能力愈具有優越性，其對環境信息的披露愈充分。

(3) 商業銀行性質對環境信息披露水平的影響

在本章的研究中將商業銀行的性質劃分為兩類，分別是國有銀行和非國有銀行，銀行作為特殊類的金融企業，不只是追求營利性目標，而且承擔着國家責任和社會責任。並且國有性質的銀行也容易得到國家資金的支持，其融資渠道相對非國有銀行來説更為便捷。而那些非國有控股股權為了維護自身利益，也會要求披露更多信息。在以前的相關文獻研究中也有提到，丹尼斯和戈登（Denis and Gordon，2001）以不同性質的電力公司為研究樣本，結果顯示，股權為國家控股的公司其信息披露水平愈高。因此本章提出的第三個假設是：

假設 3：股權為國有控股的商業銀行其環境信息披露水平高於非國有控股。

(4) 財務槓桿對商業銀行環境信息披露水平的影響

有學者認為，公司的舉債經營比率愈高，説明公司的財務槓桿大，籌資風險大，那麼公司的管理層就傾向於披露更多的環境信息，積極回應社會大眾和利益相關者，表明其經營狀況，並取得社會大眾和利益相關者的信任；並且其融資需求高，更傾向於披露更多的環境信息來贏得別人的信任，以此降低融資成本。因此提出第四個假設：

假設 4：商業銀行的財務槓桿愈大，其環境信息披露水平就偏高。

(5) 股權集中度對商業銀行環境信息披露水平的影響

公司的治理結構中包含多個要素，其中股權集中度是最為重要的一個因素。關於股權集中度與環境信息披露水平之間的關係，國外學者布巴克里（Boubakri，2008）認為股權集中度不能太高，否則會造成大股東一股獨大的現象，被大股東操縱。國內學者陳洪濤等（2017）也通過研究指出，公司最終控制人的差異在所有權結構與環境信息質量關係上有很多的不同。主要是因為公司的最大股東的股權愈大，大股東對於公司的控制程度愈高，節省了股東之間的博弈成本，同時也能使公司更能真實披露環境信息。因此本章提出第五個假設：

假設 5：商業銀行的股權集中度愈高，環境信息披露的水平愈高。

（6）獨立董事所佔的比例對商業銀行環境信息披露水平的影響

在公司治理層面，關於獨立董事的比例對於環境信息披露水平的影響，國內外很多學者已經對其進行了研究。在國外層面，我們發現董事會中獨立董事的監督，使董事會更鮮明的代表利益相關者的利益，使獨立董事能夠監督董事會遵守環境信息披露要求，提高環境信息披露水平。胡奕明和唐松蓮（2008）對在深交所上市的 A 股中的非金融類企業進行研究結果表明，上市公司中獨立董事的比例愈高，其環境相關信息的披露質量比較高。因此本章提出第六個假設：

假設 6：商業銀行獨立董事的比例愈高，其環境信息披露的水平愈高。

（7）流通股比例對商業銀行環境信息披露水平的影響

在上市公司的資金構成結構中，不僅包括股權比例比較大的大股東，也包括社會投資者，也就是小股東。一般而言，公司發展的好壞程度是社會投資者選擇是否投資入股以及是否增持股份的主要原因之一，因為社會大眾的投資目的很簡單，就是獲得分紅，賺取收益。因此這些流通股的小投資者對公司的發展狀況就會十分關注，為了維護自身的利益，他們會要求上市公司披露更多的財務信息或者環境信息等經營信息，來做出更為準確的投資決策。流通股股東對於公司的這種監督行為，也對管理層有更強的約束作用，督促管理層披露更多有關環境方面的信息，提高環境信息披露水平，也滿足中小投資者對於公司履行社會責任方面的了解。因此本章提出第七個假設：

假設 7：商業銀行的流通股的比例愈大，其環境信息披露的水平愈高。

9.2.3 變量設定與模型構建

（1）被解釋變量

本章選取 41 家商業銀行的環境信息披露評分為被解釋變量，以相關的影響因素為解釋變量。本文環境信息披露評分體系中各個指標的選取是結合 2021 年中央銀行發佈的金融機構環境信息披露指南並結合評分的便捷性和客觀性選取的，在所選取的 17 個指標中，對應每一個指標，披露的計為 1 分，沒有披露的計為 0 分，滿分為 17 分，進行百分制換算以後總得分為 100 分。

（2）解釋變量

根據前面的研究假設，以及通過文獻整理，借鑒以前學者的文獻研究中影響比較顯著的因素，本文提出如下幾個解釋變量。以下數據均來源於各上市銀行在同花順中相應板塊的數據。

公司規模，本文所選取的是各上市銀行的市值，將其作為描述公司規模的解釋變量。

盈利能力，通俗講就是一個公司或企業在一定時期內創造收益的能力。在以往的研究中，大多數學者選取 ROE 作為衡量公司盈利能力的指標，因此本章亦選取 ROE 作為衡量商業銀行賺取利潤能力的解釋變量。

股權性質，在本文中代表的是銀行的性質，在此次影響因素研究中，銀行被分為兩類，國有銀行用數字 0 表示，非國有銀行用數字 1 表示。

財務槓桿，使用資產負債率作為公司財務槓桿參考指標，代表公司的負債水平以及財務風險的大小。

股權集中度，衡量公司股權的分散程度，本章選擇的是上市銀行中持股最多的股東持有的股票數量所佔公司股票總數量的比例作為代表股權集中度的參考指標。

獨立董事比例，在本論文中的計算方式是獨立董事佔公司董事會總數的百分比。

流通股比例指的是公司流通股的股數在公司總股數中所佔的比例。

(3) 模型設計

為了對上述 7 個研究假設做出檢驗，以判斷影響中國商業銀行環境信息披露的主要因素，考慮到解釋變量商業銀行規模與其他的解釋變量相差過於懸殊，對其取對數使其與他解釋變量之間的差異性減小，並保持數據波動趨勢不變。

建立多元線性回歸模型如下：

$$EDI = r_0 + r_1 lnSIZE_i + r_2 ROE_i + r_3 SH_i + r_4 LEV_i + r_5 OC_i + r_6 RIND_i + r_7 BLOC_i + \varepsilon \quad (9.1)$$

式（9.1）中因變量為環境信息披露（EDI），i 代表上市商業銀行，$i =$ 1，2，3，…41；r_0 是常數項，與其他因素沒有關係；$r_1 - r_7$ 是回歸係數，其主要的意思是當自變量變動一個單位時，因變量根據自變量的變化而變化的幅度；ε 是隨機變化項。用於檢驗影響中國商業銀行環境信息披露的因素有 7 個，分別是盈利能力（ROE）、商業銀行規模（SIZE）、獨立董事比例（RIND）、財務槓桿（LEV）、股權性質（SH）、股權集中度（OC）、流通股比例（BLOC）。

表 9-10 變量統計

變量類型	變量符號	預計方向	變量名稱
被解釋變量	EDI		環境信息披露指數
解釋變量	SIZE	+	公司規模
	ROE	+	盈利能力
	SH	+	股權性質
	LEV	+	財務槓桿
	OC	+	股權集中度
	RIND	+	獨立董事比例
	BLOC	+	流通股比例

資料來源：作者繪製

9.2.4 實證分析

(1) 被解釋變量描述性統計分析

圖 9-1 中列出了本章所選取樣本銀行的環境信息披露的基本統計特徵數據。本章通過各銀行官網發佈的環境信息披露報告、社會責任報告以及 ESG 報告逐一閱讀並進行打分。如圖 9-1 所示，在選中的 41 家上市銀行中所有的銀行對環境信息均有披露，但是總體情況相差太大，小於 30 分的銀行有 8 家，大於 30 分小於 60 分的銀行有 18 家，大於 60 分小於 80 分的銀行有 12 家，大於 80 分的銀行有 3 家。大部分銀行的環境信息披露總得分在 80 分以下，80 分以上的銀行佔少數。

圖 9-1　環境信息披露總得分統計圖

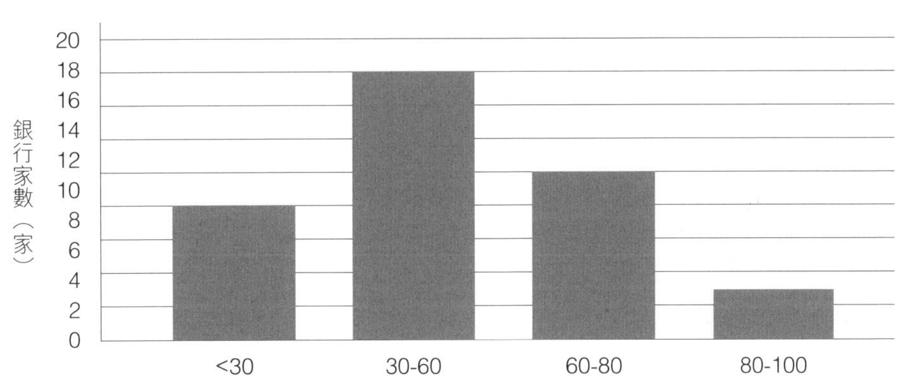

資料來源：作者根據統計數據繪製

從表 9-11 中可以看出，綠色金融理念及發展定位的披露銀行家數最多，即所有的銀行都有披露，有 41 家；而環境風險量化的披露銀行家數最少，只有一家，即中國農業銀行。並且量化指標的披露偏少，尤其是對環境風險量化以及環境風險評估的披露非常少。

從表 9-12 中，顯而易見各銀行的環境信息披露評分都不足滿分，最大值為 85.42 分，這表明了中國商業銀行環境信息披露存在內容不全面的問題；均值為 48.90，說明我國商業銀行環境信息披露總體質量偏低的現狀。

表 9-11　各銀行環境信息披露分指標披露情況統計表

	分指標名稱	評價內容	披露銀行數量（家）
商業銀行環境信息披露體系	綠色整治	綠色金融理念及發展定位	41
		綠色金融目標和規劃	26
		綠色金融組織機構建設	19
		綠色金融標準對國際回應	23
	環境風險管理	環境風險識別	24
		環境風險評估	13
		環境風險量化	1
		環境風險應對措施	18
	綠色成就	綠色投融資業績	38
		綠色投融資業績量化	38
		綠色投融資成效	15
		綠色投融資成效量化	15
		綠色投融資案例披露或者效益量化	33
		投融資業務創新情況	24
	綠色運營	綠色運營相關制度建設	33
		是否有公開倡導綠色運營理念行動	37
		綠色運營績效測算	36

資料來源：作者統計繪製

表 9-12　環境信息披露總得分描述性統計表

變量名稱	樣本數	均值	最大值	最小值	標準差
環境信息披露指數	41	48.90	85.42	9.404	29.90

資料來源：樣本銀行披露報告數據整理

表 9-13 中統計了按照產權性質劃分的銀行的環境信息披露情況，樣本數據中，國有銀行 6 家，非國有銀行 35 家。非常明顯，國有銀行的

環境信息披露情況好於非國有銀行，國有銀行的環境信息披露綜合評分的最大值為 85.42，非國有銀行的環境信息披露的最大值為 83.86，國有銀行環境信息披露最小值為 33.89，非國有銀行的環境信息披露最小值為 9.40；國有銀行環境信息披露的均值為 65.53，而非國有銀行的均值為 46.05。這說明國有銀行更願意披露更多與環境有關的信息。國有銀行的環境信息披露得分的標準差為 16.32，而非國有銀行的標準差為 20.27，從標準差來看，國有銀行的環境信息披露情況差異要小於非國有銀行，國有銀行更加穩定。這種情況的出現有可能與國有銀行受到政府的監督更加嚴格、社會各界的關注度更高以及各項制度更加健全有很大關係。因此，提升非國銀行的社會關注度、加強政府對非國有銀行的監督、規範非國有銀行的政策制度是非常有必要的。

表 9-13　不同產權性質銀行環境信息披露情況統計表

產權性質	樣本數	最大值	最小值	均值	標準差
國有大型商業銀行	6	85.42	33.89	65.53	16.32
非國有銀行	35	83.86	9.40	46.05	20.27

資料來源：樣本銀行披露報告數據整理

(2) 解釋變量的描述性統計分析

如表 9-14 所顯示，首先看標準差這個指標，公司規模的標準差最高，為 4,086.34，這一結果說明，樣本銀行的市值相差懸殊。而負債比例的標準差最小，為 0.00768，這一結果說明樣本銀行的槓桿率相差無幾。淨資產收益率的標準差是 0.02208，這一結果說明在所選取的樣本銀行中，它們的盈利能力存在一定的差異。對於流通股所佔比例，有四家銀行缺少在 2020 年末的流通股數據，因此樣本數變為 37，流通股所佔比例的最大值為 1，說明社會大眾投資者對於銀行的股權掌控能力非常大，相比較而言對於銀行的監督力度也會相應提高。

表 9-14　各變量的描述性統計表

	樣本數	極大值	極小值	均值	標準差
公司規模（SIZE）	41	16573	83.19	2449.25170	4086.34
盈利能力（ROE）	41	15.94%	6.81%	11.25%	0.02208
負債比例（DEBT）	41	94.07%	90.84%	92.18%	0.00768
獨立董事比例（INDEP）	41	0.46666666	0.285714	0.37731640	0.04318
股權集中度	41	0.6537	0.0431	0.223066	0.16618
流通股所佔比例	37	1	0.100038	0.776197	0.255838

資料來源：樣本銀行披露報告數據整理

(3) 環境信息披露指數與公司市值規模關係

表 9-15 中的相關性分析結果表明，環境信息披露指數與公司市值規模呈極顯著正相關，其相關性係數為 0.421；環境信息披露指數與股權性質顯著正相關，相關性係數為 0.329；環境信息披露指數與股權集中度呈顯著正相關，相關性係數為 0.314；環境信息披露指數與流通股所佔比例呈顯著正相關，相關性係數為 0.330；被解釋變量環境信息披露指數與盈利能力、獨立董事比例的相關性較弱，其相關性係數依次為 0.024、0.094。為進一步研究各變量之間的關係，以中國商業銀行的環境信息披露評分作為被解釋變量，剩餘七個為解釋變量對其進行多元性回歸分析。

檢驗結果顯示，七個自變量均與環境信息披露指數呈正相關，有四個自變量與環境信息披露指數呈顯著正相關。在各個自變量中，從檢驗結果中可以發現其各個變量之間存在一定的相關性，因此為了排除自變量之間存在的多重共線性對結果的影響，接下來採用容差值的方法進行精確檢驗。

表 9-15　皮爾遜相關性分析結果

	環境信息披露指數	公司規模	盈利能力	股權性質	財務槓桿	股權集中度	獨立董事比例	流通股佔比例
環境信息披露指數	1							
公司規模	0.421**	1						
盈利能力	0.024	0.178	1					
股權性質	0.329*	0.654**	0.023	1				
財務槓桿	0.246	0.109	0.313*	0.159	1			
股權集中度	0.314*	0.691**	0.057	0.628**	0.024	1		
獨立董事比例	0.094	0.013	0.101	0.018	0.124	0.112	1	
流通股佔比例	0.330*	0.503**	0.044	0.225	0.387*	0.243	0.013	1

註：* 在 0.05 級別（雙尾），相關性顯著；** 在 0.01 級別（雙尾），相關性顯著

（4）多元回歸分析

初步檢驗結果表明這個模型中存在着一定程度的多重共線性，因此為了讓檢驗結果更準確，再進行進一步檢驗。檢驗結果如表 9-16 所示：本論文所選取的自變量的容差值最小，其值為 0.294，VIF 的最大值為 3.396。根據以往的理論經驗，容差值低於 0.1，VIF 值大於 10 時模型存在多重共線性，結果顯示所有的 VIF 值均未大於 10，可以斷定其不存在多重共線性問題，在理論上講可以進行下面的回歸分析。

表 9-16　多重共線性檢驗結果

模型	容差	VIF
公司規模	0.294	3.396
盈利能力	0.763	1.31
股權性質	0.478	2.092
財務槓桿	0.683	1.463
股權集中度	0.393	2.544
獨立董事所佔比例	0.945	1.058
流通股所佔比例	0.598	1.673

首先，表 9-17 的結果顯示，模型中的 R 方和經過調整後的 R 方的數值分別為 0.244 和 0.184，這説明解釋變量對被解釋變量的解釋程度分別是 24.4% 和 18.4%。根據以往的理論經驗，R 方大於 0.1 時，不存在多重共線性。由表 4.9 回歸係數表可知，各個回歸係數均為正數就能説明這些自變量對於環境信息披露指數都可以起到正向作用，其中股權集中度、公司規模、財務槓桿、盈利能力、獨立董事所佔比例、流通股所佔比例顯著性均小於 0.05，表明這幾個自變量對因變量具有顯著性影響，股權性質顯著性大於 0.05，説明對因變量的影響不顯著。各自變量的 β 值是自變量對被解釋變量的影響關係，從檢驗結果看，各個解釋變量中，盈利能力對環境信息披露水平的影響最大，影響程度從大到小是盈利能力、公司規模、財務槓桿、股權集中度、獨立董事所佔比例、股權性質、流通股所佔比例。其中被剔除的變量為股權性質。

表 9-17　回歸方程擬合表

	R	R 方	調整後 R 方	標準估算的錯誤	德賓 - 沃森
1	0.494	0.244	0.184	20.260553	1.89

a 預測變量：(常量), x7, x6, x2, x3, x4, x5, x1 b　　因變量：y

利用 SPSS 軟件對其進行回歸分析，以尋找在一定顯著水平下中國商業銀行的環境信息披露水平單位影響因素，首先根據判定依據選擇影響最顯著的控制變量，依次加入新的變量，確保每次新加入變量之前都只包含顯著性變量，重複上述操作，得出的分析結果如下：

將表 9-18 中各自變量的回歸係數代入線性回歸模型得到回歸方程：EDI=9.382lnSIZE+11.748ROE+7.419DEBT+5.179OC+4.039RIND+2.156BLOC+52.479 (9.2)

表 9-18　回歸係數表

模型	未標準化係數 B	標準錯誤	標準化係數	t	(sig) 顯著性	容差	VIF
（常量）	52.479	79.126		0.932	0.006		
公司規模	9.382	8.832	0.246	0.882	0.001	0.294	3.396
盈利能力	11.748	16.039	0.012	0.072	0.000	0.763	1.31
股權性質	3.204	12.949	0.054	0.147	0.086	0.478	2.092
財務槓桿	7.419	18.635	0.189	0.031	0.001	0.683	1.463
股權集中度	5.179	8.370	0.105	0.134	0.000	0.393	2.544
獨立董事佔比例	4.039	5.713	0.217	0.114	0.001	0.945	1.058
流通股所佔比例	2.156	3.125	0.313	0.127	0.003	0.598	1.673

a 因變量：y

(5) 實證檢驗結果分析

公司規模與商業銀行的環境信息披露水平呈顯著正相關。關於公司規模的回歸結果解釋了假設 1。上市商業銀行的規模愈大，其治理的難度和成本就愈大，而進行信息披露是解決這一問題的主要辦法；另外上市商業銀行的規模愈大，愈注重於其外在形象，更傾向於披露環境信息，獲得投資者和大眾的信賴，並且其規模愈大，也更有財力和資金實力支撐環境信息披露工作的開展。

盈利能力與商業銀行的環境信息披露水平呈顯著正相關。關於盈利能力的回歸結果解釋了假設 2。即上市商業銀行的盈利能力愈好，其財務風險比較小，也更有資金實力支持其披露工作。

股權性質對商業銀行環境信息披露水平的影響不顯著，但是對於環境信息披露水平的影響也是促進的，回歸結果不能支持假設 3。原因可能是該樣本數據中，國有股權性質的機構只有 6 家，樣本不充足，因此會出現一定的誤差。另一方面是代表國家部門投資的機構不太重視這一領域，環境責任意識也不是特別強，説明我國上市銀行的環境信息披露機制有待完善。

財務槓桿即負債率，對商業銀行環境信息披露水平產生了重大的積極影響，關於財務槓桿的回歸結果證明了假設 4。財務槓桿高的公司，其資金需求量大，需要外界利益相關者和社會大眾的支持，因此會特別注重其社會形象，增加社會大眾的信任度和認可度，因此其更偏向於披露更多與環境有關的信息，維護其社會形象。

股權集中度與商業銀行環境信息披露水平呈顯著正相關關係，關於股權集中度的回歸結果證明了假設 5。第一個方面因為大部分中小投資者是為了獲得投機收益，不顧及長遠利益，會出現阻止不利於公司的信息披露的行為，而對於控股股東來講，主要注重長遠利益，並且維護機構的外在形象；另一個方面是因為，股東之間的博弈成本也會因為較高的股權集中度而降低，其在環境信息披露方面更具有資金實力。

獨立非執行董事所佔比例與商業銀行環境信息披露水平呈顯著正相關關係。所以該結果證實了假設 6。因為獨立董事的人數愈多，其專業範圍愈廣，監督愈充分，其披露質量愈高。

流通股所佔比例與商業銀行環境信息披露水平呈顯著正相關關係，關於流通股所佔比例的回歸結果證明了假設 7。這說明流通股的比例在所有股票中所佔的比例愈大，持股的中小股東對於商業銀行的監管力度愈大，商業銀行為了維護自身形象，就會主動提高披露質量。

9.3 興業銀行環境信息披露典型案例分析

9.3.1 興業銀行的發展現狀

興業銀行在加入赤道原則以後，不斷完善自身的綠色金融規劃，不斷修正環境風險管理體系以及公司的治理及經營理念，經過十多年的發展，興業銀行的經營理念也發生了很大的變化，從一開始的注重各方利益到形成了兼顧環境社會責任的可持續發展理念。同時，興業銀行也積極探索其社會責任的多種實踐方式，將社會責任與銀行業務相結合，在履行社會責任時，不斷尋找商機，力求創建一種可持續的銀行與社會雙贏的社會實踐模式。事實表明，這一舉措使興業銀行的自身競爭力不斷提升，並產生很好的環境效益。

(1) 興業銀行的綠色金融發展現狀

興業銀行自從 2008 年加入赤道原則，一直以綠色經營作為自身的經營理念，形成嚴密的社會與風險管理原則管理體系，主要包括依法合規原則、分類管理原則等，形成了環境和社會風險的識別、分類、評估和驗證：盡職調查、信息披露和績效評估、控制與監測的管理體系。興業銀行的綠色金融業務發展得非常完善，首先在綠色信貸方面，截止到 2020 年底，興業銀行累計為 29,829 家企業提供貸款服務，融資餘額達到 2,859,800 百萬元，興業銀行 2011－2020 年綠色信貸情況如表 9-19 所示：

表 9-19　興業銀行 2011－2020 年綠色信貸數據

年份	總資產規模（億元）	貸款總額（百萬元）	綠色信貸餘額（百萬元）	綠色信貸率
2011	2,408,798	983,254	88,416	0.09
2012	3,250,975	1,229,165	1,12609	0.092
2013	3,678,304	1,357,057	1,78097	0.131
2014	4,406,399	1,593,148	296,000	0.186
2015	5,298,880	1,593,148	390,000	0.245
2016	6,085,895	1,779,408	4,90000	0.275
2017	6,416,842	2,079,814	680,600	0.327
2018	6,711,657	2,934,082	844,900	0.288
2019	7,145,681	3,441,451	1,010,900	0.294
2020	7,894,000	3,965,674	28,59800	0.721

資料來源：2011－2020 年興業銀行的年報和社會責任報告

圖 9-2　興業銀行綠色信貸規模、綠色信貸率情況圖

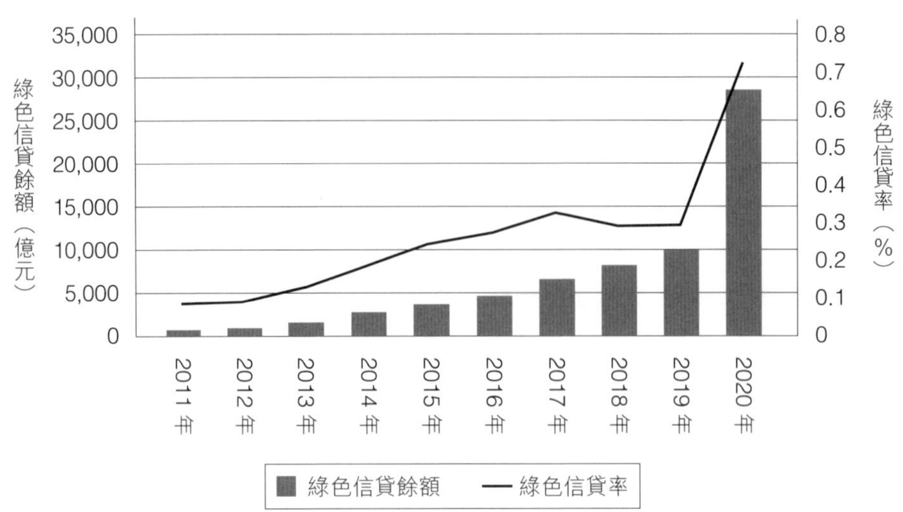

資料來源：2011－2020 年興業銀行的社會責任報告

圖 9-2 中的數據統計表明，該銀行的綠色信貸規模以及綠色信貸率一直處於上升的狀態，並且在 2020 年綠色信貸規模和綠色信貸都達到最大值，綠色信貸規模為 28,598 億元，綠色信貸率達到 72.1%，可見興業銀行的綠色信貸規模持續增長，這也印證了它的經營理念，並且產生了非常明顯的環境效果和社會意義，社會意義如表 9-20 示：

表 9-20　興業銀行 2011－2020 減排數據

年份	年節約煤（萬噸）	年減排 CO_2（萬噸）	年節水量（萬噸）	年綜合利用固體廢棄物（萬噸）
2011	2,213.06	6,397.48	9,563.56	816.26
2012	2,316.03	6,683.47	25,579.06	1,501.29
2013	2,344.34	6,868.76	25,579.06	1,504.39
2014	2,351.62	6,879.93	26,229.06	1,710.79
2015	2,553.86	7,161.99	28,340.05	1,790.68
2016	2,646.80	7,408.31	30,390.06	1,877.87

（續上表）

年份	年節約煤（萬噸）	年減排 CO_2（萬噸）	年節水量（萬噸）	年綜合利用固體廢棄物（萬噸）
2017	2,912.23	8,378.23	40,842.37	4,479.48
2018	2,979	8,416.87	40,978.19	4,543.75
2019	3,004	8,439	41,006	4,568.43
2020	3,039.01	8,472.85	41,047.25	4,596.49

資料來源：2011－2020 年興業銀行的社會責任報告

（2）興業銀行的財務現狀分析

表 9-21 是興業銀行加入赤道原則以來十年的資產狀況。隨着興業銀行綠色信貸規模的增加，不可避免會導致其他領域信貸規模的縮減和資產總額的減少，在表 9-21 中可以看出，興業銀行的資產增長率一直為正，意味着興業銀行的資產一直在持續增加，並且在商業銀行的總資產規模的佔比一直穩定在 3% 左右，説明興業銀行的競爭力一直保持非常好的狀態。

表 9-21　興業銀行 2011－2020 年資產狀況

年份	總資產規模（億元）	資產增長率	商業銀行資產規模（億元）	資產佔商業銀行總資產比例
2011	24,087.98	30.20%	808,239.00	2.98%
2012	32,509.75	35.00%	937,309.00	3.47%
2013	36,783.04	13.10%	1,045,836.00	3.52%
2014	44,063.99	19.80%	1,308,017.00	3.37%
2015	52,988.80	20.30%	1,509,380.00	3.51%
2016	60,858.95	14.90%	1,759,383.00	3.46%
2017	64,168.42	5.40%	1,904,180.00	3.37%
2018	67,116.57	4.60%	2,034,114.00	3.30%
2019	71,456.81	6.50%	2,323,369.00	3.08%
2020	78,940.00	10.50%	2,589,977.00	3.05%

資料來源：中國銀監會官網和興業銀行的年度報告

興業銀行在加入赤道原則以來，一直以綠色經營為自身的經營理念，經過多年的發展，興業銀行的實際盈利能力也證實了其踐行赤道規則給自身帶來的好處。如圖 9-3，從興業銀行近十年的數據中可以看出，興業銀行的淨利潤率持續為正，表明興業銀行的淨利潤是在不斷增加的。

圖 9-3　淨利潤與淨利潤增長率情況圖

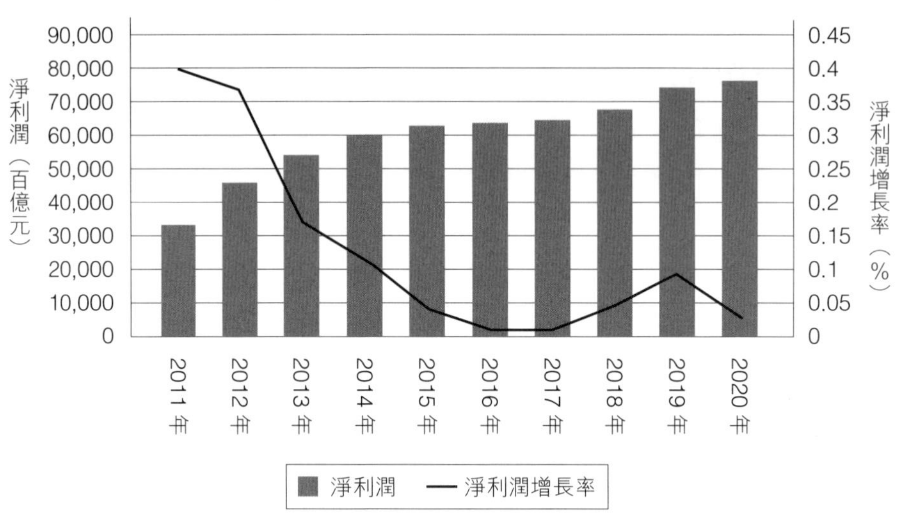

資料來源：2011－2020 年興業銀行的社會責任報告

興業銀行秉持綠色金融發展的經營理念，減少對「兩高一剩行業」貸款，增加對新能源等新興行業貸款，但是綠色金融領域的經營風險大，不可避免的會導致興業銀行的不良貸款率增加。縱觀興業銀行和商業銀行業十年的不良貸款率數據分析圖，如圖 9-4，雖然興業銀行的不良貸款率一直持續緩慢上升，在 2016 年達到峰值，在此之後有所下降，但是總體水平一直低於商業銀行業的不良貸款率水平。

根據圖 9-5 和表 9-22 可以發現，各股份制銀行的淨資產收益率開始呈現下降趨勢，興業銀行的淨資產收益率從 2011 年的 24.64% 下降到 12.62%，與另外幾家銀行的淨資產收益率的下降趨勢來比，興業銀行的淨資產收益率下降較為穩定。

圖 9-4　興業銀行與商業銀行業不良貸款率對比分析圖

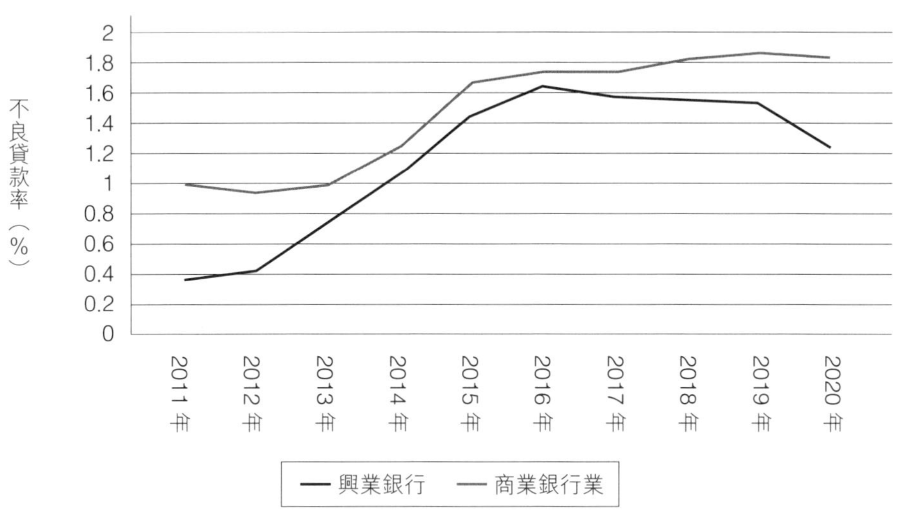

資料來源：2011－2020年興業銀行的社會責任報告

圖 9-5　股份制銀行淨資產收益率對比分析圖

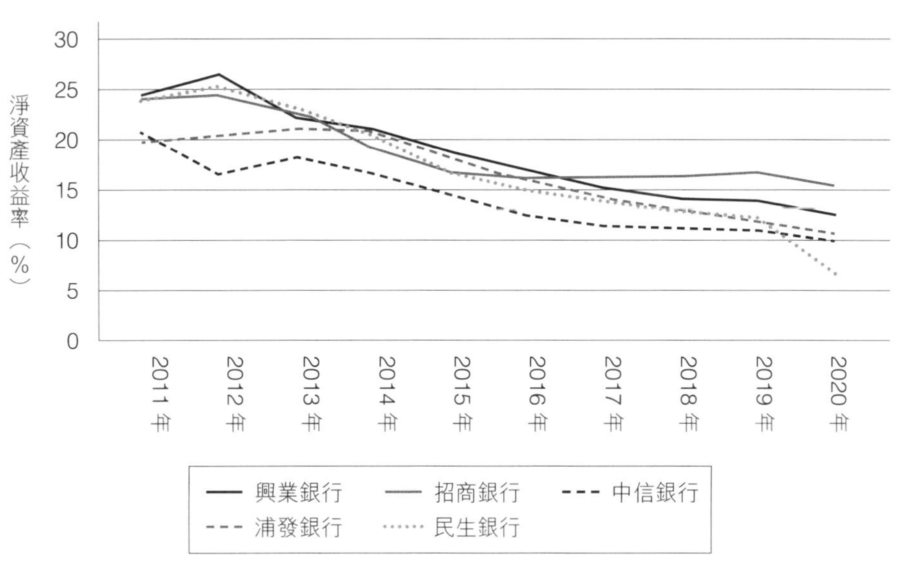

資料來源：2011－2020年興業銀行的社會責任報告

表 9-22　2011－2020 年股份制商業銀行淨資產收益率

	興業銀行	招商銀行	中信銀行	浦發銀行	民生銀行
2011 年	24.67	24.17	20.92	19.90	24.07
2012 年	26.65	24.78	16.61	20.68	25.38
2013 年	22.39	23.12	18.36	21.25	23.17
2014 年	21.21	19.28	16.76	20.85	20.39
2015 年	18.89	17.00	14.46	18.43	16.89
2016 年	17.28	16.27	12.57	15.9	15.15
2017 年	15.35	16.54	11.62	14.39	14.00
2018 年	14.27	16.57	11.35	13.08	12.99
2019 年	14.02	16.84	11.05	12.00	12.38
2020 年	12.62	15.73	10.07	10.73	6.85

資料來源：各銀行 2011－2020 年年度報告

從以上幾個維度對興業銀行的財務狀況進行分析，發現興業銀行的總資產規模處於不斷增加的態勢，在商業銀行業資產總規模中的佔比也是一直處於穩定狀態；在淨利潤方面，雖然其淨利潤增長率有所下降，但是其淨利潤一直處於增長的狀態；並且其不良貸款率也比行業的平均水平低，説明興業銀行的總體狀況在整個銀行業來説處於比較穩定的狀態。在淨資產收益率方面，雖然興業銀行的淨資產收益率下降了，但是在同行業股份制銀行裏面，興業銀行的淨資產收益率的下降趨勢溫和，這也説明興業銀行的經營能力的穩健性還是非常好的。

9.3.2 興業銀行環境信息披露現狀分析

(1) 興業銀行環境信息披露模式

自從 2008 年該銀行正式加入赤道原則以來，其主要以可持續發展報告的形式向利益相關者以及社會大眾傳遞公司社會責任信息。該銀行從

2011 年開始起連續十一年通過公開發佈可持續發展報告的形式披露社會責任相關信息，除此之外，還通過綠色金融債募集資金使用情況報告、中英金融機構環境信息披露試點年報以及環境信息披露報告等方式披露環境信息。

(2) 興業銀行環境信息披露內容

興業銀行採取定量和定性披露相結合的環境信息披露方式，分為三個維度對公司的相關信息進行披露。

第一個維度是公司治理和可持續發展戰略。定性指標包括董事會和高級管理層關於可持續發展、綠色金融業務的戰略和目標，以及「自上而下」的組織管理體系，環境和社會風險管理戰略、識別和管控體系。定量指標包括經營機構環境數據，如：溫室氣體排放、用水、用電、用紙及廢物回收利用、視頻會議佔比等綠色辦公指標。

第二個維度是綠色金融業務情況。定性指標包括綠色投融資策略、集團綠色金融發展、產品創新、實踐經驗、能力建設、理念宣傳等；綠色金融專業支持、服務綠色金融政策制定、標準對接、課題研究與合作交流等。定量指標包括綠色融資服務情況和環境效益；綠色債券發行情況和環境效益；綠色按揭、低碳信用卡、綠色理財產品等創新產品情況，以及租賃、基金、信託等子公司綠色金融業務情況等。

第三個維度是環境與社會風險管理。定性指標主要包括環境與社會風險管理政策和具體工具，內外部風險預警渠道；赤道原則實施情況和相關數據；採納信息披露相關準則、具體披露實踐；對產能過剩行業投融資政策，以及服務產業轉型情況等。定性指標主要包括環境風險預警情況；赤道原則項目投資總額和項目數；環境和社會風險管理宣教刊物、行內員工培訓情況；「兩高一剩」等棕色投融資餘額和佔比等。

9.3.3 興業銀行環境信息披露現狀

(1) 多種方式主動披露環境信息並主動接受公眾和利益相關者監督

自 2008 年以來，興業銀行一直倡導「可持續發展」的公司治理理念和社會責任實踐理念，並成立社會責任領導小組。通過可持續發展報告等多種方式披露環境相關信息，在國內金融機構環境信息披露中獨樹一幟，不斷提高信息披露的透明度。

(2) 創新環境金融，切實引導資金投向

興業銀行積極進行金融創新，並推出了首款 ESG 資產管理產品。引導綠色專項資金的投向、引導企業主個人投資者積極履行社會責任，為改善環境做貢獻。並積極踐行赤道原則，採用以點帶面的方式，結合福建本土特點，引入第三方公益專業組織，共同打造本土化的赤道原則。

(3) 全球首個披露投融資活動碳足跡的銀行

興業銀行在開展社會責任披露工作方面一直走在社會的前列，在國家出台實行信息披露試點工作以後，深圳分作為試點先行的銀行分支機構行積極踐行相關的制度規則，該分行公開發佈了《2020 年環境信息披露報告》，這也是我國銀行業第一次向外界披露其經營活動的碳足跡、以及如何計算二氧化碳排放量的測算方法和結果。

(4) 具備完善的社會責任風險管理體系

興業銀行最早在 2013 年就對環境風險進行識別評估和監測並且對環境和社會風險管理體系進行披露。為了增強該銀行對社會風險和環境風險的治理能力，該銀行以風險管理政策為導向，通過制定相應的制度措施，在風險管理層面，經過多年的發展，也形成了完善管理體系。

(5) 具備完善的社會責任組織架構

興業銀行最早在 2005 年就成立了能效融資團隊，並在 2012 年最早

設立了企業社會責任管理部門，並形成總分行、母子公司的聯動工作機制，逐步建立起企業社會責任指標體系，並且該銀行也形成了專業程度較高的管理隊伍。而其他銀行的社會責任架構成立時間較晚，比如平安銀行在 2017 年才建立社會責任工作體系，形成各級領導共同參與的社會責任管理架構。

9.4 國外發達國家的環境信息披露的經驗借鑒

9.4.1 國外發達國家的環境信息披露的制度規定及實踐

（1）美國的制度規定與實踐

美國作為傳統經濟大國，其在經濟發展的過程中更早的面臨環境問題，因此美國比其他國家更早研究環境信息披露制度，至今也形成了較為完善的環境信息披露體系。

在 20 世紀 40 年代，美國就出台了《證券法》，其中的 S-K 管制規則對上市公司的環境負債和因為遵守環境相關的法律法規而產生的成本等信息的披露提出了嚴格的要求。在 20 世紀 70 年代，美國就出台了有關環境信息的法律，其在 1986 年發佈《超級基金修訂和補充法案》，並且建立了有毒排放物的登記系統，要求相關企業至少披露 650 種以上的化學物品對於空氣、水和土壤的影響，並發佈年度報告。在公司編製 TRI 報告時，採用指標比率的方式，這樣一來可以促使公司積極進行環境信息披露。政府同時採取道德協議的方式，達標的公司將獲得榮譽稱號，以鼓勵積極披露環境信息。之後美國發佈了第 92 號會計公告，明確聲明對於不披露信息的公司予以罰款，並公佈給媒體，可以看出美國實行的是強制性的環境信息披露制度。

21世紀以來美國相繼發生安然和世通的破產案件，爆出醜聞，大大的打擊了投資者和利益相關者對於證券市場的信心，為此美國國會加強了對證券市場的監管，同時為了保護投資者的利益，對公司的環境信息披露提出了更為嚴格的要求，並對《證券法》進行完善和修改。

（2）日本的制度規定與實踐

日本作為人口多、土地面積小、自然資源比較稀缺的島國，其經濟的快速發展不可避免要承擔環境壓力，這種生存危機感也促使日本重視對環境的保護，因此日本對環境方面的研究也比較成熟，環境信息披露也形成了相對完善的體系。尤其是在20世紀30年代到60年代發生的世界範圍的八大公害事件以後，也引起了日本政府對於環境的重視，環保意識得到很大提升，並提出了源頭治理、防範為主的戰略。

在1971年日本設置了專門管理環境問題的機構組織——環境廳，並且制定了公民被害健康補償法，由企業對受害人承擔這一負擔，但是這一措施對於環境治理的效果並不明顯，隨後其環境治理的理念轉向環境保護。從20世紀70年代起與環境相關的法律相繼出台，包括《自然環境基本法》《自然環境保全法》以及《環境基本法》等法律法規，使得企業的環境污染成本高於其採取相關措施防範環境風險的成本，企業不得不開始重視對環境信息的保護，從那以後就產生了環境信息披露。日本最早進行環境信息披露的單位是豐田汽車和東京電力公司，不過那時候的環境信息披露體系不完善，對於其內容形式等沒有統一的要求。隨着全球對於環境的重視，以及歐美國家環境信息披露制度的發展，使得日本企業在國際上的競爭力受到威脅，因此日本政府出台了《關於環境保護成本的保護和公開原則》用於指導日本企業的環境信息披露工作，在此之後，企業積極創新披露形式，日本企業的環境信息披露水平得到極大的提升。在1993年，環境廳為了增加企業進行環境信息披露的主動性和積極性，發佈了《環境友好型企業行為指南》，並建立了環境報告框架，對環境信息披露內容和形式作了詳細規定，大大提高了環境信息披露時的可操作性。2005

年，日本頒佈了《關於通過促進提供環境信息等促進特定企（事）業者等環境友好型經營活動的法律》，要求企事業單位和機構積極履行社會責任，要求企業事業單位應當發佈年度環境報告，拒絕公開發佈年度環境報告的，處罰罰款。且在 2000 年到 2012 年，日本對於環境報告書連續四次修訂，對環境報告書的編寫內容進行詳細規定。

隨着愈來愈多的公司都發佈環境報告書，為了提高環境報告書的質量並增加公眾對環境報告書的認可度和信任度，日本採取第三方審查的形式確保環境報告書的質量。這種第三方審查的形式也是一種市場化、社會化的行為，第三方審查機構主要由相關組織機構、協會、專家學者等組成可持續發展報告協會，建立一套完善的審查程序，對公司發佈的環境報告書的質量進行審核，以提供審查意見和 JSUS 標識的方法來提升環境報告書質量和可信度。

（3）歐洲國家的制度規定與實踐

早在 20 世紀 70 年代，歐洲聯盟對環境信息披露制度就有了研究，並建立污染物排放與轉移登記制度，但是由於歐共體的發展相對緩慢，至今已經發展了四五十年，其環境信息披露制度體系已經非常完善。與美國和日本的強制的環境信息披露制度相比，歐洲聯盟採取的是強制性和自願性披露相結合的方式。1998 年發佈的《奧胡斯公約》對企業進行環境信息披露的主體內容形式和法律責任做出了詳細規定。

歐洲聯盟中的各成員國在 20 世紀 90 年代就加強對環境相關信息的披露。英國在上世紀 80 年代就出台相關規定，比如《環境保護法》等，對信息披露做了更加詳細的規定。荷蘭和瑞典都在 1999 年對相關企業提出了強制性信息披露的要求，強制企業對其經營活動對環境造成的影響進行評估，並將這些信息公佈給社會大眾。在 2010 年歐盟對於污染物排放與登記體系進行修改完善，對其中的排放污染物的信息以及轉移物的種類和數量進行修訂，並且要求相關企業提供 ESG 報告，後續在 2018 年繼續進行完善修訂，並且提出了不提供即解釋的原則。

9.4.2 國外發達國家的環境信息披露的經驗借鑒

（1）建立健全相關法律法規，明確上市公司披露義務

通過對美國、日本和歐盟各成員國的環境信息披露制度的研究，我們可以發現，這些國家都是立法先行，環境信息披露的法律體系、制度規定、處罰制度、監督制度和相關支持制度都非常完善。而目前我國的環境形勢嚴峻，對環境的治理迫在眉睫，在相關制度的建立方面仍然與發達國家有一定的差距。應當明晰各披露主體的披露義務以及披露的內容和詳細規定，避免各相關法律法規之間出現交叉重疊和相矛盾的現象。

（2）明確披露內容，統一披露形式和內容

國外上市公司的環境信息披露的最大的特點就是披露內容及主體的範圍界定清晰、披露形式規範統一。對環境信息披露的內容以及主體都有詳細的規定，並且編製披露內容詳細清單，披露主體可以按照清單編製環境報告。環境信息披露工作的順利開展，最主要的就是要搞清楚披露內容是甚麼，這樣才能提高該工作的可操作性。通過對各國的環境信息披露情況進行研究發現，美國和日本大部分都是以環境報告書的形式披露環境信息。而相對於我國來說，有關強制性的環境信息披露制度的起步比較晚，披露內容和形式沒有明確的歸檔，對於各個披露主體在進行環境信息披露時沒有規範統一的格式，也許就無從下手，我國應當統一環境信息披露內容和形式，讓披露結果對於社會大眾和利益相關者更具有直觀性，並且也有利於監管部門的監管工作。

（3）採用獎懲機制，加大懲罰力度

國外的環境信息披露制度中對於不進行環境信息披露者都有罰款的規定，尤其歐盟的獎懲機制更為豐富，不僅僅罰款，還有民事賠償、行政處罰等。並且對環境信息披露工作做得好或者環境治理相關指標達標的企業賦予相關榮譽稱號，甚至運用道德協議的方式，鼓勵企業積極進行環境信息披露。我國應該借鑒這方面的經驗，採用強制性環境信息披露制度並輔以相關的鼓勵政策，採用獎懲機制，體現相關部門的人性化，鼓勵企業積極配合，促進環境信息披露工作順利開展。

(4) 建立第三方審核機制

通過對國外的環境信息披露現狀進行研究發現，國外對於企業發佈的環境報告書的質量的把關非常嚴格。最典型的是歐盟，例如，為了提高公眾對企業披露的有關環境信息的認可度以及確保環境信息披露報告的準確性，歐盟設立無利害關係的第三方機構對企業發佈的相關報告進行審核核實。國外的實踐表明，披露主體披露正確真實的環境信息需要第三方機構的審核來支撐，我國可以借鑒這方面的經驗，緩解上市公司披露內容失真的問題。

9.5 研究結論及政策建議

9.5.1 研究結論

本文對影響中國商業銀行業的環境信息披露的因素進行了實證檢驗。結果表明，並非本文設定的所有指標都通過了測試。通過的指標主要包括公司規模、財務槓桿率、盈利能力、獨立董事比例、股權集中度和流通股比例，股權的性質沒有通過顯著性的檢驗。

9.5.2 政策建議

(1) 完善環境信息披露法律法規體系

應建立健全配套的環境信息披露法律法規體系，完善環境信息披露相關內容、規則和實施細則等。央行應該組織各地銀行就環境信息披露工作開展情況調查，調查其工作開展的難點，針對性解決問題，制定更適合各個銀行發展的環境信息披露制度。

(2) 引入第三方審核平台並實施獎懲機制

對於銀行業發佈的環境信息披露報告的質量要有獨立的第三方平台進行正確性和真實性的審核核實，定期對銀行業的環境信息披露報告進行現場調查，保證銀行業環境信息披露報告的質量。可以把環境信息披露工作的開展情況計入各銀行的年度評估報告中。借鑒國外的獎懲經驗，對不進行環境信息披露的商業銀行處以罰款或民事賠償等，對積極進行環境信息披露工作的銀行，予以相關榮譽稱號。也可以利用道德協議的方式鼓勵銀行積極進行環境信息披露工作。

(3) 建立系統性的環境信息披露指標

完善環境信息披露狀況，最關鍵的一環就是建立系統的、權威的環境信息披露指標，使披露主體在進行環境信息披露時，清晰知道披露甚麼，如何進行披露，並且要增加環境信息披露報告的可比性、可讀性。這一點可以借鑒西方國家的經驗，由政府、行業協會以及社會大眾共同監督環境信息披露工作的開展。由相關行業協會的專家資源建立系統的環境信息披露指標體系或者披露指標清單，利益相關者對其環境披露報告提出建議以完善披露指標體系，證券交易所出台相關的監管條例及處罰措施，監督披露主體是否積極主動全面披露環境信息。

(4) 增強商業銀行相關責任人員的環保意識

對商業銀行的相關負責人進行環境教育，提高其環保意識和社會責任意識。從以上研究中可以看出，隨着股權集中度的提高，環境信息披露的水平也會愈來愈高，這就説明商業銀行的控股股東的環保意識對於提高環境信息披露水平非常重要。首先應該從提高相關責任人員的環境責任態度入手，通過環境保護課程增強其環保意識和社會責任意識，這樣才會在根本上加強上級對下級部門的監管。其次，就是在編寫相關環境信息披露報告時，有必要增強實際操作人員的專業知識素養和環保責任意識，增加環境信息披露的可操作性。

(5) 加強相關指標核算工具研發

通過研究發現，大部分銀行披露的定性指標多，而對量化指標的披露少，尤其是有關環境風險的評估和測算指標的披露少之又少。因此銀行業內在技術支持上有必要研發環境風險測算工具，提高銀行業的數據測算能力，提高數據的可得性和數據的質量。另外，建立銀行業內的環境信息披露數據共享平台，統一披露原則、內容、平台等，這樣可以提升環境信息披露工作的可操作性，降低銀行業的成本，提高銀行業的公信力。

第 10 章

綠色信貸政策對 A 股上市企業績效的影響研究

在中國經濟社會高速發展的同時，保護環境成為另一個值得重視的話題，針對中國日益嚴重的環境污染問題，綠色發展迫在眉睫。綠色信貸政策，正是我國政府用來平衡環境的保護與經濟的增長兩者關係的一項關鍵政策措施。本文選取 2009－2020 年 1835 家 A 股上市公司數據，運用 PSM-DID 雙重差分實證模型得出結論，即綠色信貸政策的實施對上市重污染企業的績效產生明顯抑制效果，並運用中介效應模型探究產生影響的機制，結果顯示綠色信貸政策分別從融資約束和融資成本兩個途徑對企業績效產生影響。企業產權的不同會對政策效果有影響，相比於非國有企業、大規模企業，對國有企業、小規模企業的績效抑制效果更為突出；相比於非污染地區，對污染地區的政策抑制效果更明顯。本文結論從微觀企業視角入手為評價政策的執行效果提供理論依據；同時，為工商企業和銀行業做決策、以及政府機構制定相關政策提供實證經驗。

10.1 引言

自改革開放以來，我國經濟實現了飛速發展，人民生活水平也大踏步前進，但是經濟快速增長一定程度上是以犧牲生態環境為代價的。可持續發展戰略提出以來，生態環境的發展受到廣泛重視，尤其在「雙碳」目標下，各行各業積極響應綠色發展，金融部門也不斷創新綠色金融產品，為我國可持續發展提供重要支持。

綠色信貸市場是我國綠色金融中發展最早也最為成熟的市場，所以綠色信貸相關的政策體系也較成熟。2012 年頒發的《綠色信貸指引》通過引導銀行調整信貸資金流向，規範企業的行為，從而達到實現環境保護的目的，對整個綠色經濟的良性循環起到促進作用。而企業績效是一個企業最核心的評價指標，因此，研究企業績效受綠色信貸的影響意義非凡。

綠色信貸政策對企業績效的影響主要是通過銀行控制企業融資資金

情况而實現的，具體為融資約束機制和融資成本機制。融資約束機制是指綠色信貸政策通過限制污染企業的銀行貸款規模發揮作用，根據資本結構論，企業的融資規模與績效之間存在着反向關係，即當企業有較高的融資約束時其績效往往較低。由於融資約束的存在，企業無法靈活自主地決定合適的生產經營方式，因此，企業的價值不能實現最大化；而且由於其融資規模受到限制，不能及時獲得資金，企業在戰略投資時有可能錯過最佳的投資時機和項目，這同樣有損企業的績效水平。而融資成本機制是由於綠色信貸政策的實施，銀行採取差異化利率政策，對重污染企業提供貸款時給予較高的利率，這在一定程度上提高了污染企業的貸款成本，資金成本的上升會迫使企業進行轉型升級，投身綠色產業和環保項目，或者是進行技術創新升級，減少污染的排放以及能源的消耗；而對於那些環保型企業和項目，銀行在提供貸款時會給予一定的優惠，大大降低了融資成本。也正是由於銀行這樣差別化的對待，使污染企業的資金成本上升，企業績效下降，從而達到綠色信貸政策制定和執行的目的。

本文利用雙重差分模型分析驗證了綠色信貸政策實施對重污染企業的績效影響，並運用中介效應模型探究融資約束和融資成本兩個途徑如何對企業績效產生影響。同時採用多種方法進行穩健性檢驗，保證了模型的有效性。結論得出，綠色信貸政策的實施對上市重污染企業的績效產生明顯抑制效果；並且企業產權的差異、地區的污染差異均會對政策產生異質性效果。

本文的邊際貢獻在於：第一，運用 DID 模型進行綠色信貸政策對企業績效的影響分析，完善了對我國重污染企業績效研究的理論框架，為後續研究提供了新的角度和理論依據；第二，從微觀層面企業的角度為出發點，分析綠色信貸政策的實施對企業績效的影響效果及影響機制，豐富了對綠色信貸政策的定量研究；有助於引導企業實現綠色資金的最優化配置。第三，通過異質性分析，可以幫助政府了解政策實施過程中的差異化影響，為日後制定政策做參考。其餘章節安排如下：第二部分為文獻綜述，第三部分為理論分析與研究假設，第四部分為研究設計，第五部分為實證結果與分析，第六部分為結論與建議。

10.2 文獻綜述

10.2.1 綠色信貸文獻綜述

隨着對環境保護的重視，綠色信貸成為眾多學者研究的熱點。陶（Tao）等學者（2022）明確定義了環境金融的概念，並指出有綠色貸款、綠色環保基金、綠色債券等融資途徑，而赤道原則也是綠色信貸政策得以發展的基本準則。綠色信貸在我國首次提出是在 2007 年，文書洋等人（2021）指出綠色信貸就是指符合綠色環保可持續發展要求的，一切不產生污染，並可以節約資源的行為或者過程。俞嵐（2016）認為，綠色信貸就是一種通過創新金融工具來實現政策目的的金融活動，它不僅可以給綠色環保項目提供充足的資金，還能對綠色治理水平有所提高。簡而言之，綠色信貸就是為綠色環保項目和企業提供更多的資金，而對產生環境污染型的企業減少貸款；而綠色信貸政策就是政府為了使綠色信貸健康有序高效的發展而發佈的政策性文件，具有指導意義。

10.2.2 綠色信貸政策實施效果研究

大多數學者通過定性結合定量的方法發現，綠色信貸政策出台以後，一方面銀行在選擇信貸對象時會將企業的性質納入到考慮的範圍，另一方面也能有效影響企業行為，改變企業的融資結構和融資規模，從而實現政策目的（曹洪軍，2010；蔡海靜，2013）。相澤（Aizawa，2010）指出，綠色信貸是政策發揮作用的中介條件，就是銀行在提供信貸時，充分考慮綠色環保相關各種因素，積極響應和落實信貸政策的要求，從而達到信貸政策的有效性。連莉莉（2015）通過對上市企業的數據研究發現，綠色信貸政策的實施在一定程度上能夠提高企業獲取資金的成本，同時令企業融資規模有所下降，對企業融資結構特別是長期債務融資結構產生影響；廖筠（2019）等人通過實證研究發現，綠色信貸政策的逐步落實對企業的投資也產生抑制作用，及時進行環境信息披露、披露信息更全面的企業更容易享受信貸優惠。

10.2.3 綠色信貸政策對績效的影響

目前，對綠色信貸政策與績效關係的研究多集中在對銀行的研究上，並認為這種作用是積極的。杜莉、張鑫（2012）認為，赤道原則可以使銀行提高責任感，促進銀行內部的創新經營，從長期來説可以提高銀行競爭力。張琳和廉永輝（2020）分析得出，綠色信貸對於小規模以及有較高流動性的銀行而言，更能夠改善他們的財務績效。王觀宏（2020）從環保企業入手，分析得出綠色金融的發展對環保企業的績效是有促進作用的，而這種影響大小又與企業承擔風險的水平相關，即承擔風險水平較高的企業創新績效反而較低。郝宇等（2020）以產生影響的時間長短為劃分依據，分別對短期、中期和長期綠色信貸政策對企業績效產生的影響進行實證分析，結果顯示，不論在哪一個時期，對企業財務績效都具有顯著的抑制作用，只是影響程度不同，在中期產生的影響是最強的。

綜上分析可知，在研究綠色信貸與績效關係方面，更集中於銀行視角，雖然企業績效也深受綠色信貸政策影響，但是這方面的研究比較匱乏。因此，本文着眼於全局，從微觀企業的角度動態研究綠色信貸政策的實施對企業績效的影響。

10.3 理論分析與研究假設

10.3.1 綠色信貸政策影響企業績效的基本假設

債務融資是融通資金的重要渠道，但是綠色信貸政策的推進使企業融資受到以下兩個因素的影響，一是高污染、高耗能的企業貸款規模減少，二是增加企業的融資成本（陳琪，2019；柴〔Chai，2022〕和張〔Zhang，2022〕）。劉（Liu，2019）運用 DID 實證得出綠色信貸政策的實施使企業的融資能力顯著下降的結論。因此，綠色信貸政策的實施，對企業融資的影響主要展示在三個方面，即融資費用、融資規模以及融資能力的減弱。

還有部分學者研究企業績效與企業融資兩者的關係，運用實證模型分析指出，這兩者之間存在明顯的促進作用。卡恩（Khan）等人（2022）通過實證分析發現，企業融資通過提高企業的生產率而對績效產生積極的作用。王建新等人（2021）研究發現，不論是內源融資還是外源融資能力的降低，均會使其績效降低。

因此，基於上述分析，提出假設 1：綠色信貸政策會降低企業的財務績效。

10.3.2 企業性質異質性對綠色信貸政策實施效果的影響

基於基本假設，接下來分析企業績效是否受不同企業產權的影響。張勇（2020）通過研究發現，產權性質確實是可以對融資成本產生影響。根據信貸配給理論，銀行在進行信貸審批的時候，不僅要考慮盈利，還要考慮風險，所以更偏好將資金借給有保障的、規模大的國有企業，相比於非國有企業，國有企業的融資承擔的費用成本較低，所以綠色信貸政策的實施對國有企業績效的負面影響小於非國有企業。王春菊（2020）通過國有企業與中小民營企業在貸款融資的比較發現，國有企業因為有良好的財務狀況以及政策偏向，所以很容易就可以通過審批。而蘇冬蔚和連莉莉（2018）指出，銀行為了避免風險而縮小對於中小企業信貸資金二次的分配，這就使民營企業獲得較少的貸款。在國家發佈新的政策時，國有企業應當作為政策的先行者，起到模範帶頭作用，所以，在綠色信貸政策發佈以後，國有企業積極的響應號召，落實綠色信貸政策，整改自身問題，加大對於綠色環保的資金投入，這可能使國有企業的績效最先降低。

基於上述分析，提出假設 2：國有企業績效相較於非國有企業而言，綠色信貸政策效果更明顯。

10.3.3 企業規模異質性對政策執行效果的影響

企業的規模也將對政策的實施效果產生影響。對於大規模企業而言，其自身的資本存量是十分巨大的，應對風險的能力也更強，當政府實施綠色信貸政策以後，大規模企業就可以迅速適應政策，從而使其面對銀行信貸審核時更容易獲得貸款；而對於中小規模企業來說，其自身擁有資金較少，無法在短期內及時調整經營方式，所以其獲得信貸資金更困難，企業績效也會相應的減少。

綜上所述，提出假設 3：綠色信貸政策對規模小的企業的影響比規模大的企業更顯著。

10.3.4 空間異質性對綠色信貸政策實施效果的影響

薛儉（2021）提出空間異質性會對綠色信貸政策實施的效果產生一定的影響，即在污染地區和非污染地區政策效果不同。根據可持續發展的戰略要求，污染地區理應承擔更多的減排任務，當地政府為了推動綠色環保發展，企業在融資時會受到更多的限制，所以，對於污染地區而言，企業績效會受到更多的抑制。

通過分析，提出假設 4：綠色信貸政策在污染地區的效果更顯著。

10.4 研究設計

10.4.1 樣本選取與數據來源

本文的研究樣本是 2009－2020 年的 A 股上市企業。並對所研究樣本做以下的處理：（1）剔除金融類上市企業樣本中數據觀測值；（2）剔除樣本期間內 ST、*ST 和 PT 企業樣本觀測值；（3）剔除樣本中主要財務數據缺少的企業。有關上市公司財務數據來自國泰安數據庫，並在 1% 水平上對每個連續的變量採取縮尾的處理，從而排除極端值影響整個結果的可能。處理後共得到 22024 個公司的年度樣本。

10.4.2 變量定義

(1) 因變量

經文獻整理，本文利用淨資產的收益率（roe）測度企業經營期間的績效，並在檢驗穩健性時採用總資產的收益率（roa）代替收益率（roe），作為對企業的績效衡量。

(2) 自變量

雙重差分項（DID）。雙重差分析（DID）為政策時點虛擬變量（post）和政策虛擬變量（treat）的交乘項。對於政策時點虛擬變量（post），因政策開始時間為 2012 年，若年份大於等於 2012 則標 1，否則為 0。對於政策虛擬變量（treat），由《綠色信貸指引》原則，以及發佈的關鍵性的評價指標細則將環境和社會風險為 A 類的行業中的企業標記為重污染企業，為實驗組，將其他非 A 類行業的企業設置為對照組。即若上市公司屬 A 類行業，包括核力發電、水力發電、煤炭開採、黑色金屬以及非金屬水利和內河港口工程建築及洗選業的礦採選業、石油以及天然氣的開採業、其他採礦業等 9 個行業，則 treat 項為 1，否則為 0。

(3) 控制變量

結合過往文獻研究，企業自身的情況也會對結果產生干擾（郭春林，2015；王士偉，2011），本文選取了 8 個控制變量，分別是企業的槓桿率（lev）、規模（size）、上市年限（age）、現金持有水平（cash）、成長性（growth）、董事會規模（board）、董職合一（dual）、股權集中度（top1）。具體測度方式如表 10-1。

(4) 中介變量

融資約束（SA）的公式是 SA=-0.737*size1+0.043*size1^2-0.04*age。哈德洛克（Hadlock）和皮爾斯（Pierce，2009）用企業的規模和年齡這兩個隨時間改變較弱的變量構造了 SA 指數，SA 數值與企業面臨的融資約束成正相關。

融資成本（cost）為財務費用和企業的營業收入之比。cost 愈大，企業融資成本愈高。

表 10-1 變量的定義及其測度方法

變量名稱	變量類型	變量符號	變量解釋
被解釋變量	總資產收益率	roa	稅後淨利潤 / 總資產
	淨資產收益率	roe	淨利潤 / 淨資產
解釋變量	雙重差分變量	did	Treat 與 post 的交叉項
控制變量	槓桿比率	lev	企業總資產 / 總負債
	企業規模	size	企業總資產的自然對數
	企業上市年限	age	ln（年份 - 上市年份）
	現金持有水平	cash	期末現金及現金等價物餘額 / 總資產
	企業成長性	growth	企業營業收入增長率
	董事會規模	board	董事會人數的自然對數
	董職合一情況	dual	若董事長與總經理是一人則為 1，否則為 0
	股權集中度	Top1	第一大股東持股比例
中介變量	融資約束	SA	-0.737*size1+0.043*size1^2-0.04*age
	融資成本	cost	財務費用 / 營業收入

資料來源：筆者整理

10.4.3 模型構建

目前，雙重差分法是眾多學者的首選，用於評價政策是否有效。DID 實現的基本思路是通過實驗組和對照組的對比分析，構造出統計量，避免了內生性問題，能比較準確的反映出政策產生的淨效果。

在綠色信貸政策實施以後，對於每一個上市企業產生的影響是不同的，因為對於所選樣本而言，存在綠色企業和非綠色企業的數量差異這一問題，這樣的偏差也將會影響最後的實證結果。PSM 方法可以通過構造消除干擾因素，使每一個污染的行業都能挑出可比性的非重污染企業。經過傾向得分匹配之後，降低組間差距，滿足雙重差分假設前提。本文在實證部分使用 DID，並在穩健性檢驗時使用 PSM-DID。

為了驗證綠色信貸政策對企業經營績效的影響，本文建立如下雙重差分模型：

$$roe_{it} = \alpha_0 + \alpha_1 did + \alpha_2 treat + \alpha_3 post + \alpha_j X_j + \sum Ind + \sum Year + \varepsilon_t \quad (1)$$

其中 X 為控制變量合集，Ind 和 Year 分別表示為行業和時間的固定效應，而 ε 代表着隨機干擾項。若 α_1 顯著為正，則綠色信貸政策促進了企業的經營績效，若 α_1 顯著為負，則綠色信貸政策抑制了企業的經營績效。

10.5 實證結果與分析

10.5.1 描述性統計

對全樣本進行統計描述的結果如表 10-2 所示。因變量方面，企業績效（roe）最大和最小值分別為 0.3144、-0.9414，表明僅少數企業擁有較高的績效，且樣本中企業之間的績效差比較大，中位數 0.0491，表示多數企業績效都大於 0，整體績效水平好。自變量方面，政策虛擬變量（treat）均值是 0.05，說明 5% 的企業為實驗組企業，也即實施了該政策的企業。企業的槓桿水平（lev）的最大和最小值分別為 0.8900、0.0530，而平均值為 0.4147，表示企業之間資產和負債的水平存在差距比較大的情況，部分企業有較好的償債能力，但是大多數企業資產負債率高於 40%，整體較高。

其他控制變量方面，表明企業槓桿水平、規模、上市年限、現金持有水平、成長性、董事會規模、股權集中度、董職合一有較大的差距。

表 10-2　變量描述性統計

variable	N	mean	sd	min	max
Roa	22024	0.0344	0.0683	-0.3227	0.1934
roe	22024	0.0491	0.1537	-0.9414	0.3144
did	22024	0.0510	0.2201	0.0000	1.0000
treat	22024	0.0550	0.2280	0.0000	1.0000
post	22024	0.9064	0.2913	0.0000	1.0000
lev	22024	0.4147	0.2008	0.0530	0.8900
size	22024	22.1464	1.2482	19.9530	26.0469
age	22024	2.7232	0.4060	1.3863	3.4340
cash	22024	0.1608	0.1245	0.0114	0.6164
growth	22024	0.1610	0.3587	-0.5089	2.0789
board	22024	2.1278	0.1964	1.6094	2.7081
dual	22024	0.2808	0.4494	0.0000	1.0000
top1	22024	0.3372	0.1439	0.0860	0.7210

資料來源：筆者實證結果整理

表 10-3 對比了企業績效的描述性統計，並對比了政策實施前後的指標數據變化，對比可知，在綠色信貸政策實施以後，重污染企業的績效水平下降，且結果是顯著的，這也初步證明了假設 1，綠色信貸政策的實施對企業績效有抑制作用。其次，根據標準差可知，企業之間有比較大的不同。

表 10-3　綠色信貸政策頒佈前後企業績效指標變化

全樣本				重污染企業		
variable	均值	標準差	中位數	政策實施前均值	政策實施後均值	Mean Diff
roe	0.0491	0.1537	0.0651	0.1110	0.0540	0.057***
roa	0.0344	0.0683	0.0362	0.0560	0.0260	0.029***
did	0.0510	0.2201	0.0000	0.0000	1.0000	-1.000
treat	0.0550	0.2280	0.0000	1.0000	1.0000	0.000
post	0.9064	0.2913	1.0000	0.0000	1.0000	-1.000
lev	0.4147	0.2008	0.4070	0.5440	0.5730	-0.030
size	22.1464	1.2482	21.9652	23.2090	23.5860	-0.377**
age	2.7232	0.4060	2.7726	2.3980	2.8270	-0.429***
cash	0.1608	0.1245	0.1255	0.1390	0.1200	0.019*
growth	0.1610	0.3587	0.1074	0.3050	0.1270	0.178***
board	2.1278	0.1964	2.1972	2.3410	2.2010	0.140***
dual	0.2808	0.4494	0.0000	0.0800	0.1060	-0.026
top1	33.7178	14.3922	31.6500	44.9870	42.5420	2.445

資料來源：筆者實證結果整理 [1]

10.5.2 相關性分析

表 10-4 顯示了分析的結果，變量之間係數較小並且 1% 水平顯著，表明每一個變量之間無顯著的多重共線關係。

1　註：表 10-3 Mean Diff 為均值的差值；*、** 和 *** 分別為在 10%，5% 和 1% 的水平上顯著

表 10-4　相關性分析

	roe	roa	did	treat	post	lev	size
roe	1.000						
roa	0.855***	1.000					
did	0.0080	-0.028***	1.000				
treat	0.014**	-0.021***	0.961***	1.000			
post	-0.069***	-0.085***	0.075***	0.017***	1.000		
lev	-0.211***	-0.355***	0.183***	0.188***	0.017**	1.000	
size	0.074***	0.0030	0.267***	0.273***	0.143***	0.511***	1.000
age	-0.057***	-0.093***	0.059***	0.043***	0.319***	0.173***	0.224***
cash	0.169***	0.261***	-0.076***	-0.076***	-0.169***	-0.429***	-0.251***
growth	0.244***	0.262***	-0.022***	-0.014**	-0.073***	-0.0030	0.020***
board	0.046***	0.036***	0.086***	0.102***	-0.081***	0.149***	0.258***
dual	0.015**	0.034***	-0.090***	-0.095***	0.019***	-0.141***	-0.180***
top1	0.124***	0.133***	0.142***	0.151***	-0.045***	0.054***	0.177***

表 10-4　相關性分析（續表）

	age	cash	growth	board	dual	top1
age	1.000					
cash	0.174***	1.000				
growth	-0.081***	0.031***	1.000			
board	0.033***	-0.034***	-0.0090	1.000		
dual	-0.095***	0.072***	0.041***	-0.184***	1.000	
top1	-0.104***	0.036***	-0.0010	0.025***	-0.040***	1.000

資料來源：筆者實證結果整理 [2]

2　註：表 10-4*、**、*** 分別表示在 10%、5%、1% 的水平下顯著

10.5.3 實證結果分析

採用了固定時間和行業的雙向固定效應，對企業績效受綠色信貸政策的影響效果進行實證檢驗，表 10-5 展示了結果。

第（1）列 did 的係數估值為 -0.0281，且結果在統計上是顯著的 5% 水平，這說明 2012 年《綠色信貸指引》頒佈以後重污染企業績效水平有明顯的下降，在企業層面，該政策得到比較好的落實執行，所以假設 1 成立。即綠色信貸政策的實施對重污染企業起到明顯限制作用。

表 10-5　基準回歸

	(1)	(2)	(3)	(4)
變量	**roe**	**roe**	**roe**	**roe**
did	-0.0281**	-0.0273**	-0.0242**	-0.0237**
	(-2.4017)	(-2.3693)	(-2.1420)	(-2.1577)
treat	0.0329**	0.0213*	0.0220*	0.0163
	(2.5564)	(1.6974)	(1.7953)	(1.3589)
post	-0.0367***	-0.0773***	-0.0685***	-0.0632***
	(-4.4448)	(-9.8129)	(-8.6230)	(-7.9667)
lev		-0.2809***	-0.2512***	-0.2495***
		(-26.2709)	(-22.8118)	(-22.7444)
size		0.0346***	0.0327***	0.0300***
		(26.7387)	(26.1845)	(23.8187)
age			0.0060**	0.0094***
			(2.3341)	(3.5957)
cash			0.1031***	0.0940***
			(13.4124)	(12.2954)
growth			0.0988***	0.0992***
			(27.6357)	(27.7806)
board				0.0205***
				(3.7017)

（續上表）

	(1)	(2)	(3)	(4)
變量	**roe**	**roe**	**roe**	**roe**
dual				0.0050**
				(2.2926)
top1				0.0933***
				(13.9820)
Constant	0.0259*	-0.5766***	-0.5937***	-0.6215***
	(1.8977)	(-20.8087)	(-21.5879)	(-21.5911)
Ind	是	是	是	是
Year	是	是	是	是
Observations	22,024	22,024	22,024	22,024
R-squared	0.0214	0.1218	0.1782	0.1856

資料來源：筆者實證結果整理[3]

此外，第（2）、（3）、（4）列在第一列的基礎上逐步加入控制變量，回歸結果中係數符號不發生改變，且仍在 5% 的水平下顯著。結論不變，並且回歸的 R^2 還有較大提高，説明模型的解釋能力在不斷提高。

10.5.4 穩健性檢驗

（1）平行趨勢檢驗

本文運用 DID 模型進行研究，研究的前提條件是不論是控制組還是實驗組具有平行趨勢，即在政策實施之前實驗組與控制組的企業經營績效無統計上差異，但實施政策出現明顯差別。Per 表示政策實施前，current 為政策實施當年，post 為政策實施後，所以變量的含義分別為綠色信貸政策實施前三年（2009）、前兩年（2010）、前一年（2011）、當年（2012）、

3　註：表 10-5*、**、*** 分別表示在 10%、5%、1% 的水平下顯著，括號內為 t 檢驗值

表 10-6　平行趨勢檢驗結果

		(1) roe
DID_2009	per_3	-0.0299
		(-1.0980)
DID_2010	per_2	-0.0249
		(-1.2150)
DID_2011	per_1	-0.0046
		(-0.2396)
DID_2012	current	-0.0377**
		(-2.2758)
DID_2013	post_1	-0.0635**
		(-2.5123)
DID_2014	post_2	-0.0788***
		(-2.9240)
DID_2015	post_3	-0.0763***
		(-3.2034)
DID_2016	post_4	-0.0457***
		(-3.0646)
DID_2017	post_5	-0.0611***
		(-3.8259)
DID_2018	post_6	-0.0335**
		(-2.0268)
	Constant	-0.6200***
		(-21.5220)
	控制變量	是
	Ind	是
	Year	是
	Observations	22,024
	R-squared	0.1874

資料來源：筆者實證結果整理[4]

4　註：表 10-6*、**、*** 分別表示在 10%、5%、1% 的水平下顯著，括號內為 t 檢驗值

後一年（2013）、後兩年（2014）、後三年（2015）、後四年（2016）、後五年（2017）、後六年（2018）對實驗組取 1，否則為零。發現 per_3、per_2、per_1 係數均不顯著，這也意味着不論是實驗組還是控制組企業均具有平行趨勢，而政策實施當年以及後六年估計係數顯著，說明從政策實施的當年開始，政策就開始抑制企業的經營績效。

通過表 10-6 進一步分析綠色信貸政策對企業績效的動態影響，由結果可知，從政策實施第一年開始，就已經開始對企業的績效表現出明顯的抑制影響，在 5% 的水平下是顯著的。接下來，從 2012 年開始，到 2017 年，抑制效果有很大的增強，並且所有的結果都通過顯著性檢驗，這一方面得益於政策的執行力度不斷加大，另一方面，也得益於政府的宣傳力度，使企業提高環保意識，從而使綠色信貸政策發揮了更大的作用。

（2）政策時點提前

為了進一步衡量基準結果的穩健性，本文將政策時點提前到 2011 和 2010 年，如果回歸結果仍然十分顯著，則說明企業績效並不是唯一受綠色信貸政策影響，其他的因素同樣產生影響，如果時間點提前之後結果並不顯著，則說明綠色信貸政策的實施抑制企業績效這一假設是正確的。回歸結果如表 10-7 列（1）、（2）所示，當將政策時點提前之後新 did 項的回歸係數不顯著，這也表明基準的回歸是非常穩健的。

（3）更換被解釋變量衡量方式

判斷回歸結果是否穩健的另一個方式，就是通過更換因變量，如果更換之後結果不再顯著，則說明原結果不成立。我們採用 roa 替換 roe 衡量企業的經營績效，去檢驗政策影響是否依然存在，從而排除有變量選擇產生的差誤，結果見表 10-7 列（3），did 的回歸係數依舊顯著為負，說明綠色信貸政策對於企業經營績效抑制作用的穩健性。

表 10-7　政策時點提前

	(1)	(2)	(3)
	提前到 2011 年	提前到 2010 年	更換變量衡量方式
變量	roe	roe	roa
did	-0.0128	-0.0089	-0.0092*
	(-0.8955)	(-0.3612)	(-1.6985)
treat	0.0065	0.0030	0.0041
	(0.4298)	(0.1190)	(0.7112)
post	-0.0636***	-0.0638***	-0.0297***
	(-7.9997)	(-7.9068)	(-9.4341)
lev	-0.2496***	-0.2496***	-0.1522***
	(-22.7471)	(-22.7499)	(-43.9726)
size	0.0300***	0.0300***	0.0138***
	(23.8171)	(23.8182)	(30.2825)
age	0.0094***	0.0094***	0.0035***
	(3.5986)	(3.5966)	(3.1048)
cash	0.0938***	0.0937***	0.0640***
	(12.2599)	(12.2509)	(16.9205)
growth	0.0993***	0.0993***	0.0473***
	(27.7825)	(27.7934)	(31.4586)
board	0.0206***	0.0206***	0.0121***
	(3.7222)	(3.7276)	(5.3984)
dual	0.0050**	0.0050**	0.0021**
	(2.2980)	(2.3007)	(2.2511)
top1	0.0009***	0.0009***	0.0005***
	(13.9794)	(13.9764)	(17.2132)
Constant	-0.6213***	-0.6213***	-0.2621***
	(-21.5794)	(-21.5497)	(-24.1818)
Ind	是	是	是
Year	是	是	是
Observations	22,024	22,024	22,024
R-squared	0.1855	0.1855	0.2908

資料來源：筆者實證結果整理[5]

5　註：表 10-7*、**、*** 分別表示在 10%、5%、1% 的水平下顯著，括號內為 t 檢驗值

(4) 安慰劑檢驗

本文通過隨機抽樣 1,000 次實驗組，在樣本企業中隨機抽取實驗組，並對這些抽出的僞實驗組進行回歸，並保留每次的回歸係數和 p 值，並畫出核密度圖，這些的係數大多分佈在 0 附近，顯著的異於表 10-5 列（4）的回歸得到的真值（-0.0237）且大多數 p 值大於 0.1，則表明對於隨機生成的僞實驗組 did 項係數並不顯著，證明實驗結果的穩健性。

圖 10-1　安慰劑檢驗

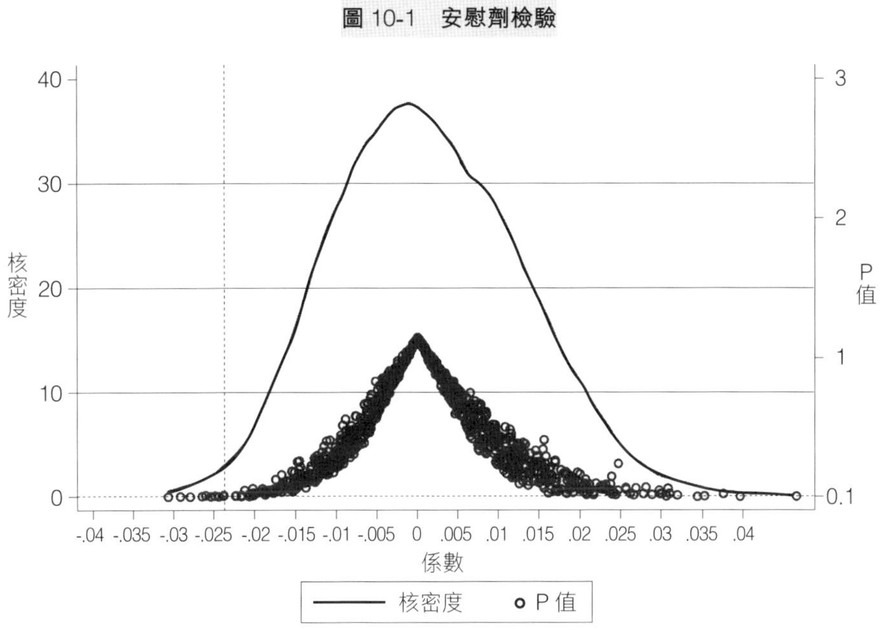

資料來源：筆者實證結果整理

(5) PSM-DID

為了進一步減少實驗組和控制組企業個體的差異，減少樣本選擇偏誤引致的內生性，採用 PSM-DID 進行穩健性檢驗。為了對樣本進行匹配，通常採用半徑匹配、核匹配這兩種方法，找到滿足共同支撐假設的樣本，減少差距，再進行雙重差分，結果如圖 10-2 和 10-3。雖然匹配方法有所不同，但是在匹配之前和之後控制組與實驗組的不同有明顯減小。

圖 10-2　半徑鄰匹配

size
lev
top1
board
age
growth
cash
dual
Unmatched
Matched
-50
0
50
100
150
Standardized % bias across covariates

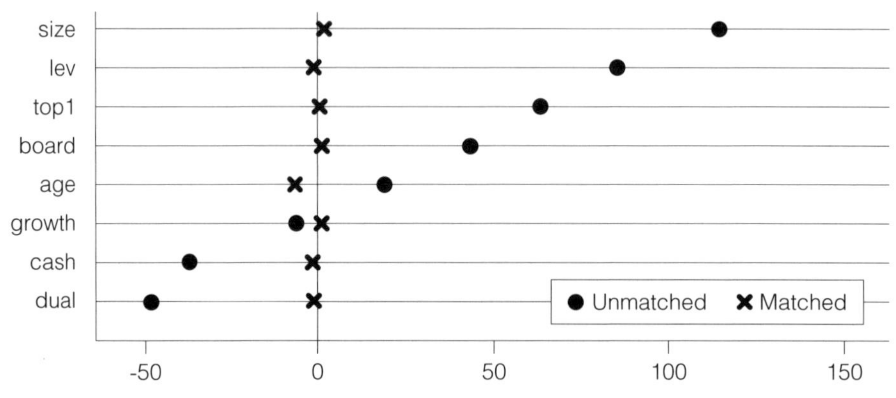

資料來源：筆者實證結果整理

圖 10-3　核匹配

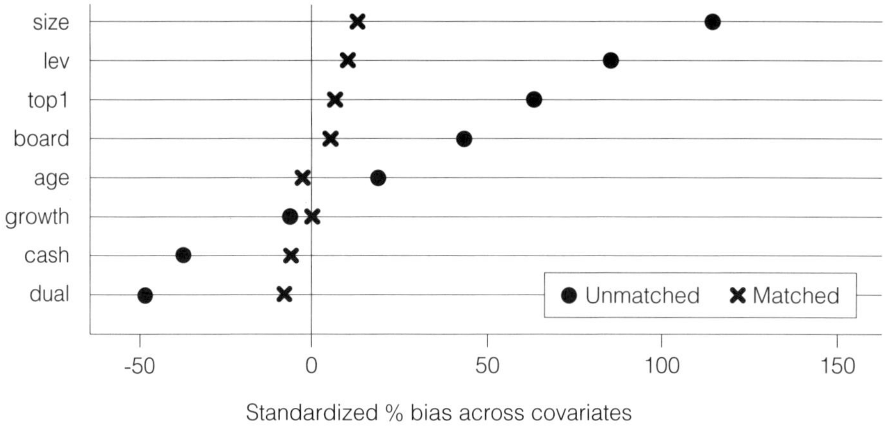

size
lev
top1
board
age
growth
cash
dual
Unmatched
Matched
-50
0
50
100
150
Standardized % bias across covariates

資料來源：筆者實證結果整理

在匹配之後，再對滿足共同支撐假設的樣本回歸，結果由表 10-8 顯示，在傾向得分匹配（PSM）之後，綠色信貸政策依舊顯著的抑制了企業經營績效。

表 10-8 PSM-DID

	(1)	(2)
變量	**半徑鄰 roe**	**核匹配 roe**
did	-0.0234**	-0.0234**
	(-2.1209)	(-2.1290)
treat	0.0160	0.0160
	(1.3305)	(1.3302)
post	-0.0633***	-0.0634***
	(-7.9573)	(-7.9638)
lev	-0.2497***	-0.2497***
	(-22.7560)	(-22.7571)
size	0.0300***	0.0300***
	(23.8228)	(23.8199)
age	0.0093***	0.0093***
	(3.5726)	(3.5694)
cash	0.0955***	0.0955***
	(12.4234)	(12.4252)
growth	0.0994***	0.0993***
	(27.7221)	(27.7375)
board	0.0200***	0.0200***
	(3.6099)	(3.6052)
dual	0.0052**	0.0052**
	(2.3823)	(2.3829)
top1	0.0009***	0.0009***
	(13.8279)	(13.8206)
Constant	-0.6210***	-0.6206***
	(-21.5427)	(-21.5403)
Ind	是	是
Year	是	是
Observations	21,965	21,970
R-squared	0.1857	0.1857

資料來源：筆者實證結果整理[6]

6 註：表 10-8*、**、*** 分別表示在 10%、5%、1% 的水平下顯著，括號內為 t 檢驗值

(6) 更改樣本窗期

將樣本期間由原來的 2009－2020 縮短到 2009－2018 以及 2009－2016，防止由於樣本期間過長，其他政策對模型結果產生干擾，由表 10-9 列（1）、（2）可以看出，did 項的回歸係數有所變化，但依舊顯著為負，在排除一些政策的干擾後，綠色信貸政策依舊抑制了企業經營績效。列（3）、列（4）在縮短樣本窗期的基礎上採用 roa 衡量企業經營績效，綠色信貸政策依舊抑制了企業的經營績效。

表 10-9　更改樣本窗期

	(1) 2009 － 2018	(2) 2009 － 2016	(3) 2009 － 2018	(4) 2009 － 2016
變量	roe	roe	roa	roa
did	-0.0251**	-0.0242**	-0.0100*	-0.0103*
	(-2.2708)	(-2.1176)	(-1.8590)	(-1.8883)
treat	0.0134	0.0114	0.0031	0.0020
	(1.1036)	(0.8719)	(0.5415)	(0.3461)
post	-0.0716***	-0.0519***	-0.0323***	-0.0259***
	(-8.8722)	(-6.9174)	(-10.1861)	(-8.6151)
lev	-0.2254***	-0.2109***	-0.1419***	-0.1347***
	(-18.7511)	(-15.7776)	(-38.1779)	(-34.3797)
size	0.0269***	0.0250***	0.0125***	0.0119***
	(19.2714)	(16.2831)	(24.8487)	(21.5707)
age	0.0069***	0.0081***	0.0028**	0.0030***
	(2.6536)	(3.2029)	(2.5208)	(2.6789)
cash	0.0711***	0.0418***	0.0542***	0.0406***
	(9.0287)	(5.1291)	(13.7102)	(9.9632)
growth	0.0819***	0.0717***	0.0390***	0.0341***
	(22.2841)	(19.7058)	(25.8485)	(22.1757)
board	0.0224***	0.0111*	0.0127***	0.0074***
	(3.7695)	(1.7813)	(5.3600)	(3.0375)
dual	0.0076***	0.0076***	0.0029***	0.0033***
	(3.4898)	(3.4970)	(3.0117)	(3.2433)

（續上表）

	(1) 2009 － 2018	(2) 2009 － 2016	(3) 2009 － 2018	(4) 2009 － 2016
變量	**roe**	**roe**	**roa**	**roa**
top1	0.0008***	0.0004***	0.0004***	0.0002***
	(10.6219)	(4.9766)	(13.1550)	(6.9270)
Constant	-0.5579***	-0.4802***	-0.2355***	-0.2086***
	(-17.5690)	(-13.8686)	(-19.8875)	(-16.0273)
Ind	是	是	是	是
Year	是	是	是	是
Observations	16,727	11,567	16,727	11,567
R-squared	0.1705	0.1698	0.2843	0.3054

資料來源：筆者實證結果整理[7]

10.5.5 綠色信貸政策影響上市企業績效的機制分析

為進一步衡量綠色信貸政策通過甚麼樣的作用途徑作用於企業經營績效，本文引入中介效應模型：

$$med_i = \beta_0 + \beta_1 did + \beta_2 treat + \beta_3 post + \beta_j X_j + \sum Ind + \sum Year + \varepsilon_t \quad (2)$$

$$roe_i = \gamma_0 + \gamma_1 med_t + \gamma_2 did_t + \gamma_3 treat + \gamma_4 post + \gamma_j X_j + \sum Ind + \sum Year + \varepsilon_t \quad (3)$$

med 表示中介變量，本文選取的中介變量分別為融資成本（cost）和融資約束（SA 指數）。SA 的衡量方式為 SA=-0.737*size1+0.043*size1^2-0.04*age，size1 可以用企業的總資產除以一百萬的自然對數表示，age 表示企業的年齡，SA 與企業的融資約束正相關。採用財務費用比營業收入值（cost）衡量公司融資成本，cost 愈大企業融資成本愈高。

其他變量含義與式（1）一致。此處主要關注回歸係數 β_1 和 γ_1 的值，若 β_1 和 γ_1 的值顯著，且在 α_1 顯著的情況下，若 $\beta_1 * \gamma_1$ 的符號與 α_1 的符號相同，則中介效應成立。

7　註：表 10-9*、**、*** 分別表示在 10%、5%、1% 的水平下顯著，括號內為 t 檢驗值

（1）融資約束的中介作用

融資約束的中介效應回歸結果如表 10-10-1 所示，列（1）中政策變量（did）係數 β_I 為 -0.0237，説明綠色信貸政策的實施抑制了企業績效，進行中介檢驗的前提成立。

列（2）中政策變量（did）與中介變量（SA）係數都是顯著為正的，表示實施政策可以加劇融資約束；列（3）中中介變量（SA）與企業績效（roe）係數為 -0.0378，兩者顯著為負，説明融資約束有顯著的間接效應。列（3）政策變量（did）的係數絕對值比列（1）的有所降低，意味着融資約束確實起到了部分中介效果。説明綠色信貸政策通過提高了企業融資約束，使得企業難以獲得資金進而抑制了企業的經營績效。綠色信貸政策抑制企業經營績效的邏輯路徑是「綠色信貸——融資約束——企業經營績效」。

表 10-10-1　融資約束機制分析

	(1)	**(2)**	**(3)**
變量	**roe**	**SA**	**roe**
SA			-0.0378***
			(-4.2441)
did	-0.0237**	0.1097***	-0.0196*
	(-2.1577)	(5.7419)	(-1.7757)
treat	0.0163	-0.0244	0.0154
	(1.3589)	(-1.3771)	(1.2864)
post	-0.0632***	-0.0352***	-0.0645***
	(-7.9667)	(-6.2844)	(-8.1287)
lev	-0.2495***	-0.0233***	-0.2504***
	(-22.7444)	(-4.3320)	(-22.7605)
size	0.0300***	0.0260***	0.0310***
	(23.8187)	(17.1214)	(22.8488)

（續上表）

	(1)	(2)	(3)
變量	**roe**	**SA**	**roe**
age	0.0094***	-0.0559***	0.0073***
	(3.5957)	(-23.1798)	(2.7217)
cash	0.0940***	0.0709***	0.0967***
	(12.2954)	(10.4967)	(12.6049)
growth	0.0992***	-0.0170***	0.0986***
	(27.7806)	(-9.0061)	(27.5915)
board	0.0205***	-0.0168***	0.0198***
	(3.7017)	(-3.7146)	(3.5865)
dual	0.0050**	0.0067***	0.0052**
	(2.2926)	(4.4595)	(2.4018)
top1	0.0009***	0.0005***	0.0010***
	(13.9820)	(9.0847)	(14.2304)
Constant	-0.6215***	-3.5923***	-0.7574***
	(-21.5911)	(-119.3027)	(-15.4351)
Ind	是	是	是
Year	是	是	是
Observations	22,024	22,024	22,024
R-squared	0.1856	0.1733	0.1862

資料來源：筆者實證結果整理[8]

(2) 融資成本的中介作用

融資成本的中介效應回歸結果如表 10-10-2 所示，列（1）中政策變量（did）係數 β_1 為 -0.0237，説明綠色信貸政策的實施抑制了企業績效，進行中介檢驗的前提成立。

列（2）中政策變量（did）與中介變量（cost）係數顯著為正，表示

8　註：表 10-10*、**、*** 分別表示在 10%、5%、1% 的水平下顯著，括號內為 t 檢驗值

實施政策可以增加融資成本；列（3）中中介變量（cost）與企業績效（roe）係數為 -0.9292，兩者顯著為負，說明融資成本有顯著的間接效應。列（3）政策變量（did）的係數絕對值比列（1）的有所降低，意味着融資成本確實起到了部分中介效果。說明綠色信貸政策通過提高了企業融資成本，使得企業獲得資金減少，進而抑制了企業的經營績效。綠色信貸政策抑制企業經營績效的邏輯路徑是「綠色信貸—融資成本—企業經營績效」。

表 10-10-2　融資成本的中介作用

	(1)	**(2)**	**(3)**
變量	**roe**	**cost**	**roe**
cost			-0.9292***
			(-13.8908)
did	-0.0237**	0.0040**	-0.0200*
	(-2.1577)	(2.0941)	(-1.8062)
treat	0.0163	0.0048	0.0207*
	(1.3589)	(1.2770)	(1.7288)
post	-0.0632***	0.0015	-0.0618***
	(-7.9667)	(1.3923)	(-7.9166)
lev	-0.2495***	0.0740***	-0.1808***
	(-22.7444)	(53.4258)	(-16.2177)
size	0.0300***	-0.0007***	0.0293***
	(23.8187)	(-4.0282)	(23.3872)
age	0.0094***	-0.0009*	0.0086***
	(3.5957)	(-1.8590)	(3.3454)
cash	0.0940***	-0.0628***	0.0357***
	(12.2954)	(-40.0195)	(4.1510)
growth	0.0992***	-0.0085***	0.0913***
	(27.7806)	(-14.8479)	(26.9118)
board	0.0205***	-0.0037***	0.0170***
	(3.7017)	(-3.7906)	(3.1187)

（續上表）

	(1)	(2)	(3)
變量	**roe**	**cost**	**roe**
dual	0.0050**	0.0010***	0.0059***
	(2.2926)	(2.8625)	(2.7609)
top1	0.0009***	-0.0002***	0.0007***
	(13.9820)	(-16.4040)	(11.2502)
Constant	-0.6215***	0.0364***	-0.5877***
	(-21.5911)	(8.4861)	(-20.5978)
Ind	是	是	是
Year	是	是	是
Observations	22,024	22,024	22,024
R-squared	0.1856	0.4307	0.2069

資料來源：筆者實證結果整理[9]

10.5.6 綠色信貸政策影響上市企業績效異質性分析

(1) 企業異質性分析

首先，企業所有權異質性分析。為了分析不同性質的企業受影響程度是否一致，本文將企業按照產權歸屬劃分為國有企業以及非國有企業，並分別對兩個子樣本採用式（1）的方法進行回歸，結果如表 10-11 列（1）、（2）所示。檢驗穩健性，結果如表 10-11 列（3）、（4）所示。

由表 10-11 可知，政策變量（did）前係數均為負，説明綠色信貸政策對企業績效有明顯抑制效果，但國有企業前的係數在 10% 的顯著性水平下是顯著為負的，而非國有企業前的係數均不顯著，説明綠色信貸政策抑制了國有企業的經營績效而對非國有企業經營績效的影響不顯著。

---

9 註：表 10-10*、**、*** 分別表示在 10%、5%、1% 的水平下顯著，括號內為 t 檢驗值

表 10-11　產權性質異質性

	(1) 國企	(2) 非國企	(3) 國企	(4) 非國企
變量	**roe**	**roe**	**roa**	**roa**
did	-0.0221*	-0.0014	-0.0105*	-0.0083
	(-1.7712)	(-0.0466)	(-1.8438)	(-0.4907)
treat	0.0125	0.0005	0.0046	0.0063
	(0.8550)	(0.0176)	(0.7645)	(0.3716)
post	-0.0411***	-0.0920***	-0.0184***	-0.0463***
	(-3.4822)	(-9.0930)	(-4.4498)	(-10.5701)
lev	-0.2582***	-0.2373***	-0.1406***	-0.1566***
	(-14.6561)	(-16.7548)	(-27.6918)	(-32.6322)
size	0.0294***	0.0333***	0.0130***	0.0161***
	(15.3031)	(18.7368)	(21.0744)	(23.4046)
age	0.0040	0.0141***	0.0032	0.0050***
	(0.7874)	(4.6239)	(1.6014)	(3.6693)
cash	0.1550***	0.0772***	0.0880***	0.0567***
	(11.1224)	(8.2405)	(13.7452)	(11.8507)
growth	0.0899***	0.1006***	0.0379***	0.0506***
	(14.5062)	(23.1522)	(16.1828)	(26.5208)
board	0.0153*	0.0258***	0.0073**	0.0162***
	(1.6567)	(3.7160)	(2.3441)	(5.2948)
dual	0.0053	0.0034	0.0018	0.0011
	(0.9831)	(1.3947)	(0.8711)	(0.9994)
top1	0.0006***	0.0012***	0.0003***	0.0006***
	(4.8614)	(14.5267)	(6.6547)	(16.9532)
Constant	-0.5872***	-0.7087***	-0.2472***	-0.3113***
	(-13.1829)	(-17.4962)	(-15.8810)	(-19.3387)
Ind	是	是	是	是
Year	是	是	是	是
Observations	7,826	14,198	7,826	14,198
R-squared	0.1921	0.1923	0.3200	0.2872

資料來源：筆者實證結果整理[10]

10　註：表 10-11*、**、*** 分別表示在 10%、5%、1% 的水平下顯著，括號內為 t 檢驗值

其次，企業規模異質性分析。為了分析不同性質的企業受影響程度是否一致，本文按照企業規模（size）的樣本中位數為界，將樣本企業分為規模大的企業和規模小的企業，如表 10-12 所示的結果。

由表 10-12 可知，政策變量（did）前的係數均為負且顯著，意味着綠色信貸相關政策的確會抑制企業績效，但規模小的企業的係數在政策變量前是顯著的，而規模大的企業前的係數均不顯著，説明綠色信貸政策抑制了小規模企業的經營績效而對大規模企業經營績效影響不顯著。

表 10-12　企業規模異質性

	(1) 規模大	(2) 規模小	(3) 規模大	(4) 規模小
變量	**roe**	**roe**	**roa**	**roa**
did	-0.0092	-0.0483**	-0.0079	-0.0153*
	(-0.7056)	(-2.0784)	(-1.2835)	(-1.7366)
treat	-0.0047	0.0643***	-0.0008	0.0271**
	(-0.3354)	(2.6685)	(-0.1281)	(2.5088)
post	-0.0483***	-0.0656***	-0.0198***	-0.0331***
	(-3.2182)	(-6.6162)	(-4.1463)	(-7.9304)
lev	-0.2838***	-0.2241***	-0.1657***	-0.1426***
	(-18.3626)	(-14.6695)	(-36.1307)	(-28.6955)
size	0.0289***	0.0299***	0.0109***	0.0156***
	(15.4412)	(10.1078)	(17.7534)	(12.9897)
age	0.0156***	0.0044	0.0074***	0.0006
	(3.6376)	(1.3342)	(4.4602)	(0.3987)
cash	0.1620***	0.0801***	0.0863***	0.0616***
	(12.0308)	(8.2399)	(14.4426)	(12.5174)
growth	0.0916***	0.1052***	0.0357***	0.0571***
	(19.1172)	(20.0634)	(19.8618)	(24.4622)
board	0.0137*	0.0261***	0.0049*	0.0172***
	(1.6708)	(3.4935)	(1.7105)	(5.0938)

（續上表）

	(1) 規模大	(2) 規模小	(3) 規模大	(4) 規模小
變量	**roe**	**roe**	**roa**	**roa**
dual	0.0071*	0.0050*	0.0032**	0.0021*
	(1.8682)	(1.8842)	(2.0893)	(1.7305)
top1	0.0008***	0.0011***	0.0004***	0.0006***
	(8.2874)	(11.5361)	(10.9802)	(13.7794)
Constant	-0.6001***	-0.6317***	-0.1919***	-0.3117***
	(-12.8902)	(-10.0080)	(-12.1816)	(-11.8428)
Ind	是	是	是	是
Year	是	是	是	是
Observations	9,701	12,323	9,701	12,323
R-squared	0.1974	0.1842	0.3302	0.2869

資料來源：筆者實證結果整理[11]

(2) 空間異質性分析

根據區域間 SO_2 排放量的不同，將全國 31 個省區市按上市公司註冊地的所在劃分為污染地區和非污染地區，具體分組見表 10-13 所示。

表 10-13　污染地區與非污染地區的劃分

污染地區	湖北、湖南、雲南、廣東、陝西、四川、新疆、江蘇、貴州、遼寧、河北、河南、山西、內蒙古、山東和重慶
非污染地區	西藏、海南、北京、青海、上海、天津、福建、吉林、寧夏、廣西、黑龍江、安徽、江西、浙江、甘肅

資料來源：筆者整理

回歸結果由表 10-14 所示。被解釋變量不論是 roa 還是 roe，did 前的係數在污染地區的都是顯著的，所以綠色信貸政策抑制了污染地區的企業經營績效，但對於非污染地區經營績效的影響不顯著。

11　註：表 10-12*、**、*** 分別表示在 10%、5%、1% 的水平下顯著，括號內為 t 檢驗值

表 10-14　空間異質性

	(1) 污染地區	(2) 非污染地區	(3) 污染地區	(4) 非污染地區
變量	**roe**	**roe**	**roa**	**roa**
did	-0.0323*	-0.0181	-0.0152*	-0.0053
	(-1.8357)	(-1.3137)	(-1.9065)	(-0.7440)
treat	0.0340*	0.0027	0.0153*	-0.0029
	(1.7545)	(0.1840)	(1.7944)	(-0.4006)
post	-0.0554***	-0.0684***	-0.0271***	-0.0314***
	(-4.4020)	(-6.8132)	(-5.4310)	(-7.8974)
lev	-0.2465***	-0.2530***	-0.1513***	-0.1538***
	(-14.3142)	(-17.7158)	(-27.0753)	(-34.8013)
size	0.0274***	0.0316***	0.0122***	0.0149***
	(14.9459)	(18.2114)	(17.8895)	(24.3142)
age	0.0066*	0.0109***	0.0021	0.0041***
	(1.6712)	(3.1147)	(1.2168)	(2.7920)
cash	0.0971***	0.0872***	0.0670***	0.0598***
	(8.1816)	(8.7886)	(11.5568)	(12.0394)
growth	0.1031***	0.0961***	0.0497***	0.0454***
	(17.9573)	(21.1322)	(20.1819)	(24.0223)
board	0.0158**	0.0238***	0.0095***	0.0131***
	(2.0441)	(3.0483)	(2.8631)	(4.2737)
dual	0.0029	0.0062**	0.0018	0.0021*
	(0.9019)	(2.1300)	(1.2248)	(1.7261)
top1	0.0010***	0.0008***	0.0006***	0.0004***
	(10.2706)	(9.5011)	(12.9447)	(11.5201)
Constant	-0.5493***	-0.6667***	-0.2295***	-0.2811***
	(-13.4419)	(-16.5662)	(-14.3299)	(-19.0781)
Ind	是	是	是	是
Year	是	是	是	是
Observations	9,519	12,505	9,519	12,505
R-squared	0.1885	0.1899	0.2913	0.2988

資料來源：筆者實證結果整理 [12]

12　註：表 10-14*、**、*** 分別表示在 10%、5%、1% 的水平下顯著，括號內為 t 檢驗值

10.6 結論與政策建議

10.6.1 結論

本文結合現有學者的研究，運用我國滬深 2009－2020 年上市企業相關的數據，選用 DID 模型以及中介效應模型，具體研究了 2012 年《綠色信貸指引》的頒佈對企業績效產生的影響，具體結論如下：

第一，從政策影響效果而言：綠色信貸政策的實施對上市企業資產收益率（roe 和 roa）即績效水平均有顯著抑制作用，這一結果也通過了穩健性檢驗。

第二，在產生影響的機制分析方面：綠色信貸政策通過融資約束和融資成本約束兩個影響途徑使企業的績效降低。其原因可能是綠色信貸政策的頒佈，對銀行的信貸審批提出了嚴格的要求，要將企業的綠色發展相關信息在審批流程中充分考慮，對於那些不符合標準的企業，不予以貸款，或者是給予較高的貸款利率，既影響了企業的融資規模，也大大增加了企業的融資花費，從而降低企業績效。

第三，在異質性分析方面：（1）企業異質性分析顯示，綠色信貸政策對國有企業和小規模企業影響更顯著，反之，則不顯著。一般而言，國有企業應當承擔更多的社會責任，所以在信貸政策執行過程中，也會對國有企業提出更高的要求。當綠色信貸政策頒佈以後，國有企業更多的起到榜樣作用，也會積極主動地減少污染項目投資，增加對綠色項目的投資以及生產經營方式的綠色化創新發展。而小規模企業由於其資本存量以及生產經營結構，抵禦政策風險的能力較弱，所以對其績效也會產生更多的影響。（2）空間異質性分析顯示，綠色信貸政策對於重污染地區有更強的抑制作用，這可能是因為重污染地區有更多的政策指標要完成，所以，在執行綠色信貸政策時也會更嚴格。

10.6.2 政策建議

根據前面理論與實證分析的結果，本文提出關於我國綠色信貸政策接下來發展的建議和啟示。為了進一步提高政策的有效性，銀行應當加強審核力度，對於那些污染項目和不合規的企業，提高貸款利率或者直接不予以貸款；同時，也應當完善貸後資金流向的監督管理，防止由於信息不對稱而產生信貸資金流向不明的問題，從而影響政策的有效性。銀行可以通過對綠色金融產品的創新來提高政策的執行效果。比如，銀行可以將節能減排作為抵押物，對環保產業給予有傾向的信貸支持，以此構建碳金融和銀行信貸之間的橋樑，既有助於實現更多的經濟效益，也有助於綠色信貸政策更好地落實和發展。

相比於西方發達國家綠色信貸制度的建立，我國起步晚，現在處於初期階段，雖然綠色信貸政策已取得階段性勝利，但仍有一定的局限性。比如，雖然銀行和地方政府都積極響應綠色信貸政策的號召，並制定出綠色項目的標準以及風險評價體系，但是標準的不一致，也給政府的監管帶來了難題，所以，制定統一的標準和規範迫在眉睫，政府要根據行業的不同，制定出銀行可以執行的統一的行業標準和實施的工具。其次，政府需要繼續完善相關的法律體系，用強制性的手段規範信貸執行以及落實時面臨的難題，明確責任權利；最後，也要根據地區的不同，企業的差別，不同性質的行業來進行分類分級管理，加大金融監管力度。

第 11 章

綠色金融系統創新面臨的問題及其根源

近年來，我國綠色金融體系發展迅速，但在促進我國低碳轉型方面仍然面臨着一定的挑戰。綠色金融系統創新存在地方政府發展動力不足問題，綠色金融標準仍然不成熟，環境信息披露尚不充分，綠色金融激勵機制尚不完備，綠色金融產品還不能滿足市場多元化的需要，已有的綠色金融政策和創新多立足於供給側，由需求出發的創新不足。這些問題都有深刻的根源需要深入探討。

11.1 綠色金融系統創新面臨的主要問題

11.1.1 綠色金融系統創新存在地方政府發展動力不足問題

就綠色金融自身發展而言，存在推動力不足的問題，對於地方政府而言，首先存在發展地方經濟與推動綠色金融的抉擇問題。污染型企業往往對於地方經濟有重要支撐作用，而加強對污染型企業的融資約束，就會降低傳統污染型產業的競爭力，進而不利於地方經濟發展。於是，在地方環境問題並不嚴重的情況下，地方政府很可能不會積極推動綠色金融、促進綠色產業發展。其次，地方政府的發展目標眾多，發展綠色金融「投入大，見效慢，風險並存」，因而那些過分注重短期政績目標或財政薄弱的地方政府就可能無意或無力推動綠色金融。從另一個角度，綠色產業作為新興產業，其回報的不確定性會增加金融機構的投資風險。因而，無論從政府還是金融機構來看，綠色金融的發展都面臨推動不足的問題。

11.1.2 我國的綠色金融標準體系仍不成熟

我國的綠色金融標準體系仍不成熟。一方面我國推行的綠色金融標準尚未完全涵蓋市場上已有的綠色金融產品。目前，我國已在信貸、債券、信託、保險等領域開發出眾多綠色金融產品，但已推行的綠色金融標準只涉及信貸和債券，而保險、信託等領域仍處於無據可依的狀態。另一方面，不同主體發佈的綠色金融標準存在不一致的問題。比如，在綠色屬性認定標準方面，根據發改委發佈的相關標準認定的綠色債券項目不符合人民銀行的相關認定標準。綠色金融各部門認定標準的不統一將會增加綠色金融參與各方的認定成本，進而增加投資者在綠色項目上的決策成本，最終會阻礙金融資金的流動，降低資金的經濟效益產能；同時綠色金融標準的不一致會造成整個標準體系的矛盾和割裂，也會影響綠色金融相關機構的權威性。另外，當前國際綠色金融標準的制定者主要是發達國家，積極推動我國的綠色金融標準與國際標準接軌，這樣才能充分利用雙邊合作的政策，加強與世界其他國家在綠色金融產品方面的交流和合作，吸引外資參與國內綠色金融產業，提升國內綠色金融的產出效益。

11.1.3 我國環境信息披露尚不充分

判斷資金是否真實流向實體經濟的一個主要途徑就是參考披露出的信息，而綠色金融對相關的信息披露要求更高。只有充分公開地披露企業和各項目的碳排放信息，投資者才能對低碳項目進行有效識別，進而做出最佳的低碳投資決策。但由於我國在碳排放信息披露方面並未作強制要求，目前，僅部分銀行會自願披露通過綠色信貸實現的節能減排績效，而有關一些高碳排放的企業項目的信息披露幾乎沒有。另一方面，國內大部分機構對於碳排放相關信息的採集、計算和評估能力不足，如在評估資金支持實體經濟低碳運行的貢獻情況時，金融機構若難以計算評估整體投融資的環境風險及收集碳排放信息，就無法展開相關工作。在這種情況下，實現碳中和目標較為困難。

11.1.4 我國綠色金融激勵機制尚不完備

首先我國目前的綠色金融激勵約束機制尚不能使綠色金融的商業可

持續和社會責任達到平衡。對於金融機構而言，開展綠色金融業務是一種追求盈利的商業行為，但同時綠色金融肩負着保障經濟和環境可持續發展的社會責任。在推動綠色金融發展的過程中，兩者往往無法同時兼顧。比如，如果金融機構選擇向抵押品不足的綠色企業提供優惠的融資利率，就可能會因為缺少風險緩釋機制而承擔更大的信用風險或因為缺乏財政貼息安排而喪失收益。在這種情況下，金融機構往往只會象徵性地回應監管部門和地方政府的要求，被動地支持部分違約風險很低的綠色企業。除此以外，我國尚未完全建立起與之相對應的配套機制。統計制度方面，目前，已出台的《關於報送綠色信貸統計報表的通知》和《中國人民銀行關於建立綠色貸款專項統計制度的通知》都屬綠色信貸領域，其他領域的相關統計制度仍處空白。環境權益交易市場建設方面，我國尚未建立起全國性的環境權益交易市場，區域性交易市場的參與主體數量少且類型單一，二級市場缺乏活力，無法發揮價格發現和風險管理的功能。最後，我國綠色金融激勵機制對碳中和目標不夠重視，體現為缺乏針對低碳、零碳排放的特殊激勵。

11.1.5 我國綠色金融產品還不能滿足市場多元化的需要

目前，發達國家金融機構擁有的綠色金融產品和服務涉及清潔生產技術、能效融資、可再生能源、碳融資與排放交易等眾多領域，呈多元化發展態勢。與之相比，我國的綠色金融服務市場雖然涵蓋的金融產品種類眾多，但所涉及的服務領域較為單一，多集中在清潔能源、節能減排等少數項目的中下游環節。並且，我國綠色金融產品還存在發展不平衡的情況，比如綠色信貸在綠色金融市場上的比重明顯更大，以碳產品為載體的碳金融市場一枝獨秀。此外，金融機構很少參考融資對象的特點進行產品設計，它們往往積極服務於政府參與或主導的大型節能減排、清潔能源等項目，很少考慮中小型環保企業，而以個人和家庭為服務對象的綠色金融產品設計與開發就更少了。

11.1.6 我國已有的綠色金融政策和創新多立足於供給側

我國已有的綠色金融政策和創新多立足於供給側，由需求出發的創新不足。從供給出發一般是由政府出台支持綠色企業的政策，如政府擔保貸款等；而需求側強調從市場消費者的需求出發設計綠色產品和服務等。兩相對比，前者的優點是作用直接、見效快，但由於其受政府支持年限的限制，持續性不佳。因而從長遠考慮，從需求出發的政策和產品創新將在未來發揮主要的作用。需求側綠色金融創新旨在鼓勵消費者進行綠色消費，並且逐漸形成綠色的生活模式。支付寶的螞蟻森林就從人們的日常出行需求和外賣餐飲需求出發，利用綠色能量、環保證書等概念鼓勵人們選擇低碳的出行和消費方式，為我們提供了一個很好的範例。

11.2 綠色金融標準體系與碳中和目標不完全匹配

11.2.1 我國現行的綠色金融標準

在 2017 年，人民銀行、銀監會、證監會、保監會、國家標準委聯合發佈《金融業標準化體系建設發展規劃（2016－2020 年）》[1]，明確地提出了「十三五」金融業標準化工作的指導思想、基本原則、發展目標等，作為一項重點工程，綠色金融標準化工程在其中也起到了突出作用。作為一項制度指引，綠色金融標準體系的健全和完善對於相關綠色金融產品創新、綠色金融服務創新具有重大意義。一般地，將綠色金融標準體系分為以下三類：產品標準、信息披露標準以及綠色信用評級標準，如表 11-1、表 11-2、表 11-3 所示。

---

1 來源：中國人民銀行官網 http://www.pbc.gov.cn/goutongjiaoliu/113456/113469/3322066/index.html。

表 11-1 國內綠色金融產品標準

分類	相關文件		相關要求
綠色信貸標準	人民銀行《綠色貸款專項統計制度》	綠色貸款統計	包括對節能環保項目及服務貸款的統計，包括 12 類：綠色農業開發項目的貸款、綠色林業開發項目的貸款、工業節能節水環保項目的貸款、自然保護生態修復及災害防控項目的貸款、資源循環利用項目的貸款、垃圾處理及污染防治項目的貸款、可再生能源及清潔能源項目的貸款、農村及城市水項目的貸款、建築節能及綠色建築項目的貸款、綠色交通運輸項目的貸款、節能環保服務貸款、採用國際慣例或國際標準的境外項目的貸款。
		對存在環境、安全等重大風險企業貸款的統計	包括 4 類：涉及環境保護違法違規且尚未完成整改的企業貸款、涉及安全生產違法違規且尚未完成整改的企業貸款、涉及落後產能且尚未完成淘汰的企業貸款和涉及職業病預防控制措施不達標且尚未完成整改的企業貸款。
	銀監會《綠色信貸統計制度》		節能環保項目及服務貸款統計口徑包含 12 類貸款，分別為工業節能節水環保項目、可再生能源及清潔能源項目、建築節能及綠色建築項目、垃圾處理及污染防治項目、自然保護、生態修復及災害防控項目、資源循環利用項目、綠色交通運輸項目、農村及城市水項目、節能環保服務、綠色農業項目、綠色林業項目等。
綠色債券標準	中國金融學會綠色金融專業委員會《綠色債券支持項目目錄》		6 大類和 31 小類，包括節能、污染防治、資源節約與循環利用、清潔交通、清潔能源、生態保護和適應氣候變化等類別項目。
	國家發改委《綠色債券指引》		項目範圍包括 12 大類，分別為節能減排技術改造、綠色城鎮化、能源清潔高效利用、新能源開發利用、循環經濟發展、水資源節約和非常規水資源開發利用、污染防治、生態農林業、節能環保產業、低碳產業、生態文明先行示範實驗、低碳試點示範。

資料來源：耿光穎 , 王宗鵬 . 我國綠色金融標準體系研究 [J]. 金融會計 ,2018(05):23-29.

表 11-2　國內綠色金融信息披露標準

綠色金融產品	信息披露依據	信息披露標準
綠色項目環境影響及資金用途信息披露	中國人民銀行（2015 年 39 號公告）	按季度披露資金使用情況；按年度披露資金使用情況和專項審計報告，並報人民銀行。
	證監會《關於支持綠色債券發展的指導意見》	按公司債一般規定披露常規信息，同時披露資金使用情況、綠色項目進展和環境效益等。
	交易商協會《非金融企業綠色債務融資工具業務指引》	按一般規定披露信息；按半年度披露資金使用和綠色項目進展情況。
	銀監會《綠色信貸指引》	公開綠色信貸戰略和政策；披露綠色信貸發展情況；依據法律法規，披露涉及重大環境與社會風險影響的授信情況等相關信息。
上市公司強制性環境信息披露	證監會發佈的公開發行證券的公司信息披露內容與格式標準第 2 號	要求部分重點排污單位自 2017 年起強制披露污染排放情況。
	港交所發佈的《ESG 報告指引》	對在港交所掛牌的上市公司提出 ESG 信息披露要求，從「自願性發佈」上升至「不遵守就解釋」的半強制性規定，並明確了需要披露的「關鍵績效指標（KP）」。

資料來源：耿光穎，王宗鵬 . 我國綠色金融標準體系研究 [J]. 金融會計 ,2018(05):23-29.

表 11-3　國內綠色金融信用評級標準

評級對象	評級部門	評級標準
金融機構綠色信用評級	銀監會	對綠色信貸 KPI 指標的評價
	人民銀行	宏觀審慎評估體系（MPA）
綠色債券評級	人民銀行、證監會	《綠色債券評估認證行為指引（暫行）》
	東方金城	《自然環境信用分析框架暨綠色債券信用評級方法》
	中誠信國際	《中誠信國際綠色債券評估方法》
企業主體綠色評級	聯合赤道環境評價有限公司	《企業主體綠色評級方法體系》
	國家環保部、發改委、人民銀行、銀監會	《企業環境信用評價辦法（試行）》2013
	環境保護部、發改委	《關於加強企業環境信用體系建設的指導意見》2015
ESG 評估	潤靈環球責任評級（RKs）機制	RKs 體系包括 ESG 評級、企業社會責任報告評級、社會責任投資者服務等
	中國社會科學院經濟學部企業社會責任報告評級機制	主要針對企業社會責任報告本身開展評級工作
	中證指數有限公司 ECPI-ESG 機制	更關注公司在環境保護、社會責任和公司治理方面的長期表現

資料來源：耿光穎，王宗鵬 . 我國綠色金融標準體系研究 [J]. 金融會計 ,2018(05):23-29.

11.2.2 綠色金融標準體系與碳中和目標不完全匹配

(1) 綠色金融標準體系在不同口徑下的標準不統一

① 不同口徑下對於相同產品的標準不統一

現行的綠色金融標準體系本身就存在着諸多在不同口徑下對相同產品的標準不一致的情況。舉例來説，《綠色債券指引》關於綠色項目的界定，包括核電類項目、節能環保重大裝備以及合同能源管理等等，而人民銀行所列出的綠色債券的支持範圍中卻並未包含上述項目。我們同樣可以發現，綠色金融統計中關於一些化石能源項目例如煤炭的清潔生產利用、燃煤發電機組的調峰改造等是否應該被納入的標準並不一致，這就使得在金融實踐中會遇到許多問題。

② 缺少相互銜接的產品標準

除了對於相同產品缺乏一致標準之外，現行的綠色金融標準體系在各個產品之間也缺少銜接性。例如，綠色信貸標準、綠色債券標準二者，對於支持的項目範圍及項目的分類方法兩個方面就存在着諸多不同，這也使得二者之間所需要的綠色資產池難以直接對應。要想實現「3060」目標，需要投入巨大的資金，而綠色金融在其中發揮着重要的作用，沒有建立好相互銜接的產品標準，巨大的資產池就難以直接銜接，需求也就難以滿足。

(2) 綠色金融標準體系所覆蓋的對象較為單一

相較於國外，我國的綠色產業發展得比較晚，綠色金融市場的發展與其相比也存在一定的差距，具體來講，我國目前所施行的綠色金融標準體系中所涵蓋的對象相對來説比較單一，對於碳市場領域的覆蓋比較弱。而國際上關於碳金融的有關產品標準的制定已經漸趨成熟，例如表 11-4 中對於碳基金、碳資產託管以及相關的金融衍生品等，而我國的相關產品標準還有待進一步健全與完善。

表 11-4　國際碳金融相關產品標準

分類	要求
碳基金	大多以在清潔發展機制（CDM）下從發展中國家購買或直接投資於減排項目從而獲得核證碳減排量（CER 或 ERU），並提供給客戶用於完成減排指標，或直接在歐洲市場銷售的方式獲得利潤（即碳市場的一級市場業務）。
碳資產託管和管理服務	核證減排量（CER 和 ERU）在碳排放二級市場上與排放權（EUA）一起，構成了碳交易的標的資產。由於企業持有碳資產與排放結算之間在時間上是分離的，因此金融機構為企業提供碳資產託管、回購等服務，利用這個時間差實現碳資產的增值。
基於碳排放的金融衍生品	碳排放交易市場價格波動催生了控排企業以及其他相關投資者的風險控制需求。為此，歐洲部分投資銀行開發了基於碳排放的金融衍生品，包括期貨、期權、掉期協議等。這些衍生品在歐洲市場上與排放權一樣，通過場內（專業交易所的交易平台進行）與場外（由大投行撮合的雙邊直接交易）同時進行。

資料來源：杜娟 . 國內外綠色金融標準體系發展對比 [J]. 河北金融 ,2020(10):10-13+31.

(3) 綠色金融標準體系缺乏系統性的評估標準

① 缺少較為具體的評估標準

國際上，為了更好地指導各認證機構開展具體工作，諸多國際組織針對不同領域的項目，使用合理且科學的評估系統發佈了較為具體的標準，例如氣候債券倡議組織（CBI）制定的《氣候債券標準》[2]。相較之下，我國的標準大多數都沒有細化到具體的要求，例如，我國綠色債券發行方面，發改委在《綠色債券指引》中，並沒有針對第三方環境效應評估、審計以及認證等作出具體的一些規定，人民銀行也只是「鼓勵」評估，對相關標準、流程仍尚未明確。

② 評估認證機構質量參差不齊

目前，國際方面，已有 DNV、CICERO、CRA 等專業的評估認證機構，其工作制度、技術方法、質量控制及氣候環境領域執業資質相對專

2　2019 年 12 月 11 日，氣候債券倡議組織（Climate Bonds Initiative, CBI）發佈氣候債券標準（Climate Bonds Standard, CBS）的第 3.0 版。

業，投資人也對其聲譽較為認可。而國內目前共有 16 家機構在綠色債券評估認證中參與較多，其中包含了評級機構、會計師事務所等，所涉及的機構類型多樣、認證水平參差不齊，同時，他們在評估認證方法、流程和報告質量等方面也尚未達到成熟市場專業的水平和層次，未形成相關標準，市場公信力相對不足。

③ 國內各機構認證報告也存在諸多共性的不足之處

第一，他們的認證都是在發行前；第二，他們所認證的內容均集中在綠色金融債券募集資金的使用及管理政策評估認證、綠色產業項目篩選與決策程序評估認證、信息披露與報告這三個方面，較少涉及到其他方面。

11.2.3 綠色金融標準體系需要進一步完善

加快構建綠色金融標準體系。目前，為了不斷完善我國的綠色金融標準體系，人民銀行依照「國內統一、國際接軌」這一原則，將重點放在氣候變化、污染治理和節能減排三大領域。目前，綠色金融的統計制度也不斷健全，在綠色金融標準的制定方面也有進一步的發展。同時，中歐綠色金融標準對照研究工作也接近尾聲，這也為進一步規範綠色金融業務、推動經濟社會綠色發展提供了重要保障。舉例來説，針對綠色債券體系標準化而言，建議由綠色債券標準委員會牽頭制定綠色債券信息披露標準或模板，規範綠色債券信息披露的具體內容，例如綠色項目信息、環境效益信息、募集資金使用及管理信息等，尤其是強制要求披露碳減排或其他環境效益信息，實現綠色債券信息披露的規範化、統一化，環境效益的定量化，提升綠色債券市場的透明度。同時，加大對綠色債券募集資金用途和信息披露的核查力度，定期開展相關情況的抽查，通報核查情況，督促發行人切實將募集資金用於綠色領域。

11.3 環境信息披露的水平尚未充分反映碳中和的要求

2021 年 3 月 15 日，習近平總書記主持召開中央財經委員會第九次會議並在會上發表重要講話[3]，提出要實現「碳達峰、碳中和」目標。「碳達峰、碳中和」作為有效進行環境管理、環境保護的工具，一時間獲得各行各業的廣泛關注。

11.3.1「碳中和」對環境信息披露提出更高要求

首先，「碳達峰」是指碳排放的總量達到歷史峰值後平穩下降，「碳中和」既是指在碳排放量大幅下降的基礎上，利用生態匯碳、碳捕捉等技術中和、抵消碳排放。其次，目前國際上常見的碳中和評估標準：有由國際標準化組織在 2006 年提出的 ISO14064 標準，第一個明確國際碳中和認證的 PAS 2060 標準，哥斯達黎加為自己本國量身定做的 INTE 85 標準，以及由國際標準化組織正在研究並預計 2023 年完成制定並發佈的 ISO14068 標準。ISO14068 目前處於起草階段，它的成功頒佈與實施，將有助於更好地支持各國行業制定實現碳中和的目標。

11.3.2 綠色金融企業的環境信息披露現狀及原因分析

「碳達峰、碳中和」不僅為綠色金融發展指明了方向，也對綠色金融系統創新提出了更高水平的目標和要求。首先，綠色金融系統創新不能與國家生態文明建設背道而馳，不能與碳達峰、碳中和的理念相悖。其次，實現「碳中和」的宏偉發展目標，必將落實到具體的、細節的關於環境保

3 新華社北京 3 月 15 日電 http://www.xinhuanet.com/politics/leaders/2021-03/15/c_1127214324.htm。

護、控制碳排放量的目標中。也就是說，如果要在 2060 年實現碳中和的目標，就必須要求綠色金融企業提高自身的環境信息披露水平以滿足碳中和的水平。顯然，我國綠色金融企業的環境信息披露水平，還遠達不到碳中和的要求，甚至存在環境信息披露質量參差不齊的問題。這主要是「自願為主、強制為輔」披露制度、缺乏明確規定環境信息披露的形式和內容，企業的環境信息披露意願不高等導致的。

(1)「自願為主、強制為輔」的環境信息披露制度

我國目前正在實行的環境信息披露制度遵循「自願為主、強制為輔」的原則。除了要求列入重點排污單位名錄的上市公司承擔強制性披露環境信息的義務之外，其他的公司有自願選擇披露環境信息的機會和權利，這大大降低了環境信息披露的概率。顯而易見，這種寬鬆的環境信息披露制度背景之下，給了某些企業隱瞞、不報或謊報負面環境信息的機會。「自願為主、強制為輔」環境信息披露制度「防君子、不防小人」。長此以往，排污合規的、綠色的企業更願意且更有責任感主動地進行環境信息披露，而處於排污合格線上下的灰色地帶企業，更有可能抱着僥幸的心理隱瞞負面環境信息，弱化市場總體的環境信息披露水平和環境信息披露質量，導致公眾無法及時、準確、充分地了解企業的環境行為。生態環境部公佈的《2015 年國家重點監控企業名單》識別了需要承擔強制性披露義務的上市公司[4]，有關部門除了要關注重點監控企業名單之外，政策還要向合格線上下的灰色地帶企業傾斜，對一些常隱瞞、謊報的不合規排放企業進行必要的懲罰。除此之外，政策也應向環境表現好並且主動開展環境信息披露的企業實行必要的激勵，將「自願為主、強制為輔」的環境信息披露原則於實際執行過程中扭轉為「獎罰分明、主動披露」的原則。

4　國家環境保護部頒發的《2015 年國家重點監控企業名單》(環辦 [2014]116 號)

(2) 環境信息披露質量參差不齊

現階段，綠色金融業內沒有明確的、具體的碳中和標準與要求，缺乏明確的環境信息披露形式和內容，導致我國環境信息披露質量參差不齊。部分企業存在策略性披露行為，較多地披露環境戰略性信息，而行動性信息披露較少。簡單來説，就是這些「聰明」的企業更多地披露自己要做甚麼，更少地披露自己做了些甚麼，報告説空話、套話，鑽制度的「空子」。目前，有少數金融機構已經在披露碳相關信息，但是，大部分的金融機構還沒有跟進。興業銀行根據「赤道原則」要求已經披露了棕色資產（污染型、高碳的資產）餘額、佔全部信貸資產的比重、每年變化值，這是未來進行環境風險管理的依據。如果沒有這些依據，則無從進行環境壓力測試。另外，環境信息質量的高低與企業環境表現水平有關，環境表現愈好的企業披露水平愈高，並且披露的信息質量也愈高。

11.3.3 加強環境信息披露方面的政策啟示

加強環境信息披露，推動綠色金融系統創新，不僅需要政府的監管加以引導，需要企業自身加強自省、提高環保意識和社會責任意識，更需要社會各界的廣泛監督。

第一，企業應增強環境信息披露意願、加大環境信息披露力度。總體上，環境信息披露能催化綠色金融系統創新。對承擔強制性披露義務的企業，應當要求並強制其提高環境信息披露的質量與水平，降低環境信息的不對稱性，以建立並維護其聲譽，並且通過市場競爭機制促進淘汰低效能、高污染、落後的產業，有效利用信息的傳遞功能來加快綠色金融系統創新。

第二，明確環境信息披露的形式和內容並加大審核力度，提高環境信息的披露質量。環境信息披露質量直接關係到利益相關者是否可以獲取到真實的、有效的、充分的環境信息，從而做出與之相應的投資決策。此外，披露環境戰略信息甚至隱瞞、謊報負面信息的選擇性披露行為加劇了資源錯配發生的概率。因此，亟須對環境信息披露內容、形式和評價標準等加以規範，加大披露信息的審核力度，並結合行政手段增加企業違規成本，從而改善資源配置低效率現象，進而有效地促進綠色金融系統創新。

第三，有效識別披露主體的特徵，制定差異化披露政策。準確針對綠色金融系統內各企業，結合不同企業、不同地區的發展階段與發展特點，避免「一刀切」的環境信息披露制度，重視企業在生產經營中存在的客觀問題，引導企業重聲譽、講環保，對切實履行環保責任的企業給予適當的政策支持和資金獎勵。

11.4 綠色金融激勵機制尚未充分體現對低碳轉型的重視

11.4.1 綠色金融市場執行標準體系不統一

雖然我國現階段綠色金融發展顯著，但同時也存在業務發展先於標準制定、標準工作碎片化、研究泛概念化等問題，與完整的綠色金融標準體系仍存在差距。

第一，主管部門對同種綠色金融產品細分標準存在差異。例如，「核電」作為綠色項目納入了發改委的綠色債券範圍中，卻未被納入中央銀行的綠色債券範圍。鐵路與軌道交通納入了中央銀行與銀保監會的綠色債券範圍，卻未被納入發改委的綠色信貸範圍，這種差異影響了綠色金融債券的發行和綠色項目的建設，對後續政策落地與跟蹤評價造成障礙，也削弱了綠色金融標準的嚴謹性與權威性，不利於保障市場參與主體的權益，同時容易形成套利空間。

第二，各地執行標準與邊界模糊不一。綠色金融改革試驗區在建設過程中一般是結合所在地區的綠色資源特色、產業發展方向來制定執行標準，因此，各地執行標準與邊界不統一、不明晰。

第三，綠色評估第三方認證體系仍需完善。我國目前尚未建立強制性第三方認證體系，缺乏對第三方認證資質的統一管理。非綠色金融項目「染綠、漂綠」，不同綠色評估認證機構認證方法、程序、標準各不相同，造成認證結果的差異。

11.4.2 綠色金融擔保貼息激勵政策有待完善

擔保貼息與直接補貼相比，能以少量貼息帶動更多社會資金投資環保領域。近年來，中央與地方實施直接補貼類措施，擔保貼息政策存在欠缺，在建設綠色項目庫、統籌協調關鍵工作等方面作用發揮不夠。

第一，在綠色信貸方面，貼息、費用補貼、風險補償、融資擔保等財政激勵措施沒有落地，小企業存在輕資產較多、技術不成熟、市場不確定、短期內盈利能力有限的問題，在沒有資本的激勵和任何來自外部的補貼或者擔保等實質性的激勵措施的情況下，長效發展動力不足。

第二，在綠色債券方面，中央和證交所鼓勵地方政府出台發展綠色債券的優惠措施，例如，建立綠色債券發行擔保和增信機制等，但地方政府大多對此處於觀望狀態，在政策措施、財政激勵等方面發揮的作用較為有限。

第三，在綠色基金方面，地方政府雖然普遍將綠色發展基金作為重要的綠色投融資平台，但對於所投項目的配套扶持政策、激勵機制缺位不僅影響了綠色項目的可投資性，也限制了綠色發展基金的投資規模。

第四，在綠色保險方面，生態環境部通過了《環境污染強制責任保險管理辦法》[5]，但該辦法中關於覆蓋漸進性污染和生態環境損害風險的行業

5　2018 年 5 月 7 日生態環境部召開部務會議，審議並原則通過《環境污染強制責任保險管理辦法（草案）》。

示範條款並未落實，對於無過錯責任、因果關係、賠償金額的認定等問題也並未作出明確規定，環境保護法律制度對於綠色保險的約束與保障規定仍有待加強。

11.4.3 綠色金融環境風險分擔與信息披露機制存在缺陷

完善的綠色金融環境風險分擔與信息披露機制是激勵機制建設的重要內容。各地普遍缺乏度量和評估綠色金融流量與存量的指標體系。我國公共環境數據缺乏系統性建設，以致環境數據的搜尋成本較高，現有評估技術無法滿足環境污染責任保險的需要。

第一，在綠色信貸方面，綠色項目的環保信息匱乏是金融機構落實綠色信貸的主要障礙，ESG（環境、社會和公司治理）綠色評級體系仍在探索階段，ESG 綠色評級的推廣和完善需要環保信息披露與共享機制支撐，但各職能部門對於環境信息的披露、共享、處理機制較為匱乏。

第二，在綠色債券方面，低額行政罰款的懲罰性規定使得違法成本過低，披露積極性不足，披露邊界較為模糊，披露內容出現較大差異。

第三，在綠色基金與 PPP 方面，由於 PPP 風險分擔機制不健全、缺乏合理的交易結構、不成熟的市場及司法環境、尚未建立有效的信息披露制度，導致項目融資難、落地難，且內在矛盾激烈。

第四，在綠色保險方面，環境風險分析在其自身以及客戶層面的作用有限，導致保險資管業在判斷環境因素相關的短期和長期金融風險時發生錯誤定價。

11.4.4 綠色金融監督與評價機制不夠健全

政府及監管部門對綠色項目進行監督核查，是規範綠色金融市場運行的重要保障。然而，我國綠色金融監督與評價機制不夠健全。

第一，綠色金融監督評價機制未充分發揮作用。現階段綠色金融監督政策層級較低，雖對「兩高一剩」產業有明確的監督標準，且對節能和環境保護的財政支持力度較大，綠色金融產品品種單一，呈現出「偏科」式發展，但對綠色產業發展評估的監督較弱。

第二，綠色金融實施主體監管力度不足。實施綠色信貸的關鍵評價指標僅分為「符合、基本符合、較不符合、不適用」四類，缺少量化的標準細則和明確的制度要求。綠色債券市場多頭監管，央行、證監會、發改委、交易協會等共同承擔監管職能，四部門監管範圍有一定的獨立性，各監管方承擔着不同的審批與監管任務，綠色債券監管標準各異，不利於監管工作的有效開展。

第三，綠色評級約束機制仍處於起步階段。綠色項目評估認證機構對環境因素、環境效益、環境風險等都建立了評估和衡量標準，不同機構對同一項目的評價產生差異，不同程度增加了投資者的交易成本。改革試點區推動綠色評級取得初步成效，但全國大部分地區尚未開展綠色評級工作，綠色評級制度也尚未建立。

第四，綠色項目市場化監管保障模式不完善。我國綠色基金與 PPP 發展沿用普通基金的管理辦法，考核機制側重投資是否增值而非環境目標的績效考核，致使政府出資難以有效發揮引領作用；此外，綠色發展基金多以產業基金方式建立，總體發展目標不夠明晰，受限於資金來源與回報要求，致使基金難以進行戰略性投資。

11.4.5 綠色金融產品創新與投資者「綠色投資」意識相對落後

綠色金融產品的創新與投資者綠色投資意識的提高，能夠充分激發綠色市場發展活力。然而，目前此方面依然存在以下不足：

第一，金融市場主體參與度較低。在綠色金融市場發展過程中逐步形成了一批主動踐行社會責任的金融機構，但僅有部分機構通過發行綠色金融債券為企業綠色項目提供貸款資金來源，難以滿足企業綠色融資的需求。

第二，投資者的「綠色投資」意識較低。整體而言，中國投資者的環境保護意識還有待提高，其對綠色產品的投資意識還處於萌芽狀態。投資者 ESG 投資意識十分薄弱，不僅普遍缺乏識別環境與社會風險的能力，且尚未意識到由此帶來的潛在商業機會。大多數投資者只在乎投資項目的傳統財務績效，而忽視環境成本的內生化。

第三，當前公共環境數據缺乏系統建設，且數據零散不系統、搜索成本較高、環境成本效益評估方法不成熟，綠色商業模式尚不明晰。綠色產業一般有較強的環境正外部性，但產生的環境效益很難通過政府定價和市場交易變現。在追求投資利潤率最大化的市場經濟條件下，若無外部環境效益及風險的對價補償，以最大化環境效益為目標的綠色金融難以獲得投資者的青睞。

11.5 對氣候轉型風險認知不夠

11.5.1 氣候轉型風險簡述

乾旱、洪水等短期極端天氣變化以及全球變暖引起海平面上升等長期氣候問題給全球經濟帶來長期性、持續性的負外部性。對於金融系統而言，氣候變化主要從三個方面影響金融系統穩定，包括極端天氣事件造成金融資產損失的物理風險；為應對氣候變化推行低碳經濟引起損失的轉型風險；因氣候變化遭受損失的當事人向責任方追究責任賠償帶來的責任風險，這三類風險統稱為氣候相關風險。鑒於氣候帶來巨大的損失和不確定性，全球各國也都紛紛重視氣候變化帶來的風險，出台相應政策向低碳經濟轉型，學者也紛紛對此進行研究。

一般而言，責任風險會併入物理風險中進行研究，所以大多數研究者從氣候帶來的物理影響和轉型影響兩個方面着手分析氣候相關金融風險。其中氣候轉型風險是指國家層面為了應對氣候變化，向低碳經濟轉型過程中，可能引發的對金融體系不穩定風險，包括低碳經濟政策、技術水平變化、法律法規更改等措施使市場中與氣候相關金融資產估值減少，造成巨大損失從而引發一系列經濟金融問題、影響市場穩定；以及轉型中政策不穩定帶來的新能源產業投資收益的波動性和不確定性。

我國 2016 年召開的 G20 峰會、中央銀行和監管機構綠色金融網絡等都強調了綠色金融的重要性，以及要大力發展綠色金融和低碳經濟，出台政策以及一系列講話鼓勵企業重視降低碳排放量，但是，在發展過程中仍存在氣候轉型風險重視不足問題，可能影響經濟金融系統穩定性，阻礙綠色金融的順利進行。

11.5.2 氣候轉型風險影響渠道

氣候轉型風險的主要影響因素是政府發佈的相關氣候政策，政策超預期與低可信度都可能影響金融市場的穩定。氣候政策主要有價格型與指令型兩類，價格型政策主要以對碳排放較高企業實行碳税或提高碳價為代表，指令型政策主要指各種行業關於低碳綠色發展的監管政策，這兩類政策都會在中短期給經濟活動造成額外成本。

氣候轉型風險具體從資產價值重估、無序化政策節奏和可信度方面影響金融穩定。

（1）氣候政策將增加信用風險以及擱淺資產數量，影響金融穩定

一方面對於企業實體生產來説，政府相應政策強制利益相關企業進行低碳減排，提高企業生產成本，降低產量、收入及利潤，不能及時償還債務增加違約概率；另一方面相應政策的出台影響了市場中氣候相關金融產品的估值以及市場預期，造成市場情緒恐慌，產生「擱淺資產」等一系列影響。研究表明，當煤炭企業資產擱淺將會在不同程度上影響天然氣企業以及電力、交通等基礎部門的資產擱淺，斯賓塞等（Spencer et al.，2017）研究發現，預計 2030 年中國傳統能源—煤電行業的總擱淺資產約為 900 億美元，煤電相關企業負債股權比率基本保持在 60%—80%，且大部分債務資金來源於國有商業銀行。因此，企業資產擱淺可能同時影響資金運轉與流動性，最終影響企業與銀行、企業與保險債權債務關係，提高債務槓桿，加大風險敞口，增加違約風險。

（2）無序的政策節奏，將加劇風險從實體經濟向金融市場的傳導

如果緩解氣候變化的政策較早開展，並且按可預期、可控制的路徑實現，則有助於相關企業、投資者以及消費者形成穩定的市場預期，從而減少金融市場不確定性，把政策轉變帶來的對金融穩定的影響降至最低。相反，如果突然收緊碳排放量，通過碳税政策等增加企業生產成本，可能導致碳密集資產無序化減值，對傳統化石燃料的價格以及依賴此類能源的企業造成衝擊。

此外氣候政策可信度還會通過影響個人投資者對政策的預期，進而影響金融系統穩定性。如果政府承諾向低碳經濟轉型，或者發展綠色金融，比如承諾要達到某個水平的碳減排目標，或公佈碳價碳税政策路徑指導，鼓勵金融機構發行綠色債券降低綠色融資成本，將碳排放相關負外部性內部化，就可通過公共資金撬動企業對低碳技術的開發、投資與應用，提高低碳技術利用帶來的效益，覆蓋為達到低碳政策相關規定的合規成本。則低碳項目不確定性預期將降低，未來收益效用提高，將對相關金融產品價格發揮積極影響，從而能反向引導資金更多流入，助推綠色金融發展。

11.5.3 重視氣候轉型風險，增強政策、機構幫扶

在此基礎上，我國應該更多意識到低碳經濟轉型給傳統能源企業帶來的衝擊，應在政策偏向、財政支出以及金融體系等方面重視氣候轉型風險。

(1) 應對氣候轉型風險需各部門協調與合作

氣候轉型政策影響面廣，需要政府管理部門如環保部門以及金融穩定部門如中央銀行的協調配合，中央銀行等部門應重點關注可能受氣候轉型風險影響較大的企業。由於能源結構、產業分配和風險處理能力等方面存在差異，一些企業可能更容易受低碳經濟政策的負面影響。對此，中央銀行等金融管理部門應加強關注，對能力相對較弱企業實施幫扶政策，助力企業應對綠色發展過程中的挑戰，達成綠色發展低碳轉型目標。

(2) 鼓勵金融機構自身提升風險管理水平

關注政策傾向，構建氣候轉型風險分析指標、數據庫等，識別政策影響廣度、深度，建立完善的轉型風險分析、應對模型，對碳密集企業風險重點監測，防止轉型風險從實體企業向金融系統傳導。同時，加強企業碳排放等氣候轉型風險相關的信息披露，提高市場的透明度，降低信息不對稱風險和逆向選擇。

企業層面的氣候轉型風險信息披露是進行各項指標構建、數學分析模型建立數據基礎。銀行等金融機構可依據企業披露的碳足跡，估算自身對碳密集型企業的風險敞口，以便採取更有針對性措施來抵禦違約風險，降低不良貸款率。

11.6 綠色金融產品還不完全適應碳中和的需求

綠色金融發展的最終目標是實現碳中和，這涉及到綠色金融和實體經濟之間的關係定位。一方面表現為綠色金融引導實體經濟綠色轉型，即資金的配置方式直接影響實體經濟的資源配置結果。另一方面表現為實體經濟改革需要綠色金融發揮輔助作用，即綠色金融按照實體經濟轉型目標提供融資需求。無論是「引導型」綠色金融，還是「服務型」綠色金融，都離不開綠色金融產品這一載體。在實現碳中和目標任務下，重點轉型行業需要巨量資金支持，而政府支持只能覆蓋一小部分資金需求，更多的投融資支持還需要市場化資金來彌補，其中綠色金融產品作為投融資工具，在引導資金配置、產業結構和能源結構轉型中具有重要作用。但在現階段，綠色金融產品的創新發展尚不能完全適應碳中和的需求，主要體現在以下幾方面。

11.6.1 綠色金融產品品種單一，呈現出「偏科」式發展

(1) 綠色信貸的發展

自綠色金融在我國開始發展以來，綠色信貸提供了我國 90% 的綠色融資需求，是綠色金融產品中最核心的融資方式。根據數據顯示，截至 2020 年四季度末，我國主要金融機構的綠色信貸規模為 11.95 萬億元，佔信貸總規模的 6.88%[6]，綠色貸款主要集中在交通運輸、倉儲、電力、熱力等行業。在以綠色信貸為主導的融資結構下，存在其他金融產品發展不足、綠色金融產品創新發展受限的問題。與發達國家綠色金融產品相比，我國商業銀行大多數都集中於綠色信貸業務，對於其他綠色金融產品，如綠色股權、綠色信託等創新不足甚至鮮有涉足。

(2) 綠色債券的發展

在以間接融資為主導的綠色金融發展環境下，綠色債券是繼綠色信貸後使用最多的融資工具。相關數據顯示，2020 年全球綠色債券發行總額為 2,695 億美元，較 2019 年的 2,665 億美元有所上升[7]。綠色債券包含的種類具有多樣性，如碳中和債券主要將資金投放於碳減排行業；氣候債券將募集資金聚集在減緩和適應氣候變化領域；轉型債券集中於傳統高碳行業的低碳

---

6 中國金融：綠色金融發展及「十四五」展望 https://www.cdmfund.org/28626.html。

7 奧地利《信使報》報導 http://www.mofcom.gov.cn/article/i/jyjl/m/202102/20210203037751.shtml。

和零碳轉型項目；藍色債券主要是支持海洋保護和海上風電項目。從整體來看，綠色債券主要以綠色金融債券發行為主，企業債和公司債發行數量較少。

（3）綠色信託的發展

為了實現碳中和目標，金融市場上的不同金融機構都已開始創新專業的金融產品。綠色信託作為一種新興的信託種類，是指信託公司向公眾提供綠色信託產品和服務。在國內市場，興業銀行是行業內開始時間早、發展態勢好的代表，是首批系統性開展綠色信託業務的公司。2020 年末，興業銀行已實現累計投放綠色投融資規模破 1,000 億元，服務集團綠色專屬客戶 103 戶，支持近 200 個節能環保企業和項目，在行業中保持領先[8]。但其他金融機構在綠色信託領域發展還處於初級階段，整體發展較慢。

（4）其他類綠色金融產品

對標發達國家的產品類別，我國在綠色基金、綠色信貸 ABS、綠色票據、綠色保險、綠色租賃、綠色理財、綠色衍生品等領域尚處在起步階段，甚至一些產品領域目前還是空白，與歐美國家存在一定的差距。如綠色基金在 2018 年底發行數量共 119 隻，這個數量和整個市場基金的總量相比相差甚遠，這就需要政府部門在未來積極引導社會資本流向綠色環保領域；綠色信貸 ABS 截至 2019 年底共發行了 5 隻，合計規模 101 億元，與 10 萬億的綠色信貸餘額相比，綠色信貸 ABS 發行規模非常小，根本無法有效盤活銀行資金，解決銀行期限錯配問題；由於基礎資產品種開發尚未完成，因此，綠色衍生品在我國發展還處在空白期。

11.6.2 綠色金融產品流動性不足，資金進入受限

基於綠色金融產品品種單一因素，我國當前的產品主要遍及一級市場，在二級市場交易流動的較少。而二級市場作為流通市場，不僅為證券

8 上證報中國證券網訊 https://news.cnstock.com/news,jg-202104-4695314.htm。

的買賣交易提供場所，讓場內交易頭寸活躍，還可以為有價證券定價。如果二級市場不活躍，一些想要進入綠色金融市場的投資者就會因為產品流動性不足而望而卻步，致使資金進入市場受到限制，進而使得我國綠色金融市場對外開放程度降低。結合當前國內發展現狀，綠色金融二級市場的形成還處在前期狀態。

11.6.3 綠色金融產品創新不足的原因分析

(1) 產品開發成本高，初始回報率不高

一方面，綠色金融產品從設計開發到使用，所耗費的人力和時間成本較高，並且通過該產品融資的綠色項目具有投資回收期長、過程風險較高、收益不穩定的特點。因此，從收益和成本角度出發，許多金融機構在產品創新上沒有積極的動力，常常是通過依賴綠色信貸來支持綠色項目發展，缺乏一定的社會責任感。另一方面，綠色金融產品從一開始就面臨「由誰買單」的問題。因為環境這一概念，從本質上來説是一種公共物品，如果環境產權無法獲得清晰界定，市場機制運作效率就會大打折扣。因此，相比於資本市場上其他類的投資產品收益，一些綠色債券的初始回報率並不高，這加劇了金融機構創新活力不足的問題。

(2) 綠色項目風險較高，金融體系尚不健全

光伏水電、清潔交通、綠色建築等綠色項目都屬高碳行業，由於其涉及的環境保護和資源利用等技術發展還不成熟，並且這些項目轉型週期長、涉及行業複雜、資金需求多，因此，新興的綠色項目和產業往往隱含着信用、技術和社會風險。這意味着金融機構在綠色金融產品的創新實踐過程中承擔着較大的風險，金融機構在綜合評估風險後，往往選擇放棄研發產品，去追逐更高收益類的產品。除此之外，我國綠色金融市場的環境風險評估機構、綠色評級機構等能夠有效規避綠色金融風險的機構有所欠缺，相關的信息披露和共享機制尚不健全，這些因素共同作用導致了綠色金融產品創新進程的緩慢發展。

第 12 章

綠色金融系統創新的國際經驗借鑒與啟示

12.1 美國的經驗

12.1.1 美國加大對綠色金融的關注

在西方，綠色金融的發展經歷了一個比較漫長的過程。二戰之後，許多西方國家尤其是美國工業飛速發展，相應的環境問題也隨之而來。工業的迅速發展導致二氧化碳排放過量，此外還有土地污染問題，而人們也逐漸意識到了這些問題。作為超級基金法案頒佈契機的美國「愛河事件」是最早引起人們廣泛關注的環境污染事件，此事件對綠色金融的發展產生了非常深遠的影響。

愛河位於美國紐約州尼亞加拉瀑布城。「愛河事件」最早可以追溯到 19 世紀，當時有人想在這裏開挖一條運河，後來由於多數資本撤出，運河被廢棄。但這條運河最後卻並非完全沒有用處，從 1943 年及之後的十年裏，虎克電化學公司在這裏埋藏了約 2 億噸的化學物質，這些物質會對人體造成巨大的傷害，但當時沒人注意到，即便是有人聞到了一些氣味，也只認為是化工廠發出的，沒人能想到土地下埋藏了化學物質。1953 年，虎克電化學公司以 1 美元的價格將這片埋藏有大量化學廢棄物的土地賣給了政府，並且和政府簽署協議，免除其在該地地下埋藏的化學物質之後造成危害所帶來的責任。接下來政府在其周圍建造了擁有 400 名學生的小學和一個住宅區。直到 20 世紀 70 年代有記者前去調查，通過對當地的水源進行抽樣，才發現其中含有 80 多種會對人造成巨大危害的化學物質。當地居民得知後非常憤怒，甚至驚動了當時的美國總統卡特，他分批將這些居民遷移走，並且關閉了學校。為了今後更好的應對類似的問題，美國聯邦政府通過了超級基金法案，要求污染型企業必須出資清理自己在生產過程中造成的污染。

後來隨着世界對此類環境污染風險愈來愈關注，各國也愈發意識到相較於如何規避這類風險，如何管理環境污染風險似乎更重要，也就是説構建一個合理的「系統」更為重要。於是世界銀行以及保險、基金和投行等都致力於去構建這樣的風險防控體系。2003 年 6 月，一些私人銀行共同制定了赤道原則，旨在決定、評估和管理項目融資中的環境與社會風險而確定的金融行業基準，在貸款和項目資助中強調企業也應該承擔起保護環境的重大責任。

12.1.2 美國為發展綠色金融採取的措施

上一節介紹了因「愛河事件」誕生的超級基金法案，「愛河事件」也被認為是綠色金融的起源。法案中明確規定了企業和銀行應該在保護環境和淨化環境中承擔起相應的責任，他們需要為企業生產中產生的環境保護費用和處理污染費用買單。該項法案誕生後，美國的銀行也會傾向於為在環境保護方面做得更好的企業貸款，而對於那些會帶來巨大環境問題的企業來説，從銀行貸款變得更加困難。

在空氣淨化方面，美國也不斷地立法。最早的是 1955 年的《聯邦空氣污染控制法》，之後是 1963 年的《清潔空氣法》，這些都對溫室氣體的排放量進行了一定程度的限制。該項法案後來又在 1970 年、1977 年和 1990 年逐步地完善，最終要求減少一半的溫室氣體排放量。2000 年後，美國建立了比較完善的環境保護體系，每年可以通過溫室氣體許可證交易市場節省數十億美元。

此外，美國為了更好地促進綠色金融的發展，還成立了環境金融中心（CEF），如果地方政府或者私人企業需要進行項目成本核算或其他方面的幫助，那麼環境金融中心就會幫助他們。環境金融中心有八個分支，每個分支機構都會為當地所屬區域的地方政府和私人企業提供服務。

美國還成立了美國環境金融顧問委員會（EFAB），其主要成員包括州和地方政府的官員、金融界和商界的領袖以及部分環境、部落和非政府組織成員。美國環境金融顧問委員會的工作內容是降低環境保護的成本，消除提高成本的障礙，增加公共和個人對環境設施服務的貢獻以及改善各州的地方財政能力，並且規範他們的行為以符合環境保護法律。

現如今，美國的綠色金融體系發展已經較為成熟，在這樣的制度體系的保障下，美國的環境保護和可持續發展水平獲得顯著提升。無論是基金、債券、保險或是其他的信貸產品，都可以和綠色金融相結合，促進綠色金融在美國的蓬勃發展。

12.1.3 美國綠色金融發展啟示

從最初的「愛河事件」，再到今天法律的不斷完善，美國的綠色金融體系逐步建立，迄今已有四五十年的歷史。如今我國也在努力完善綠色金融體系，在這一背景下提出了「碳達峰」和「碳中和」的概念。我國把「碳中和」的時間拉得很長，期待像美國一樣逐步完善綠色金融體系。綠色金融表面上解決的是資金融通問題，但實際上不限於此，其更重要的是培養政府、企業以及公眾的環保理念，喚起企業和銀行的責任感。金融機構是最關鍵的切入點，也是綠色金融的核心，我們應當圍繞金融機構建立完善的綠色金融體系，督促金融機構和企業進行綠色轉型，這對於我國今後的可持續發展是至關重要的。

12.2 日本的經驗

1950 年以來，日本的經濟飛速發展，由此帶來的環境弊端逐漸凸顯，再加上日本國土面積較小，資源稀缺，因此，在當時日本的經濟改革迫在眉睫。20 世紀 90 年代以來日本開始制定相應的綠色環保政策，引導銀行積極參與綠色信貸投資，政府聯合金融機構逐步支持綠色經濟的發展。

12.2.1 綠色金融政策支持綠色金融創新

20 世紀 70 年代，為了減少日本經濟快速發展帶來的污染，日本頒佈了多項環境保護法律和政策，1970 年發佈了關於廢物處置的相關法規《廢除處理法》；20 世紀 80 年代政府制定了《空氣污染控制法》，該法律明確規定了生活垃圾的焚燒設備；90 年代先後通過了《環境基本法》、《生態採購法》和《餐廚垃圾回收利用法》，明確規定了可以重複使用的包裝物、電氣設備、小汽車等物品。21 世紀初出台了《促進形成循環社會基本法》，其目的是為了解決過度消費、過度生產產生的社會垃圾，重建綠色環境。這些法律法規涉及面廣，幾乎規範了所有生活中涉及到的垃圾處置和資源利用方法，並相繼付諸實施。

全球金融危機後，日本政府應對氣候問題的同時積極從綠色經濟中尋找經濟復蘇的機會，2009 年出台了「綠色新政」，預期到 2020 年會增加 50 萬億日元市場需求和 140 萬人的就業機會。

12.2.2 政府為綠色金融創新保駕護航

大力發展綠色金融是日本啟動環保政策的重要手段，日本環境省制定的戰略計劃中就包括運用靈活的財政預算手段制定需求清單，其中明確指出，該計劃是以國家資源為保證，靈活運用融資機制，引導資金流向綠色產業領域。

日本實現綠色產業與金融市場的結合有兩種形式，一種是環保投融資，1993 年日本總務省（相當於對外貿易經濟部）將各類金融投資和貸款總額從上一年的 5,600 億日元增加到 9,700 億日元，這些資金將全部用於環保能源產業。另一種是為那些將環保觀念融入自身發展的企業提供融資便利，對這些企業實施環境評級融資和社會責任投資。2007 年，日本政府組建了環境融資部門，金融機構參與其中，不久日本政府又設立了綠色基金，此舉主要目的是激勵中央向地方給予綠色支持，促進企業向綠色領域發展。

2011 年日本政府出台了《21 世紀金融行動原則》，對金融機構的綠色社會責任提出要求。日本政府還通過環境保護認證和評估，來對企業進行監督管理。此外，環境省向環保綠色企業提供財政補貼，例如對租賃可再生能源設備等低碳化機器設備的企業，環境省將補貼其設備租金總額 3%-5% 的資金。

12.2.3 銀行積極参與綠色金融

日本的銀行機構在履行社會責任和監督企業行為方面發揮了極其重要的作用，不僅為環保企業提供了資金支持，還為企業出謀劃策，引導企業向綠色領域發展。

日本的政策性銀行在 21 世紀初便已構建出自身的環境評估體系，在開展綠色貸款業務時對企業進行評估，將貸款發放給在環保方面表現較好的企業。除此之外，政策性銀行還對業務模式進行創新，以此達到抑制破壞環境行為的效果。

商業銀行利用政策性銀行的評估體系對客戶進行評價和監測，防止資金投入那些高風險、高能耗的項目，化解重大投資風險，優化投資資源。此外，商業銀行還積極地推動「公私合作融資」，將政策的綠色財政補貼引導向綠色企業。商業銀行還參與國際金融市場，通過與國際銀行合作為一些大型的可再生資源項目融資。不僅如此，商業銀行還設立了環境發展部門，不斷地積累社會環境保護經驗，不僅提高了公眾對該銀行的認可度，還激發了部分企業保護環境的熱情。

基於商業銀行在金融市場的優勢，日本商業銀行和政策性銀行共建企業融資備忘錄，主要作用就是共享企業的投資項目信息和債券發行信息，雙方共同關注企業的情況，降低雙方的信息不對稱所帶來的投資風險。商業銀行和政策性銀行的合作不僅可以降低經營風險，還可以發揮各自的經營優勢，促進地方綠色經濟穩健發展。這種商業銀行和政策性銀行之間的高質量合作為發展中國家提供了借鑒經驗。

12.3 德國的經驗

20 世紀 40 年代後，德國的經濟雖然仍保持高速增長，其生態環境卻受到很大的威脅。因此德國開始重視綠色發展，經過長時間的努力，德國成為綠色經濟發展領域的領頭羊。而德國之所以能成為綠色金融的發源地之一，離不開它的立法規範、民眾理念和金融機構的支持。

12.3.1 完善的環境生態立法是德國綠色金融發展的基礎

從 1972 年出台《廢棄物處置法》到現在，德國頒佈了許多關於環境治理和發展綠色經濟的法律法規。特別是 1994 年德國政府頒佈了《循環經濟和廢物處理法》，減少了資源的消費，提高了資源的使用效率，形成了以循環經濟為導向的經濟模式，在生活中各個領域都發揮了極大的作用，成為世界首個循環經濟的標誌。21 世紀德國政府又出台了關於生態稅收的法律，進一步推行生態稅制改革法和生物燃料配額法，通過這三項法律的實施，大大降低了企業污染物的排放，促進企業投資新能源，保護生態平衡。

儘管德國仍未通過綠色信貸法、綠色保險法或綠色銀行法等環境立法，但其發達的環境保護法律體系同樣為推動綠色金融高質量發展起到了護航作用。

12.3.2 社會公眾的環保理念促進綠色金融的發展

德國於 1978 年開始推行「藍天使」標誌認證，旨在對清潔用品、紙質用品、家具、衣服等商品進行認證，激勵生產企業自行研發和創新綠色產品，鼓勵民眾購買低污染的商品，提高民眾的環保意識。不僅如此，民間的非政府機構在引導民眾轉向綠色環保領域也起着重要的作用，積極推廣綠色環保的生活方式，促進民眾的環保意識進一步提高。最新調查數據顯示，接近 90% 的德國民眾都意識到了保護環境、構建環保社會的重要性，並且有 3/4 的民眾希望本國的綠色政策繼續領先於歐洲地區的其他國家，接近 6% 的民眾加入了環保公益組織並參與到環境保護活動中。可見，德國綠色經濟的迅速發展離不開民眾的環保責任意識，德國積極培養公眾的社會責任意識，讓每一位公民都成為綠色經濟的帶頭人。

12.3.3 銀行的積極參與促進金融的發展

20 世紀 70 年代德國政府牽頭成立了世界上第一家綠色銀行，該銀行旨在為實施環保項目的企業提供信貸資金，從而促進生態環境的發展。

成立於 1948 年的德國國家政策性銀行——德國復興信貸銀行早在 21 世紀初就參與了碳排放交易，積極參與環境保護，持續關注綠色經濟的發展。2017 年德國復興信貸銀行向綠色環保領域發放貸款超過 350 億歐元，同時，德國政府將綠色信貸財政補貼交予該銀行進行管理，德國復興信貸銀行在綠色項目選擇和融資上公開、透明，積極尋找高質量符合政策要求的環保項目，引導綠色資金流向綠色領域，促進綠色經濟的蓬勃發展。

德國復興信貸銀行向具有綠色環保項目的企業給予利率優惠，具體表現為將企業 10 年期貸款利率下調 1%。除此之外，自 2014 年 7 月起，該銀行通過發行綠色債券持續幫助可再生資源項目融資，一年內發放的綠色金融債券金額為 37 億歐元。在德國復興信貸銀行的帶動下，世界上其他國家也愈來愈關注世界環境並加強與金融機構的合作。

12.3.4 保險保駕護航

一方面德國的銀行類金融機構開展綠色金融業務，引導資金流向綠色領域。另一方面保險類金融機構通過為企業提供綠色保險，強化環境風險管理責任。

20 世紀 90 年代德國頒佈了《環境責任法》，要求企業如果擁有重大環境責任風險的設備，就必須採取能化解風險的預防措施，保證環境責任的履行程度。企業可以採取向保險公司投保或者由政府為其提供擔保的方式。在實踐中，大部分企業都通過購買保險來防範風險，滿足政府的要求。基於《環境責任法》的強制性規定，企業必須履行環境保險義務。

但是對於因違反法律法規而造成環境破壞的企業，即使這些企業已經向保險公司投保，也無法獲得保險公司的賠償。保險公司的賠償範圍僅限於因公司自身生產經營而造成環境污染的企業。德國先進的綠色保險發展經驗可以為我國提供借鑒。

12.4 國外經驗對我國的啟示

12.4.1 建立綠色投資銀行

（1）綠色投資銀行的成立背景

近年來，溫室氣體過量排放引發了包括厄爾尼諾效應頻發和洋流氣候變化在內的一系列自然災害。為了解決這類問題，實現全球經濟的可持續發展，世界各國政府開始轉變經濟發展政策，從高污染高能耗式的發展逐漸轉變為可循環可再生的綠色可持續發展。為實現綠色經濟的高質量發展，綠色投資銀行應運而生。作為備受關注的熱點問題，綠色投資銀行應給予綠色企業和綠色產業特別的支持。隨着綠色企業的不斷發展，人們也意識到，需要綠色金融來引導這一經濟活動變革。在各國對綠色發展有了新的認識後，專注於綠色產業的金融機構誕生了，例如德國復興信貸銀行（KWF）、美國康涅狄格州綠色銀行（CGB）、新澤西州能源適應力銀行（ERB）和日本政策投資銀行。這些國外的綠色投資銀行為我國綠色投資銀行的建立設立了對照，我國的興業銀行、中國建設銀行等也陸續推出服務於綠色產業的綠色金融業務。

(2) 我國綠色投資銀行的建立與發展

改革開放後，我國經濟高速發展，但在發展過程中，部分發展成果是以犧牲環境為代價換得的，因此我們也需要建立發展綠色投資銀行。我國在自立創新的同時，也需要借鑒國際上的成功經驗，從中提煉出適合我國的方法。

首先，我們應當把建立綠色投資銀行提上國家金融發展規劃的日程，並且提倡各地政府牽頭共建綠色銀行，充分吸收當地資本與國外資本。關於綠色投資銀行的業務模式，其一，可以在商業銀行的幫助下，建立為綠色產業提供專業化服務的綠色金融營業部。其二，可以由中央銀行直接介入，為綠色投資銀行建立專業化運營中心。其三，可以借助國際金融機構，對外資和開發性機構適當降低准入標準，開展跨境綠色投融資活動。

其次，綠色信貸業務機制亟需完善。銀行等金融機構內部需要對綠色信貸進行建檔，同時依照專門的綠色信貸政策設立與之相應的審核標準，在業務中為綠色企業提供信貸諮詢與指導。銀行內部可以為綠色企業打造特定產品，將相應的綠色金融理念融入產品，並完善風險管理與監管要求，例如將二氧化碳、二氧化硫排放權以及綠色在建工程等作為基礎標的，發行質押融資、應收賬款保理融資和碳資產及污染物減排收益權質押貸款等信貸產品。

最後，設立相關的綠色項目評級公司，對綠色經濟項目進行評級，以此來規範綠色項目的評定標準，為市場交易者的安全性與盈利性提供保障。

12.4.2 設立綠色發展基金

(1) 探索國家綠色發展基金的歷史回顧

國家環境基金和國家綠色發展基金的創設經歷了早期探索、中期摸索、後期創設三個階段，它們的創設是中國環境保護歷史中的重點。最初我國的研究主要集中於將國家環境保護基金用於下水道網絡改革，後來研究重心轉移到國家綠色發展基金的研究和設計上。

① 早期研究：排污收費制的探究

1994 年，世界銀行的技術支持項目「中國污水負荷系統設計與實施研究」（TA-B-8-1）啟動了中國排水系統改革的進程。這項改革主要包括兩個方面：標準體系、廢水系統和排水使用政策。在此期間，排水資金使用的改革必須向歐美借鑒，由政府提供資金，改革企業用於免費（無息或低息）廢水的原有排水負荷資金，並設立各級政府環保基金，以應對企業污染資金的嚴重短缺。當時由於中部地區排水恢復機制的建立，很多地方沒有中央排水恢復基金支持，排水恢復規模只有 50 億元，排水恢復的類型也大不相同。

② 中期探索：開徵環境保護税

2003 年，在上述項目的基礎上，一項改革污染排放生產的提案開始在全國實施。新的污染物排放提案，其實是引入西方國家的污染排放税，可以看作是對傳統簡單的「剩餘」方法進行了修改，在污染水平的基礎上引入了整體污染排放税。當 2003 年推動新的排放改革時，隨着環境基金的建立，該基金為當地污染物排放籌集了 10% 的資源，環境保護部也開始考慮使用排放基金的戰略，並尋找可以提供支持的資金渠道。2017 年全國人民代表大會常務委員會通過了《環境税法》，將所有環境税納入地方預算資源。在新形勢下，環境保護部放棄了國家環境基金的初始理念，積極推動倡導生態文明建設和綠色發展理念的研究和實施。

③ 設計建立：基於生態文明和綠色發展

自十八大以來，黨中央和國務院做出了許多重要的決定和部署，以加強生態文明建設，促進生態發展。2015 年中國共產黨第十八屆中央委員會第五次全體會議明確提出發展綠色金融和建立綠色發展基金。2016

年，二十國集團（G20）財長和中央銀行行長會議就使用政府綠色金融將私人資本引入綠色投資領域達成共識，並明確提出設立綠色發展基金。《中共中央和國務委員會關於預防和控制金融風險和深化金融改革的實體經濟服務的若干意見》（2017）、《國務院關於加強環境保護和堅決打擊污染防治的通知》（2018）、《中共中央辦公廳、國務院辦公廳關於建設現代環境管理體系的主要意見》（2020）全都提出實施建立國家綠色發展基金的相關措施，建立國家綠色發展基金將正式加入高速行列。

（2）國外推動綠色發展基金的主要做法

① 實施財稅激勵措施，吸引社會資本參與

美國和韓國等國家通過引入優惠政策（如促進市場准入和降低財產稅）來獲得社會參與。第一種做法是向綠色基金投資者提供優惠政策。荷蘭政府對一般項目的股息、利息和資本利得徵收 25% 的所得稅，而綠色基金計劃只要求對綠色投資者徵收 1.2% 的資本利得稅和 1.3% 的所得稅。另一種做法是為綠色項目創造稅收激勵。根據當前的聯邦稅法，美國清潔能源資產可以按照五年前計提折舊，這遠遠低於 20 年或更長的使用壽命。

② 加強項目對接，明確綠色項目認定標準

首先，創建信息交流平台，可以促進綠色項目的合作。在平台上，選擇合適投資項目介紹投資戰略、預期結果和其他有用信息，並促進投資項目和綠色發展基金的有效對接。

其次，資助項目以更好地滿足綠色項目的需求。英國綠色投資銀行（主要活躍於綠色項目）的例子啟發我們根據貸款人的需求提供資產負債表和表外產品以及建立結構化還款系統。美國清潔能源基金根據項目特點組織投融資項目，有效滿足不同項目的融資需求。

第三，統一和規範綠色項目的認定標準。2014 年 2 月，包括綠色債券發行人、公司和投資機構在內的國際資本市場協會和綠色債券執行委員會聯合制定了規範綠色項目範圍的原則。例如，印度在綠色項目中納入了八種可再生和可持續能源、清潔交通和可持續水資源管理。

③ 構建現代公司治理結構，實行市場化運作

美國和英國的綠色基金構建了現代公司治理結構，以商業方式運作，政府僅作為股東和董事提供治理建議，不直接參與基金的日常活動。英國綠色投資銀行（GIB）的治理結構由五個部分組成：股東、政治團體、董事會、董事委員會和高級管理層，其董事會有 11 名董事會成員，各部委各自有一個席位，如圖 12-1 所示。

圖 12-1　英國綠色投資銀行治理結構

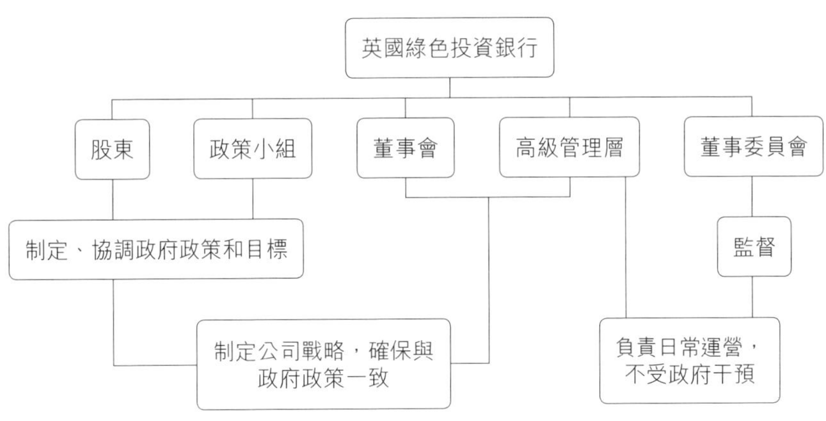

④ 完善投資決策和監督機制，確保基金投向綠色領域

一是明確具體的環境績效指標，選擇綠色投資項目。環境分類指標主要指全球變暖、用水和水處理、農業生產、環境技術和當地氣體排放等，如表 12-1 所示。

表 12-1　國外部分綠色投資基金的環境篩選指標示例

綠色投資基金名稱	發行國家	環境篩選指標
Green Century Equity Fund	美國	廢水處理、有毒氣體排放、減排措施、重複利用、環境友好型燃料
Pax World Global Green Fund -Individual Investor	美國	水和氣體排放、循環利用、清潔能源和再生能源、氣候變化應對、環境政策
Green Planet Fund	英國	污染減排、資源消耗量、節能措施
New Energy Protected Fund	英國	可再生能源、能源效率、多能源供給
Global Eco-Trends Fund	英國	環境友好型能源生產、污染控制和清潔用水
Climate Assets Fund	英國	氣候變化、資源稀缺、水供給
Sea and Sky Eco-Balance Fund	日本	海洋污染、大氣污染
Daiwa Eco-Fund	日本	全球氣候、節能減排、環境友好政策

資料來源：各網站搜集

二是監控投資和參與決策。在投資方面，鼓勵綠色基金的投資，特別是通過加強盡職調查和內部監控等方法。英國綠色投資銀行投資的任何項目都必須經過生態影響評估，由貸款審計委員會進行審計，並由董事會進行監督。作為項目的一部分，還將持續監控投資項目管理的狀態，參與公司決策，包括公共賬戶和權限的管理，並與股東協商以確保資金用於綠色空間。如表 12-2 所示。

表 12-2　基金干預企業決策的方式及內容

干預方式	具體內容
公眾申明	通過綠色基金的官網等，向公眾申明擬投資的綠色產業項目類別、項目認定依據或標準、環境效益目標、募集資金使用計劃和管理制度等內容
代理權爭奪	爭奪綠色基金投資的股票委託表決權即投票權，以獲得對其所投資企業董事會的控制權，達到更換公司管理者或改變公司戰略的目的，使企業承擔更多的環境責任，確保資金投向綠色領域
與經理協商	由綠色投資基金代理人與企業管理者協商，在投資項目方面形成共識
股東提議	通過提議召開股東會等方式，將綠色基金代理人所關心的問題提交給股東大會討論，實現對其所投資企業經營的決策參與及監督

資料來源：各網站搜集

⑤ 加強基金績效考核與評價，合理評估基金運營效果

美國和英國等國家已普遍定義了基金估值和績效指標，並從經濟、社會和環境影響的角度評估了綠色發展基金和可持續發展的管理狀況，如表 12-3 所示。

表 12-3　綠色基金評價與績效考核指標

經濟指標	由投資帶動的新成立企業數量；公共資金投資額、收入、利潤；撬動私人資本資金額；私人資本／公共資本撬動比；資本回報率
社會指標	直接、間接創造的就業機會量；綠色職業技能訓練（人數）
環境指標	改善供水、供電（受益人數）；能源節約量；土地修復面積；垃圾回收量；溫室氣體減排量

資料來源：各網站搜集

(3) 設立綠色發展基金的意義

習近平總書記指出：「良好的生態環境是最公平的公共產品，是最普惠的民生福祉」「把生態文明建設放在突出的戰略位置，融入經濟建設、政治建設、文化建設、社會建設各方面和全過程」「當前和今後相當長一個時期，要把修復長江生態環境擺在壓倒性位置，共抓大保護，不搞大開發」。設立國家綠色發展基金，就是貫徹綠色發展理念、踐行習近平生態文明思想的重要舉措。

設立綠色發展基金是突破綠色發展投資瓶頸的重要途徑。國家綠色發展基金的設立可以體現中央稅收貢獻的槓桿和槓桿作用，引導資金向生態環境流動，為嚴格落實污染防治措施提供財政支持，還可以增加生態環境融資方式，大大緩解環境產業的融資困難。這對於發展環境保護產業、加強環境措施的新動力、促進環境經濟和社會的可持續發展至關重要。

(4) 推動我國綠色基金發展的對策建議

① 出台稅收優惠政策，吸引社會資本投資

國家出台政策為綠色發展基金提供稅收優惠，提供退稅、增加綠色項

目擔保，以及引入綠色項目收益和成本風險的共同負擔機制。對於公共利益項目，用戶支付、政府支付和潛在赤字贈款的組合可用於充分增加環境項目的回報並吸引社會資本投資。

② 促進綠色發展基金與項目有效對接，提高資金使用效率

一是創建平台用於錨定綠色基金和交換項目，以加強供求基金之間的信息交流。例如，綠色基金經理可以在平台上展示基金的投資策略、項目選擇標準和產品組合。二是鼓勵基金設計投資計劃，根據項目特點開發股權融資、技術援助、綠色債券、資產證券化等金融產品，吸引綠色項目投資基金。三是創建綠色工程認證評估體系，可依據中國人民銀行《綠色貸款專項統計制度》、中國銀監會《綠色信貸指引》、國家發改委《綠色債券發行指引》和中國金融學會綠金委《綠色債券支持項目目錄》為編製依據，除了產業政策之外，還將建立一個可衡量和可操作的評估指標體系，這些指標將在環境、產業政策等基礎上獲得認證，並為基金選擇項目提供基準。

12.4.3 綠色信貸資產證券化

（1）綠色信貸資產證券化的重要意義

近年來，綠色金融已成為支持中國向綠色發展轉型的最重要驅動力之一，中國已成為全球綠色金融領域的領導者。然而，中國的綠色金融供求仍然存在巨大差距，需要繼續深化改革，鼓勵可持續的綠色金融發展。

中國的綠色金融結構仍以綠色信貸為主導，佔綠色金融總規模的 90% 以上。自 2019 年以來，中國的綠色信貸餘額在上半年已超過 10 萬億元人民幣，同期中國的綠色債券發行規模為 7,145 億元人民幣。總體來看，當前綠色金融的支持體系還比較薄弱。大多數綠色項目投資週期長，需要承擔長期的銀行債務，但是銀行債務的平均期限很短，銀行間不一致的問題也很嚴重。如果銀行可以打包其綠色股權信貸資產並向投資機構發行證券

以支持其業務，則銀行不僅可以發行資本和提高信貸限額，還可以有效解決銀行貸款違約問題。

綠色信貸的證券化（「綠色 ABS 信貸」）也可以平衡中國綠色金融業的發展。中國的綠色貸款，將吸引更多的投資者進入金融市場，並為綠色發展提供更多的資金。

(2) 我國綠色債券證券化發展緩慢

① 我國綠色信貸資產證券化發展現狀

根據銀保監會的數據，2019 年上半年，中國 21 家主要銀行的綠色貸款餘額增長了 17.8%，達到 10.6 萬億元。根據原中國銀行業監督管理委員會 2013 年 6 月底發佈的數據，中國 21 家主要銀行的綠色貸款餘額為 4.9 萬億元，2019 年上半年上升至 10.6 萬億元，年增長率為 13.9%，如圖 12-2 所示。

圖 12-2　21 家主要銀行綠色信貸餘額

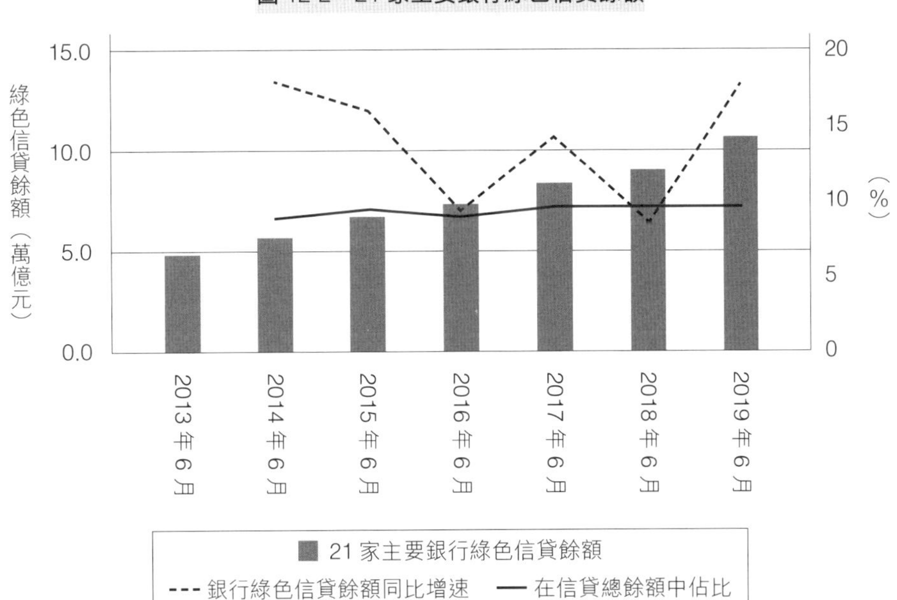

資料來源：根據 wind 數據庫資料編製

根據氣候債券倡議組織的統計數據，2018 年中國符合國際綠色債券定義的發行額達到 2,103 億元人民幣（312 億美元），佔全球發行總額的 18%，是全球綠色債券市場的第二大發行來源。據統計，截至 2019 年 8 月底，中國綠色債券餘額為 7,431.5 億元，2018 年全年發行總額為 2,239.9 億元，與 2017 年持平，如圖 12-3 所示。

圖 12-3　國內市場「貼標」綠色債券發行及存量規模

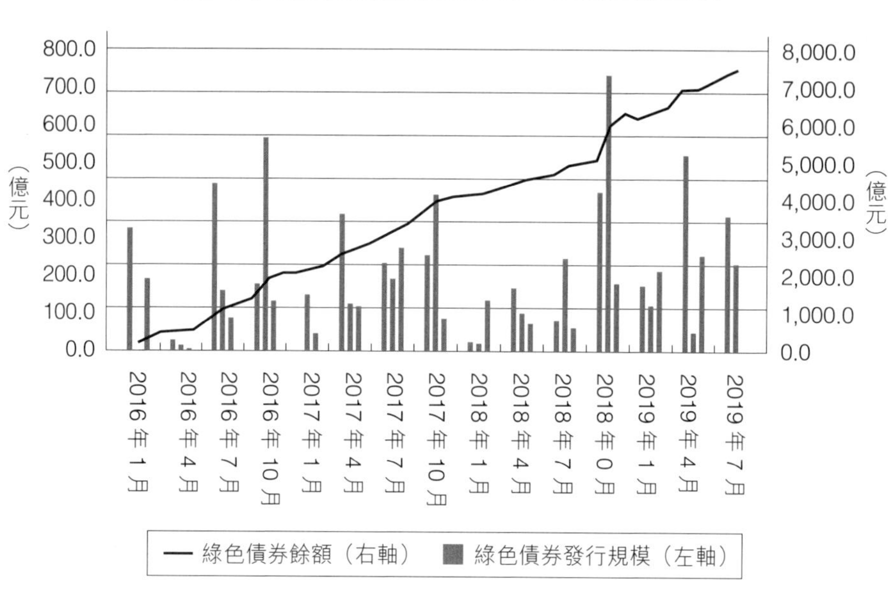

資料來源：根據 wind 數據庫資料編製

② 綠色信貸資產證券化發展緩慢的原因

為甚麼在中國綠色貸款、綠色債券、綠色 ABS 和 ABS 普通信貸快速增長的情況下，綠色信貸 ABS 增長如此緩慢？主要原因是供需不足。

供給方面，由於綠色信貸初始回報率不高，再加上按照 ABS 分層和自留 5% 的要求，發行收益難以覆蓋成本，商業銀行發行動力不足。首先，基礎信貸資產利率水平難以覆蓋 ABS 發行成本。綠色信貸 ABS 除了支付正常的中介費等費用外，還需要額外承擔綠色認證費用以及隨之而來的額外監管成本和風險。綠色信貸和綠色債券的標準不一致，也進一步增加了綠色信貸 ABS 運營的難度和監管成本，如表 12-4 所示。

表 12-4　綠色信貸 ABS 發行情況示例

發行時間	證券		發行規模（億元）	期限（年）	發行時票面利率（%）	資產池初始加權平均貸款年利率（%）
2017/12/21	農盈 2017 年第一期綠色信貸資產支持證券	優先 A 檔	9.55	2.33	5.88	4.89
		優先 B 檔	2	3.33	6.2	
		次級檔	2.79	4.58		
2019/3/1	和信 2019 年第一期汽車分期貸款資產支持證券	優先 A 檔	8	1.39	3.15	1.96
		優先 B 檔	1.73	1.73	3.4	
		優先 C 檔	0.19	1.9	5	
		次級檔	0.7	3.56		

資料來源：根據 wind 數據庫資料編製

其次，5% 的風險保留要求阻礙了銀行的證券發行。人民銀行和原銀監會發佈的〔2013〕第 21 號公告《關於規範信貸資產證券化發起機構風險自留比例的文件》對當前的信貸資產證券化發起機構風險自留規定提供了基礎。該文件要求信用資產證券化的發起者保留達到基礎資產一定比例的信用風險，且該比例至少應達到 5%。最低等級的資產支持證券的比例必須至少為最低等級的資產支持證券發行規模的 5%。

最後，嚴格限制綠色 ABS 回籠資金投向，也是削弱銀行發行動力的原因之一。對於 ABS 綠色信貸，明確要求其融得的資金必須投入綠色領域。

總而言之，銀行發行綠色信貸資產支持證券的積極性要低得多，而這是他們受到更高的監管風險、5% 的風險保留和更嚴格的融資約束影響的結果。

在需求方面，二級市場流動性的缺乏和信息的不對稱降低了投資者的投資意願。首先，ABS綠色信貸市場的流動性相對較弱，投資需求由此受到限制。其次，有綠色投資需求的投資人既需要注意資產支持證券的基礎資產的信用狀況，又需要注意其生態特徵。這使得投資人在信息不完全披露的情況下，很難做出投資決策，同時也削弱了其在二級市場進行投資的意願。

(3) 構建綠色信貸資產證券化發展的制度激勵

可以採用放棄或減少綠色信貸索賠的方式，激勵銀行使用綠色信貸，並主動成為綠色信貸資產支持證券發行的驅動力。如上所述，放寬風險自留要求可以有效地促進綠色信貸資產支持證券的發行。同時，組織這種差異化的監測和管理是有意義的。

綠色信貸就ABS而言，其主要來源是綠色信貸。多年來綠色信貸一直在我國維持着比較高的資產質量。從2013年至2017年6月底，根據原中國銀行業監督管理委員會的數據，全球最大的21家國家銀行項目和服務的不良貸款率分別為0.32%(2013年底)，0.20%(2014年底)，0.42%(2015年底)，0.49%(2016年底)和0.37%(2017年6月底)。對應的違約率分別為1.0%，1.25%，1.94%，1.74%和1.69%。同時綠色信貸在信息披露方面更加嚴格。因此，綠色貸款的質量和資產披露具有良好的基礎，並且銀行在發放綠色貸款時對監管有嚴格的要求，綠色貸款審查變得更加嚴格。

12.4.4 統一標準的綠色認證

《綠色債券評估認證行為指引(暫行)》(以下簡稱《指引》)是人民銀行與證監會於2017年12月26日聯合發佈的文件，包括七章，共計46條。綠色債券的評估是它的核心內容，我國統一的綠色債券認證評估標準也隨之誕生，這一舉措有利於環境保護和綠色金融的發展。在《指引》發佈之前，各部門同心協力、共同向着發展目標奮鬥，在良好合作的基礎上已經取得初步成效。但發展就伴隨着問題，如評估認證不夠規範、不夠透明，缺乏統一的標準等，於是《指引》應運而生，《指引》的發佈就是為了解決這些問題。資質是否合格是評估認證機構最基本的一項檢查標準，業務的開展必須遵循「誠實守信、客觀公正和勤勉盡責原則」。

債券發行前認證和存續期認證，共同構成了綠色債券評估認證。前者是事前的行為，判斷發行人是否具有合格的資質，包括資質的取得是否合法合規，有沒有完備的信息披露報告制度以及資金使用規劃，預測其是否能對環境產生有利影響；後者的側重點在於是否真正履行了發行承諾，主要包括對募集資金是否合規使用、信息有沒有及時披露以及有沒有達到對環境保護的預期。經過一系列嚴格的認證評估，部分債券的問題會暴露出來被評定為不合格債券，如果給予一定期限進行整改，到期仍不合格，會依法撤銷其綠色債券標識。

在資質要求方面《指引》分為四點：首先，建立了開展綠色債券評估認證業務所必備的組織架構、工作流程、技術方法、收費標準、質量控制、職業責任保險等相關制度。其次，具有有權部門授予的評級、認證、鑒證、能源、氣候或環境領域執業資質。再次，具有相應的會計、審計、金融、能源、氣候或環境領域專業人員。最後，自成立以來或最近 3 年不存在違法違規行為和不良誠信記錄。

《指引》的發佈通過明確的規定和指示，使我國綠色債券市場上參與者的行為更加規範，增強了我國綠色債券的全球領先實力，使得評估認證成為可信賴權威性的證明，為我國綠色債券發展增添動力，能在新時代生態環境保護的道路上愈走愈遠。

總之，美國、日本和德國在綠色金融政策創新、產品創新、組織創新、科技創新方面經驗豐富。美國重視環保和綠色金融產品的開發，日本注重綠色金融政策支持金融創新，德國則注重通過立法實施環境保護。他們在建立綠色投資銀行、設立綠色發展基金、綠色債券證券化、統一標準的綠色認證、碳排放權交易、碳稅徵收體系建立等方面積累了經驗。這些經驗雖然是在不同的社會經濟發展條件下取得的，但是對我國仍有較大的借鑒意義。今後我們為了氣候、環境治理，實現碳達峰和碳中和，也應當樹立大環保的理念，從生產消費到日常生活、垃圾分類，都要有環保意識。我國的綠色金融政策也要推廣宣傳，深入人心。每個企業和每個機構都要將自己的業務發展與環境保護、節能降耗聯繫起來，動用全社會的力量，引起全社會對環境的關注，使綠色金融的系統創新更好地為碳達峰、碳中和服務。

第 13 章

構建雙循環的綠色金融系統創新框架

構建雙循環的綠色金融系統創新框架需要堅持赤道原則、低碳原則和協調統一，重點突出原則。系統創新需要使創新適應我國經濟發展的具體實踐，也要接受實踐的檢驗。創新要考慮我國的東部、中部、西部發展的資源稟賦和發展階段。這樣，綠色金融的創新才能真正發揮作用。在動用全社會資源方面，我們從政府層面、企業層面、金融機構層面提出了不同的對策。政府層面需要出台相關的配套政策，加強綠色金融監管體系，建立健全法律法規，制定低碳轉型、支持循環經濟的政策和地區性低碳轉型的綠色金融政策。企業層面，提升節能減排的內在動力，企業需要全新的發展理念，主動參與碳交易市場，選擇適應自己的綠色金融產品。金融機構層面，增強發展綠色金融支持低碳轉型的社會責任感，對綠色金融業務模式不斷創新，對綠色金融產品的供給不斷增加，使綠色金融政策創新、產品創新、組織創新和科技創新系統發力，實現我國的碳達峰、碳中和目標。

13.1 建立綠色金融體系的創新策略

13.1.1 完善綠色金融標準

當前，我們的國家將努力在 2030 年之前達到碳排放的峰值水平，到 2060 年實現碳中和，並在實體經濟中加速向低碳零排放水平過渡，並建立一個以綠色能源為重點的金融體系。為此，我們修訂和完善了綠色金融目錄，包括綠色貸款、綠色債券和綠色目錄。制定綠色金融標準是金融業標準化的主要挑戰，目前，我們綠色金融體系的主要目標是為綠色金融體系建立統一、國際認可、清晰有效的標準。通過將金融與碳聯繫起來，以符合碳中和目標的方式提高綠色金融標準，以使綠色金融目錄中的項目不會損害氣候變化目標，並不斷推進綠色金融標準體系的不完善之處。

綠色金融標準是我國金融標準的重要組成部分，制定綠色金融標準是規範我國金融業的主要任務，有關部門已在開展相關工作。在建立「綠色金融標準」系統方面進行了某些研究，金融標準化技術委員會（NKFS）發佈了文件強調必須加強綠色金融標準體系建設。

建立綠色金融標準非常重要，因此，建立統一的國際綠色財務標準體系是我們必須解決的重要任務。發展綠色金融部門的優先領域，也是下一階段綠色金融發展的重大挑戰。

在我國的綠色金融目錄中，綠色產業分為節能與綠色產業、綠色產業、清潔能源、綠色基礎設施現代化和綠色服務等六大類，「目錄」是指「共同的基本綠色金融標準」，與此同時，還有其他標準，例如綠色信貸標準、綠色債券標準、綠色商業標準和地方綠色金融標準。

綠色債券標準的制定已經取得了重大進展，目前，我國發行的新目錄已經統一了我們的綠色債券標準，將其擴展到所有類型的國內綠色債券中，也使綠色債券標準得以適用。新版本的綠色債券標準符合國際標準，有助於吸引國際投資者進入中國綠色債券市場，並提高了國際綠色債券的水平。另外，綠色金融信息披露標準不斷受到監管，要求金融機構奉行公開透明的綠色信貸政策和規則，確保嚴格披露綠色貸款的進展和信息。這些年來，綠色金融改革試驗區的重點是綠色金融的發展以及地方綠色金融法規的實施。

通過鼓勵綠色貸款，綠色期貨和其他商品等綠色金融產品的創新，改善綠色金融市場體系，不斷提高綠色金融體系的標準，從國際角度出發，我們也加強和發展了國際合作，以促進綠色金融標準的國際協調。

13.1.2 碳足跡用作評價項目綠色程度指標

碳足跡通常意味着我們個人和集體的「消耗碳」。我們消耗的碳愈多，排放的二氧化碳就會愈多，碳足跡愈大；反之亦然。

為實現中國的碳中和目標，不應脱離金融機構和政策的支持，開展綠色金融交易有利於我國的可持續發展，另外，從金融的角度來看，碳市場實際上也可以被視為具有金融市場的性質和特徵，要求建立轉移風險以及開發金融產品的金融市場。在此過程中，碳足跡被用作評估項目綠色、金融機構綠色和政治支持的重要指標。

13.1.3 建立完善的強制性的環境信息披露制度

金融機構環境信息披露是指對金融機構與環境相關的各種信息進行全面的披露，具體包括：一是金融機構會對環境與氣候產生影響的活動的相關信息，這些活動包括其自身經營管理活動和投資、融資等；二是站在金融機構的立場，氣候和環境因素會給其帶來機遇或者使其遭遇風險的相關信息。因此，金融機構一方面要披露自身對氣候環境產生影響的信息，另一方面也要披露氣候環境對自身產生影響的信息。

2020 年 12 月 21 日，「金融機構環境信息披露研討會」（以下簡稱研討會）以線上線下相結合的方式在北京舉行。研討會指出，為了促進綠色金融並迎接新時代，金融機構不僅必須擴大獲取氣候變化信息的渠道，而且還應逐步採取行動。強制性披露此類信息的原因是，有關環境氣候的信息披露在國民經濟中發揮着重要作用，也是金融機構在第十四個五年規劃的背景下實施新的發展理念的重要舉措。因此，金融機構未來要依照強制化的要求一步步實現環境氣候相關信息的披露。

但是，由於缺乏規範內部和外部整合的有效機制，我國的信息公開尚不具備全面性的要求，其內容太少，為此，有關部門應加快制度和系統的發展和完善，加快建立並完善有關環境信息披露指標的體系以及制度，將環境污染、資源能耗、碳排放、行政處罰、社會責任等各類信息都納入該體系，建立覆蓋面更廣的環境信息披露制度，提高金融機構的環境信息披露質量。

13.1.4 要求金融機構披露分析結果

壓力測試是指將具體的金融機構或某個資產組合置於某一特定的（主觀想像的）極端市場情況下，測試該金融機構或資產組合在這些外部市場對其產生的壓力下的表現狀況，看其是否能承受住這種外部市場的突然變化。而與壓力測試相類似的情景分析法是指假定各種情景（比如系統缺陷，利率、匯率、商品價格波動等）發生的概率，研究各種因素綜合作用可能產生的影響。總之，無論是壓力測試還是情景分析都是測試金融機構在極端不利情況下的表現。

金融機構披露環境和氣候風險敞口，壓力測試或情景分析的結果是十分必要的，因為與其他的金融風險相比，環境與氣候相關風險通常是不規則和隨機的，偶然性很大，同時，它們所帶來的影響很可能在較長一段時間後才會顯現，但一旦發生氣候環境風險，其對整個經濟就會造成嚴重的衝擊，更糟糕的是這種衝擊還是不可逆轉的。而正是由於上述提到的，環境與氣候相關風險所帶來的衝擊在短期不會立即顯現，因此，此類風險常常被金融機構所忽視，而做好相關環境和氣候風險敞口和壓力測試或情景分析結果的信息披露就是讓金融機構認識自身面臨的環境與氣候相關風險的第一步，邁出這一步才能更好地應對環境氣候風險。

13.1.5 發展碳金融產品和碳排放權抵質押融資

（1）碳金融及碳金融產品

碳金融是一種經濟方面的投融資活動，但是，碳金融與傳統的投融資活動最大的不同是其過程更注重低碳，因此，碳金融也表述為碳融資或者碳物質的交易。隨着《京都議定書》的簽訂，碳金融逐漸興起，而碳金融產品就是依託碳金融活動衍生出來的各種產品。

(2) 碳金融產品的分類

① 碳金融原生產品

碳原生金融產品亦叫碳現貨，目前，在碳交易市場上主流的碳原生金融產品分為碳排放配額和核證自願減排量。這兩種產品的共同點是交易平台可以是交易所，也可以是場外交易市場，同時在交易方式上二者的交付轉移和資金清算幾乎是同時實現的。

碳排放配額是碳排放配額市場中最重要的交易對象，主要是在配額方面，決策者第一次分配中向企業提供的配額。由清潔發展機制（CDM）活動產生的核證自願排減量（CER），是根據全球升溫潛能值（GWP）計算得到的，一個單位的 CER 相當於一公噸的二氧化碳的量。

② 碳金融衍生品

第一，碳遠期。碳遠期和傳統的遠期交易類似，是在碳交易雙方簽訂合同後，不是在兩個營業日內就立即交割產品，而是在未來某一日期辦理交割結算。

第二，碳期貨。碳期貨合約是買賣雙方約定在未來某一日期或某一時期以一定的價格購買或者出售一定數量碳排放權現貨的標準化合約。和傳統的衍生工具一樣，碳期貨同樣具有套期保值功能，這樣，能夠使交易雙方規避風險，所以，碳交易最終的交易結果一般都是對沖了結，而不是進行實際的碳排放權的交割。

第三，碳期權。碳期權賦予了碳期權的買方一種權利，買方可以在約定的未來的某一時間購進或者售出溫室氣體排放權，並通過合同約定固定的價格。按照性質不同劃分，碳期權可分為看漲期權和看跌期權。

第四，碳掉期。碳掉期也稱碳互換，是指在未來某一期限內，交易雙方可以交換各自擁有的配額和核證自願減排量。產生這種交易需求的原因主要是，配額和減排量具有相同性質的履約功能，核證自願減排量的使用是有限制的，兩者之間的價格差別很大。

③ 碳現貨創新衍生產品

碳現貨創新衍生產品，也可稱為碳金融創新衍生產品，是對碳現貨的創新和衍生。

第一，碳基金。碳基金的資金來源於政府部門、金融機構、公司企業或個人，然後基金管理人將籌集的資金用來購買全球範圍的核證自願減排量，投資於溫室氣體減排項目或低碳發展項目，從中獲得投資收益的一種交易活動。

第二，碳債券。碳債券是由政府、企業發行的信用憑證，獲得憑證的投資者可以定期收取利息，並且在到期日收到本金，籌集到的資金主要用於發展低碳項目。

第三，碳信託。碳信託是指管控單位將碳原生資產託管給信託公司或者證券公司，同時，約定一定的收益率，信託公司或證券公司再將獲得的碳資產抵押融資，將融得的資金在金融市場上投資，獲得的收益一部分支付與被託管者約定的收益率，一部分用來償還銀行利息，剩下的收益歸信託公司或證券公司所有。

第四，綠色信貸。隨着高污染行業的盲目擴張，為了打擊這一行為，環保局、中國人民銀行和銀監會在 2007 年一起制定了綠色信貸政策。「綠色貸款」提高了企業獲取貸款的門檻，這一政策本質是處理好金融行業和可持續發展之間的關係。

④ 其他特色的碳金融產品

第一，金融結構性存款。碳金融的結構性存款作為金融衍生品交易的新支付標準被引入，將債務還本付息與碳排放價格波動聯繫起來，從而，使企業能夠有效地滿足其碳配額需求。

第二，低碳信用卡。低碳信用卡是國內商業銀行為了應對全球氣候變化而發行的信用卡，這體現了銀行積極響應政府號召的意志。例如光大銀行的綠色零碳信用卡。

第三，借碳交易。借碳交易是指配額借入方繳存一定的資金作為保證，也就是初始保證金，目的是從借出方獲得配額，而後將配額用於交易獲取收益，待約定到期時，借入者返還配額，作為借碳的報酬借入者還會向借出者支付一定的資金。借碳合同標準格式主要包括資格准入、借碳標的、借碳期限、保證金等。

(3) 碳排放權抵質押融資

碳排放權的抵質押是碳現貨創新衍生產品的一種，由於配額和核證自願減排量都是可以在碳市場進行流通的無形資產，它們都擁有排放溫室氣體的權利，因此碳原生資產非常適合成為質押貸款的標的物。

碳排放權抵押是指債務人佔有碳資產，將該資產作為獲取資金的擔保，當出現債務人不履行或者無法履行債務的情況時，債權人有權將抵押的碳資產進行處置獲得一定的損失補償。與碳排放權抵押不同的是，碳排放權質押碳資產由債權人佔有。

在目前國內碳交易市場中，碳排放權抵質押融資是相對較多的產品，但是由於法律方面的不明確，碳排放權質押相對於碳排放權抵押更為常見。

13.1.6 大力引進歐洲低碳技術和低成本資金

在實現碳中和方面，歐洲為聯合國和全世界樹立了良好的典範。歐洲一方面為全球實現可持續發展目標不斷嘗試探索，另一方面也在不斷摸索實現可持續發展、最大限度地減少碳排放，為實現碳中和目標而努力，歐洲為世界低碳發展作出了巨大的貢獻。

到目前為止，歐洲已經有 19 個國家對實現碳中和有了一個清晰的目標：要在 2050 年實現碳中和。以哥本哈根為例，該城市具體在以下幾個方面進行改造，首先，在能源供應方面，哥本哈根將利用風能、生物質能、地熱能等可再生能源對社區供能進行改造；其次，在交通方面，以自行車作為主要的交通工具，公共交通工具作為輔助，私家車作為最後的補充，打造一個綠色城市交通體系；最後，在建築方面提高建築設計標準，做到利用好自然光，按照需求供熱，做好保溫。其他歐洲國家的思路也和哥本哈根大致一樣，如德國棄核棄煤，重點發展光能氫能；丹麥注重風能、電能和生物質能的發展；瑞典發展生物質能，同時，將垃圾能源化；挪威大力發展電動汽車還有電助力自行車；芬蘭擬利用海水製冷製熱；法德兩國同樣是棄煤。

綜上，歐洲大部分國家實現碳中和的目標主要是在轉變能源利用，改變交通領域，完善污水處理方法，創新廢物垃圾的能源轉化技術等方面作出努力。

為實現碳中和目標，中國應該借鑒歐洲在碳中和方面的經驗，大力引進歐洲的先進技術和低成本資金。具體應該注重生物質能、天然氣、地熱能的利用，控制化石能源的消耗，努力建立一個溫室氣體排放的核算體系，同時重點發展光伏產業，利用好光伏扶貧、光伏養老、光伏理財等方式。

13.2 綠色金融系統創新的原則和步驟

13.2.1 綠色金融系統創新的原則

近期，「綠色產業」成為我國關注的焦點之一，即我國重點關注對經濟社會發展方式的轉型升級，按照中央政府的政策和方向，積聚力量發展資源節約型和環境友好型產業。中國人民大學綠色金融團隊曾預測，未來我國綠色資金的需求逐年擴張，財政部能提供的資金比例不會高於 15%。而綠色金融產品和工具的創新作為綠色金融發展中的重要一環，其產品和工具往往充當金融體系的「催化劑」，在促進綠色金融繁榮的同時，也為綠色經濟的發展帶來大量資金。也有學者認為，我國應着力發展綠色金融產品包括衍生品在內的各種創新，以此推動整個市場的發展。

（1）赤道原則

2003 年，花旗、巴克萊、荷蘭銀行等大型商業銀行為判斷、識別和控制融資過程中遇到的各種風險，依據銀行相關社會責任與環保標準的相關政策和指南，構建了相對完善的金融行業標準。

赤道原則（縮寫為 EPS），作為金融行業的貸款準則之一，其目的是為降低該行業的風險。即金融機構在向外界貸款時有一定的門檻，首先，必須對該項目對整個環境和社會是否會造成影響進行考量，通過對其實行綜合評估且利用金融槓桿來達到促進環境與社會健康和諧發展的積極目標。赤道原則自提出後，便獲得了金融行業的肯定，在該領域的普及性不斷攀升，其中世界各國的大型商業銀行應用廣泛，在一般的貸款和其他運營項目中，都會通過赤道原則對信貸行為的環境和社會影響進行綜合考量。赤道原則包含九條，還涉及實行赤道原則的銀行在籌集資金時所附加的條件和特別條款。雖然，赤道原則不是嚴格意義上的具有法律效力的條文，但金融機構卻會不約而同地遵守它，若不遵循該原則，金融機構便在該領域舉步維艱。因此，赤道原則成為該行業不成文的一項基本準則。赤道原則帶來眾多益處，它不僅使金融行業中的籌資決策更加方便和安全，也加深了金融機構對綠色環保的責任意識，同時推廣和踐行了社會責任與綠色環保發展理念，貫徹和促進經濟的健康可持續發展。

（2）低碳原則

低碳原則作為準則之一，與綠色金融的目標更進一步，要求內容更加具體。低碳金融指的是與低碳主題相關的金融創新體系及各種交易活動，是金融行為人將自然資源存量或人類活動造成的自然資源損耗和環境損失，通過評估測算，用環境價值量或經濟價值量進行計量，並運用於金融資源配置和金融活動評價。由於該準則運用於碳交易與碳排放市場以及相關衍生產品等領域，因此，賦予了金融活動以綠色理念為內核。經濟發展的同時給環境帶來了前所未有的壓力，立足於國家政策，有效把握綠色金融發掘碳交易市場的潛力，創新出一系列與低碳有關的金融產品和工具，逐步搭建起相對完善的制度體系和框架，在有效防範金融創新風險的背景下，將低碳金融主題深植於金融產業經營模式和服務範圍，有助於保持金融體系發展的穩健性以及金融機構責任感的增強。

(3）協調統一，重點突出原則

綠色金融的系統創新是指綠色金融政策創新、組織創新、產品創新、綠色金融體系的科技創新，每一種創新的目的都是促進低碳轉型。從全國來看，力爭政策統一、優惠統一、綠色金融機構統一，但是，針對某個地區，要適合當地的資源稟賦和產業轉型。有的地方可能突出的是政策創新，有的突出的是產品創新，有的可能突出的是科技創新。金融產品的創新對全行業有一定的示範性、通用性。

13.2.2 綠色金融系統創新的步驟

近年來，我國的經濟增長由高速發展階段轉為高質量發展階段，這對於我國綠色金融系統的創新建設提出了更高的要求。然而，當前我國綠色金融體系仍處於初步發展階段，完善綠色金融體系任重道遠。前文提出了當前綠色金融體系完善中出現的問題和根源，並從綠色金融在政策、組織、產品、科技創新四方面展開了描述。第一，從國家層面和金融機構層面分別指出了在政策創新方面應做出的努力和已作出的貢獻。第二，銀行類金融機構和非銀行類金融機構在推動綠色發展、循環發展、低碳發展，實現碳達峰、碳中和目標下，應採取的措施和相應的政策建議。第三，提出了綠色金融債券等綠色金融產品的創新方向。第四，指出了綠色金融體系為主的科技創新的特點、挑戰和相關對策建議。

發展綠色金融不僅是中國實現綠色健康發展的重要舉措，也是中國積極參與全球綠色治理的重要途徑。加強綠色金融政策、組織、產品和科技建設，促進綠色產業發展，不僅可以增強我國供給側改革的內部創新動力，而且有助於我國生態文明建設，為其創造良好的外部環境。當前，我國應加強和完善綠色金融體系，發揮引領者和倡導者的作用，積極參與國際綠色金融治理，從本質上實現綠色金融發展的效果，從而服務於我國經濟發展的大局。在當前的歷史關鍵時期，黨中央提出了新的發展思路，即「加快形成以國內大循環為主體、國內外雙循環相互促進的雙循環戰略」，為綠色金融幫助經濟轉型、全方位提高質量和效率指明了道路。

一方面，綠色金融要成為內循環的重要支撐力。一是關鍵領域要做大做強規模。如新能源汽車充電樁領域，就是綠色金融和中國新基建的天然交集，綠色金融可直接進入；對於人工智能、5G 等高科技領域，金融監管部門應該儘快出台政策鼓勵引導資金支持那些「綠色」與「智能」相結合的產業升級方式，銀行金融機構也應加大相關領域的支持力度，去探索供應鏈融資等新模式，並重點支持那些關鍵產品與技術的國產化替代。二是要穩步建立長效機制。政府部門和監管機構在綠色金融體系推動中應進一步推動強制性環境信息披露制度的實施；各類金融機構也應當重視內部環境數據庫的建立和分析使用。

另一方面，要把綠色金融作為實現雙循環的關鍵性的突破點。一是積極參與國際綠色金融合作。在當前逆全球化的大背景下開展國際間的綠色金融合作有利於提高我國全球治理的參與度，同樣，也有利於我國深化對外開放。我國與歐盟已經在綠色金融標準合作方面作出了示範，未來，我們可以將此作為關鍵性的突破點，通過「一帶一路」和中英、中法、中歐等國際雙邊、多邊平台，推動全球範圍內綠色標準的融合，為綠色資本流動的全球暢通去奠基。三是以科技創新增強凝聚力。監管部門應鼓勵和支持那些在全國領先的金融機構去開展國際間的研究與合作，研究領域可以包括 ESG 投資與信息披露、環境風險分析、環境風險管理、全球發展中國家的綠色金融能力建設等，還可以考慮成立專項基金支持綠色金融研究，例如中英兩國政府合作的 UKPACK 項目支持了大量綠色金融前瞻性研究課題，促進了兩國金融機構間的觀點融合和深入了解。

(1) 綠色金融政策創新的步驟

① 綠色金融體系的標準化

隨着我國綠色金融產品和數量規模的不斷壯大，綠色金融的市場機制也愈來愈完善，此刻為了綠色金融體系的可持續發展構建一個統一的標準顯得尤為重要。具體做法如下：第一，基於我國綠色金融五大試驗區的不同發展狀況，總結出適合如今綠色金融體系的標準從而使得綠色金融標準體系不斷完善。同時，為了使我國綠色金融體系更加國際化，我們必須嚴格界定綠色項目和綠色產業，使其形成清晰的定義概念。第二，統一風險管理標準和環境審查評估標準，確保投資和融資項目嚴格按照標準進行。第三，基於我國綠色金融市場發展極其迅速這一現狀，金融工具的創新能力有待進一步提高，風險管理和環境風險評估標準的制定應根據行業特點，制定相應的操作規程，從而實現風險管理和環境評估標準的量化。

② 加大綠色金融發展的激勵力度

我國各級政府都應該建立一個協同激勵框架，這個框架應包括環保、綠色金融、綠色產業等多個方面，使得綠色財政支出中關於綠色基礎設施的投入比例有所提高，從而達到財政綠色配置優化的目的。一方面，政府和監管部門可以在科技創新、吸引投資和稅收方面加大優惠力度和財政補貼；另一方面，可以充分利用普惠金融的政策，通過一系列優惠政策刺激綠色金融業的發展，最終達到降低金融工具成本、吸引更多投資者和金融機構進入綠色金融業的目的。

③ 完善法律制度和監管措施

第一，環保方面，政府和監管部門應明確界定個人、銀行、企業等主體在環境污染中應該承擔的法律責任。第二，污染受害者群體的權益一定要得到保護。政府和監管部門也要大力呼籲引導金融機構在綠色金融產業發展過程中加強自身責任感和參與力度，對於那些給予污染企業資金支持的金融機構也要加大監督力度並進行一定的懲罰，從而減少漂綠現象發生。第三，政府和監管部門應提高金融機構的監管力度。可以通過建立一個金融各市場主體間的聲譽評價機制，市場是最公平的，通過這種方式也能明確地體現出各個金融機構在環保問題上的責任感。

④ 完善綠色金融體系的風險防範機制

目前，我國綠色金融體系的市場機制尚不完善，與綠色金融相關的政策也不完善，還處於嬰兒階段，存在着極大的道德風險和政策風險。因而，政府及相關監管部門在對於違規行為進行懲處的同時也要加強完善相關政策法規，從而為我國綠色金融的健康發展保駕護航。當然，對於一些勇為先鋒的投資者在綠色金融中的損失也要建立相應的補償機制。

（2）綠色金融組織創新的步驟

① 設立專業綠色金融機構

首先，綠色金融新產業的發展僅依靠我國傳統金融機構是不可能的，為此必須建立創新型金融機構為綠色金融體系注入更加新鮮的活力助推其發展。其次，在政府和國家政策的支持下，可以在中國設立專門的綠色金融政策銀行，投資環保、可再生能源等特定行業，通過槓桿效應帶動中國金融機構綠色投資的協調發展。

② 設立綠色金融體系中介機構

第一種是綠色金融徵信機構。這類中介機構是為了緩解我國綠色企業在發展初級階段抵押物不足、規模小等因素導致的融資難和融資貴的問題。第二種是綠色金融認證機構。這類中介機構通過匹配赤道原則，加大綠色金融產品的強制認證來支持我國綠色金融產品走向國際化。

(3) 綠色金融產品創新的步驟

① 豐富綠色債券市場

為了建立和發展綠色金融體系，促進綠色金融快速發展，有必要不斷豐富和發展綠色金融產品。綠色金融產品和服務體系的不斷豐富和發展要求開發和示範綠色債券和碳金融等新產品，並加強這些金融產品的創新。在促進綠色金融方面，綠色債券可以作為一種新的金融產品發揮更重要的作用。它還要求政府頒佈積極的法規和完善的綠色債券政策指導。在綠色金融的廣闊市場前景和國家政策扶持的背景下，商業銀行等金融機構需要正確了解綠色債券，並把握綠色金融的制高點。中國目前是世界上最大的綠色清潔發展機制供應國。這就決定了隨着綠色金融的全球化，中國的綠色金融特別是碳金融將具有更大的市場潛力和市場機會。商業銀行和其他金融機構需要充分利用其在社會金融方面的核心優勢，努力成為綠色金融（尤其是碳金融）領域的領導者。澄清綠色債券評估和認證指南，並引入綠色債券評估和認證機構的自律管理。大力推動綠色債券市場創新，改革和創新各種新型綠色債券產品和發行綠色債券的新方法，同時，增加其他行業綠色債券的合理利用。還應注意建立綠色債券市場機制。七個部委提出了統一定義綠色債券的要求，有關部門將科學制定綠色債券標準。

② 繼續擴大綠色發展基金

為大力推進生態文明，使綠色金融真正成為中國特色社會主義生態文明的參與者和支持者，成立了中國綠色發展基金會。中國綠色發展基金會可以動員和廣泛組織社會力量，動員社會資金以財政支持綠色經濟的發展，並提供財政支持以建設生態文明，創造美麗中國。通過不斷擴大綠色發展基金，我們將向綠色項目提供財政援助，以發展綠色經濟，並開展有效工作。擴大綠色發展基金，支持與綠色金融發展有關的業務，促進以綠色發展為主要特徵的工業和經濟。運用財政政策支持綠色發展基金等綠色金融體系的不斷創建和完善，體現了中國綠色發展基金在新時期的重要責任。利用綠色發展基金增加對綠色產業的投資，同時，需要實施適當的綠色金融支持政策，真正為綠色金融企業的發展提供良好的服務和政策環境。此外，我國應深化綠色發展基金領域的國際合作，有效利用國際金融機構和外國政府的貸款和投資，為我國綠色金融和綠色產業的發展提供治理和金融支持。

(4) 綠色金融科技創新的步驟

首先，綠色信用業務點，「區塊鏈 + 大數據」是綠色金融系統創新的基礎，通過共享賬簿綠色信用業務融資鏈審查信息安全，實時保護整個網絡資金動態徵信，有效提高信息量，利用綠色對抗風險信貸業務，降低風險不對稱信息量。第二，從數據鏈構建到數據鏈路構建，使用區塊鏈和大量的技術人員，兼容和組合各種類型的信息平台，建設全方位、高效的徵信博彩、監管評估，全部納入一個綜合的信息平台，降低綠色金融業務的成本，提高有效的信用證和資金流通，動員金融機構和企業參與綠色金融的發展，同時改善金融機構的綠色貸款服務。畢竟，創新者會帶來一定的金融風險，但技術集成電路提高了信息平台的安全性、透明度和快速反射，不僅有助於建立評估、管理金融風險和發展效果的次級抵押貸款，還可以將綠色金融產品限制在合理的範圍內，激發綠色金融業務透明度有利於降低泡沫風險，保障綠色金融體系健康發展。

關於綠色金融體系技術創新步驟的解讀，本部分以上海卡區為例進行了探討。中國人民銀行（NBK）等 7 個部門《建立綠色金融體系的指導思想》明確提出拓寬融資渠道，大力開發綠色貸款、創新金融產品和服務，集中統一試點受益案例能源管理合同，發揮主管部門協調作用，成立節能公司與雙方平台對接，將綠色金融系統集成到項目中，消除了融資困難，降低了融資成本，承擔了信貸風險。綠色信貸解決方案為需求提供資金，政府、市場、資本、互利共贏。

13.3 綠色金融系統創新的政策支持體系

13.3.1 政府層面：出台相關的配套政策

（1）加強綠色金融監管體系，建立健全法律法規

由於綠色金融在我國發展時間較短，目前仍然處於初步探索時期，與之相關的環保政策、環境治理方面的法律法規還存在很多弊端，相關的監管體系依然有待完善。一方面，由於社會公眾對綠色金融概念的了解少之又少，導致綠色金融產品依然存在着很嚴重的信息不對稱現象，使得目前對於綠色金融的監管還存在很多盲區，最終導致監管方面的疏忽。另一方面，由於綠色金融缺乏事前監管，加之信息披露制度不健全，金融機構為了使得其效益最大化，往往會降低綠色金融客戶的准入門檻。這也在一定程度上導致了監管方面的風險。

鑒於此，綠色金融的進一步創新發展，就必須要不斷完善相關的法律法規以及監管措施。首先，政府必須頒佈相關法律法規，通過法律的形式來明確個人、企業以及金融機構需要承擔的法律責任。其次，要加強執法部門的監管力度以及執法力度。明確企業違反環境保護法的後果，提高環境污染的機會成本。最後，政府可以建立市場主體的聲譽評價機制。加強企業信息的透明度，讓社會公眾通過公開的方式來對企業進行社會環保責任方面的考察。

（2）出台配套的相關政策，加大政策支持力度

目前，我國綠色金融方面的政策體系依然有待完善。表現在以下幾個方面：首先，企業和個人對於綠色金融的發展缺乏深刻的認識。由綠色金融的特點不難看出，綠色金融項目在前期需要投入大量資本且存在週期較長、短期收益不顯著等缺點。導致在傳統的政績觀念主導下，綠色金融得不到地方政府部門的廣泛認可和廣泛宣傳。進而導致企業和個人對綠色金融發展理念認識較為淡薄。其次，綠色金融的資金支持力度有限，由於綠色金融產品相比於傳統的金融產品缺乏成本優勢，使得部分地方政府在風險補償、資金投入以及融資擔保方面的支持有限。最後，推行綠色金融的相關主體在短期目標上存在分歧。綠色金融的有效實施離不開中央政府、地方政府部門以及金融機構的相互協調與配合。中央政府部門主要負責出台相關的發展政策；地方政府部門主要負責及時傳達並有效實施相關的政策；金融機構則主要負責落實政策並不斷推出與之相關的金融產品。但是從短期來看三者的發展目標依然存在分歧。地方政府除了關注綠色金融的發展以外，也要保證當地的經濟增長；金融機構除了推出綠色金融產品以外，也不得不確保經營收益。最終由於缺少相關的政策約束，使得三者的目標可能會產生衝突，降低了綠色金融的發展效率。

實現綠色金融體系的跨越式發展，就要出台相關政策來約束參與主體的行為。第一，要加大對發展綠色金融產業的激勵制度。各級政府部門要在短期內出台相關獎勵政策，搭建起多個維度的協同激勵框架，提高綠色基建在財政撥款中的佔比。具體來説，政府部門可以出台相關政策，降低綠色金融產業的税率；加大對綠色金融的優惠力度。第二，出台相關政策完善綠色金融體系的標準化程度，隨着綠色金融的不斷發展，未來綠色金融產品的規模和種類也會日益壯大。因此，政府部門必須完善相關政策，並建立起統一規範化的標準。

(3) 制定低碳轉型、支持循環經濟的政策

全球已經達成共識「能源低碳化事關人類未來」，我們需要重新認識能源資源稟賦，確保非化石能源資源作為我國能源資源的重要組成部分。引導能源轉型，確保能源安全，通過技術進步減少非發電用煤，堅持發電為主，清潔、高效利用，與非化石能源協調互補，優化能源結構。制定綠色金融政策，支持循環經濟，使固廢資源化，發展碳匯，鼓勵 CCUS 等碳移除技術、碳循環技術。用好碳交易、氣候投融資等引導碳減排的政策工具。

(4) 制定地區性支持低碳轉型的綠色金融政策

因地制宜，不同地區制定具有特色的低碳轉型策略，適用不同的綠色金融產品。東部地區在向中部、西部轉移產業時，要考慮當地資源、能源狀況。每個省市要根據資源稟賦，進行產業佈局，充分利用綠色金融，發展綠色投資、綠色經濟，充分體現我國的能源安全政策、能源結構政策。

13.3.2 企業層面：提升節能減排的內在動力

(1) 企業需要樹立「綠水青山就是金山銀山」的發展理念

從企業角度來看，目前，大多數企業都屬高消耗、高排放的「粗獷型」傳統企業，提高產出的同時將會給環境帶來不可逆轉的污染和破壞。雖然，近幾年國家不斷加強對於環境保護的重視，並將生態文明建設納入「五位一體」的總體佈局，提出了「綠水青山就是金山銀山」的發展理念。但是，由於部分企業缺少對節能減排的認識；部分行業基礎薄弱、生產工藝落後；部分地方政府對節能減排的資金投入不足，導致還有很多企業依然沒有實現綠色生產的要求。

實現綠色金融又好又快地發展，企業的作用不容小覷。首先，作為企業而言，必須要充分認識到節能減排的重要性，提高對於節能減排的重視程度。其次，要不斷加強中小企業的社會責任感，形成自覺節能減排的意識。企業必須不斷加強社會責任感，一方面要嚴格遵守國家出台的相關法律法規，加強對於高污染排放物的管理；另一方面，要樹立綠色企業的品牌形象，將綠金低碳納入到企業文化中。對於沒有達到節能減排標準的企業，執法部門可以對其行為進行懲治或者責令整改。最後，對於高能耗、高排放的中小企業而言，必須要改進落後的生產工藝。政府可以在科技、資金等方面加大對此類企業的扶持力度。助力企業的科技創新，幫助企業改進生產工藝，降低企業污染物的排放量，以達到節能減排的目的。

(2) 主動參與碳交易市場，選擇適合的綠色金融產品

發展綠色經濟任重而道遠，需要每一個企業既要有獲利衝動，又要有社會責任感，需要將節能減排、降耗作為企業的重中之重。凡是綠色經濟都可以得到政府的支持、鼓勵，金融機構和廣大投資者的青睞，他們可以利用綠色信貸，發行綠色債券，使用綠色投資基金、綠色保險，充分發揮各種綠色金融產品的作用，為發展綠色經濟服務。

13.3.3 金融機構層面：增強發展綠色金融的社會責任感

(1) 開展綠色金融業務模式創新

綠色金融的創新和發展離不開傳統金融機構的支持和參與，這裏的金融機構就是指通過研究和設計多樣化的綠色金融產品和工具，為我國綠色金融的發展建設提供更加豐富的金融服務的機構，不僅包含了銀行、證券交易所、基金、風險投資等傳統金融機構，還包含了為我國綠色金融交易提供服務的商業性金融中介和外部機構，例如信譽評級、擔保、保險、再融資等機構。

傳統的金融機構，尤其是政策性的金融機構在我國綠色金融的發展中起着引導作用，其經營目標是環境效益，為實現環境目標它們在金融活動中能承受更大風險。引導各類傳統金融機構積極進行金融環境的綠色改造，促進我國商業銀行的綠色發展和轉型，加快適應金融環境服務於綠色治理、實現綠色增值的需求，培育和發展壯大各類綠色金融市場主體（俞嵐，2016）。一方面，應該積極鼓勵銀行等傳統的金融機構專門針對其實施綠色科技創新而開展的投貸聯動（馬駿等，2020）。綠色投貸產業聯動，廣義上泛指銀行與其他有經驗的 PE / VC 基金或者由銀行集團旗下內設股權投資的子公司共同出資支持發起的綠色科技項目，由 PE / VC 基金向銀行提供股權投資和融資，銀行提供配套的貸款。將中央銀行和其他地方政府提出的綠色金融激勵政策（其中包含了中國人民銀行發放的綠色

重複貸款、再貼現和其他地方政府給予的綠色重複貸款、再擔保）和綠色投貸聯動的業務有機整合，降低投貸聯動的業務融資費用成本和信貸風險（安國俊，2021）。另一方面，可以考慮組建國家級或者由民資直接控股的綠色投資銀行，其初始資金一方面來源於環境稅和財政資金等，另一方面來源於醫療保險公司等其他民間資本，通過信貸、股權投資和擔保等手段為實施綠色科技創新計劃提供多元化的融資渠道。現有的商業銀行可以自己設置綠色金融事業部或者綠色分支行，在政策引導下開展綠色金融業務模式創新，將環境因素納入業務運行始終，實現經濟利益和環境效應的雙贏。

（2）擴大綠色金融的供給總量

綠色投資銀行可設立專門監管機構，根據綠色金融標準對整個綠色金融市場實施有效的監管。為綠色金融創新和發展服務的商業性金融機構是我國綠色金融制度體系的主要驅動者，不僅能夠為我國綠色金融創新和發展服務企業提供豐富的金融機構和人才，擴大綠色金融的供給總量，而且還可以通過市場化的途徑在我國綠色金融創新和發展中起到積極的作用。首先，鼓勵國內外現有的中介組織積極參與綠色金融業務，大力發展第三方核證機構、綠色信用考評機構等專門的綠色金融組織，推動一些專門的中介組織向綠色金融業務開拓服務，例如項目顧問、項目考評、項目融資擔保、法規和審計等。其次，政策扶持中介組織及其他第三方平台積極進行綠色金融工具創新，儘快設計出品種更齊全、覆蓋範圍更廣的綠色金融產品。例如綠色保險、綠色資產管理產品等多樣化的綠色金融工具可以為投資者提供參與金融交易的更多選擇，提高市場流動性，同時也能夠降低環境風險。

（3）發展綠色金融業務，實現碳中和

據統計，「碳中和」總投資規模需要 70 萬億至 180 萬億元，年投資規模在 3.5 萬億元左右。電力脱碳、終端能源消費電氣化、碳捕獲與封存

以及清潔能源和低碳技術研發等存在百萬億級別的投資需求，不能離開政府的規劃引導和綠色金融的支持。一，金融機構可以建立多元化的融資機制，將綠色信貸與綠色債券、綠色保險相結合，將天使投資、PE 投資、VC 投資相結合，協調使用科創板、創業板、主板、債市等成熟資本市場，堅持綠色金融系統創新的理念。二是建立完善全國碳交易市場，為碳排放定價。綠色金融的碳排放定價，可以對環境污染成本進行量化，提高碳減排收益，將碳排放成本轉嫁到企業生產中，提升清潔能源和低碳技術的使用率。

第 14 章

「蔚來」新能源汽車的「碳中和」探尋之路

14.1 引言

2019 年的一天，蔚來 CEO 李斌焦慮地在辦公室中走來走去，他不知道在公司高管接連離去，原始投資人紛紛撤股以及公司股價不斷下跌公司資金鏈即將熔斷的情況下，自己是否要繼續堅持下去。他走到窗邊不經意間抬起頭看向天空，眼前的景象一下子觸動了他，蔚藍的天空中間或飄着幾片雲彩，是啊，這不正是蔚來名字的由來和創辦的初衷嘛，我們所希望看到的不正是「蔚藍天空來了」？！李斌開心地笑了，這些天以來的陰霾一掃而空，他快速走到辦公桌前繼續籌劃。最後蔚來發行 2 億美元的可轉債融資，騰訊認購了 1 億，李斌個人認購了 1 億。但這些也僅僅是杯水車薪，在蔚來最低谷時期給了李斌最多支持和信心的是蔚來的車主們。2019 年四季度，蔚來的現金儲備不過 10 億元人民幣。當時，8,000 多位車主冒着沒有售後服務的風險付款提車，給蔚來「送」去 30 多億元人民幣現金。最難的時候，有車主花錢租展位讓蔚來參加澳門車展，有車主在樓宇大屏上給蔚來打廣告。2021 年春節後，北京長安街邊東方廣場的 NIO House 二樓，《晚點 LatePost》節目正在採訪李斌。採訪剛進行不到 10 分鐘，就有車主過來和李斌打招呼，語氣自然，就像老朋友相見那樣。40 分鐘後，又有車主找李斌合影。外人很難一下子理解為何蔚來的用戶對這家公司如此投入感情，他們不懂的是蔚來即使冒着虧損的風險也堅持打造中國高質量的新能源汽車，為了能更多的節能減排，為了讓我們的天空再見「蔚藍」，他們始終以國家的利益為使命的責任感打動了萬千車主。

世界習慣以結果論英雄。蔚來距離資金鏈斷裂一步之遙時，幾乎被比作樂視。今年年初，蔚來市值破千億美元，一度超過年產銷量過百萬輛的寶馬、戴姆勒。但在激烈的市場競爭中，平靜只是一時的。特斯拉不斷降價、多家科技巨頭也正式啟動造車計劃。蔚來走出了一場風暴，但它的未來不會平靜。

14.2「碳」求路上 —— 永無止境

14.2.1 碳中和背景

「碳中和」指的是企業、團體或個人在一定時間內從事生產和生活活動等過程中產生的以二氧化碳為主的溫室氣體排放總量，通過節能減排、植樹造林、購買碳配額等形式而得到抵消，實現二氧化碳零排放。現在，全球已有 127 個國家做出「碳中和」承諾。我國於 2020 年 9 月 22 日在聯合國大會上提出，二氧化碳排放力爭於 2030 年前達到峰值，努力爭取 2060 年前實現「碳中和」。2020 年 12 月 12 日，我國進一步宣佈，到 2030 年，中國單位 GDP 二氧化碳排放將比 2005 年下降 65% 以上。

我國在各國新冠疫情肆虐、國際形勢複雜且嚴峻的背景下，提出實現碳中和這一目標，充分體現了我國的大國風範和對國際環境保護的責任擔當，同時也充分體現了對蔚藍天空和美好生活環境的無限憧憬。

14.2.2 碳中和 + 新能源汽車

(1) 新能源汽車產生的必然性

汽車行業在帶動國家經濟發展的同時也推動我國多領域的技術進步，但是許多國民生活問題也隨之而來，例如交通擁堵、能源過度消耗和環境污染加劇等。大力發展低能耗、低排放的新能源汽車勢在必行。我國為了促進新能源汽車的快速發展，近幾年來出台了一系列政策來支持加快它的發展步伐。

(2) 新能源汽車的發展趨勢

2020 年 10 月，我國新出台的《新能源汽車產業發展規劃（2021－2035 年）》（以下簡稱《規劃》），為新能源汽車產業發展明確了方向，主要呈現以下特徵。

第一，市場規模迎來大幅增長。目前，我國新能源汽車的滲透率僅4.7%，按《規劃》提出2025年達到20%的滲透率目標推算，未來新能源汽車銷量將保持33%的複合增長率，到2025年將形成萬億級的市場規模。整車銷量及滲透率大幅提升將帶動上下游產業的快速發展，特別是電池、電控和電機等產業鏈核心環節領域受益最大。未來新能源汽車市場將呈現高速增長的態勢，市場規模持續擴大。

第二，企業兩極分化現象更顯著。《規劃》鼓勵優勝劣汰和與外資企業競爭，推動競爭進一步加劇，行業發展「強者恒強，弱者出局」趨勢加強。新能源汽車前期投入高、研發難度大和週期長，依賴於強大的資本和研發實力。實力較強的龍頭企業具有一定技術實力與基礎，市場地位穩固，對補貼等優惠政策依賴性較小，在加大研發力度、兼併重組等方面相對具備優勢，《規劃》出台後有利於其獲得更好發展，反之實力較弱的企業在更激烈的競爭下容易被淘汰。

第三，技術研發更受重視。一是想要實現《規劃》對新能源汽車提出的能耗、網聯化等方面的目標，需要多個領域、全產業鏈協同技術攻關，由於整合難度大，因此需要國家層面加以支持。例如汽車能耗指標下降涉及電池性能、電機效率、車用電器節能、汽車輕量化等多方面，汽車網聯化涉及物聯網、人工智能多領域合作，單個企業或單獨領域開展技術研發面臨投入大、難度高、風險高等問題。國家提出融合創新、搭建共性技術研發平台，未來將對這一方面更加重視。二是《規劃》明確了未來技術發展路線，降低了企業發展的不確定性。《規劃》進一步明確了純電動為主的發展路線，電池、電機和網聯智能化技術的發展方向，避免企業因發展路線不確定而導致投入躊躇不前的問題。

第四，企業轉型網聯化和智能化。網聯化、智能化發展推動新能源汽車產業與交通、信息融合發展，促進產業轉型。在工業互聯網、人工智能、新一代信息技術方面具有優勢的企業，同時也佔有與新能源汽車融合發展的先機，在行業高增長和智能化的帶動下，更多企業將進入新能源汽車領域，分享行業紅利。現有汽車電子等領域的企業也正在積極向網聯化、智能化方向轉型，適應新能源汽車發展趨勢。

第五，生態主導型企業將加速形成。目前，新能源汽車市場供給端呈現競爭加劇態勢，消費端新能源汽車逐漸普及，未來產品需要以更低的能耗、更加舒適的體驗等高端化方向作為突破口，來吸引消費者。現階段企業整車汽車生產技術基本成熟，中低端市場趨於飽和，未來需要強化關鍵技術突破，進一步提升產品性能。隨着整車企業實力進一步增強，整車企業將傾向於在電池、零部件等關鍵領域進行升級，實現對關鍵技術更精準的把控，同時也有利於降低成本。另外，消費環節也是關鍵，特別是對於新興車企，一旦銷售環節出現差錯影響更為嚴重。競爭白熱化驅使企業更加注重銷售環節，力求提供更加優質的服務。

(3) 新能源汽車發展現狀

我國自「八五」（1991－1995）以來就將新能源汽車列入國家發展戰略，之後推出一系列針對新能源汽車的重點科技研發計劃並實施推廣，國家也在價格和上牌照等方面給予適度的政策傾斜，但目前的推廣難度仍然很大。總而言之，制約我國新能源汽車發展的主要因素就是續航里程短，成本較高，安全性能不高。相對傳統汽車而言，新能源汽車的配套服務較弱。正是由於存在這一系列問題，我國愈來愈多的新能源汽車品牌力爭在減少碳排放的同時，努力提高電動汽車的性能及可接受度。這裏我們必須提到近幾年發展較為迅速的國產新能源汽車「蔚來」，無論從車的性價比還是車的服務理念角度來看，「蔚來」都是一個有無限發展空間的企業。

14.2.3 蔚來 NIO——新的一天

蔚來汽車從 2012 年起發展到現在，中間僅僅花費了不到 10 年的時間。這 10 年中蔚來汽車品牌在國內外的影響力不斷提高，隨着持續推出新產品，它所出售的汽車也愈來愈被人們所接受。從它的創造理念到符合國家節能減排要求的新能源汽車，都彰顯着這一企業的社會責任感。蔚來原意「蔚藍天空來了」，蔚來的車標寓意上面是潔淨的天空，下面是跑起來一望無際的土地，顯示出這一企業對保護美麗家園的決心和使命感，在我國大力提倡碳中和、碳達峰的背景下，蔚來定將得到國家政府的大力支持，企業騰飛也指日可待。

14.3 蔚來 —— 低碳轉型的艱難求索

為了使人類避免受到氣候變暖的威脅，許多發達國家承諾從 2005 年開始承擔減少碳排放量的義務，而發展中國家則從 2012 年開始承擔碳減排義務。

2012 年正值我國開始承擔碳減排義務的起始時期，那時中國的霧霾非常嚴重，「蔚來」公司創始人李斌出於對這個世界的責任感和使命感，希望能夠通過自己的努力為環境減排作出貢獻，這也成為了公司的理念，蔚來 —— 蔚藍天空來了。

14.3.1 蔚來應運而生

2014 年 11 月 25 日，蔚來由李斌主導，騰訊、高瓴資本等頂尖互聯網企業與企業家聯合發起創立。2016 年 4 月 1 日，蔚來與江淮汽車達成百億戰略合作。2016 年 4 月 6 日，蔚來合作夥伴大會召開，設立 100 億新能源產業發展基金。2017 年 12 月 16 日，蔚來 ES8 正式上市。2018 年 9 月 12 日，蔚來正式在美國紐交所上市。2018 年 12 月 15 日，蔚來 ES6 發售。

看似一切都在轟轟烈烈地走上正規，ES8 的銷量也在逐步走高，但是李斌知道，飛機在起飛的時候才是最危險的。公司剛剛上市，產品也交付了一段時間，很多內部管理問題以及客戶服務問題都慢慢暴露出來。此時，中美關係的惡化使得計劃融資 20 億美元的蔚來只融到了 11 億美元，而 ES6 的發售也分走了 ES8 的客戶，公司的資金狀況一下子急轉直下。

李斌知道一定要將人民幣市場打通。在此之前，蔚來一直都是拿美元融資的，這麼多年來蔚來給中國創造了 100 億美金外匯，從全球融資拿到中國來花，即使蔚來失敗了，這 100 億美金也給中國人發了工資，對於推動中國新能源汽車產業也有好處。抱着這種破釜沉舟的想法，蔚來汽車迎來了它的至暗時刻。

14.3.2 蔚來的至暗時刻

2019 年 3 月 6 日，由於融資款沒到位，蔚來上海車廠停建。而此時特斯拉上海車廠的建造轟轟烈烈地啟動了。這一情況被外界誤解為上海政策不支持國內新能源汽車產業。實際上政府給蔚來汽車的政策比特斯拉要好得多，只是資金問題使他們不得不停止建廠甚至還將設備賣給了特斯拉，並進行了大規模裁員。

隨後，困難接踵而至。

2019 年 4 月 22 日：第一起 ES8 自燃事件。

2019 年 5 月 16 日：第二起 ES8 自燃事件。

2019 年 5 月 28 日：與北京亦莊國投簽訂框架協議。

2019 年 6 月 14 日：第三起 ES8 自燃事件。

2019 年 6 月 27 日：蔚來召回部分搭載 2018 年 4 月 2 日到 2018 年 10 月 19 日期間生產的動力電池包的蔚來 ES8，共計 4,803 輛。

兩個月內接連發生三起自燃事件，引發了消費者對於電動汽車的信任危機，對於 ES6 的發售也產生了難以預計的影響。自燃事件後，蔚來汽車股價大跌，達到上市以來最低，根據蔚來汽車公佈的 2019 年第一季度財務報表，營收 16.31 億元，淨虧損 26.236 億元。與此同時，蔚來汽車的銷量也在下滑。

實際上蔚來 2015 年立項的時候使用的是三星的電芯，後來由於發生薩德事件，蔚來轉而使用寧德時代的電芯，而不幸的就是這一批電芯自燃了，蔚來只能召回處理。

2019 年 8 月 12 日，蔚來汽車 7 月銷售量 1,502 輛，全年銷售目標難以完成。2019 年 9 月 5 日，蔚來發行 2 億美元的可轉債融資，李斌個人出資認購了 1 億。2019 年 9 月 24 日，蔚來臨時取消季度財報會議，已累計虧損 200 億元。2019 年 10 月 16 日，湖州市吳興區表示已停止與蔚來洽談投資。2019 年 12 月 30 日，蔚來汽車第四季度銷量超 8,000 台，但是現金只剩 10 億元。2019 年 12 月底，疫情爆發。

在疫情危機、特斯拉本地化和車市疲弱的三重陰影下，蔚來開始了它的絕地求生。

14.3.3 蔚來絕境逢生

2020 年 3 月 18 日，李斌在財報電話會議中指出：「蔚來汽車從今年第二季度開始，每季度價格都會下調，第四季度將推出基於新技術的電池包，同比每瓦時成本將下降 20%。即將推出的新車型 EC6 的定價戰略或與特斯拉 Model3 類似，將是一款有性價比優勢、注重『走量』的車型。蔚來近 30 天訂單達到 2,100 輛，已恢復至疫情前的 70%。更重要的是，與合肥政府的合作帶來了超 100 億元的救命錢和足夠的喘息空間，這也將命懸一線的蔚來拉回到安全線以內。」

2020 年 4 月 29 日，蔚來中國項目正式簽約，獲得 70 億外部投資。2020 年 7 月，蔚來中國與中國建設銀行安徽省分行等六家銀行簽署了銀企戰略合作協議，此次簽約的六家銀行將向蔚來中國提供 104 億人民幣綜合授信以支持蔚來中國業務的運營與發展。2020 年 7 月 24 日，蔚來 EC6 正式上市。2020 年 8 月 11 日，蔚來首次有季度毛利。2020 年 12 月 11 日，增發 6,000 萬股 ADS。2021 年 1 月，蔚來正式發佈「藍點計劃」。蔚來與中國船級社認證公司、上海環境能源交易所達成戰略合作，成為全球第一家幫助用戶進行碳減排認證的汽車產品。此舉在「2030 年碳達峰，2060 年碳中和」政策背景下具有非常重要的示範意義和對公眾的教育意義。

2021 年 1 月 12 日，蔚來市值首次突破 1,000 億美元。2021 年 2 月，蔚來 Blue Sky Lab 項目正式官宣，蔚來將聯手全球 100 餘名設計師，將蔚來造車的剩餘材料再利用，做成時尚產品。值得一提的是，這些產品將由蔚來用戶使用自己的碳積分進行兌換，這種對用戶減排行為的鼓勵能夠呼喚更多人一起來關愛地球。2021 年 2 月 4 日，合肥市政府與蔚來簽署深化合作的框架協議，雙方商定共同規劃建設新橋智能電動汽車產業園區，打造「具備完整產業鏈的世界級智能電動汽車產業集群」。

14.4 蔚來低碳環保理念的創新

蔚來自從創立以來就不僅僅是一家汽車品牌，通過提供高性能的智能電動汽車與極致用戶體驗，蔚來致力於為用戶創造愉悅的生活方式，打造全球範圍內的「用戶品牌」。蔚來以用戶為核心，注重為用戶提供多方面的服務，現在主要的三大服務為 NIO House、NIO Power 和 NIO Service，如圖 14-1 所示。

圖 14-1　蔚來的三大「服務」

資料來源：NIO 官網

除此之外，蔚來還一直秉持低碳環保的理念，在 2020 年蔚來日發佈會上正式宣佈實行藍點計劃，內容是和中國船級社質量認證公司、上海環境能源交易所達成一個前所未有的戰略協議，致力於打造出全球首家幫助用戶進行碳減排認證的汽車品牌。用戶可以使用低碳行駛里程兌換積分，積分又可以用於購買 NIO Life 推出的 Blue Sky Lab 藍天實驗室環保產品。蔚來這兩項措施目的都在於引導改變大家的出行方式，為實現 2030 年碳達峰、2060 年碳中和作出貢獻。

14.4.1 NIO House

圖 14-2　NIO House 七大核心功能

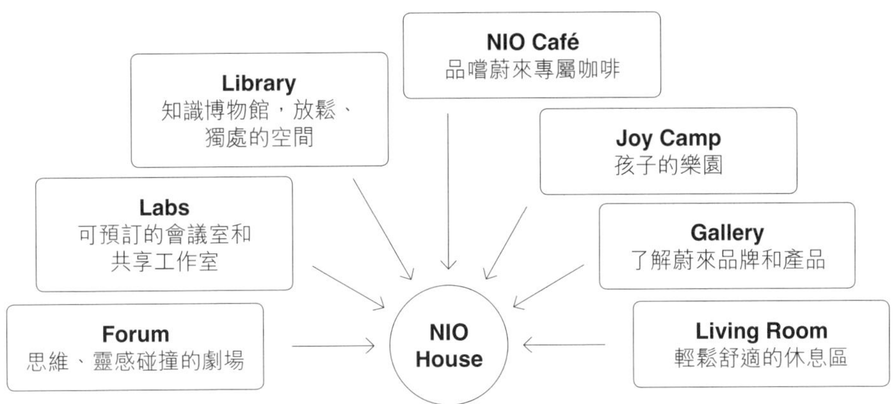

資料來源：NIO 官網

蔚來的 NIO House 為車主和朋友們營造了一個十分自由的空間，它的設計不同於傳統的 4S 店，除了小部分面積用於車輛展示和銷售，更多的是為車主提供休憩的私人會所，在這裏可以進行朋友聚會、工作會議、seeds 分享、閱讀書籍等私人活動，如圖 14-2 所示。截至目前，蔚來已經在全國範圍內打造了共 230 個服務網點，蔚來 NIO House 的建立堅持着環保、創新、社區這三個理念，也體現着「用戶至上」的概念。

14.4.2 NIO Power

蔚來擁有全球首創的智能能源服務體系，它的 NIO Power 服務是基於移動互聯網的加電解決方案，建立廣泛佈局的充電設施網絡，依託蔚來雲技術，搭建了「可充可換可升級」的能源服務體系，為車主提供全場景化的加電服務，如圖 14-3 所示。

圖 14-3　蔚來 NIO Power 服務體系

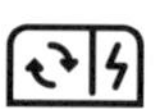

資料來源：NIO 官網

（1）設置多種超級充電樁，研發全新的「蔚來充電車」

「蔚來超充樁」——不怕長途跋涉，蔚來沿路伴你行。蔚來的超充樁是全球最纖薄的直流充電樁，同時具有最強勁的性能，實現了從 20% 電量充至 80% 電量僅需半小時的超級快充模式，能在公共場景下為所有新能源車提供快速、智能、可靠的充電服務。截至 2021 年 4 月 8 日，蔚來超充站存在超過 130 座，並計劃在 2021 年底達到 600 座。

「蔚來充電車」——不論何時何地，一鍵加電隨時響應。蔚來全新研發的充電車就像一個可以隨時移動的超級充電寶，蔚來用戶只需在蔚來加電 APP 上一鍵下單，就會有充電車來到身邊上門充電，其中 ES8 車型加電 10 分鐘即可續航 100 公里，充電車為用戶帶來了極大的便利。自 2019 年 1 月 31 日起，充電車正式運營，試運營的城市包括北京、上海在內的 21 座城市，現在已經在全國 30 多個城市開通服務。

（2）全球首創換電黑科技，建立超過 190 座「蔚來換電站」

「蔚來換電站」——不怕都市節奏快，因為我們換電更快。換電站可以實現 3 分鐘全自動地快速換電，既解決了用戶快速用電的需要，保證了換電的高效性，同時進行電池包升級和廢舊電池的梯次利用，減少電池資源的浪費，為環保作出貢獻，讓用戶靈活使用電池的同時還能達到節能的效果。

據蔚來官方統計，蔚來用戶累計換電超 200 萬次，平均每 10 秒就有一台車從換電站滿電出發，為用戶節省超 200 萬小時，提供了近 1 億度電，總計行駛里程超過 3.96 億公里。同時，累計減少碳排放量 26,065.5 噸，相當於種植 23.5 棵冷杉 30 年所吸收的二氧化碳總量。現在，蔚來已經建成了 191 座換電站，覆蓋了 76 個城市，並且計劃 2021 年底將成本更低的換電站覆蓋全國，達到 500 座之多。

（3）NIO BaaS (Battery as a Service) 蔚來電池租用服務

由於蔚來技術成本和基礎設施成本較高，所以在創立初期將消費群體定位於高端人群。2020 年 8 月蔚來發佈了 BaaS，即電池租用服務，此舉向中低端消費市場邁出了第一步。

如果用戶選擇 BaaS 購買模式，車輛售價將直接減少 7 萬元，以 27 萬左右的價格就可以買到蔚來全系車型，這對中低端消費群體來講十分友好，而且，還可以配合其他優惠購車金融方案，例如 0 首付、分期貸、隨享貸和國家免購置稅等進一步降低購車成本，如表 14-1 所示。

表 14-1　蔚來三款車型使用不同購買方式的價格比較

（單位：人民幣）

	es8		ec6		es6	
	70kWh	100kWh	70kWh	100kWh	70kWh	100kWh
整車購車價	468,000 起	526,000 起	368,000 起	426,000 起	358,000 起	416,000 起
補貼後售價	450,000 起	503,500 起	350,000 起	403,500 起	343,600 起	393,500 起
選擇 BaaS 購車價	380,000 起	375,500 起	280,000 起	275,500 起	273,600 起	365,500 起

資料來源：NIO 官網

此模式在一定程度上擴大了蔚來的用戶群體，在更大範圍內改變了用戶的出行理念與方式，設想一下，如果未來大家都使用蔚來汽車出行，對我國構建低碳環保社會將極為有利，甚至可以加速 2030 年碳達峰和 2060 年碳中和的實現。

14.4.3 Blue Point —— 清晨天空的環保願景

蔚來作為新能源車企，一直走在綠色環保的前端，成為極具創新力的企業典範。從 2018 年 6 月第一輛蔚來 ES8 交付開始，蔚來用戶們共創造了近 14 億公里低碳行駛里程，截至 2020 年，蔚來車主們總共為藍天減少碳排放達 90192 噸。圍繞國家「2030 年碳達峰，2060 年碳中和」目標，蔚來車企承擔了自己的企業責任與社會責任，奮力爭做節能減排、低碳環保的引領者。「藍點計劃」不僅使蔚來自身踐行了初心，也鼓勵大家一起完成低碳環保使命，共同推進綠色可持續發展道路，實現 Blue Sky Coming 的願景。

14.4.4 Blue Sky Lab 藍天實驗室環保產品

2020 蔚來日發佈會上，蔚來正式宣佈旗下品牌 NIO Life 將推出 Blue Sky Lab 藍天實驗室環保產品系列，該系列產品利用汽車生產製造過程中的剩餘材料設計製作傳達環保理念的時尚產品。例如將蔚來汽車製作過程

圖 14-4　Blue Point 與 Blue Sky Lab 示意圖

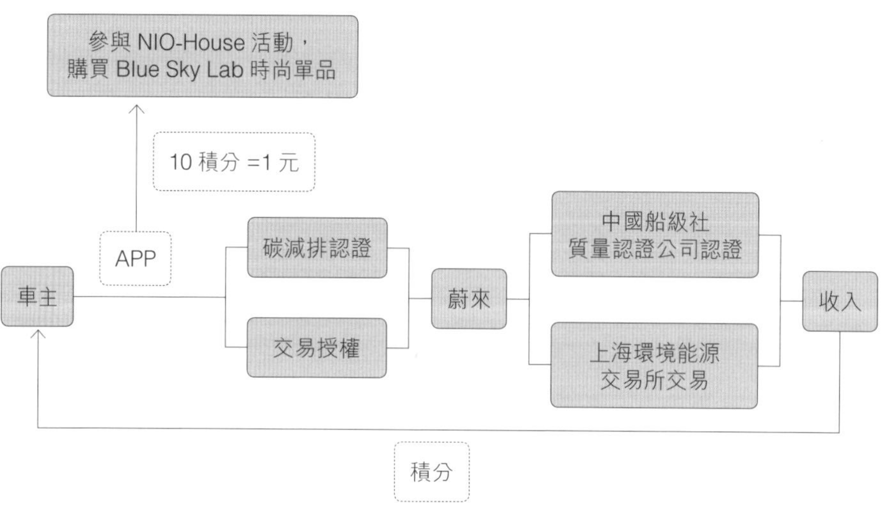

資料來源：根據公開資料整理

中安全氣囊、安全帶、超纖和真皮的邊角餘料以及鋁材等剩餘或廢棄材料，通過巧妙的加工方式，再次利用起來，打造出汽車時尚系列產品，例如：衣服、雨傘、旅行箱、帳篷、水杯、背包等。

與藍點計劃相連接，用戶可以用他們的低碳環保里程在 APP 上兑換的積分（10 積分等於一元人民幣）去購買 NIO Life 的商品，真正地做到了開車出行就是在節能減排、低碳環保，同時又可以愉悦自己的生活，為生活提供多一種選擇。結構示意圖如圖 14-4 所示。

14.5 蔚來 —— 啟示

2014 年國內汽車市場就已經開始佈局新能源汽車，但當時的新能源汽車幾乎都是專用的。近幾年，隨着人們環境保護意識的增強，以及新能源動力的不斷研發，新能源汽車的市場需求量急劇增加。就在同一年，蔚來 CEO 李斌創辦了影響全球的智能電動汽車品牌，並在 2019 年成為中國豪華汽車創新榜第一名，超過了凱迪拉克、賓利、勞斯萊斯等豪華汽車品牌，在全球排第十名，成功帶動了中國新能源汽車的發展。中國也有很多新能源汽車品牌，為甚麼蔚來汽車贏得了這片天空呢？

14.5.1 打造獨特的服務理念

蔚來汽車的出發點和別的車企不一樣：讓現代汽車從交通工具變成移動生活空間，「NIO」有蔚來，每天都是新的一天。蔚來的理念是打造一款為人服務的汽車，那麼，蔚來汽車的服務究竟優質到甚麼地步呢？

（1）黃金地段超級享受

蔚來汽車線下體驗店大多位於城市的黃金地段，就好比深圳第一家蔚來中心設於平安金融中心，蔚來直接把平安金融中心副樓的一二樓包了一半，這樣的大手筆在新勢力車企中很少有做到，就連當下很強勢的特斯拉也沒有達到蔚來汽車的規格。蔚來中心一樓是展示的車輛，二樓則是一大片開放式的功能區，這種服務形式在任何車企中都從未出現，蔚來這樣做的目的也很簡單，就是打造蔚來用戶與朋友的專屬生活空間。

(2) 為車主提供私人空間，豐富車主生活

和很多傳統意義上 4S 店相比，蔚來車主可以在這裏看書喝咖啡，同時還能在這裏見客戶以及聊天，蔚來汽車每週還舉辦很多的活動，例如試駕長遊以及親子遊戲等。蔚來汽車的車主都有一個蔚來汽車 APP，可以得到很多推送信息，參與活動，豐富生活。

(3) 高端特權服務

蔚來車主的特權還有很多，每到保養日就會專人上門取車，如果 24 小時之內不能完工，那麼蔚來汽車將提供一輛代步車供車主使用，可以有效解決車主用車困難的問題。在日常用車上，蔚來汽車做得也很細緻，蔚來汽車每年會免費給車主 15 次洗車機會，同時還贈予車主 15 次免費代駕的機會。違章處理也不用自己辦理，蔚來汽車全部幫你辦理（當然受到的處罰還是要車主自己承擔的）。此外，讓很多經常出差的商務人士稱讚的還有機場免費停車服務。蔚來車主基本不用擔心保險和車輛維修服務，蔚來汽車終身免費質保，不限距離免費道路救援，每月有 8GB 流量，汽車聯網也是終身免費，還有各種上門取車送車的服務，為車主減少了很多的麻煩，直接上路毫無後顧之憂。

14.5.2 開發優越的能源技術

NIO Power 蔚來能源，很好地解決了蔚來汽車的補能問題。它結合互聯網技術，實現了移動聯網的加電解決方案，用戶可以在網絡上享受所有的綜合補能服務，可以遠程預約 NIO Power 專屬充電樁、移動超級充電車、三分鐘換電站等。蔚來汽車也進駐了雲端技術，用戶通過綁定蔚來雲端，不僅可以隨時享受一鍵加電，還有額外體驗的專屬加電。同時，蔚來還是全球首個為車主提供代客充電服務的公司，服務專員可以上門取車，代客加電。

(1)「快充技術」

蔚來的快速充電技術，可以實現真正意義上的「充電十分鐘，行駛百里路」。快充一小時，就會達到 80％的電量。快充這項技術在現實生活中非常實用，這是鋰電池的物理特性所決定的，它不僅提高了充電效率，更提高了人們日常駕駛的便捷性。為了保護電池，蔚來採用智能充電模式，它像智能手機一樣開始充電快，快充滿的時候充電速度反而下降。蔚來從智能手機充電模式中找到靈感，把智能手機的充電思路運用到電動汽車上，這種跨行業的聯動思維值得其他汽車企業學習借鑒。

(2)「超級充電寶」

為了應對外出時突然沒電的情況，蔚來借鑒手機充電寶的思路開發了充電車。蔚來從上汽大通訂購了一批專車，專門做一款行走的充電寶，為旗下的蔚來車型充電。在新能源汽車快速崛起的今天，這種移動充電車技術是非常具有商業價值的，未來或許蔚來可以把這項業務分離出來為更多品牌的新能源汽車提供移動充電服務。

(3)「三分鐘換電」

蔚來設計了專門的電池更換塢，計劃幾年內在全國各個城市佈滿自己的換電站。這一技術能夠在很大程度上打消消費者對新能源汽車充電慢出行難的擔憂，整個換電過程方便快捷，三分鐘即可完成電池更換。

蔚來汽車作為新能源汽車的代表，在各個方面都做到了極致的節能減排，積極落實我國的碳中和碳達峰相關政策。近幾年持續實施的「藍天計劃」、「藍點計劃」也是其他新能源汽車努力的方向和動力。

總而言之，蔚來汽車的快速崛起絕對不是偶然事件，從發展理念到專業技術，每一項都是經得起推敲的，從蔚來汽車推出的幾款車就能看出，蔚來所想做的，是成為新能源汽車的領導者。

14.6 結語

自我國碳達峰、碳中和目標提出後，很多行業都實現了較快發展，以節能減排著稱的新能源汽車行業尤其顯著。其中近幾年新上市的蔚來汽車緊跟國家發展趨勢，以保護環境為己任，通過「藍天計劃」、「藍點計劃」等眾多發展規劃來踐行自己的企業理念，積極承擔起企業應有的社會責任。蔚來始終把國家發展放在首位，承擔責任的同時發展自己。我們不能說蔚來的未來一定一帆風順，但蔚來願景中的蔚藍天空一定會到來。

參考文獻

[1] Barbier E B, *Economics, Natural-Resource Scarcity and Development (Routledge Revivals): Conventional and Alternative Views*[M]. London: Routledge, 1989. DOI:https://doi.org/10.4324/9780203768907.

[2] Boubakri N, Cosset J C, Saffar W. Political connections of newly privatized firms[J]. *Journal of corporate finance*, 2008,14(5):654-673.

[3] Brundtland H G, Our Common Future—Call for Action* [J]. *Environmental Conservation*, 1987, 14(4):291-294.

[4] Campello M, Giambona E, Graham J R, et al. Liquidity management and corporate investment during a financial crisis[J]. *The review of financial studies*, 2011,24(6):1944-1979.

[5] Denis C ,Irene M. Gordon. An examination of social and environmental reporting strategies[J]. Accounting, *Auditing & Accountability Journal*, 2001,14(5):587-617.

[6] Edward F C, Hadlock C J, Pierce J R. Investment, financing constraits, and in ternal capital markets: Evidence from the advertising expenditures of multinational firms[J]. *Review of Financial Studies*, 2009(6):2361-2392.

[7] Freire-González, J. & Ho, M.S. Carbon Taxes and the Double Dividend Hypothesis in a Recursive-dynamic CGE Model for Spain[J]. *Economic Systems Research*, 2019,31(2):267-284.

[8] Glomm G, Kawaguchi D, Sepulveda F. Green taxes and double dividends in a dynamic economy[J]. *Journal of policy modeling*, 2008,30(1):19-32.

[9] Gort, M. & Klepper, S. (1982). Time Paths in the Diffusion of Product Innovations. *The Economic Journal*, 92(367):630-653.

[10] Goulder L H. Environmental taxation and the double dividend: a reader's guide[J]. *International tax and public finance*, 1995(2):157-183.

[11] HU Jian-bo. Low-carbon transformation of industrial structure in China[J]. *Ecological Economy*, 2015,3:262-267.

[12] Hubbert M K. *Nuclear energy and the fossil fuels*[M]. Houston, TX: Shell Development Company, Exploration and Production Research Division, 1956.

[13] Jose Salazar. Environmental Finance: Linking Two World [R]. Bratislava, Slovakia, 1998. Zhou Y，Hong J，Zhu K，etal．

[14] Khan, S.A., Yu, Z. & Farooq, K. Green capabilities, Green Purchasing, and triple bottom line performance: Leading toward Environmental Sustainability[J]. *Business Strategy and the Environment*, 2022.

[15] Labatt S, White R R. *Environmental finance: a guide to environmental risk assessment and financial products*[M]. John Wiley & Sons, 2002.

[16] Liu X, Wang E, Cai D. Green credit policy, property rights and

debt financing: Quasi-natural experimental evidence from China[J]. *Finance Research Letters*, 2019,29:129-135.

[17] MANDELL S. Optimal mix of emissions taxes and cap-andtrade[J]. *Journal of Environmental Economics & Management*, 2008(2): 131-140.

[18] Moini H, Sorensen O J, Szuchy－Kristiansen E. Adoption of GeenStrategy by Danish firms[J]. *Sustainability Account.*

[19] Motoko Aizawa. Green Credit, Green Stimulus, Green Revolution? China's Mobilization of Banks for Environmental Cleanup[J]. *The Journal of Environment & Development*, 2010,19(2):119-144.

[20] Narjess B, Jean-Claude C, Walid S. Political connections of newly privatized firms[J]. *Journal of Corporate Finance*, 2008,14(5):654-673.

[21] Niehans J, Hewson J. The eurodollar market and monetary theory[J]. *Journal of Money, Credit and Banking*, 1976,8(1):1-27.

[22] Nilsen J H, Rovelli R. Investor risk aversion and financial fragility in emerging economies[J]. *Journal of International Financial Markets, Institutions and Money*, 2001,11(3-4):443-474.

[23] Pearce D. The role of carbon taxes in adjusting to global warming[J]. *The economic journal*, 1991,101(407):938-948.

[24] Schumpeter J A. Theorie der wirtschaftlichen entwicklung. leipzig: Dunker & humblot[J]. *The theory of economic development*, 1912.

[25] Shanglei Chai, Ke Zhang, Wei Wei, Wenyuan Ma, Mohammad Zoynul Abedin. The impact of green credit policy on enterprises' financing behavior: Evidence from Chinese heavily-polluting listed companies[J]. *Journal of Cleaner Production*, 2022,363.

[26] Spencer T, Berghmans N, Sartor O. Coal Transitions in China's Power Sector: A Plant-level Assessment of Stranded Assets and Retirement Pathways[R]. Paris: IDDRI, 2017.

[27] Tao, Hu, Shan Zhuang, Rui Xue, Wei Cao, Jinfang Tian, and Yuli Shan. Environmental Finance: An Interdisciplinary Review[J]. *Technological Forecasting and Social Change*, 2022,179.

[28] Tullock G. Excess Benefit[J]. *Water Resources Research*, 1967,3(2):643-644.

[29] Weitzman, M L. Prices vs. Quantities[J]. *The Review of Economic Studies*, 1974(4):477-491.

[30] White M A. Environmental finance: value and risk in an age of ecology[J]. *Business strategy and the environment*, 1996,5(3):198-206.

[31] Willey Z, Chameides B. Harnessing Farms and Forests in the Low-Carbon Economy: How to Create, Measure, and Verify Greenhouse.

[32] World Bank. State and Trends of Carbon Pricing 2021[R]. Washington: World Bank, 2021.

[33] Yang J J, Zhang F, Jiang X, etal. Strategic Flexibility, Green Management, and Firm Competitiveness in an Emerging Econ.

[34] Zhou Y, Hong J, Zhu K, etal. Dynamic Capability Matters: Uncovering Its Fundamental Role in Decision Making of envir.

[35] 安國俊 . 碳中和目標下的綠色金融創新路徑探討 [J]. 南方金融，2021(02):3-12.

[36] 卜永祥 . 構建中國綠色金融體系的思考 [J]. 區域金融研究，2017（6）:5-11.

[37] 蔡海靜．我國綠色信貸政策實施現狀及其效果檢驗 —— 基於造紙、採掘與電力行業的經驗證據 [J]. 財經論叢，2013(01):69-75.

[38] 曹和平．綠色金融的兩級市場和三重含義 [J]. 環境保護，2015，43（2）:29-31.

[39] 曹洪軍，陳好孟．不確定環境下我國綠色信貸交易行為的博弈分析 [J]. 金融理論與實踐，2010(02):17-22.

[40] 曹倩．我國綠色金融體系創新路徑探析 [J]. 金融發展研究，2019(03):46-52.

[41] 曹申南，許向陽．綠色金融與產業結構優化動態關係實證研究 [J]. 中國林業經濟，2021(02):125-128.

[42] 陳洪濤，束雯，王雙英．公司治理結構、財務特徵對環境信息披露影響的實證研究 [J]. 南京航空航天大學學報（社會科學版），2017,19(02):1-9.

[43] 陳敏曦．碳中和的經濟實現路徑 [J]. 中國電力企業管理，2020(31):8-16.

[44] 陳琪．中國綠色信貸政策落實了嗎 —— 基於「兩高一剩」企業貸款規模和成本的分析 [J]. 當代財經，2019(03):118-129.

[45] 陳向陽．金融結構、技術創新與碳排放：兼論綠色金融體系發展 [J]. 廣東社會科學，2020(04):41-50.

[46] 陳曉徑．歐盟「氣候中和」2050 願景下的低碳發展路徑及其啟示 [J]. 科技中國，2021(01):37-41.

[47] 陳新華．為什麼要重視碳中和理論研究 [N]. 中國能源報，2021-04-12(028).

[48] 陳旭東，鹿洪源，王涵．國外碳稅最新進展及對我國的啟示 [J]. 國際稅收，2022(02):59-65.

[49] 陳雨露．推動綠色金融標準體系建設 [J]．中國金融，2018(20):9-10.

[50] 創新綠色金融發展 為生態文明建設注入新動力 [J]. 環境保護，2020,48(12):11.

[51] 創新綠色金融體系：讓資本助推綠色發展 [J]. 環境保護，2016,44(07):5.

[52] 丁傑，胡蓉 . 區域性環境規制與綠色信貸政策的有效性 —— 基於重污染企業信貸融資視角 [J]. 軟科學，2020,34(12):61-67.

[53] 丁攀，金為華，陳楠 . 綠色金融發展、產業結構升級與經濟可持續增長 [J]. 南方金融，2021(02):13-24.

[54] 董紅傑 . 創意與創新：創意產業推動產業結構優化的機理與路徑研究 [J]. 科技進步與對策，2014,31(10):56-60.

[55] 董康銀 . 低碳約束背景下中國能源轉型路徑與優化模型研究 [D]. 中國石油大學（北京），2019.

[56] 董然，李依珊．碳稅徵收的國際實踐與啟示 [J]．金融縱橫，2021(12):32-36.

[57] 杜莉，張鑫 . 綠色金融、社會責任與國有商業銀行的行為選擇 [J]. 吉林大學社會科學學報，2012,52(05):82-89+160.

[58] 杜群，李子擎 . 國外碳中和的法律政策和實施行動 [N]. 中國環境報，2021-04-16(006).

[59] 段宏波，汪壽陽 . 中國的挑戰：全球溫控目標從 2℃到 1.5℃的戰略調整 [J]. 管理世界，2019,35(10):50-63.

[60] 樊江偉，張澤 . 綠色金融支持中小企業發展研究現狀及對策建議 [J]. 中國集體經濟，2020(32):13-14.

[61] 方灝，馬中．論環境金融的內涵及外延 [J]．生態經濟，

2010,(09):50-53+72.

[62] 方磊 . 從碳中和到碳金融 [N]. 中國銀行保險報，2021-04-12(008).

[63] 高曉燕，高歌 . 綠色信貸規模與商業銀行競爭力的關係探究 [J]. 經濟問題，2018(07):15-21.

[64] 高曉燕，紀文鵬 . 綠色債券的發行人特性與發行信用利差 [J]. 財經科學，2018(11):26-36.

[65] 高曉燕，王治國 . 綠色金融與新能源產業的耦合機制分析 [J]. 江漢論壇，2017,(11):42-47.

[66] 高曉燕 . 綠色信貸視角下我國商業銀行經營績效差異性研究 [J]. 甘肅社會科學，2020(05):178-184.

[67] 高曉燕 . 構建中國綠色金融體系 —— 發展與實務 . 北京：經濟科學出版社，2020.7，P28-29，P40-41，P135-136.

[68] 高曉燕 . 綠色信貸視角下我國商業銀行經營績效差異性研究 [J]. 甘肅社會科學，2020(05):178-184.

[69] 葛楊 . 碳稅制度的國際實踐及啟示 [J]. 金融縱橫，2021(04):48-55.

[70] 耿光穎，王宗鵬 . 我國綠色金融標準體系研究 [J]. 金融會計，2018(05):23-29.

[71] 管曉明 . 綠色金融可持續發展 —— 基於綠色金融標準化的視角 [J]. 金融市場研究，2018(08):36-45.

[72] 郭春林 . 公司治理結構與企業績效相關性實證研究 [J]. 中國管理資訊化，2015,18(09):100-102.

[73] 郭沛源 . Marcel Jeucken: Sustainable Finance and Banking[J]. 公共管理評論，2004(02):183-185.

[74] 郭文偉，劉英迪 . 綠色信貸、成本收益效應與商業銀行盈利能力 [J]. 南方金融，2019(09):40-50.

[75] 郭新雙．大力發展綠色金融助力實現碳中和目標 [J]. 清華金融評論，2021(01):44-46.

[76] 郭正權．基於 CGE 模型的我國低碳經濟發展政策模擬分析 [D]. 中國礦業大學（北京），2011.

[77] 郝宇，顏傑．綠色信貸政策對高污染高耗能企業財務績效和經營風險的影響 [J]. 環境經濟研究，2020,5(02):34-49.

[78] 何德旭，張雪蘭．對我國商業銀行推行綠色信貸若干問題的思考 [J]. 上海金融，2007(12):4-9.

[79] 何建坤．碳達峰碳中和目標導向下能源和經濟的低碳轉型 [J]. 環境經濟研究，2021,6(01):1-9.

[80] 何凌雲，吳晨，鍾章奇，等．綠色信貸、內外部政策及商業銀行競爭力 —— 基於 9 家上市商業銀行的實證研究 [J]. 金融經濟學研究，2018,33(01): 91-103.

[81] 賀菊煌，沈可挺，徐嵩齡．碳稅與二氧化碳減排的 CGE 模型 [J]. 數量經濟技術經濟研究，2002(10):39-47.

[82] 胡榮才，張文瓊．開展綠色信貸會影響商業銀行盈利水平嗎 ?[J]. 金融監管研究，2016(07):92-110.

[83] 胡奕明，唐松蓮．獨立董事與上市公司盈餘信息質量 [J]. 管理世界，2008(09):149-160.

[84] 黃均華．氣候變化給經濟帶來的實體風險與轉型風險分析 [J]. 特區經濟，2020(11):149-151.

[85] 黃山，宗其俊，吳小節．低碳轉型的驅動機制 —— 研究現狀及評述 [J]. 科技管理研究，2013,33(13):38-43.

[86] 賈斯淇，姜春吉．綠色信貸對我國商業銀行的影響研究 [J]. 商業經濟，2021(05):172-173.

[87] 賈曉薇，王志強．以開徵碳稅為契機構建我國碳減排複合機制 [J]. 稅務研究，2021,(08):18-21.

[88] 將合同能源管理融入綠色金融體系 [J]. 中國機關後勤，2021(03):46-47.

[89] 姜晶晶．2060 碳中和目標對我國金融體系的潛在影響 [J]. 黑龍江金融，2020(12):11-13.

[90] 姜瑞斌．支持新發展格局的綠色金融實踐 [J]. 中國金融，2021(02):32-33.

[91] 康珂．新常態下中國經濟增長動力轉換的金融支持 [J]. 金融論壇，2016,21(03):9-17.

[92] 李程，白唯，王野，李玉善．綠色信貸政策如何被商業銀行有效執行？—— 基於演化博弈論和 DID 模型的研究 [J]. 南方金融，2016(01):47-54.

[93] 李春燕．基於 CGE 模型的中國碳市場政策模擬研究 [D]. 南京林業大學，2020.

[94] 李楝．綠色金融如何助力實現碳中和 [J]. 債券，2021(03):46-49.

[95] 李廣子，劉力．債務融資成本與民營信貸歧視 [J]. 金融研究，2009,(12):137-150.

[96] 李國平，韋曉茜．企業社會責任內涵、度量與經濟後果 —— 基於國外企業社會責任理論的研究綜述 [J]. 會計研究，2014（8）.

[97] 李慧，涂家豪．多層級視角下能源低碳轉型因素組態研究 —— 基於我國 30 個省域的模糊集定性比較分析 [J]. 技術經濟，2020,39(08):152-160.

[98] 李盧霞，黃旭．低碳金融模式研究：實踐考察與戰略思考 [J]. 金融論壇，2010,15(10):19-27.

[99] 李若愚 . 我國綠色金融發展現狀及政策建議 [J]. 宏觀經濟管理，2016,(01):58-60.

[100] 李碩，姜惠 . 綠色金融支持產業結構優化升級研究 —— 以河北省為例 [J]. 華北金融，2021(02):87-94.

[101] 李蘇，賈妍妍，達潭楓 . 綠色信貸對商業銀行績效與風險的影響 —— 基於 16 家上市商業銀行面板數據分析 [J]. 金融發展研究，2017(09):72-77.

[102] 李停停，李良勇，起雲鳳 . PPP 模式下綠色金融發展的問題及對策分析 [J]. 中國商論，2020(22):33-35.

[103] 李心怡 . 綠色金融產品標準體系研究 [J]. 中國商論，2021(01):92-94.

[104] 李怡佳 . 德國綠色金融實踐及對中國的啟示 —— 以德國復興信貸銀行為例 [J]. 西部金融，2017(07):76-80.

[105] 李毅，石威正，胡宗義 . 基於 CGE 模型的碳税政策雙重紅利效應研究 [J]. 財經理論與實踐，2021,42(04):82-89.

[106] 連莉莉 . 綠色信貸影響企業債務融資成本嗎？—— 基於綠色企業與「兩高」企業的對比研究 [J]. 金融經濟學研究，2015,30(05):83-93.

[107] 廖筠，胡偉娟，楊丹丹 . 綠色信貸對銀行經營效率影響的動態分析 —— 基於面板 VAR 模型 [J]. 財經論叢，2019(02):57-64.

[108] 列聞 . 德國：政府銀行深度參與綠色金融 [N]. 中國銀行保險報，2021-01-11(008).

[109] 列聞 . 日本：銀行發力綠色金融 [N]. 中國銀行保險報，2020-12-17(008).

[110] 林永居 . 英國、美國、德國低碳轉型的財政政策及啟示 [J]. 財政研究，2014(05):58-61.

[111] 劉冰欣 . 日本綠色金融實踐與啟示 [J]. 河北金融，2016(10):28-32.

[112] 劉傳哲，任懿 . 綠色信貸對能源消費結構低碳化的影響研究 [J]. 武漢金融，2019(11):66-70.

[113] 劉堅東 . 銀行服務綠色低碳發展探索 [J]. 中國金融，2021(02):34-35.

[114] 劉建梅 . 經濟新常態下碳稅與碳排放權交易協調應用政策研究 [D]. 中央財經大學，2016.

[115] 劉磊，張永強 . 基於碳排放權交易市場的碳稅制度研究 [J]. 稅務研究，2019(02):46-52.

[116] 劉立民，牛玉鳳，王永強 . 綠色信貸對我國商業銀行盈利能力的影響 —— 基於 14 家上市銀行的面板數據分析 [J]. 西部金融，2017,(03): 28-33.

[117] 劉滿平 . 我國實現「碳中和」目標的意義、基礎、挑戰與政策着力點 [J]. 價格理論與實踐，2021(02):8-13.

[118] 劉旭東，嚴浩坤 . 綠色投資對能源消費結構的區域影響研究 [J]. 企業科技與發展，2021(02):30-32.

[119] 劉學敏，張生玲 . 中國企業綠色轉型：目標模式、面臨障礙與對策 [J]. 中國人口，資源與環境，2015,25(06):1-4.

[120] 劉洋，趙偉 . 企業環境會計資訊披露影響因素研究 —— 以山東省重污染行業上市公司為例 [J]. 山東農業大學學報（社會科學版），2012(04):61-65.

[121] 劉振亞 . 實現碳達峰碳中和的根本途徑（上）[N]. 中國財經報，2021-04-13(002).

[122] 劉振亞 . 實現碳達峰碳中和的根本途徑（下）[N]. 中國財經報，2021-04-15(002).

[123] 婁峰．碳稅徵收對我國宏觀經濟及碳減排影響的模擬研究 [J]. 數量經濟技術經濟研究，2014,31(10):84-96+109.

[124] 魯書伶，白彥鋒．碳稅國際實踐及其對我國 2030 年前實現「碳達峰」目標的啟示 [J]. 國際稅收，2021(12):21-28.

[125] 魯政委，方琦，錢立華．促進綠色信貸資產證券化發展的制度研究 [J]. 西安交通大學學報（社會科學版），2020,40(03):1-6.

[126] 陸正飛，楊德明．商業信用：替代性融資，還是買方市場？[J]. 管理世界，2011,（04）.

[127] 呂建中．「十四五」：統籌謀劃「雙碳」目標下綠色轉型發展 [N]. 金融時報，2021-04-12(010).

[128] 馬回，王露瑤．什麼是碳達峰碳中和 [N]. 江西日報，2021-04-14(010).

[129] 馬駿，安國俊，劉嘉龍．構建支持綠色技術創新的金融服務體系 [J]. 金融理論與實踐，2020(05):1-8.

[130] 馬駿．中國綠色金融展望 [J]. 中國金融，2016(16):20-22.

[131] 馬駿．中國引領全球綠色金融發展的四大經驗 [J]. 可持續發展經濟導刊，2019(11):30-31.

[132] 馬梅若．綠色金融「三大功能」「五大支柱」助力實現「30．60 目標」—— 訪全國政協委員、經濟委員會副主任、人民銀行副行長陳雨露．

[133] 馬正宇，秦放鳴．氣候變化影響金融穩定的傳導機制研究 [J]. 金融發展研究，2021(02):35-43.

[134] 毛春梅．碳中和目標下綠色金融的發展問題研究 [J]. 農場經濟管理，2021(03):22-24.

[135] 孟麗君，王歡．我國綠色金融體系創新路徑探究 [J]. 淮南職業技術學院學報，2020,20(06):121-122.

[136] 倪娟．碳稅與碳排放權交易機制研析 [J]．稅務研究，2016(04):46-50.

[137] 潘蘇楠，李北偉，聶洪光．中國經濟低碳轉型可持續發展綜合評價及障礙因素分析 [J]. 經濟問題探索，2019(06):165-173.

[138] 錢立華，方琦，魯政委．碳中和下的銀行保險業氣候信息披露制度研究 [J]. 西南金融，2021(04):3-14.

[139] 錢立華，魯政委，方琦．商業銀行氣候投融資創新 [J]. 中國金融，2019(22):60-61.

[140] 邱海洋．綠色金融的經濟增長效應研究 [J]．經濟研究參考，2017(38):53-59.

[141] 饒品貴，姜國華．貨幣政策對銀行信貸與商業信用互動關係影響研究 [J]. 經濟研究，2013,48(01):68-82+150.

[142] 任康鈺，張晨希．綠色信貸對我國商業銀行業績的異質性影響 —— 基於 16 家上市商業銀行面板數據的分析 [J]. 武漢金融，2018(05):18-24.

[143] 邵漢華，王凱月．普惠金融的減貧效應及作用機制 —— 基於跨國面板數據的實證分析 [J]. 金融經濟學研究，2017,32(06):65-74.

[144] 石曉軍，張順明．商業信用、融資約束及效率影響 [J]. 經濟研究，2010,45(01):102-114.

[145] 蘇冬蔚，連莉莉．綠色信貸是否影響重污染企業的投融資行為 ?[J]. 金融研究，2018(12):123-137.

[146] 孫傳旺．加快低碳轉型助推「十四五」綠色發展 [N]. 經濟參考報，2021-03-23(001).

[147] 孫光林，王穎，李慶海．綠色信貸對商業銀行信貸風險的影響 [J]. 金融論壇，2017,22(10):31-40.

[148] 湯鈴，張亮，余樂安．基於 CGE 模型的碳稅政策影響研究 [J]. 中國石油大學學報（社會科學版），2020,36(01):11-17.

[149] 陶茜．綠色信貸對銀行績效的影響機制探討 [J]. 宏觀經濟管理，2016,(05):47-50.

[150] 田帥，嚴曉寧．能源經濟效率、能源消費結構與區域經濟增長——基於珠三角地區空間面板數據的實證研究 [J]. 華北電力大學學報（社會科學版），2021,(02):38-44.

[151] 陶然．生態文明視域下我國綠色金融發展研究 [D]. 吉林財經大學，2019.

[152] 王博，宋玉峰．氣候變化的轉型風險對宏觀經濟和金融穩定的影響——基於存量流量一致性模型視角 [J]. 經濟學動態，2020(11):84-99.

[153] 王燦，張雅欣．碳中和願景的實現路徑與政策體系 [J]. 中國環境管理，2020,12(06):58-64.

[154] 王春菊．國有企業債務融資結構優化對策探析 [J]. 中國商論，2020(05):62-63.

[155] 王觀宏．綠色金融發展、風險承擔水平與企業創新績效 [J]. 中國註冊會計師，2020(09):58-62.

[156] 王海全，唐明知．優化我國綠色金融標準體系 [J]. 中國金融，2019(01):74-76.

[157] 王建新，王濤，龍鳴．綠色信貸提升重污染企業併購績效了嗎——來自中國上市公司的經驗證據 [J]. 廣東財經大學學報，2021,36(01):85-97.

[158] 王靜．我國綠色金融發展驅動因素與進展研究 [J]. 經濟體制改革，2019,(05):136-142.

[159] 王卉彤，陳保啟．環境金融：金融創新和循環經濟的雙贏路徑 [J]. 上海金融，2006,(06):29-31.

[160] 王立柱，華小全．碳中和目標實施背景下綠色金融發展研究 [J]. 科技經濟導刊，2021:119-121.

[161] 王士偉．資產結構對盈餘影響的實證研究 [J]. 統計與決策，2011(18):145-148.

[162] 王偉舟．構建我國綠色金融體系的創新路徑研究 [J]. 金融經濟，2016(12):5-7.

[163] 王元豐．碳中和是一場深刻革命 [N]. 環球時報，2021-04-01(015).

[164] 王仲穎，熊華文，康豔兵．新的達峰目標與碳中和願景下「十四五」時期加快全面低碳轉型的總體思路和對策建議 [J]. 中國經貿導刊，2021.

[165] 文書洋，張琳，劉錫良．我們為什麼需要綠色金融？—— 從全球經驗事實到基於經濟增長框架的理論解釋 [J]. 金融研究，2021(12):20-37.

[166] 相一洲，王雪峰，陳立立．綠色金融評級評估標準現狀及體系框架構建研究 [J]. 標準科學，2021(02):62-65.

[167] 項夢曦．「碳中和」有望成為全球經濟增長助推器 [N]. 金融時報，2021-04-15(008).

[168] 項目綜合報告編寫組．《中國長期低碳發展戰略與轉型路徑研究》綜合報告 [J]. 中國人口・資源與環境，2020,30(11):1-25.

[169] 肖江，嚴星．綠色金融標準體系現狀、國際比較及建議 [J]. 金融縱橫，2018(05):81-87.

[170] 徐君，高厚賓，王育紅．生態文明視域下資源型城市低碳轉型戰略框架及路徑設計 [J]. 管理世界，2014(06):178-179.

[171] 許振亮，劉則淵，侯海燕，葛莉 . 中國技術創新理論研究前沿共詞知識圖譜分析 [J]. 圖書情報工作，2009,53(06):46-50.

[172] 薛白 . 基於產業結構優化的經濟增長方式轉變 —— 作用機理及其測度 [J]. 管理科學，2009,22(05):112-120.

[173] 薛宏立 . 參與綠色債券市場建設服務碳達峰、碳中和目標 [J]. 債券，2021(03):37-40.

[174] 薛儉，朱迪 . 綠色信貸政策能否改善上市公司的負債融資 ?[J]. 經濟經緯，2021,38(01):152-160.

[175] 閆培雄 . 促進我國綠色金融持續健康發展的思路和路徑研究 [J]. 湖北經濟學院學報（人文社會科學版），2016（9）: 58-59.

[176] 楊潔，張茗，劉運材 . 碳信息披露、環境監管壓力與債務融資成本 —— 來自中國 A 股高碳行業上市公司的經驗數據 [J]. 南京工業大學學報（社會科學版），2020,19(06):86-98+112.

[177] 楊濤 . 中國社科院金融所研究員、北京立言金融與發展研究院院長 .「碳中和」目標下的綠色金融探索 [N]. 21 世紀經濟報導，2021-05-17.

[178] 楊望，李一鳴，徐慧琳 . 綠色銀行的內涵及經驗啟示 [J]. 國際金融，2020(04):75-80.

[179] 楊望，李一鳴 . 綠色銀行建設的發展空間與國際經驗 [J]. 當代金融家，2020(06):100-102.

[180] 葉宗奇 .「一帶一路」倡議下構建綠色金融體系研究 [J]. 商業經濟，2018(11):152-153.

[181] 俞嵐 . 綠色金融發展與創新研究 [J]. 經濟問題，2016(01):78-81.

[182] 雲小鵬 . 基於 CGE 模型的能源與環境財稅政策協同影響效應研究 [J]. 經濟問題，2019(07):37-44.

[183] 張藏領，王小江 . 關於綠色金融發展瓶頸期的思考 [J]. 環境保護，2015, 43(24):58-61.

[184] 張琳，廉永輝 . 綠色信貸如何影響商業銀行財務績效？—— 基於銀行收入結構分解的視角 [J]. 南方金融，2020(01):45-56.

[185] 張騫 . 中國與東盟製造企業跨國戰略聯盟的績效評價與提升研究 [D]. 廣西大學，2018.

[186] 張文魁 . 高質量發展與生產率重振 [J]. 新經濟導刊，2018,(08):75-81.

[187] 張雪蘭 , 何德旭 . 環境金融發展的財稅政策激勵：國際經驗及啟示 [J]. 財政研究，2010,(05):78-81.

[188] 張勇 . 產權性質、投資者實地調研與企業債務融資成本 [J]. 廣東財經大學學報 . 2020(04):72-86+102.

[189] 中國人民銀行遂寧市中心支行課題組，羅鴻勇 . 商業銀行發展綠色信貸的研究 [J]. 西南金融，2017,(04):71-76.

[190] 左振秀，崔麗，朱慶華 . 中國實施綠色信貸的障礙因素 [J]. 金融論壇，2017, 22(09):48-57+80.

香港珠海學院
新動力・新金融

低碳轉型與綠色金融系統創新研究

高曉燕、張俊喜 ㊔

責任編輯　熊玉霜
裝幀設計　Sands Design Workshop
排　　版　楊舜君
印　　務　劉漢舉

出　　版　中華書局（香港）有限公司
香港北角英皇道 499 號北角工業大廈 1 樓 B
電話：(852) 2137 2338　傳真：(852) 2713 8202
電子郵件：info@chunghwabook.com.hk
網址：http://www.chunghwabook.com.hk

發　　行　香港聯合書刊物流有限公司
香港新界荃灣德士古道 220-248 號
荃灣工業中心 16 樓
電話：(852) 2150 2100　傳真：(852) 2407 3062
電子郵件：info@suplogistics.com.hk

版　　次　2025 年 7 月初版

規　　格　16 開（230mm x 170mm）

ISBN　978-988-8913-17-6